민간경비론

안황권 · 이상훈 · 이충열
최경철 · 최응렬

도서출판 대영문화사

머리말

렘브란트(Rembrandt Harmenszoon van Rijn)는 네덜란드가 자랑하는 화가이다. 그가 1642년 완성한 〈야경(De Nachtwacht)〉은 가로세로 3~4미터를 훌쩍 뛰어넘는 그의 대표작이자 불멸의 걸작이다. 암스테르담 국립박물관에서 이 작품을 처음 만났을 때, 그림 속 등장인물들의 크기와 생동감이 실제 사람과 흡사하여 충격을 받은 기억이 선명하다. 더욱더 놀라운 사실은 등장인물이 당시의 〈민간경비대〉를 그렸다는 것이다. 이로써 17세기경 네덜란드 야경꾼들의 역할과 위상을 짐작케 한다. 영국의 로버트 필경(Sir Robert Peel)이 근대 경찰을 창립한 해가 1829년이니, 이때까지는 경찰보다는 민간인으로 구성된 자경단에 의해 법과 질서가 유지되었다고 하겠다.

서구에서는 민간경비를 뜻하는 용어로 'Private Security' 외에도 'Private Police'를 같이 사용한다. 민간(民間)경찰 혹은 사(私)경찰이라고 이해할 수 있다. 이러한 용어는 민간의 치안자원도 'Police(경찰)'라는 호칭을 사용한다는 점이다. 경찰과 같은 국가기관과 경비보안회사와 같은 민간기업의 위상을 지나치게 구별하고 있는 우리의 현실과 극명하게 대비되는 대목이다.

우리나라가 보유하고 있는 민간경비 자원은 2020년 기준으로 4천 4백여 개 경비업허가 법인에 총 16만 4천여 명의 민간경비원이 있다. 같은 기준 연도에 경찰관이 12만 6천여 명인 것과 비교해 보면, 민간경비원이 경찰관에 비해 이미 4만여 명을 상회한다. 더구나 다양한 경비서비스로 이미 우리 생활 깊숙한 곳까지 들어와서 안전과 안심을 제공하는 비즈니스 모델로 확실하게 자리매김한 민간경비의 역할과 위상은 하루가 다르게 변화할 것으로 예상된다.

그동안 『민간경비론』 등의 책 이름으로 출간된 몇몇 교재가 있었다. 분량과 내용 면에서 다양한 구성을 가지고 있어서, 1950년대 이후 커다란 발전을 이룩해 온 우리나라 민간경비의 발전상을 잘 정리하고 있다. 이들 내용을 중심으로 이루어지고 있는 경비지도사 국가자격시험을 대비하는 수험생이나 관련 분야 전공학생들에게 큰 도움이 되어 온 것이 사실이다. 하지만 지나치게 방대하거나 불필요한 부분까지 상술하여 수험생에게 적지 않은 부담을 주고 전공학생들에게도 핵심적인 내용을 전달하는 데에 다소 고충이 있었던 것도 사실이다.

이 교재는 이러한 그간의 개선요청을 반영하여 보다 체계적이고 함축적인 내용으로 구성하고자 하였다. 경비지도사시험의 출제범위를 반영하여 민간경비의 일반이론은 물론 항상 출제되고 있는 경비업법의 중요 내용도 함께 담았다. 이를 위해 민간경비의 성장 이론을 보다 넓게 소개하였고, 범죄예방과 사이버 보안의 중요성을 반영하여 범죄예방과 CPTED 및 정보보호와 컴퓨터 범죄 부분을 강화하였다. 특히, 민간경비의 미래를 내다보고 교통유도경비, 민간군사기업, 그리고 드론시큐리티 등을 적극 반영한 것은 수험생은 물론 대학의 관련 학과의 전공학생들에게도 시사하는 바가 크다고 할 것이다.

이 책은 『민간경비론』 구성의 세부항목을 모두 5명의 전공교수와 민간경비 실무자들이 나누어서 집필하였다. 해당 분야에 대한 그동안의 다양한 연구와 실무경험을 이번 출간을 계기로 일목요연하게 정리할 수 있었다고 자부한다. 경비지도사시험의 새로운 경향에 부합하고 대학의 관련 학과 전공학생들의 니즈에 주목하고 있는 만큼, 『민간경비론』의 주요 내용을 체계적으로 배우고 익히는데 큰 도움이 되기를 바라는 바이다.

2023년 1월
저자 일동

차례

제14장 신변보호업무 351

제17장 민간경비의 미래 436

제 1 장 민간경비의 이해

제 1 절 민간경비의 의의

1 개요

경비란 도난, 재난, 침략 따위를 염려하여 사고가 나지 않도록 미리 살피고 지키는 일이다. 역사적으로 경비는 개인 및 이웃들이 스스로를 지키는 자경주의와 통치 계층이 질서유지와 권력 행사를 위한 경비활동으로 나눌 수 있다. 이렇듯 경비는 인류의 역사와 함께한 매우 중요한 활동으로 국가와 개인 스스로가 역할은 분담했다. 자본주의와 산업혁명은 상인세력의 발달을 촉진하였고, 이들의 생명과 재산을 지켜줄 수 있는 민간경비의 역할이 확대되었다. 오늘날 기업들은 자신의 재산을 지키기 위해 경비업무를 전문 경비업체에 위탁하고 있다. 민간경비의 활동이 다른 산업 분야와 결합하여 경비, 보안, 정소, 그리고 건물관리를 한번에 위탁하는 아웃소싱이 보편화되어 있다.[1] 더욱이 컴퓨터, 메타버스(Metaverse) 등 정보기술(Information Technology: IT)의 발전은 사이버공간에서도 민간경비의 활동 영역을 만들어내고 있다. 최근에는 물리적 보안요소(CCTV, 출입통제장치 등)와 정보보안요소를 통합한 융합보안(convergence security) 개념이 부각되고 있다

1) 아웃소싱이란 기업 업무의 일부 프로세스를 경영 효과 및 효율의 극대화를 위한 방안으로 제3자에게 위탁해 처리하는 것을 말한다.

오늘날 IT 기기의 발전으로 인한 범죄기회 증가, 개인주의에 따른 사회해체요소 증가, 그리고 고령화에 따라 개인 또한 민간경비에 대한 수요가 증가하고 있다. 이런 이유로 민간경비업체에서는 가정의 안전을 컴퓨터 및 가정용 CCTV를 이용하여 집중관리하는 시스템인 홈시큐리티 시스템(home security system)[2]을 제공하고 있다.

2 민간경비의 개념

민간경비(private security)란 여러 가지 위해로부터 개인의 이익이나 생명과 재산을 보호하기 위하여 특정한 의뢰자에게 경비 및 안전에 관련된 서비스를 사람들로부터 받은 보수만큼 제공하는 개인, 단체, 그리고 영리기업을 말한다.[3] 민간경비는 민간과 경비라는 두 개념의 합성어이다. 따라서 민간경비의 특성을 정확히 이해하기 위해서는 시큐리티(경비)의 개념 및 특성, 민영적 특성을 살펴볼 필요가 있다.

1) 시큐리티 특성

시큐리티는 경비, 보안, 안전 등과 유사한 개념으로서 위험과 위해로부터 자유로운 상태를 달성하기 위한 수단과 조치를 의미한다. 피셔와 그린(Robert J. Fischer & Gion Green)은 시큐리티를 "개인 혹은 집단의 간섭이나 해가 없고 훼방이나 손해에 대한 두려움 없이 목적한 바를 추구할 수 있는 안정되고 예측 가능한 환경"이라 정의하였다.[4] 다만, 이 경우 모기나 바퀴벌레 등의 해충으로부터의 피해를 막는 기업 또한 민간경비업체에 포함될 여지가 있다.

조지와 버튼(Bruce George & Mark Button)은 시큐리티를 ① 범죄예방, ② 질서유지, ③ 손실예방, ④ 보호로 설정하고, 이 네 가지 특성을 많이 가질수록 민간경비 속성을 많이 가지고 있는 것으로 보았다.[5] 어떤 시큐리티의 활동이나 산물을 민간경비로 규정

---

2) 홈시큐리티 시스템이란 범죄, 가스 누출, 화재 등을 자동적으로 감지하고 이상 시에는 긴급 연락선으로 통보하는 시스템이다 이러한 홈시큐리티 시스템은 집안 상황을 실시간으로 확인하게 해주는 기능, SOS 기능, 양방향 대화 기능 등을 제공한다.

3) A profit-oriented industry that provides personnel, equipment and procedures to prevent losses caused by human error, emergencies, disasters or criminal actions. Arthur J. Bilek & Peter P. Lejins, *Private Security*, Cincinati, Ohio: Anderson Publishing Co., 1997, p.3.

4) Robert J. Fischer, & Gion Green, *Introduction to Security*, Boston: Butterworth Heinemann, 1998, pp.75-80.

5) Bruce George, & Mark Button, *Private Security*, Leicester: Perpetuity Press, 2000, p.7.

하는 절대적인 선을 확정짓는 것은 불가능하다고 보았다.

우리나라에서는 시큐리티를 경비로 번역하여 사용해 왔다. 이와 관련하여 이창무(2010)는 경비라는 용어 대신 보안이라는 용어를 사용할 것을 제안하였다. 보안이라는 용어가 우리 사회에서 더 광범위하게 사용하고 있다는 점, 경비가 아날로그적 이미지를 가지고 있다는 점 등을 빌어 민간보안이라는 용어로 민간경비의 정체성을 재정립하자고 주장하고 있다.[6] 이러한 견해는 상당한 설득력을 가지고 있다. 다만, 이미 학계는 물론 사회적으로도 널리 민간경비라는 용어가 통용되고 있는 상황에서 새로운 개념 제시는 오히려 혼란을 초래할 여지가 있다는 주장도 있다.

2) 민영적 특성

민간경비의 서비스 공급주체는 중앙정부나 지방정부가 아닌 민간 차원의 어떤 기업이나 조직이다. 민영으로 운영되기 때문에 원칙적으로 경비원의 신분 또한 민간인이며, 특별한 권한을 가지고 있지 않다. 물론 경우에 따라서 무기 사용권한 등 특별한 권한을 보유하기도 한다. 또한 민간이 운영하기 때문에 이윤추구적 특성을 가지고 있다. 경비를 위탁받은 업체는 경비업을 통해 영리를 추구하고 있다.

수요자 측면에서도 민간경비 서비스는 일정한 비용을 지불한 특정 고객에 한정해서 배타적으로 그 혜택이 제공된다는 점에서 공경비와 차이가 있다. 피셔와 그린(Robert J. Fischer & Gion Green)은 서비스가 특별한 개인이나 조직의 보호를 위해 공급될 때 일반적으로 이를 민간경비 영역에 속한다고 보았다.[7] 또한 일정한 아파트 단지를 중심으로 그곳에 거주하는 시민들이 자율방범대를 구성하고 순찰활동을 실시하는 것처럼 민간경비는 소속성과 연고성을 가지고 있는 경우도 있다.

3) 실질적 의미의 민간경비와 형식적 의미의 민간경비

실질적 의미의 민간경비는 '민간 차원'에서 개인 및 집단의 생명과 신체에 대한 위해를 방지하고 재산 등을 보호하는 모든 활동을 의미한다. 개인적 차원에서 이뤄지는 방범활동 및 이윤추구를 목적으로 하지 않는 자율방범대 등 모두 실질적 의미의 민간경비이다. 이러한 실질적 의미의 민간경비는 학문적 관점에서 민간이 범죄예방 관련 제반

6) 이창무, "'민간경비' 용어의 수정 필요성에 관한 고찰," 『한국공안행정학회보』, 통권 제38호, 2013, pp.203-226.

7) Robert J. Fischer & Gion Green, op. cit., pp.75-80.

활동이 어떻게 이루어지고 있는지 이론적으로 정립하는 개념이다.

형식적 의미의 민간경비는 「경비업법」과 실정법에서 규정하고 있는 활동을 의미한다. 우리나라 「경비업법」에는 민간경비를 시설경비업무, 호송경비업무, 신변보호업무, 기계경비업무, 그리고 특수경비업무로 구분하고 있다. 일본 「경비업법」 제2조에는 경비업무로 시설경비, 혼잡경비, 수송경비, 신변보호경비, 교통유도경비로 구분하고 있으며, 시설경비에 기계경비를 포함하고 있다.

3 공경비의 개념

공경비(public security)는 일반통치권에 의하여 국민의 생명, 신체, 재산의 보호와 공공의 질서유지를 주 임무로 하고 있다.[8] 경비경찰은 이러한 기능 중에서 공공의 안녕과 질서를 파괴하는 국가 비상사태, 긴급한 주요 사태 등이 발생하거나 발생할 우려가 있는 경우 이러한 상황이나 범죄를 예방, 경계 및 진압하는 조직적인 부대활동을 말한다.

제 2 절

민간경비의 분류와 종류

1 민간경비의 분류

1) 홀크레스트 보고서(Hallcrest Report)의 분류

홀크레스트 보고서에서는 물리적 경비(physical security), 인적 보호(personnel security), 정보보호(information security) 등으로 분류하고, 아홉 가지 영역으로 나누고 있다.[9]

---

8) 경찰관은 국민의 생명·신체 및 재산의 보호, 범죄의 예방·진압 및 수사, 범죄피해자 보호, 경비, 주요 인사(人士) 경호 및 대간첩·대테러 작전 수행, 공공안녕에 대한 위험의 예방과 대응을 위한 정보의 수집·작성 및 배포, 교통 단속과 교통 위해(危害)의 방지, 외국 정부기관 및 국제기구와의 국제협력, 그 밖에 공공의 안녕과 질서유지의 직무를 수행하고 있다(경찰관 직무집행법 제2조).

9) William C. Cunningham, John J. Strauchs, & Clifford W. Van Meter, *Private Security Trends: 1970 to 2000 The Hallcrest Report*, Woburn, MA: Butterworth-Heinemann, 1990, pp.125-132.

세 가지 분류 내용은 다음과 같다.

첫째, 물리적 경비는 ① 사람과 차에 대한 접근통제 감시, ② 불법침입자의 예방과 탐지, ③ 재산(정보, 건물, 자재, 장비 등)의 보호이다.

물리적 경비의 이용범위와 방법은 경비대상물의 안전에 대한 잠재적 위험 정도와 특정 시설의 취약성에 따라 결정된다. 또한 물리적 경비는 주변에 대한 보호로부터 시작된다. 일반적으로는 여기에는 순찰활동과 경비실에서의 전통적인 경비활동뿐 아니라 물리적 장벽(담장 · 출입문 · 벽 · 자연 장벽), 잠금장치(locking system), 방범조명, CCTV, 침입감지센서 등이 포함된다. 이외에 접근통제장치(access control system)도 구성요소 중의 하나인데, 여기에는 간단한 기본적인 열쇠관리 시스템부터 고급화된 통제장치(지문인식, 홍체인식, 카드식 잠금장치 등)가 포함된다.

경비대상시설의 내부공간을 보호하기 위한 전형적인 장치인 경보기(alarms), 잠금장치, 전사적 접근통제, 감시시스템 등이 개별적으로 또는 결합되어 사용되고 있다. 물리적 경비가 최근에는 냉난방, 환기와 통풍, 전원(電源) 시스템과 통합하여 중앙관제센터에서 총괄적으로 관리하는 추세이다.

물리적 경비에서 가장 중요하고 기본이 되는 자원은 경비원이다. 경비원은 순찰활동, 경계활동, 출입감시, 내부통제시스템의 관리 등 다양한 분야에서 안전관리 책임을 지고 있다.

둘째, 인적 보호는 신규채용자의 경력조사, 조직구성원들의 안전의식 고양, 종업원에 대한 성실의무계약, 주요 경영간부 등 요인경호의 업무를 포함한다.

많은 조직에서 관심을 가지고 있는 요인경호는 사무실 접근통제, 통신통제, 자택의 안전관리, 통근 및 여행 시 특별경호, 훈련된 운전기사와 경호원을 배치하는 것이다.

셋째, 정보보호는 역사적으로 국가정보의 취급에서 비롯되었으나 이후 공 · 사 모든 조직에서 기밀유지를 필요로 하는 정보를 생산 · 보유하고 있다. 민간부문에서 보호가 필요한 정보로는 조직활동에 중요한 예산 및 재무정보, 개발 중인 제품과 서비스에 관련된 정보, 고객관리와 관련된 정보, 조사와 개발 정보 등이 포함된다.

이러한 중요한 정보의 절도 및 파괴행위 등은 기업에 직접적인 손실을 끼치게 된다. 정보보호의 다른 측면에서는 사용되지 않은 정보의 처분, 외부기록의 보관, 재해 시 컴퓨터 기능의 복구 등이 포함된다.

오늘날 정보보호에서 가장 중요한 것은 컴퓨터 보호(computer security)이다. 그 이유는 이동식 기억장치(Universal Serial Bus: USB) 등과 전자메일을 이용한 정보저장과 이동이 간편하여 컴퓨터 범죄가 빈발하고 있고, 컴퓨터 시스템에 저장된 방대한 정보와 컴퓨터 네트워크를 통하여 전달된 정보가 범죄대상이 되기 때문이다.

한편 아홉 가지의 경비 영역은 자체경비(proprietary security), 경비 및 순찰서비스(guard and patrol services), 경보서비스(alarm services), 민간조사(private investigations), 무장차량서비스(armored car services), 자물쇠 제조(locksmiths), 경비 관련 자문(security consultants), 경비기기의 제조 및 판매(security equipment manufacturing and distributing), 기타(경비견, 약물검사, 감식, 경비보험계약, 경비시장조사, 경비 관련 문헌출판, 보관업, 경비 관련 훈련, 쇼핑서비스, 거짓말조사, 제복임대 및 판매) 등이다.

2) ASIS의 분류

미국산업안전협회(American Society for Industrial Security: ASIS)는 물리적 경비, 정보보호, 인적 경비, 정보시스템 보호 등으로 분류한다.[10]

첫째, 물리적 경비(physical security)는 민간경비인력, 경비장비 및 경비수행 절차에 의해 대인, 대물, 그리고 대시설 보호에 중점을 두는 경비이다.

둘째, 정보보호(information security)는 고급 비밀정보를 다루는 경비형태로, 이는 전통적으로 국가 안전을 위해 분류된 정보 취급과 관련된 것이나 통상 개인적 신상정보, 사유재산정보, 계약정보, 지적재산정보 보호에 중점을 두는 경비이다.

셋째, 인적 경비(personnel security)는 기관 혹은 사업체에서의 신뢰와 명확성 제고를 위한 경비로서, 이는 약물조사, 신상조사 등 고용 전 신원조회 등을 하는 형태이다.

넷째, 정보시스템 보호(information systems security)는 책임성, 확신성, 능력성 등의 유지를 위해 작성된 자료를 자동 정보시스템을 통해 유지, 운용 및 변환하는 경비이다.

3) Bottom의 분류

보텀(Norman R. Bottom, Jr.)은 민간경비의 기본적인 목적이 고객 또는 조직의 자산을 보호하고 손실을 예방한다는 관점에서 WAECUP이라는 신조어(新造語)로 설명하고 있다. 즉, 민간경호·경비의 역할을 낭비(Waste), 사고(Accidents), 에러(Errors), 범죄(Crime), 비윤리적 활동(Unethical Practices)을 방지하는 것으로 분류하고 있다.[11]

---

10) American Society for Industrial Security, Professional Development-Security Speciality Areas.

11) Norman R. Bottom, Jr. "An Informational Theory of Security", *Computers & Security* Vol. 2, No. 3, 1983, pp.275-280.

4) 랜드(Rand Corporation) 보고서의 분류

랜드 보고서는 시큐리티 관련 서비스의 유형을 민간경찰(private police)과 민간경비(private security)는 수사(investigation), 경비(guard), 순찰(patrol), 거짓말 조사, 경보, 경비수송을 포함하는 것으로 예시하고 있다.

5) George와 Button의 분류

조지와 버튼(Burce George & Mark Button)은 범죄예방, 질서유지, 손실예방, 보호[12]로 나누고 있다.

6) McCrie의 분류

매크리(Robert D. McCrie)는 전통적 경비의 영역을 경보(alarm)장치, 귀중품 수송에 따른 무장경비 차량 서비스, 중요인물에 대한 대인경호로 대별한다.[13]

7) Post의 분류

포스트(Richard. S. Post)는 인위적 재난, 자연적 재난, 환경적 재난으로부터 보호를 제공하는 시도[14]로 분류한다.

8) 경비업법의 분류

우리나라 「경비업법」 제2조에서는 시설경비업무, 호송경비업무, 신변보호업무, 기계경비업무, 특수경비업무로 나누고 있으며, 이를 형식적 의미의 민간경비라고 한다.

첫째, 시설경비업무는 경비를 필요로 하는 시설 및 장소(경비대상시설)에서의 도난・화재 그 밖의 혼잡 등으로 인한 위험발생을 방지하는 업무이다.

둘째, 호송경비업무는 운반 중에 있는 현금・유가증권・귀금속・상품 그 밖의 물건에 대하여 도난・화재 등의 위험발생을 방지하는 업무이다.

셋째, 신변보호업무는 사람의 생명이나 신체에 대한 위해의 발생을 방지하고 그 신변을 보호하는 업무이다.

---

12) Burce George & Mark Button, op. cit, p.10.

13) Robert D. McCrie, "The Development of the U.S. Security Industry", *The Annals of the American Academy of Political and Social Science*, Vol. 498, 1988, pp.23-33.

14) Richard S. Post, *Security Administration: An Introduction*, Cincinnati, Ohio: Anderson, 1970.

넷째, 기계경비업무는 경비를 필요로 하는 시설 및 장소(경비대상시설)에 설치한 기기에 의하여 감지·송신된 정보를 그 경비대상시설 외의 장소에 설치한 관제시설의 기기로 수신하여 도난·화재 등 위험발생을 방지하는 업무이다.

다섯째, 특수경비업무는 공항 등(항공기를 포함한다) 대통령령이 정하는 국가중요시설의 경비 및 도난·화재 그 밖의 위험발생을 방지하는 업무이다.

2 민간경비의 종류

미국에서는 일찍이 민간경비를 산업으로 인식하고 이에 대한 시장분석이 체계적으로 이뤄지고 있다. 민간경비 가운데 자체경비(proprietary security)를 제외하고는 대부분 계약경비(contract security)에 해당한다. 이 밖에 민간조사, 그리고 경비 관련 장비를 제조 판매하는 회사 또한 민간경비 시장에 포함된다. 우리나라의 경우 특수하게 청원경찰제도가 도입되었으며, 청원경찰제도 또한 서비스를 받는 당사자가 비용을 부담하여 경비업무를 수행하기 때문에 자체경비의 성격을 가지고 있다.

1) 자체경비

자체경비는 기업 또는 개인이 스스로 고용계약 등을 통해서 경비활동을 하는 것을 말한다. 자체경비는 어떠한 인·허가 절차를 거치는 것이 아니라 자유로운 계약에 의해 진행되기 때문에 그 규모를 파악하는 것은 쉬운 일이 아니다. 정확한 시장 파악의 어려움에도 불구하고 많은 기업과 개인들은 재산과 생명을 보호하기 위해서 자체경비를 활용하고 있다.

2) 계약경비

(1) 시설경비

「경비업법」 제2조에서는 시설경비업무를 "경비를 필요로 하는 시설 및 장소에서의 도난·화재 그 밖에 혼잡 등으로 인한 위험발생을 방지하는 업무"로 규정하고 있다. 2001년 「경비업법」 개정을 통해 민간경비원이 국가중요시설에서 무기를 사용할 수 있는 법적 근거가 마련되었다. 일반인들은 경비 종류에 대하여 잘 알지 못하기 때문에 시설경비가 전체 민간경비를 대표하는 것으로 인식하는 경우가 있다. 그러나 시설경비는 민간경비의 한 분야일 뿐이다. 다만, 시설경비는 가장 많은 고객층을 형성하고 있는 것 또한 사실이며, 민간경비업 가운데 시설경비업의 비중이 가장 높다. 시설경비는 정부와 민간을 불문하고 모든 산업시설에 제공되고 있다. 예컨대, 금융, 운송, 소매, 의료, 기타 등 대부분의 기관과 산업체들은 계약을 체결하여 시설경비 서비스를 이용하고 있다.

공동주택에 근무하는 경비원은 「경비업법」의 적용을 받는 경비원 외에도 「공동주택관리법」의 적용을 받는 공동주택 경비원이 있다. 「공동주택관리법 시행령」 제69조의2에 공동주택 경비원이 예외적으로 종사할 수 있는 업무로 ① 청소와 이에 준하는 미화의 보조, ② 재활용 가능 자원의 분리배출 감시 및 정리, ③ 안내문의 게시와 우편수취함 투입, ④ 공동주택에서의 도난, 화재, 그 밖의 혼잡 등으로 인한 위험발생을 방지하기 위한 범위에서 주차 관리와 택배물품 보관 업무가 있다. 〈표 1-1〉과 같이 「경비업법」의 적용을 받는 경비원과 「공동주택관리법」의 적용을 받는 경비원들은 범죄예방 및 안전교육에 있어서도 많은 차이가 있다. 범죄예방 및 안전교육은 경비원들의 전문성 확보 차원에서 중요한 의미를 가지고 있는데, 「공동주택관리법」의 경비원에 대한 범죄예방 교육은 매우 미흡하다.

표 1-1 「경비업법」의 경비원과 「공동주택관리법」의 경비원

종류	교육훈련
「경비업법」의 경비원	범죄예방 및 안전 교육과 관련하여 「경비업법」의 적용을 받는 경비원은 일정한 신임교육과 직무교육을 받도록 하고 있다. 경비원 신임교육은 24시간, 직무교육은 매월 4시간 받도록 하고 있다.
「공동주택관리법」의 경비원	「공동주택관리법」의 적용을 받는 경비원에 대한 신임교육 규정이 없으며, 방범교육 등과 관련하여 연 2회 이내 매회별 4시간으로 규정하고 있다.

(2) 호송경비

「경비업법」 제2조에서 호송경비업무는 "운반 중에 있는 현금 · 유가증권 · 귀금속 · 상품 그 밖에 물건에 대하여 도난 · 화재 등 위험발생을 방지하는 업무"로 규정하고 있다. 다시 말해, 호송경비 또는 운반경비라는 것을 견고하게 무장된 차량과 무장경호 경비원들이 현금, 위험물, 귀중품, 보석, 기타 높은 가치 또는 위험성을 가진 물품을 안전하게 호송하는 활동을 말한다.

호송경비와 관련하여 유사한 기능을 수행하는 다수의 직업군이 존재한다. 예컨대, 심부름센터나 택배회사 또한 민간경비의 호송서비스와 유사한 역할을 담당하고 있다. 이

러한 탁송회사들 또한 간혹 귀중품이나 중요한 문서들을 운반하는 경우가 있기 때문이다. 그러나 이들은 「경비업법」의 호송경비와는 다르다. 그 이유로 첫째, 운반차량 및 운반도구에 있어서 물리적 구조가 다르다. 둘째, 탁송서비스 업체는 호송경비원들과 같은 수준의 안전관리 능력을 요구하지 않는다. 셋째, 호송경비원들은 범죄예방, 그리고 손실예방의 관점에서 운송서비스를 수행한다는 점에서 일반 탁송과는 차이점이 보인다.

(3) 신변보호

「경비업법」 제2조에서 신변보호업무는 "사람의 신체에 대한 위해의 발생을 방지하고, 그 신변을 보호하는 업무"로 규정하고 있다. 안전에 대한 사회적 욕구가 높아짐에 따라 신변보호의 필요성은 정치적 · 경제적 주요인물 뿐만 아니라 예술인, 스포츠선수, 일반시민에 이르기까지 광범위하게 대두되고 있다. 추가적으로 노약자와 여성 등을 범죄에 취약한 사람을 대상으로 하는 "에스코트 서비스"의 수요가 높아지고 있다. 신변보호업무는 「대통령 등의 경호에 관한 법률」이나 「경찰관 직무집행법」에 의해 공적으로 신변보호를 받을 경우 경호라는 용어를 사용한다.

(4) 기계경비

민간경비 시장에서 빠른 성장세를 보이고 있는 분야는 기계경비이다. 산업시설 및 상업시설, 그리고 주거단지에서 경보장치를 설치하는 경우가 증가하고 있고, 이와 더불어 경보장치 관련 기술이 빠르게 향상되고 있기 때문이다. 「경비업법」 제2조에 기계경비업무는 "경비대상시설에 설치한 기기에 의하여 감지 · 송신된 정보를 그 경비대상시설 외의 장소에 설치한 관제시설의 기기로 수신하여 도난 · 화재 그 밖의 위험발생을 방지하는 업무"로 규정하고 있다. 다른 업무가 모두 보호대상을 기준으로 한 것에 비하여 기계경비는 보호수단을 기준으로 하고 있다. 이러한 이유로 기계경비업무를 하나의 경비업무 유형으로 두는 현행법의 형태는 개선이 필요하다는 의견이 존재한다.

기계경비 운용에 있어서 크게 네 가지로 구분할 수 있다. 경보장치 판매자, 경보장치 설치자 및 기술자, 경보장치 작동 감시자, 그리고 경보장치 작동에 출동하는 출동요원이다. 통상적으로 경보작동 장치의 감시자와 대응자가 민간경비의 영역으로 간주된다.

(5) 혼잡경비

일본의 「경비업법」에서 혼잡경비는 "사람 또는 차량의 혼잡한 장소 또는 이들의 통행에 위험이 있는 장소에서의 부상 등의 사고발생을 경계하고 방지하는 업무"로 규정하고 있다. 우리나라 「경비업법」에는 혼잡경비라는 것을 경비업무의 유형으로 명시적으로 규정되어 있지 않다. 다만, 이러한 혼잡경비는 시설경비나 신변보호업무 등에 포함되어 있다고 본다. 일본 민간경비 시장에서 혼잡경비업무가 차지하는 비중이 매우 높다.

3 민간경비의 중요성

경비업무는 사람의 생명, 신체, 재산에 대한 위해의 발생을 경계하고 방지하는 업무이다. 경비업무는 그 특성이 타인의 권리, 자유를 침해하거나 부당한 행위를 수반하기 쉬운 측면을 가지고 있으므로 그 업무를 수행할 때에는 「헌법」에 보장되어 있는 기본권에 대하여 충분히 이해를 하여 타인의 기본권을 침해하지 않도록 해야 한다.[15)]

기본권이란 추상적으로는 인간이 태어나면서부터 가지고 있다고 보는 권리이며, 인간이 인간으로서 생활하여 가는데 당연히 인정되는 권리이다.

경비업은 개인의 생명, 신체 및 재산을 고객의 의뢰와 부담에 의해 침해로부터 지키는 것이 목적이다. 그 의미에서 국가가 행하는 경찰활동과는 본질적으로 다르다.

그러나 오늘날 경비업무는 단지 개인의 생명이나 재산 등을 지킬 뿐 아니라 널리 공공의 치안과 복지에 깊게 관여하고 있다. 즉, 단지 사적인 민사계약의 범위에 머무르지 않고 널리 공공의 안전과 복지에 기여하고 있는 것이다.

몇 가지 예를 들어 보면 다음과 같다.[16)]

첫째, 시설경비를 적정하게 실시함으로써 절도, 강도, 방화 등의 범죄를 미연에 억제하는 효과가 있어 지역사회의 치안유지에 공헌할 수 있다.

둘째, 일반 기업이나 개인 주택에 한하지 않고 공공시설의 경비업무를 담당함으로써 시민서비스라고 하는 행정의 원활한 수행에 기여할 수 있다.

셋째, 공항 등 국가중요시설의 경비업무를 담당하여 사고를 방지함으로써 국민의 불안을 낮추고, 불법 가해행위를 미연에 방지한다.

넷째, 대규모 행사장의 혼잡을 적절하게 관리함으로써 다수 참가자의 안전확보에 기여할 수 있다.

다섯째, 현금 등의 귀중품 호송경비업무를 안전하게 수행함으로써 경제계의 혼란을

15) (社)全國警備業協會, 『警備員教育教本: 基本教育編』, 東京: 全國警備業協會, 1999, p.36.
16) 위의 책, pp.11-12.

미연에 방지하거나 흉악범죄를 억제할 수 있다.

여섯째, 위험물을 안전하게 호송함으로써 지역주민의 불안을 경감시켜 사회안녕에 기여하고 있다.

일곱째, 국내·외의 정치·경제·사회·문화·체육계 요인을 안전하게 경호함으로써 사회불안과 혼란을 미연에 방지한다.

제3절 민간경비와 공경비의 관계

1 공권력작용 측면

사용자적 측면에서 살펴보면 공경비(public security), 즉 경찰은 범죄예방, 범죄자 체포 및 수사, 개인의 생명 및 재산보호, 공공의 질서유지, 교통통제 등의 임무가 주로 공공의 이익을 위해 행한다. 반면에, 민간경비(private security)는 특정한 의뢰자를 위해 행하는 것이 크게 다른 점이다. 공권력작용 측면에서 경찰관의 경우는 이러한 모든 업무를 수행하기 위하여 각종 강제권을 포함한 권한이 주어져 있는 데 반하여, 민간경비원은 이와 같은 권한은 극히 한정되어 있거나 각종 제약을 받고 있다.

2 업무수행 측면

민간경비와 공경비는 〈표 1-2〉에서 보는 바와 같이 공통적으로 범죄예방, 범죄감소 또는 질서유지 등의 역할을 수행한다. 공경비는 일반사람들을 대상으로 범인체포와 범죄수사를 위한 법집행을 주로 한다. 반면에, 민간경비는 특정한 의뢰자(고객)로부터 받은 대가 내지 보수만큼 그 사람들을 위해 범죄예방, 범죄감소 또는 경제적 손실방지를 위한 예방적 측면에서 그 기능과 역할을 한다는 점에서 공경비와 차이가 있다.[17)]

17) Robert R. J. Gallati, *Introduction to Private Security*, Englewood Cliffs, New Jersey: Prentice-Hall, Inc., 1983, p.26; William C. Cunningham & Todd H. Taylor, *The Hallcrest Report: Private Security and Police in America*, Portland, Oregon: Chancellor Press, 1985, pp.204-205.

표 1-2 민간경비와 공경비의 공통목적

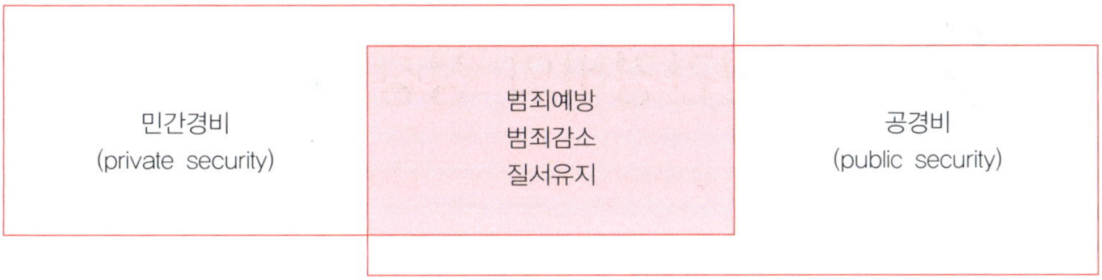

자료: Bilek & Lejins(1997: 6).

이상에서 설명한 민간경비와 공경비의 관계를 표로 나타내면 〈표 1-3〉과 같다.

표 1-3 민간경비와 공경비의 비교

민간경비	경비서비스	공경비
고객 (client)	투입(input)	시민 (citizen)
범죄예방 (crime prevention)	역할/기능	범죄대응 (crime response)
특정 고객대상 (specific client)	서비스대상	일반시민 대상 (general citizen)
영리기업 (profit-oriented enterprise)	전달조직	정부 (government)
손실감소 및 재산보호 (loss reduction/asset protectio)	산출(output)	법집행 및 범인체포 (law enforcement/apprehension)

자료: Bilek & Lejins(1997: 7).

제 2 장 민간경비의 성장 이론

제 1 절 민간경비의 이론적 배경

세계 대부분의 국가들은 경찰 등 국가의 법집행 기관을 통해 법과 질서유지 및 안전서비스를 제공하고 있다. 이와 같은 국가조직으로 국민의 생명과 안전에 관한 국민의 각종 요구에 부응하려고 노력하여 왔지만, 나날이 늘어나는 치안수요로 말미암아 경찰력이 미처 감당해내지 못하는 치안의 공백 문제를 해결하기는 쉽지 않았다. 민간경비는 이와 같이 국가조직이나 지방자치단체에 소속되어 있는 경찰공무원이 제공할 수 없는 영역의 각종 범죄의 예방과 신변보호서비스 등 새로운 치안수요에 대응하기 위하여 민간 전문가를 포함한 보안전문기업 차원의 산업 영역에서 개별 고객들에게 제공되고 있다. 민간경비의 이러한 발전은 시민들의 안전에 대한 욕구가 점점 다양하게 나타나면서 경찰력이 제공할 수 없거나 일정한 한계를 지니는 치안서비스의 요구(needs)가 계속 늘어나고 있기 때문이다.

이러한 시대조류의 변화에 따라 점점 더 역할과 비중을 넓혀가고 있는 민간경비가 어떠한 이유로 성장하여 왔고, 지속적으로 발전하여 가는 이유에 대하여 살펴보고자 한다. 민간경비(民間警備, private security)는 경찰공무원의 법집행을 전제한 국가공권력의 행사로 대변되는 공경찰(公警察)과 대비되면서 민간인 신분의 당사자 간 계약을 전제한 경비서비스의 제공의무의 이행을 그 내용으로 하는 사경찰(私警察, private police)로 일컬어지기도 한다.

홀크레스트 보고서(Hallcrest Report)는 민간경비의 꾸준한 성장의 원인으로 다음의 네 가지를 들고 있다.[1] 첫째, 사업장에서의 범죄의 증가이다. 둘째, 이로 인한 범죄 두려움(fear of crime)의 증가이다. 셋째, 국가의 재정위기로 인한 경찰의 보호 축소이다. 넷째, 비용 대비 효과 측면에서 보다 우수한 민간경비 상품과 서비스에 대한 시민과 사업자 등 민간경비서비스 고객의 인식확산이다. 이러한 관점 외에도 다음과 같은 민간경비의 성장 이론이 논의되고 있다.

제 2 절

민간경비 성장 이론

민간경비의 성장과 발전에 관한 이론들은 대개 민간경비의 성장 근거를 논증하는 데 그 의의를 두고 있다. 경제 환원론, 공동화 이론, 이익집단 이론, 수익자부담 이론 등은 국가공권력의 상징으로 법률에 근거하여 집행되고 있는 경찰의 존재와 함께, 혹은 이를 보충하는 영역에서 그 존재의의를 찾는 민간경비의 특성을 이론적 출발점으로 삼고 있다.

1 경제 환원론

경제 환원론(economic reduction theory)은 경기침체에서 유발된 실업의 증가로 인하여 범죄가 증가하고, 이에 따른 직접적 대응 차원에서 민간경비의 역할이 증대된다는 이론이다. 주로 경기순환론에 주목하면서 경제학적 측면에서 민간경비의 성장을 설명한다. 이 이론은 경기순환과 같이 우리 사회에서 나타나는 모든 현상들은 대개 경제현상의 하나로 본다. 비록 논리 필연적으로 직접적인 인과관계에 부합시킬 수는 없을지라도 어떠한 사회현상의 발생 원인을 경제학적 접근을 통하여 경제적 이유로 설명하려는 이론이다. 결국 경제 환원론은 모든 사회현상의 발생원인은 경제적 동인(動因)에 귀착된다고 설명한다. 민간경비의 성장 및 발전이라는 사회현상도 결국은 경기순환에 따른

1) Cunningham, William C., Stauchs, John J. & Meter, Clifford W. Van, *Private Security Trends 1970 to 2000: The Hallcrest Report II*, Boston: Butterworth-Heinemann, 1990, pp.122-123.

사회적 수요변화에서 그 원인을 찾을 수 있다고 보는 것이다.

경제 환원론은 민간경비의 성장원인을 경기순환이라는 경제학적 현상에서 찾았기 때문에 경기불황(depression)은 물론 경기호황(prosperity)에도 민간경비가 성장한다는 것을 논증할 수 있다. 경기순환(business cycle)이란 경제가 장기적으로는 성장하는 추세를 보이지만 단기적으로는 확장과 수축을 끊임없이 반복하면서 변동하는 것을 가리킨다. 경기순환론에 따르면 경기는 일반적으로 불황(depression), 회복(recovery), 호황(prosperity), 후퇴(recession)의 네 단계를 거치며 순환한다. 이를 경기순환과 범죄발생 추이의 관계로 변환시켜보자면, 경기가 호황이 되면 많은 사람들의 재산이 대체로 늘어나고, 이렇게 많은 재산을 가지고 있는 사람들은 자신의 늘어난 재산을 보호하기 위해서 경찰 이외에 부가하여 민간경비회사와 경비서비스 공급계약을 체결하게 될 것이라는 것이다.

반면, 경기불황으로 실업자가 늘어나면 자연적으로 범죄가 증가하게 되어서 민간경비를 이용하려는 수요가 증가하므로 민간경비 산업이 성장하게 된다고 본다. 다시 말해, 경제가 침체되면 실업자가 늘어나게 되고, 자연적으로 먹고 살 길이 막막해진 사람들이 범죄를 하게 되서 범죄가 증가하게 된다고 본 것이다. 이렇게 범죄가 증가하게 되면 범죄로부터 자신의 재산을 보호해야 할 필요성이 있는 사람들은 개인부담으로 민간경비원들을 채용하여 범죄에 대처하게 된다는 연결고리를 경기순환론과 마찬가지의 순환적 논리로 설명하고 있다.

이러한 태도는 특히 거시경제학적 차원에서 범죄의 증가원인을 실업의 증가에서 찾으려는 시도로 보이지만, 경제 환원론은 모든 사회현상의 원인을 지나치게 단순화시켜서 경제문제에서 비롯되었다고 보는 경제결정론(經濟決定論)적 단순성(單純性)에 뿌리를 두고 있다는 비판에서 자유롭지 못하다. 또한 경기순환에 따른 사회현상 변화 사례는 장기적 관점에서 통시대적으로 보아야 함에도 불구하고, 특정한 역사적 시간대를 기준으로 발생한 사회현상을 제한적인 경험론적 관찰에 근거하여 주장한 이론에 불과하다는 비판도 가능하다.

여기서 말하는 '제한적인 경험론적 관찰'이라 함은, 지난 1930년대에 전 세계가 경험한 대공황(Great Depression)이나 우리 사회가 겪은 IMF 외환위기와 세계적 금융위기에 따른 급격한 경기변동으로 인하여 실업율과 범죄율이 증가한 사례를 논거로 제시하는 것은 특정 시기만의 경험을 일반화하고 있어서 이론적 취약성을 가지고 있다는 부정적 의미를 담고 있다. 이러한 비판론은 민간경비가 이러한 특정한 시기뿐만 아니라 통상적으로 꾸준하게 성장·발전하여 왔다는 사실에 근거를 두고 있다.

2 공동화 이론

오늘날 경찰은 범죄예방 능력을 향상시켜 급증하는 치안수요에 호응하고자 하지만 범죄와 무질서는 더 빠른 속도로 증가하고, 시민들이 경찰에 거는 기대와 요구 역시 더욱 더 늘어나고 있기 때문에 치안수요에 대한 시민의 만족도는 결코 충족되지 않는다. 이러한 치안서비스 제공에 있어서의 구조적 차이(gap)로 말미암아 치안서비스의 공급은 부족할 수밖에 없다. 이 같은 수요와 공급의 양만큼 공동화가 일어나는데, 이 경우 시민들은 민간경비서비스 사용계약을 통하여 보충하게 된다. 결국 민간경비산업의 시장이 커지고 민간경비가 성장·발전한다고 공동화 이론(vacuum theory)은 설명하고 있다.

공동화 이론에서 공동(空洞, vacuum)은 '비었다'는 뜻인데, 이 이론은 그 논리의 전개에 있어서 경찰의 역할과 능력의 한계를 전제하고 있다. 즉, 경찰이 수행하고 있는 치안 영역에서 일정한 한계를 보이게 되면 민간경비가 이를 보완하거나 대체하기 때문에 민간경비가 성장·발전할 수 있었다고 본다. 특히 경찰의 범죄예방활동이 국민의 욕구를 충족시키지 못할 때, 즉 날로 다양해지는 국민의 안전욕구에서 채워지지 않은 빈자리(空洞) 혹은 갭(gap)을 민간경비가 보충해 나가는 과정에서 민간경비가 성장하게 되었다고 본 것이다.

공동화 이론은 경찰이 민간경비의 성장·발전의 공간을 내어준다는 의미에서 접근하고 있으므로 민간경비와 경찰의 관계를 경쟁관계가 아닌 보완관계로 보게 된다.[2] 직업의 분화와 가치의 다원화는 기존의 경찰이라는 직업 외에도 민간경비라는 새로운 직업을 주목하게 되었다. 대학에서 많은 연구가 이루어지고 있고 전공자도 늘어나고 있다. 시큐리타스(Securitas)나 지포에스(G4S) 등 세계적 보안기업은 물론 신생 보안기업들에 의한 시장진입이 끊임없이 이루어지고 있다. 이들은 경찰의 범죄대응력을 일정부분 보완하거나 대체하며 성장하고 있다.

2) 이윤근, 『민간경비론』, 서울: 엑스퍼트, 2004, pp.15-16.

3 이익집단 이론

이익집단 이론(interest group theory)은 사회의 다른 이익집단과 마찬가지로 민간경비도 자신의 가치와 이익실현을 위해 존재하고 성장과 발전을 위한 노력을 지속한다고 본다. 민간경비 역시 자신의 집단적 이익을 극대화하기 위하여 규모를 팽창시키고, 새로운 규율이나 제도를 창출시키는 등의 노력을 기울인 결과 성장하고 발전하게 된다는 입장이다. 이익집단은 원래 스스로의 이익을 위해 집단을 구성하고 공동이익의 실현을 위해 정치적 지지를 동원하며, 정책대안을 제시하는 등의 활동을 하는데, 노동조합이나 의사협회, 변호사협회, 약사회와 같이 민간경비 관련 이익집단으로는 사단법인 한국경비협회나 사단법인 한국경비지도사협회 등을 들 수 있다.

이익집단은 '자생력을 갖고 성장하기 위해 스스로 살아 움직이는 세포'처럼 생명력을 보다 확장시키는 것과 같이, 민간경비도 스스로의 존립과 성장을 위해 노력한 결과 민간경비가 지속적으로 성장·발전하게 되었다고 보는 것이다. 민간경비도 자신의 어떤 집단적 이익을 극대화하기 위해서 규모를 팽창하고 새로운 규율이나 제도를 창출시키는 노력을 하였고, 이것이 바로 자생적 조직으로서의 이익집단, 즉 민간경비나 민간경비산업이 자생력을 갖고 발전하는 계기가 되었다고 보는 것이다.

이러한 시각과 논리는 앞에서 살펴 본 공동화 이론과는 입장을 달리하게 된다. 공동화 이론은 경찰력의 공백(gap)을 전제로 하고, 경찰의 갭이 생겨야 그 틈을 민간경비가 비집고 들어가서 성장의 계기로 삼게 된다. 공동(空洞)이라고 하는 빈공간이 생겨야 비로소 이를 보완하려는 동기가 발생하여 성장과 발전의 단초를 찾게 되지만, 이익집단이론에서는 이익집단 스스로가 자신의 에너지를 가지고 스스로 움직여서 자신의 이윤을 극대화하기 위해서 팽창하고 노력을 기울이는 하나의 독립적인 행위자(actor)로 인식하고, 민간경비 스스로의 노력을 통해 결과적으로 민간경비가 성장한다는 논리를 가지고 있다.

민간경비의 양적 성장은 초기적 단계에서 일어나는 현상이며, 궁극적으로는 이익집단으로서 스스로의 내부적 결속과 제도화 및 조직화를 진행한 결과 민간경비의 세력과 입지를 강화하게 되어 민간경비가 질적으로도 보다 완전하게 성장하게 된다. 이것이 회사의 형태를 띠든 협회의 형태를 갖추든 여러 가지 힘의 규합을 통해 민간경비라고 하는 이익집단의 힘을 점점 더 강하게 만들어 가게 된다. 이것도 이익집단의 자생적(自生的) 에너지에 의한 것이다. 이에 비해 공동화 이론은 경찰능력이 한계에 도달하게 되거나 변화에 적응하지 못할 때 그것을 보완해준다는 의미를 갖고 있어서 공동화 이론과는 논리전개의 출발점(前提, premise)부터 다른 이론이라고 이해할 수 있다.

4 수익자부담 이론

민간경비서비스를 사용하여 가족의 생명과 신체, 그리고 재산을 보호하고자 한다면 누구나 일정한 대가를 지불하여야 한다. 경찰이 제공하는 치안서비스와는 달리 민간경비서비스를 사용하고자 할 때에는 이에 상응하는 비용을 별도로 지불해야 한다. 이것이 바로 수익자부담 이론(profit-oriented enterprise theory)이다. 하지만 우리가 이 이론에서 특별히 주목하여야 하는 것은 바로 국가 기능에 있어서의 경찰역할에 대한 기본 관점과 철학의 변화이다.

여기에서 수익자(受益者)라는 것은 이익을 받는 사람이라는 뜻이다. 우리가 영화를 보러간다고 하자, 영화를 보고 감동을 느끼고 시간을 즐겁게 보내는 것들은 우리가 이러한 이익을 받는 것, 즉 수익(受益)한다고 할 수 있다. 영화감상의 감동과 영화관 이용의 편익을 우리가 향유한다는 측면에서 우리가 수익자가 되는 것이다. 또한 부담이라는 것은 우리가 영화관에 입장할 때 극장표 구입이라는 대가(代價)를 지불하는 것을 말한다. 결국 영화를 보고 영화관에서 즐겁게 시간을 보내기를 원하는 사람은 입장료를 지불해야 한다는 뜻이 된다.

수익자부담 이론에서 전제하고 있는 경찰의 공권력 작용은 기존의 상식과는 달리 원칙적으로 거시적 측면에서 국가의 체제유지나 질서유지 등으로 한정하고 있다. 사회구성원 개개인 차원이나 여타 집단과 조직 등의 안전에 관해서는 민간경비 등에 일정한 대가를 지불하고 문제를 해결하여야 한다고 설명한다. 경찰은 오로지 국가적 차원에서 자본주의의 전반적 체제수호를 위한 정치적 역할, 즉 공적 임무(公的 任務)를 수행하는 역할을 남당하는 공적 조직(公的 組織)으로만 존재하여야 한다고 본다.

수익자부담 이론은 경찰의 역할이 국가체제를 수호하는 역할, 즉 공적인 역할을 수행하는 것으로만 봄으로써 논리 필연적으로 국민 각자의 사적(私的) 영역인 생명, 신체, 재산의 보호에 관하여는 국가적 의무는 없어지게 된다. 경찰의 역할을 국가적 이익의 차원으로 축소하여 제한적으로 보는 것이다.

이렇게 국가로부터 직접적으로 보호받지 못하는 국민들은 바로 국가 이외의 존재에게 손을 내밀어야만 하는데, 경찰을 대체하여 안전을 지켜줄 수 있는 역할을 할 수 있는 것이 바로 민간경비(private security)가 되는 것이다. 점차 민간경비에 대해서 국민들이 자신을 보호해 달라고 하는 숫자가 점점 많아질 것이고, 경찰은 개인을 보호하는 역할을 점점 줄여나가서 국가적 체제유지를 위해서만 경찰의 역할을 바꿔나가고 줄여나가기 때문에, 그 외의 모든 사람들은 민간경비서비스를 통해서 그동안 경찰에게 기대했던 치안서비스를 요구하게 된다. 이렇게 되면 기존에 경찰서비스를 무상으로 쓰던 것에서 이제는 민간경비에게 보호 받는 편익의 대가를 지불하게 되는데, 이러한 논리구조에 의하여 민간경비는 성장할 수밖에 없다고 보는 것이 수익자부담 이론이다. 결국 경찰은 거시적으로 국가체제 유지나 질서유지 역할만을 하고 개인 차원의 안전보호는 개인의 부담으로 해결해야 하는 것이다.

이러한 예는 이미 다른 분야에서도 실현되고 있으니, 개인이 자신의 건강이나 자동차 이용에 따른 위험을 분산하기 위하여 의료보험이나 자동차보험에 가입하는 것이 좋은 예이다. 이와 같이 개인의 신체나 재산의 보호는 개인적 비용 지출에 의해 지켜지고 있는 사례는 적지 않다. 이 경우에 국가는 이미 개인적 건강문제나 재산의 보호 역할을 의료보험이나 자동차보험과 같은 사적 계약관계로 넘겨버려 둔 것이다. 같은 맥락에서 개인의 생명과 신체, 그리고 재산의 보호는 더 이상 국가적 차원에서 경찰의 보호에 두지 않고, 민간경비서비스의 이용이라는 개인 차원의 비용지출에 의해서 이루어질 수밖에 없다.

해외 유명 축구클럽 초청 국제친선 경기를 보게 되면 경기 총괄을 맡는 주관사인 스포츠기획사가 두 팀을 불러 경기를 운영하고 이를 통해 수익을 얻는다. 이러한 경우는 주관한 회사가 수익만 얻을 수는 없고 비용도 지불하는데, 그 비용 가운데에는 초청비용은 물론 축구경기장 임대차와 참가선수들의 생명, 신체, 재산, 그리고 경기장의 질서유지라고 하는 안전에 관하여도 주관사가 질서유지요원 등 민간경비를 고용하여 행사를 치른다. 이러한 경우에는 경찰이 2차적인 질서유지 활동만을 할뿐, 민간행사에 직접적인 개입이나 책임을 지는 것은 아니다. 그것이 바로 우리 생활 가까이에서 구현되고 있는 수익자부담 이론이라고 할 수 있다.

이렇듯 수익자부담 이론은 경찰의 역할을 정의하는 것에서부터 기존의 상식을 모두 뒤집어 버린다. 단적으로 경찰은 자본주의적 국가체제를 유지하기 위해서만 존재하지, 시민 개개인을 위해서 존재하지는 않는다는 것이다. 결국 시민들은 별도의 비용을 지불하여 스스로의 안전을 도모하게 된다.

5 민영화 이론

현대 복지국가의 이상추구는 일정부분의 정부실패를 가져왔다. 이러한 정부실패에 대한 반성적 노력은 작은 정부의 구현이라는 국가역할의 축소를 지향하는 국가역할구조의 변화를 가져왔다. 이것은 공기업의 형태를 민간기업으로 전환하는 방식의 민영화(privatization)로 이어졌다. 공공부문의 자산이나 서비스 제공에 있어서 이를 민간에게 외부계약(contract out) 등의 형태로 이양하게 된 것이다. 경찰서비스의 경우에도 서비스의 공급책임을 정부에서 민간기업으로 이전하고, 정부가 재정적인 부담을 전부 혹은 고객과 일부 분담하는 형태의 치안부분의 민영화가 가능하다는 인식이 확산되었다.

그러나 다른 한편으로는 이러한 민영화에도 불구하고 정부는 민간에 의해 제공된 서비스에 대해서도 국가는 민영화에도 불구하고 최종 책임에서는 결코 자유로울 수 없다는 인식도 상존한다. 이러한 이론적 경향은 민영화의 정책적 효과를 보다 명확히 담보하기 위하여 민영화에 따른 새로운 규제책도 마련되어야 한다는 논리를 강조하기도 한다.

따라서 민영화로 인하여 민간부문의 자율성이 강화되고 이것은 민간경비의 폭넓은 성장과 발전의 토양으로 중요한 역할을 하게 된다고 평가된다. 다만, 이러한 긍정적 측면에도 불구하고, 이에 못지않게 정부의 규제를 불러오는 부정적 측면도 결코 간과해서는 안 될 것이다.

6 정부실패론

정부실패(the government failure)에 관한 경제학적 논의는 형사사법 분야에 있어서 그동안의 정부의 독점(government's monopoly)적 지위에 터 잡아 이루어진 일련의 치안정책 실패에 대한 비판과도 맥이 닿아 있다. 막대한 인력과 예산을 투입하여 왔음에도 불구하고 오늘날 치안 상황은 그다지 나아졌다는 평가를 받지 못하고 있다. 강력범죄의 발생빈도는 좀처럼 수그러들지 않고 있으며, 일반 폭력범죄의 숫자도 크게 다르지 않다. 범죄와의 전쟁을 선언하고 보다 많은 자원을 투입해 보았지만 그 효과는 그리 눈에 띄게 달라지지 않았다. 이러한 정부실패를 만회하고자 하는 민간부문의 역할 증대 필요성은 민간경비의 성장을 가져오는 계기가 되었다.

범죄통제 문제에 대하여 정부에 과도하게 의존하기 시작한 것은 역사적으로도 그리

오래되지 않았으며, 오히려 상대적으로는 최근의 현상에 불과하다고 볼 수 있다. 오늘날 미국과 유럽에서도 생명과 재산에 대한 대부분의 보호는 개인적 영역의 문제라는 인식이 지배하고 있다. 따라서 이러한 부분에 대해서는 개인이 스스로 책임을 지거나 민간경비의 도움을 받아서 해결한다는 의식이 오히려 보편적이다.[3)]

따라서 민간부문이 정부실패 내지 경찰실패의 상황 속에서 치안문제에 대한 자신들의 역사적이며 전통적인 고유권리에 대해 다시 관여하거나 이를 회수하여 직접 통제하려는 것은 오히려 자연스러운 일이라고 할 수 있다.

---

3) 표성수, 『영미형사사법의 구조』, 서울: 비봉출판사, 2004, pp.38-39.

제 3 장 민간경비의 역사적 발전과정

제 1 절 민간경비의 발생 배경

1 민간경비의 발생[1)]

민간경비는 매우 다의적인 용어이다. 각 나라의 역사적 배경과 성장과정 및 공공과 민간경비 간의 관계, 경비산업의 범위, 관련 법령 등의 내용에 따라 다양하게 정의가 되고 있다.

인간은 근원적으로 본능에 따라 자기의 안전을 도모하기 위하여 자기방어를 생각하고 그 방법을 고안·개발하여 왔다. 이것은 개인뿐 아니라 집단·사회·국가도 마찬가지이다. 이러한 과정에서 안전을 확보하기 위한 방법은 각양각색으로 발전되어 왔고, 그것은 특정 사회나 국가의 역사적 발전과정에 따라 특징 있는 제도·방법으로 정착되어 왔다.

인간의 생명과 재산을 보호하는 시큐리티는 인간의 역사 속에서 가장 오래된 활동 중의 하나이며, 오늘날 공공경비 분야보다 더 다양하고 더욱 세분화된 전문성을 가지고 발전되고 있다. 이와 같은 시큐리티의 발전은 다양한 생각과 개념, 그리고 역사적 굴곡과 과정에서 자체의 유형과 특성을 확립하면서 그 필요성이 꾸준히 증진되고 있다.

역사적 기록을 보면 원시 시대의 인간에게 가장 큰 관심사는 인간의 안전과 원시적

---

1) 안황권 외, 『비교시큐리티제도론』, 인천: 진영사, 2009, pp.15-16.

보안장비를 개발하는 것이었다. 즉, 동굴 벽화 등 여러 고대자료들을 보면 원시 시대 인간들에게 가장 중요한 일은 외부의 위협으로부터 방어하고 사회적 힘을 정비하는 것이었다.

이러한 필요성은 그때부터 시작하여 현대에 이르기까지 시큐리티, 즉 공경비와 민간경비를 발전시켜온 원동력이 되었다고 볼 수 있다.

이 시대에는 아직 공공의 질서를 위한 소위 법이라는 것이 존재하지 않아 부족의 관습이 법을 대신하고, 이러한 관습을 어긴 구성원은 족장의 이름으로 처벌받았다. 따라서 이 시기에는 시큐리티를 공공과 민간으로 구분할 수 없는 미분화 상태이지만, 오늘날 공·사 시큐리티의 시원이라고 할 수 있다. 따라서 공경비(public law enforcement)보다는 민간경비(private security)제도가 먼저 생성되었으나 그 기원은 동일하며, 양자는 근간에 이르러 시민의 욕구증대와 전문화 측면에서 분화되었다고 할 수 있다.

2 민간경비와 법개념의 발전[2)]

민간경비와 공경비의 발전과정을 이해하기 위하여 관련 법개념(the concept of law)의 발전과정을 이해할 필요가 있다.

법률 제정과 그 법률에 강제성 기능을 부여하는 것은 발전된 사회와 민주적 정부를 구성하는 가장 근간이 되는 핵심적 요소이다. 원시적 법률은 부족의 관습과 부족장들의 희망사항을 규합하는 정도의 것이었다. 이러한 원시 법률은 오늘날의 성문법적 조문에 의한 형태가 아닌 불문적, 구두적 행위에 의해 통과되고, 그 규제와 수행은 부족장들이나 부족 자치체에 의해 시행되었다.

BC 2000년경까지 성문 법률이 존재하지 않았으나, 바빌론의 왕이었던 함무라비(Hammurabi)에 의해 사회구성원으로서의 개인의 행위와 그 사회 속에서 개인의 책임성을 다루는 법전을 만들었다. 소위 이 함무라비 법전(The Code of Hammurabi)은 단체의 내규, 개인 간의 관계에 대해 오랫동안 지속되어온 관습을 성문화를 통해 행위를 제약하고, 이를 위반할시 이에 대한 벌칙과 처벌 조항을 두었다.

BC 600~500년경 초기 그리스 도시국가에서는 인간의 생명과 재산을 보호하려는 법안의 발전은 당시 도시들의 전략적 거점의 안전망을 확보하려는 통치자들의 이익보호

---

2) 위의 책, pp.16-17.

를 위한 측면에서 법률 및 조직 발전이 이루어졌다고 볼 수 있다. 로마 시대의 특징 중의 하나는 법률과 시큐리티의 발전이다. 열두 개 조문으로 구성된 12동판법(Twelve Tablets)은 로마제국의 전 방위를 보여주는 한 예라 할 수 있다.

아우구스(Augustus) 황제(BC 63~AD 14)는 도시제국을 방어하기 위하여 'Cohort'라는 보병대 군대조직을 만들었다. 이 조직원은 소위 황제의 친위병(praetorians or praetorian guard)으로 비록 군대 조직이긴 하나 역사학자들은 이를 최초의 공경비(경찰)조직으로 보기도 한다. 그리고 집권 말기 소방 및 범법자와 폭동자를 진압하기 위해 로마의 자유시민으로 구성된 로마 자경단(Vigiles of Rome)을 조직하였다.

이후 로마제국은 영국에까지 세력을 확장하여 군대를 통해 질서를 유지했다. 그러나 로마제국의 몰락으로 앵글로 색슨이라고 알려진 게르만 민족이 영국을 침입한 후 영국의 치안유지체제를 발전시키게 되었다.[3)]

그 시대에 이루어진 법률은 두 가지 관점에서 후대에 영향을 미치게 되었다. 그 첫째는 왕의 평화(King' Peace)란 개념인데, 이것은 개인 간의 분쟁은 국가의 평화를 위해 제한되거나 허용되지 않는다는 것이다. 둘째는 어떤 특정한 범죄에 대하여 특정한 처벌 내지 벌금이 주어지는 표준화된 법조문을 규정하는 법률을 제정했다는 것이다. 선량한 시민을 보호하기 위해 시행되었던 여러 관습법들은 오늘날 여러 분야에 영향을 미치고 있고, 범죄예방과 그 법률 집행은 그 지역사회의 책임이어서, 범인을 추적하고 체포하는 일은 지역사회의 몫이었다. 이러한 개념은 오늘날 시민체포(the concept of citizen arrest) 내지 시민경찰대(posse comitatus)의 형태로 지속되고 있다.

제 2 절

미국 민간경비의 발달과 현황

1 발달과정과 역사적 배경

1) 식민지 시대의 민간경비

미국은 국민이 먼저, 국가가 나중에 만들어진 역사를 지니고 있다. 따라서 식민지 시

3) 신현기 외,『비교경찰제도론』, 서울: 박영사, 2003, p.5.

대(1607~1776)에는 독창적인 치안활동을 하지 못하고 영국 등 이민자들이 친숙한 본국의 치안제도를 이식하였다. 외부의 적이나 내부의 범죄자로부터 식민지 사회의 구성원을 지키는 치안활동은 주로 영국의 유산인 경찰문화와 법제도 및 범죄자 사법처리를 물려받았던 것이다.[4] 영국의 영향을 받은 법집행과 관련된 대표적인 제도는 공적인 차원에서 치안활동을 담당한 보안관(Sheriff)과 치안관(Constable)은 영국왕의 대리인으로 임명되었고, 법질서 유지기관의 시민참여는 영국의 형식을 답습하였다. 그리고 경비원제도는 지역사회의 안전과 관련된 영국의 자경주의적 책임의 전통에 따라 지역사회의 안전은 직업적인 경찰관 외에 구성원 전부가 안전확보를 위한 윤번제 근무가 의무적인 봉사활동이었다. 즉, 각 지역사회의 구성원은 윤번제로 야간 당번을 서는 등의 야간경비와 순찰활동을 담당하여 화재의 발견, 의심스러운 사람 발견, 경계예방을 임무로 했다.[5] 이 야간경비(the night watch) 조직은 이후에 대도시인 보스턴, 필라델피아, 그리고 뉴욕 등에서 활발하게 시행되었다.

2) 미국 독립 이후 민간경비

미국은 1776년에 동부 13개 주에 국한된 독립을 선언하고, 1789년에는 미합중국 헌법이 효력을 발휘하여 가장 진보적이고 혁신적인 국가로 탄생했다. 이후 초창기 어려움을 극복하고 강력한 연방정부 추진, 미영전쟁(1812~1814), 미멕시코전쟁(1846~1848)을 거치며 영토를 확장하였다.

독립 13개 주는 모두 영국의 식민지로서 영국인을 중심으로 건설되었기 때문에 각 주의 법률에는 보통법(Common Law)을 중심으로 한 영국법 체계가 도입되어, 그것을 기반으로 각 주의 주법(州法)으로 발전되었다.[6] 따라서 모든 주민에게 치안유지의 책임이 있다는 보통법의 전통에 따라 경비원제도는 여전히 존속되었다. 그러나 산업혁명의 진행과 도시화의 진전에 따라 이 임무는 점차 귀찮은 것으로 되어 갔다. 특히 전문적인 훈련도 받지 않고 법적으로 명확한 권한이나 보수도 없었다. 그래서 점차로 돈을 주고 대리로 사람을 사서 의무를 대행시키는 사람이 증가하게 되었다. 이렇게 돈을 받고 타인의 의무를 대행하는 사람이 생기고, 이것을 사회가 용인하게 되자, 이 임무는

---

4) 위의 책, p.7.

5) 우에노 하루오(上野治男)/제일가제법령출판사편집부 역, 『미국의 경찰』, 서울: 제일가제법령출판사, 1982, p.280.

6) 위의 책, p.17.

점차로 경시되고 제대로 된 사람이 할 일이 아니라고 생각하게 되었다. 돈을 지불할 능력이 없는 사람만이 노력봉사를 하여 돈의 지불을 면제받는다고 하는 사고방식으로 역전되어 버린 것이다.7)

한편 19세기에 들어와 미국 동부지역의 도시가 계속 팽창하면서 경찰서들이 만들어졌다. 1838년 보스턴, 1844년에 뉴욕시에 경찰서가 창설된 후, 시카고는 1850년, 신시내티는 1852년, 필라델피아는 1855년, 그리고 디트로이트는 1865년에 경찰서 조직이 설립되었다. 그러나 상설 경찰이라고는 하나 반드시 전문적인 고도의 지식능력을 가졌던 것도 아니고, 또 일반시민에게 치안유지에 대한 책임이 없어진 것도 아니었다. 개개인의 생명・재산의 보호는 어디까지나 개인의 책임이라 여겼고, 또 현실적으로 상설경찰에는 모든 사람의 생명, 재산을 완전히 지킬 수 있는 능력도 없었다. 자기 재산은 어디까지나 자기가 지키지 않으면 안 되었다.8) 또 당시 공적인 경찰은 대도시에만 설치되어 있었기 때문에 나머지 지역에서는 전적으로 자경주의나 민간경비에 의존할 수밖에 없는 상황이었다.9)

범죄는 국가의 입장에서도 큰 문제였다. 이에 따라 연방정부는 범죄 수사기관들을 설립했다. 연방우정수사처(the Post Office Investigative Service)는 1828년에, 재무부의 범죄수사기관(the law enforcement arm of the Treasury Department)은 1864년에, FBI 전신인 미 법무부 범죄수사기관은 1902년에 설립되었고, FBI는 1932년 후버(J. Edger Hoover)에 의해 설치되었다.

미국 사회가 농업 중심의 남부, 공업 중심의 북부로 갈라지면서 남부의 농장주들은 노예제를 지지하고 북부의 상공인들은 노예제 폐지를 주장하면서 1820년 미국 노예제도 채택의 원칙이 된 1820년 미주리협정10)이 체결되었다. 그러나 미국의 팽창 시대(1836~1847)를 거쳐 영토가 계속 크게 확장되면서 노예제는 1865년 1월 수정헌법 제13조에 의해 공식적인 종말을 고할 때까지 계속 논란거리였다. 1854년에는 캔자스-네브

7) 위의 책, p.281.
8) 위의 책, pp.281-282.
9) 최선우, 『민간경비론』, 5판, 인천: 진영사, 2019, p.70.
10) 당시 미국 남북대결의 가장 큰 쟁점인 노예제를 인정하는 노예주가 11개, 반대하는 자유주가 11개였다. 그런데 1819년 새로 미국 영토가 된 미주리주가 노예주로 연방가입을 신청하여 남북 간 감정대립이 일어난 후 신설된 메인주(매사추세츠주의 일부)를 자유주로 받아들여 노예주 12개, 자유주 12개가 되었다. 따라서 향후 균형을 유지하기 위해 앞으로 늘어날 새 주의 경우 36도 30분 경계로 그 이남에서는 노예제도를 인정하고, 그 이북에서는 인정하기 않기로 협정을 체결한 것이다.

래스카법(Kansas-Nebraska Act)으로 노예제를 둘러싼 남북대립이 치열해지면서 비밀리에 남부 노예들이 자유주로 도망치도록 탈출을 도와주는 지하조직[11]까지 생겼다. 당시 노예들은 거대한 농장을 기반으로 한 남부경제의 '고귀한 사유재산'이며 자본의 핵심이었다. 따라서 노예의 탈출은 자본의 상실을 의미하며 곧 남부경제의 몰락을 예고하는 것이기도 했다. 따라서 도망친 노예만을 전문적으로 잡아들이는 사설탐정들이 고용되었다.[12]

3) 서부개척 시대의 민간경비

경찰이 서부의 개척지에 상설되었지만 시가지가 형성된 읍이나 시(市)만의 경찰이었기 때문에 그 이외의 지역에 실효력이 있는 경찰은 존재하지 않았다.

마침 1848년 캘리포니아에서 금광이 발견되어 골드 러시(gold rush)를 이루면서 불과 1년 정도의 기간 동안에 10만 명이 넘는 사람들이 동부지역과 유럽에서 밀어닥쳤다. 개척지를 왕복하는 사람이나 금을 운반하기 위한 역마차도 동부와 서부 사이를 빈번히 왕래하였고, 또 19세기 말까지 여러 줄기의 철도가 부설되었다.[13] 당시 이러한 것들을 지킬 수 있는 유효한 경찰이 없었기 때문에 역마차회사, 철도회사는 자체적인 경비조직을 갖게되었고, 그렇지 않은 경우에 타인에게 경비를 요청하기에 이르렀다. 이 요청과 수요에 의하여 운송경비업체들이 생겨났다.

철도개발과 연방정부의 철도부설정책으로 철도가 급속하게 확장되어 귀금속과 상품의 주된 운송수단이 되었지만 당시 경찰이나 군대 같은 공적인 전국조직이 없는 가운데 각지에 숨어있던 불량배, 원주민, 도망노예 등의 습격으로 그 피해가 사회문제화되었다.[14] 따라서 채굴된 금과 운송상품을 보호하기 위해 무장경비원들의 배치는 필수적이어서[15] 귀금속을 지키거나 이동하는 데 무장경비원들의 고용이 급속하게 증가하였다. 역마차회사 등은 귀금속 등 화물을 운송할 때 'shotgun riders'이라고 하는 수사관과 경비원들을 고용했다.[16] 그리고 귀금속을 비롯한 운반경비가 활기를 띠면서 이를 담당

11) 대표적인 조직은 Underground Railroad이다.
12) 이창무 교수는 이런 점에서 미국의 민간경비의 시초를 1820년경으로 보고 있다. 안황권 외, 『비교시큐리티제도』, 인천: 진영사, 2009, p.333.
13) 우에노 하루오(上野治男)/제일가제법령출판사편집부 역, 앞의 책, p.282.
14) (社)全國警備業協會, *Security Time*, Vol. 274, p.8.
15) 안황권 외, 앞의 책, p.334.
16) Robert J. Fischer, Edward Halibozek, & Gion Green, *Introduction to Security*, 8th edition, MA:

하는 운송업체들이 이 시기에 생겨났다. 즉, 1850년 웰스(Henry Wells)와 파고(William G. Fargo)는 아메리칸 익스프레스(American Express)를 창립했고, 2년 뒤 1852년에는 웰스 파고(Wells Fargo and Company)를 창립해 서부지역까지 사업 영역을 확대했다.

당시 철도가 활발하게 개발되었는데, 이후 철도는 귀금속과 상품의 주된 운송수단이 되었다. 연방정부는 철도부설을 장려하기 위해 철도 양쪽 1마일(약 1.6km)의 땅을 철도 건설회사에게 무상 양도하는 법안을 발표하였다. 그리고 승객과 화물들을 상시적인 위험에서 보호하기 위해 각 주는 철도경찰법을 제정하여, 사유철도에 그 철도를 보호하기 위한 완전한 경찰권한을 가진 민간경비조직을 설치하는 것을 인정하였다. 당시 서부의 각 주 및 준주(準州), 자치단체에서는 철도경찰이 그 지역 유일의 치안기관인 경우가 많았다. 1914년에 철도경찰관이 1만 2천 명에서 1만 4천 명에 이르렀던 것으로 전하여지고 있다(오늘날에서는 40개 이상의 주에서 어느 정도의 경찰권한을 철도경찰에 부여하고 있다). 이로 인해 미국 민간경비산업은 일대 전기가 마련되었다. 경찰은 대도시에만 집중되었고, 사법관할권이 주 경계를 넘지 못했기 때문에 그에 대한 공백을 민간경비가 맡게 되었던 것이다. 즉, 운송과정에서 강도 등의 범죄가 발생했을 경우, 운송업체는 독자적인 경비와 수사를 강구하지 않으면 안 되었기 때문에 경비 및 사설탐정이 전면에 나서는 계기가 된 것이다.

미국 민간경비산업에서 대표적인 인물 중 하나는 핑커톤(Allen Pinkerton, 1819~1884)[17]이다. 당시 위폐의 폐해가 심각한 시기에 위폐사범 일당을 검거한 공로를 인정받아 1846년 일리노이주의 케인 카운티(Kane County)의 부보안관으로 임명된 후 시카고 쿡카운티 부보안관, 우정국 특별수사관을 지냈다. 그리고 1843년 시카고 최초의 형사가 되었지만 경제적 어려움으로 1850년에 록 아일랜드(Rock Island) 및 일리노이스 센트럴 철도회사(Illinois Central railroads)와의 경비계약체결을 위해 형사직을 사직하였다. 이듬해 핑커톤 국가탐정회사(Pinkerton National Detective Agency)를 설립하여 각종 사건을 해결하면서 언론과 각종 매체의 관심을 끌었다.[18] 이후 1855년에는 North West Police Agency를 설립하였고 1857년에는 공장주들을 고객으로 하는 Pinkerton Protection Patrol을, 1889년에는 재산과 봉급호송 차량보호를 전문으로 하는 Brinks In-

Butterworth-Heinemann, 2008, pp.35-36.

17) 핑커톤(Allen Pinkerton)은 스코틀랜드에서 태어났으며 어린 시절 경찰출신인 아버지가 사망한 후 시카고로 이민왔다. 핑커톤은 명탐정으로서의 명성이 전국에 알려지게 되었다.

18) Kären M. Hess & Henry M. Wrobleski, *Introduction to Private Security*, MN: West Publishing Company, 1996, p.18.

corporated 경비회사를, 1909년에는 사설탐정 회사인 윌리엄 J. 번스(William J. Burns)[19]를 설립하였다.

일리노이의 철도회사들과 계약을 맺으면서 1860년 대통령에 당선된 링컨(Abraham Lincoln, 1809~1865)과도 연결이 되었다. 당선되어 워싱턴까지 가는 도중 주요 도시를 들리면서 국민들과 대화의 시간을 갖게 되어 있었다. 볼티모어에서 환영행사 중 링컨을 암살하려는 계획을 핑커톤의 탐정들이 사전에 알아채고, 핑커톤은 링컨이 다른 기차를 이용하도록 기만경호를 실시하여 암살 위기를 벗어날 수 있었다.

한편 경찰의 치안능력이 턱없이 부족한 상태에서 핑커톤이 확보해 놓은 용의자 관련 자료와 정보는 바로 공공질서와 치안의 원천이었다. 1884년 사망할 때까지 핑커톤은 수사 방면에서 혁혁한 공헌을 했다. 정부 어느 곳에서도 범죄자들에 관한 정보와 기록을 관리하는 곳이 없을 때 핑커톤은 유형별로 범죄자 기록을 정리, 오늘날 프로파일링(profiling)의 전형을 세웠다. 범죄자에 대한 각종 신상정보와 범죄수법을 기록, 경찰당국이 요청 시 제공함으로써 경찰과 시큐리티 업체의 바람직한 관계정립을 만들기도 했다. 범인을 체포하면 그를 발가벗겨 몸의 각종 흉터나 특징을 세밀하게 기록, 훗날 수사에 도움을 주는 방법도 핑커톤의 아이디어였다.[20]

4) 노동자 운동 시대의 민간경비

남북전쟁 이후 미국은 농업국에서 공업국으로 전환되면서 새로운 부유층을 탄생시킨 반면, 가난한 노동자 계급이 양산되면서 빈부대립, 즉 자본가와 노동자의 대립으로 이어졌다. 특히 산업이 대형화되면서 이를 소유한 자본가들은 거대한 부를 축적하면서 경제뿐 아니라 정치 · 사회에까지 영향력을 행사한 반면, 가난한 노동자들의 반항도 더 거세졌다. 그러나 불리한 여건과 낮은 임금을 받는 힘없는 노동자들의 유일한 무기인 파업에 대해 정부는 군대와 경찰을 출동시켜 폭력으로 진압하거나 기업들은 '핑커톤 요원' 등 민간경비원들을 동원하여 노동자들을 탄압했다.

이와 같은 상황에서 미국의 경비산업을 크게 성장시킨 계기 중의 하나는 19세기 말부터 20세기 초에 걸친 수 많은 노사분규이다. 이 당시 노사분규는 유럽에서 새로 들어온 사회주의, 무정부주의의 영향을 받아 노사 간의 관계에 그치지 않고 점차로 지역전체의 소요상태로 확산되어 갔다. 설상가상으로 불경기가 이를 더욱 심각하게 만들었다.

---

19) 윌리엄 J. 번스(William J. Burns)는 후에 미국 은행연합 수사기관이 되었다.
20) 안황권 외, 앞의 책, p.338.

당시 공장지대에는 치안을 유지할 수 있는 충분한 경찰력이 없었다. 따라서 노사분규에 따른 파업이나 공장파괴를 막고 회사재산을 지키기 위해서 회사측은 민간경비회사에 이를 의뢰하지 않을 수 없었다.[21]

결과적으로 이러한 노사분규는 민간경비에 있어서 특히 계약경비산업(Contract Security Industry)의 비약적인 성장을 가져다주는 기폭제가 되었다. 이에 따라 핑커톤과 번스 등의 경비회사는 이 분야에서 오랫동안 번창하게 되었다. 경비계약에 있어서 이들의 주요 상품은 어려움을 겪고 있는 고객(기업주)에게 제공되는 중요한 경비인력이었던 것이다.[22]

민간경비업체는 노조활동의 방해뿐 아니라 시위를 물리적으로 막고 분쇄하는 역할도 담당하였는데, 그 과정에서 노사대립의 기념비적인 '홈스테드(Homestead)의 대학살'이라고 불리는 홈스테드 사건이 발생하였다. 1892년 7월 펜실베니아 피츠버그 부근에 위치한 카네기 철강회사의 홈스테드 공장이 그 무대였다. 임금협상이 결렬되자 경영주 측에서는 공장 주변에 철조망을 치고 망루와 탐조등까지 설치, 노조원들의 공장내 진입을 막았다. 1892년 6월 말 카네기사는 핑커톤사와 계약을 맺고 윈체스터 장총으로 무장된 핑커톤사 경비원 3백 명을 공장 주변에 배치하려고 했다. 핑커톤사는 그동안 철도회사들의 각종 노사분규를 단 한번의 실수 없이 철저하게 해결해 온 관록을 자랑하고 있었다. 하지만 7월 1일 노조 측이 경비원 도착에 앞서 먼저 공장을 점령한 뒤 기차역과 공장으로 향하는 도로 곳곳에 바리케이트를 치고 경영주 측의 공격에 대비했다. 핑커톤의 무장경비원 3백 명은 막힌 도로가 아닌 강을 건너 공장을 급습하고자 했다. 하지만 이 계획을 미리 눈치 챈 노조 측이 강둑에 미리 수천여 명의 노조원을 집결시켜 놓고 있었다. 강가에서 양측이 충돌했고, 핑커톤 경비원 3명과 노조원 5명 등 8명이 숨졌다. 수적 열세로 인해 핑커톤 경비원들은 항복할 수밖에 없었고, 모두 기차역으로 끌려갔다. 그러나 2주 뒤 주지사 명령에 따라 주 방위군이 진입, 공장을 접수했다.[23]

이후 정치적 문제로 비화되면서 위기감을 느낀 핑커톤사는 경비원들을 노사분규에 개입시킨 행위는 위험하고 바람직하지 않다는 유감을 표명한 후 다시는 노사문제에 개입하지 않겠다고 공식적으로 밝혔다. 그리고 1893년 미국 의회는 '핑커톤 법(Pinkerton Law)'이라고 불리는 법안을 통과시켰다. 이 법에 따라 미국 정부기관들은 핑커톤 또는

---

21) 우에노 하루오(上野治男)/제일가제법령출판사편집부 역, 앞의 책, p.286.
22) 위의 책, p.285.
23) 안황권 외, 앞의 책, p.337.

이와 유사한 조직의 요원들을 고용하지 못하게 되었다.

5) 제1차 세계대전 전후의 민간경비

제1차 세계대전(1914~1918) 직전 미국에서는 안전에 대한 관심이 매우 높았다. 이것은 도시화와 산업화가 진전되어 파괴활동이나 스파이와 같은 문제가 늘어났기 때문이다. 그리고 전후에는 공산주의라는 새로운 위협에 직면했다.

즉, 제1차 세계대전 이후 러시아 공산혁명으로 소비에트 연방(소련) 독재국가의 등장에 영향을 받아 미국 노동계도 폭력화되고, 이를 억누르는 고용주와 정부의 태도도 과격, 폭력화되었다. 따라서 기업들은 공산주의자들의 사보타주(sabotage)와 테러 가능성에 대비하기 위해 시큐리티산업에 의존하였다. 그리고 경찰의 각종 부정부패는 많은 기업들로 하여금 시큐리티회사를 찾게끔 만들었다. 특히 1920년대는 자동차, 라디오, 전기 등의 산업이 발전하여 미증유의 번영을 누린 시대이다. 자동차 절도범죄와 자동차를 이용한 범죄가 증가하고 자치체 경찰의 관할을 넘어선 범죄가 늘어났지만 경찰은 무력했다. 그리고 금주법에 의해 부정이익을 얻은 자들의 유혹앞에 경찰은 부패하여 갔다. 경찰의 각종 부정부패는 많은 기업들로 하여금 민간경비회사를 찾게 하였다는 점에서 금주법[24](1919~1933)의 시행도 민간경비산업의 성장계기가 되었다.[25]

1919년 보스턴경찰이 파업에 들어가자 기업들의 경찰에 대한 불신은 극에 달했다. 포드사와 같은 대기업들은 직접 경비원들을 고용하고 전직 수사관들을 뽑아 각종 조사업무를 맡겼다. 포드사의 경우 노조활동을 불허하고 노조와의 대립이 심했기 때문에 경비원과 조사요원들의 주된 임무는 노사분규에 관한 것이었다. 노조결성을 방해하고, 심지어는 자동차노조연맹 등 연합노조 시위를 폭력적으로 분쇄하는 것도 회사소속 경비원들의 역할이었다. 이러한 활동이 1920년대와 1930년대 시큐리티산업의 한 면모였다.[26]

---

24) 금주법은 1919년에 주류의 제조·판매를 일체 금지하는 헌법개정(수정 제18조)이 실현되어 윌슨(T. W. Wilson) 대통령의 거부에도 불구하고 연방의회는 금주법을 재가결하여 1920년 1월부터 실시되었다. 그러나 이에 복종하지 않은 국민들이 밀조, 밀수를 하고 조직범죄도 여기에 기생하였다. 당시 경찰은 조직도 약체인데다가 낮은 급료, 훈련의 미숙, 장비의 불충분 때문에 완전한 단속을 할 수 없었다. 우에노 하루오/제일가제법령출판편집부 역, 앞의 책, pp.54-55.

25) 최선우, 앞의 책, p.80.

26) 안황권 외, 앞의 책, pp.339-340.

6) 제2차 세계대전 전후의 민간경비

제2차 세계대전 시기에 민간경비는 한층 활동 영역을 확대하였다. 군사산업이 확대되고 적의 사보타주 활동이나 스파이 활동의 위험이 증가함에 따라 민간경비가 확대되고 역할이 강화되었다. 이 시기에 연방수사기관(FBI)에는 군사기밀을 가지고 있는 군수산업시설 등에 대한 스파이 단속업무가 새로 부여되었다. 아울러 연방정부는 군수산업시설의 안전확보를 위해 20만 명이 넘는 시설경비원에게 보조군사경찰(Auxiliary Military Police)의 자격을 주고 군사물자, 장비, 직원 및 기밀의 보호에 관한 임무를 수행하도록 하였다. 그리고 이 보조군사경찰 직원의 훈련은 각 지방경찰이 담당하도록 하였다.[27] 이러한 보조군사경찰의 역할을 수행하는 민간경비원들은 독일 등 추축국 쪽의 군수물자 파괴 기도에 대응하고, 군수물자에 관한 정보가 새나가지 않도록 보안규정을 철저하게 적용하였다.[28]

그리고 이 당시 민간경비의 역할은 군수품 보안에만 국한되지 않았다. 전시 배급을 공정하게 하기 위해 이를 감독할 인력이 필요했고, 민간경비업체의 경비원들이 이 역할을 맡았다. 젊은 경찰인력들이 군 병력으로 차출되어 전선으로 나갔기 때문에 생긴 치안공백 역시 민간경비회사가 맡아야 할 임무였다. 각종 공장시설, 상수원과 철도, 통신 등 각종 국가기반시설 역시 민간경비회사의 도움을 필요로 하였다.[29]

제2차 세계대전 이후 미소 냉전이 계속되고 우주개발 경쟁이 가속화되었다. 이에 따라 미국항공우주국(NASA) 등 주요 과학시설에 대한 경비가 강화되면서 민간경비산업의 새로운 시장이 마련되었다. 아울러 미국 전역을 강타한 매카시즘(McCarthyism)[30]의 열풍은 국가중요시설에 대한 경비 강화의 목소리를 높였고, 이에 따라 민간경비산업이 더욱 성장할 수 있는 계기가 되었다.[31]

제2차 세계대전(1939~1945) 이후에는 국가중요시설에 대한 경비강화의 요청에 따라

---

27) 우에노 히로오/제일가제법령출판편집부 역, 앞의 책, p.287.

28) 이러한 사례로는 1916년 제1차 세계대전 당시 뉴욕항 부두에 야적해 놓은 실탄과 폭탄 2백만 파운드가 독일요원에 의해 폭발해 4명이 죽고 5천만달러의 손실이 발생한 적이 있다. 이러한 사고의 재발을 방지하기 위해 미국 측은 시큐리티회사를 통해 보안을 철저히 하고자 한 것이다. 안황권 외, 앞의 책, p.340.

29) 안황권 외, 앞의 책, p.340.

30) 1950~1954년에 미국을 휩쓴 일련의 반(反)공산주의 선풍을 말한다. 미국 위스콘신주(州) 출신의 공화당 상원의원 매카시(J. R. McCarthy)의 이름에서 나온 말이다. 1950년 2월 "국무성 안에는 205명의 공산주의자가 있다"는 매카시의 폭탄적인 언실에서 빌단하였다.

31) 안황권 외, 앞의 책, p.341.

군수품 보안, 과학시설에 대한 경비, 국방부, 원자력위원회 등의 보안점검 등으로 시큐리티 수요가 늘어났다. 1960년대에는 증가하는 범죄와 시위와 폭동 등의 사회불안으로 시큐리티산업이 성장하는 계기가 되었다. 그리고 1970년대에는 그동안 기업과 상점들 위주로 판매되어 오던 경보장치와 서비스가 일반 가정에 확산되기 시작하였으며, 1980년에는 정부기관이 회계, 전산, 주차관리, 지문채취, 범죄감식, 신원, 공공건물관리, 주요 건물의 경비 등의 용역이 급증하였다.

1954년 조지 와켄허트(George R. Wackenhut) 외 3명의 전직 FBI 요원들이 와켄허트사(Wackenhut Corporation)라는 경비회사를 설립했다. 핑커톤법에도 불구하고 와켄허트 사는 처음부터 NASA, AEC 등 정부기관과 이들 정부기관과 계약을 맺고 있는 회사들이 주된 고객이었다. 이 회사는 당시 조사와 위탁경비, 경보장치, 공항에서 여행자 검사, 알래스카의 파이프 라인경비 등의 업무를 수행하면서 불과 10년 사이에 핑커톤, 번스에 이어 미국에서 세 번째로 큰 시큐리티회사가 되었다.[32)]

이와 같이 제2차 세계대전 이후 민간경비산업은 비약적인 발전을 하였는데, 이 가운데서도 전자공학 등의 기술혁신에 의해 침입경보장치, 화재경보기 등의 개발되어 이의 수요가 증가하였다.[33)]

7) 사회혼란과 민간경비의 성장

미국은 1960년대부터 2001년 9·11 테러에 이르기까지 범죄와 테러, 그리고 사회 혼란 상황이 늘어나면서 민간경비에 대한 필요성이 크게 증대되면서 성장하게 되었다.

우선 미국이 베트남전쟁(Vietnam War, 1955~1975)에 개입하면서 새롭게 군수산업이 활성화되었고 아울러 민간경비의 필요성도 증대하였다. 그리고 1960~1970년대에 당시 미국 안팎의 혼란과 부정의, 전쟁, 지나친 물질주의 등을 비판하면서 히피문화가 유행되었으며 더불어 마약수요가 급증하여 마약을 사기 위해 절도, 강도 등의 범죄가 급증하였다. 이러한 혼란스러운 상황에서 통신기기 제조회사인 ITT(International Telephone and Telegraph)의 뉴욕본사와 여러 지점의 폭발물 피해, 여러 금융기관의 폭발물 테러 등을 비롯 1970년 정부기관 건물에 43건의 폭발물 테러와 824건의 폭발물 위협이 있었다. 이러한 위협 속에서 건물의 출입통제가 강화되었기 때문에 민간경비원들의 배치가 증대되었다.

---

32) 위의 책.

33) 우에노 하루오/제일가제법령출판편집부 역, 앞의 책, p.288.

한편 링컨의 노예 해방선언(The Emancipation Proclamation, 1862.9.22)이 있은지 100년이 지난 1950년대에 들어서도 흑인의 지위는 나아지지 않았다. 그래서 1955년 앨라배마 주의 몽고메리 시에서 버스 승차 거부운동을 시작하면서 흑인 민권운동이 전국으로 번져나갔다. 1967년에는 150여 개의 도시에서 폭동이 발생하고, 이듬해에는 흑인 민권운동가인 마틴 루터 킹(Martin Luther King) 목사가 인종 차별주의자의 손에 암살을 당하자 많은 지역에서 시위와 폭동이 일어나 정규군이 동원될 정도였다. 이러한 사회불안은 민간경비산업을 성장시키는 또 다른 계기가 되었다.

범죄가 크게 증가했으나 워렌(Earl Warren) 대법원장을 비롯한 법원의 민권중시 성향과 이에 따른 판례들로 경찰의 증거 부담이 대폭 늘었다. 경찰은 증거보전과 미란다 원칙 등 피의자의 권리가 대폭 증진됨에 따라 수사에 큰 어려움을 느꼈다. 각종 법적 제약이 많아지고 영장발부가 까다로워지자 경찰이 준비해야 하는 서류 또한 만만치 않았다. 결국 서류준비에 좀 더 많은 시간을 빼앗기게 되고, 이는 곧 순찰과 수사활동을 그만큼 줄일 수밖에 없는 결과를 초래했다. 결국 범죄의 증가로 기업과 상인들이 가장 큰 디격을 받았고 대신 시큐리티산업은 성장을 지속하였다.

예상보다 범죄가 크게 늘면서 보험회사들은 큰 손해를 볼 수밖에 없었고, 일부 보험회사들은 자체 판단에 따라 위험성이 높은 기업과 상점들에 대해서는 보험인수를 거부하기도 했다. 보험가입이 어려워지고 혜택 또한 축소되자 민간경비산업은 또 다른 성장의 계기를 맞았다. 보험에 가입한 기업과 상점들도 보험료 할인 혜택을 받기 위해 민간경비회사에 시큐리티 용역을 요청했다. 기계경비회사와 서비스계약을 맺었을 경우 가장 큰 할인 혜택을 받을 수 있었기 때문에 이를 계기로 기계경비회사들이 급신장할 수 있었다. 더불어 CCTV가 개발되고 마이크로웨이브, 레이저 빔을 비롯한 각종 감지장치들이 개발되었다.[34)]

1968년 은행보호법의 제정으로 은행보안규정이 대폭 강화되면서 새로운 감지장치와 경보장치들이 금융기관에 설치되었고, 1970년대에는 이러한 경보장치와 서비스가 일반 가정에도 확산되기 시작했다.

1980년대에는 정부기관의 민간경비업체에 대한 용역의뢰가 급격하게 늘어, 경찰이 담당하고 있는 거의 모든 영역을 민간경비업체들이 용역을 맡아 담당하였다. 특히 보조적인 임무, 즉 회계, 전산, 주차관리, 지문채취, 범죄감식, 신원조사를 비롯해 공공기관

34) 안황권 외, 앞의 책, pp.342-343.

건물경비와 공항, 학교, 컨벤션 센터 등 각종 주요 건물 경비를 맡았다.

일부 지역에서는 지역치안의 일부 심지어 전부를 민간경비업체에 맡기기도 하여 범죄율 감소와 경비절감의 효과를 거두기도 하였다. 그러나 일부 지역에서는 경찰노조의 반발과 일부 지역주민의 반대로 일시적인 운영에 그치기도 하였다. 그 사례는 〈표 3-1〉과 같다.

2001년 9·11 테러가 발생하면서 미국 민간경비산업은 새롭게 급성장하는 계기가 되었다. 9·11 테러 이후 국토안보부(Department of Homeland Security)를 신설하고 경호실과 해안경비대, 이민국 등 22개 기관의 18만 명이 넘는 직원들을 통합해 운용하고 있으나 공항경비 등 갑자기 늘어난 수요를 감당할 수 없었다. 자연스럽게 민간경비업체들이 이러한 공백을 메우기 위해 동원되면서 민간경비산업의 매출과 인력이 급증하였다.[35]

표 3-1 정부기관의 민간경비 활용 사례

지역	내용
Long Island, East Hills	치안업무 전체를 민간경비업체에 맡김, 30명의 민간경비원들이 24시간 교대로 순찰하면 지역치안을 담당함
플로리다 주 템파공항	와켄허트 사가 경비담당
네바다 핵실험소	와켄허트 사가 경비담당
플로리다 주 케네디 우주센터	와켄허트 사가 경비담당
마이애미 도시철도	와켄허트 사가 경비담당
플로리다 모든 고속도로 휴게실	와켄허트 사가 경비담당
플로리다 조직범죄수사	와켄허트 사가 수사 및 조직범죄 일당 체포
오하이오 주	경찰관들의 부패로 마약수사가 미진, 전직 마약수사관으로 구성된 민간경비업체에 수사의뢰
버니지아 주	경찰관들의 부패로 마약수사가 미진, 전직 마약수사관으로 구성된 민간경비업체에 수사의뢰
미시간 주, Kentwood	1993년 경비업체에게 부정수표 단속을 3년 간 맡김
바하마, 파라다이스 아일랜드	경비업체와 계약 후 지역치안을 맡김
애리조나 주, 오로밸리	경비업체와 계약 후 지역치안을 맡김
미시간 주, 칼라마주	경비업체와 계약 후 지역치안을 맡김
플로리다 주, 인디언 스프링스	경비업체와 계약 후 지역치안을 맡김
웨스트버지니아 주, 버팔로 크리크	경비업체와 계약 후 지역치안을 맡김

35) 위의 책, p.347.

미국 시큐리티산업의 최근 동향은 시큐리티업체가 부족한 부분을 보완하여 고객의 모든 욕구를 충족시켜주기 위해서 인수·합병을 하는 것이다.[36] 또 하나는 그동안 시큐리티 산업과 관련 없던 기업들이 새로 이 분야에 진출하는 추세이다.[37]

2 미국의 민간경비제도

1) 경비업무

미국 민간경비는 범죄(crime), 낭비(waste), 사고(accidents), 에러(errors), 비윤리적 활동(unethical practices) 등의 위협을 통제하는 것이다.[38] 따라서 기본적인 목적은 조직의 자산을 보호하고 손실을 예방하는 것이다.

각 주(州)별로 경비업무가 상이하나 일반적으로 사설경비원(private security guards), 사설순찰근무원(private patrol office), 사립탐정(private investigator), 무장호송(armed couriers), 경보에 따른 출동업무(central alarm respondents), 경비 관련 자문(consultants) 등[39]이며, 최근 사회변화를 반영하여 사이버 시큐리티, 위기관리 등의 부문으로 확대되고 있다.

이것을 더욱 구체적으로 분류해보면 다음과 같다. ① 특정 시설 및 공간의 경비, ② 조사 및 적발, ③ 출입통제 및 전자감시, ④ 현금 및 귀중품 수송, ⑤ 군중통제, ⑥ 경호, ⑦ 특수견에 의한 순찰 및 탐지, ⑧ 시큐리티기기 및 제품의 생산과 유통, ⑨ 지적재산권 보호, ⑩ 위험관리 및 BCP(business continuity planning), ⑪ 정보 분석 및 처리, ⑫ 컴퓨터 관련 시큐리티, ⑬ SI(system integration), ⑭ 시큐리티 컨설팅 등이다.[40]

2) 경비업 허가

미국은 연방제 국가이므로 민간경비산업의 규제는 대부분 주정부 또는 지방자치단

---

36) 시큐리타스(Securitas)는 1999년 핑커톤(Pinkertons)을 인수한 뒤에도 2001년 번스 인터내셔널(Burns International)을 인수하는 등 무려 7개 시큐리티업체를 더 인수하였다. 또 울트랙(Ultrak) 같은 회사도 무려 19개 시큐리티 관련 회사를 인수한 바 있다. 안황권 외, 앞의 책, p.348.

37) 전자기기업체인 SONY와 NICE 시스템, 그리고 소프트웨어 업체인 Lenel이 시큐리티업계에 진출하였다. 안황권 외, 앞의 책, pp.348-349.

38) Norman Bottom, Jr. & John Kostanoski, "An Informational Theory of Security", *Journal of Security Administration*, Vol. 4 No. 1, spring 1981, p.1.

39) 경찰청 외사국, 『각국의 민간경비업 실태 및 운영현황』, 2007, p.73.

40) 안황권 외, 앞의 책, p.375.

체 차원에서 행해진다. 그러다 보니 주에 따라 시큐리티산업의 규제방식과 실태가 다를 수밖에 없다.[41)]

전체 50개 주 중 42개 주가 시큐리티업체를 운영하기 위해서는 반드시 시큐리티업체 허가를 받아야 한다. 앨라배마, 워싱턴 등 2개 주는 일반 사업자 허가만으로도 민간경비업무를 담당할 수 있으며, 나머지 6개 주는 아예 어떤 허가 없이도 민간경비업무를 수행할 수 있다. 허가의 주체를 보면 39개 주가 민간경비업체를 운영하기 위해서는 주정부의 허가를 받을 것을 요구하고 있으며, 나머지 11개주만이 시와 군 같은 지방자치단체의 허가를 받을 것을 요구하고 있다.[42)]

3) 교육 및 훈련

미국 경비원의 훈련부족은 민간경비원뿐 아니라 경찰, 고객 등도 커다란 관심을 갖는 문제이다. 민간경비기업이나 자체 경비원을 가진 기업이 훈련에 관심을 갖게 된 것은 법적 책임을 묻는 소송의 비용이 훈련비용을 초과하는 것을 파악할 때부터이다.[43)] 즉, 민간경비원들의 과실로 인한 시큐리티업체의 패소, 사회적 물의 등에 따라 요원들의 자질문제가 대두되면서 교육 및 훈련의 중요성이 강조되고 있다.

미국 민간경비요원의 교육훈련시간은 각주마다 다르기 때문에 일률적으로 말하기는 어렵다. 그리고 경비협회의 기준에 따라 경비업체에서 자율적으로 교육을 실시하고 있다.[44)] 일반적으로 신임 경비요원의 경우는 최소한 16시간을 교육훈련을 받은 후 임무를 수행하고 있다.[45)] 시카고시의 경우에는 20시간의 기본교육을 의무적으로 실시하도

---

41) 일리노이주에서는 주정부가 발행하는 자격증(사설탐정, 민간경비업, 민간경비보장치업)을 소지해야 관련 업종에 종사할 수 있다. 사설경비업 자격증을 받기 위해서는 ① 21세 이상일 것, ② 어떤 관할에서든 중범죄로 기소되지 않았을 것, ③ 좋은 도덕적 성격일 것(경범죄 기소유무는 반드시 도덕적 성격의 요건은 아님), ④ 정신적 또는 신체적 결함, 병으로 인한 능력부족이라는 판정을 법원으로부터 받지 않았을 것, ⑤ 알코올 중독이나 마약 관련 중독자가 아닐 것, ⑥ 신청시 최근 5년 간 3년은 관련 업종에 종사했을 것(관련 분야 학위소지자에 대해서는 3년 기한 조건에 대해 일부 기간을 인정), ⑦ 주정부에서 시행하는 시험에 합격할 것, ⑧ 군에서의 불명예제대 사유가 없을 것, ⑨ 지문을 제출할 것, ⑩ 필요한 책임보험 가입증명서 제출할 것(보험가입 해지시 자격증 취소)이다. 경찰청 외사국, 앞의 책, p.74.

42) 안황권 외, 앞의 책, pp.388-389.

43) Rebecca Russell, "Officer Training: Identify Your Options", *Security*, May 1990, p.49.

44) 경찰청 외사국, 앞의 책, p.74.

45) Robert J. Fischer & Gion Green, *Introduction to Security*, 7th edition(MA: Butterworth-Heinemann), 2004, pp.93-94.

록 규정하고 있다.[46] 민간경비위원회는 경비업무에 종사하는 경비원을 배치하기 전에 정기 훈련을 8시간 실시할 것을 권고하고 있다. 구체적으로는 ① 일반적인 오리엔테이션(민간경비 역할, 복장, 보고서 작성 등) 2시간, ② 법적 권한과 제한 2시간, ③ 긴급사태 대처법(폭발물 협박, 화재, 폭발 등) 2시간, ④ 일반적 직무(순찰과 화재방지) 2시간 등이다.

총기소지 여부에 관계없이 모든 민간경비요원의 교육 및 훈련을 의무화한 주는 13개 주이고, 총기를 소지할 경우에만 훈련을 의무화하고 있는 주가 20개 주이며, 아예 민간경비요원의 훈련을 규제하지 않고 있는 주도 20개주에 이른다.[47]

미국에는 우리나라의 경비지도사와 유사한 CPP(Certified Protection Professional)가 있다. CPP는 미국 산업경비협회(American Society for Industrial Security: ASIS)에서 1977년부터 실시하는 자격제도로서 경비 분야의 전문가를 선발하는 제도로 전 세계적으로 8,200명(현직에서 활동하는 수는 4,000명)이 넘는 전문가를 배출하였다. 1년에 약 900명 정도가 응시하여 66~72% 정도의 합격률을 보이고 있다.[48]

응시자격은 상당히 까다로운 편이다. 즉, ① 학위가 없는 경우에는 9년 간 안전 분야의 경력을 필요로 하며, 이 중에서 2년 간은 안전업무 책임자로서 업무에 종사해야 한다. ② 전문 학사학위를 가진 경우나 전 지역적으로 인정된 기관에서의 졸업증서를 가진 경우에는 7년 간의 안전 분야의 경력을 필요로 하며, 이 중에서 2년 간은 안전업무 책임자로서의 업무에 종사해야 한다. ③ 전 지역에서 인정된 단과대학이나 종합대학의 학사학위를 가진 경우에는 5년 간의 안전 분야의 경력을 필요로 하며, 이 중에서 2년 간은 안전업무 책임자로서의 업무에 종사해야 한다. ④ 전 지역에서 인정된 단과대학이나 종합대학의 석사학위를 가진 경우에는 3년 간의 안전 분야의 경력을 필요로 하며, 이 중 2년 간은 안전업무 책임자로서의 업무에 종사해야 한다. ⑤ 전 지역에서 인정된 단과대학이나 종합대학의 박사학위를 가진 경우에는 2년 간의 안전 분야의 경력을 필요로 하며, 이 모두를 안전업무 책임자로서의 업무에 종사해야 한다.

CPP 시험은 아홉 개 영역으로 구성된다. 즉, ① 물리적 안전-종업사와 방문자의 통제, 경보, 장벽, 시설계획, 안전순찰과 무기, 물질의 통제, 기계적 · 전기적 · 전사적 장

46) 경찰청 외사국, 앞의 책, p.74.

47) 인황권 외, 앞의 책, p.389.

48) 최선태, "민간경비산업의 자격제도에 관한 연구", 석사학위논문, 한국체육대학교 사회체육대학원, 2000, p.42.

비와 장치, 주변 경계, 출입구와 로비, 보안등, 보안조사, 주차, 교통통제, 교신, 보안수송(시험출제 비율 20%), ② 조사-조사의 자원, 조사방법, 조사의 보고 및 결과, 조사의 형태(시험출제 비율 18%), ③ 손실예방-위험의 측정, 조치, 정책(시험출제 비율 12%), ④ 관계-외부와의 관계: 연방정부, 주정부, 지방정부(시험출제 비율 5%), ⑤ 비상계획-실행, 계획의 개발, 비상의 형태들(시험출제 비율 6%), ⑥ 안전관리-대응책의 선택, 재정관리, 관리체계, 기획, 조직, 지도 및 연락방법의 관리, 취약성 평가, 손실예방, 관계, 물질의 낭비(시험출제 비율 34%), 기밀정보의 보호-통제, 인식, 민감도(시험출제 비율 6%), ⑦ 물질의 남용-인식과 남용자의 배제, 예방계획, 해결의 방법(시험출제 비율 6%), ⑧ 개인 안전-고용의 선택과 보유 기준, 정보의 평가, 선별기술, 안전 경고 계획들, 징계적인 조치(시험출제 비율 9%), ⑨ 법적인 측면-미국과 캐나다의 시험 지원자들은 그들을 대표하는 나라의 법률적 측면에 관해 추가적인 25개 문항의 질문에 답해야 하므로 총 225개 문항의 시험문제가 출제된다. 즉, 행정부와 관리기관의 요구사항, 시민의 책임, 불법행위, 시민의 권리와 공정한 고용, 계약 시 고려할 사항, 범죄, 형법상 절차들과 형사상의 조직, 정당한 법의 절차와 헌법상 소추의 면책(시험출제 비율 7%) 등이다.[49]

이와 같은 자격증제도는 시큐리티 서비스를 받는 고객을 보호하기 위해서 확립된 것으로 어떠한 개인이나 단체가 업계에 종사하기 위해서는 자격증을 소지하고 있어야 함을 의미한다. 따라서 이러한 자격증과 관련된 규정사항에서는 자격증 지원자, 유자격 회사, 자격증 소지에 있어서 변경의 고지, 자격증 갱신, 자격증 증명 등을 규정하고 있다. 더욱이 자격증 위조 및 변조 등과 같은 위반행위에 대해서도 규제장치를 마련하고 있다. 따라서 어떤 개인이나 단체가 경비업무를 수행하기 위해서는 관련 분야의 적절한 자격을 갖추도록 하고 있다.[50]

3 민간경비산업의 성장요인

미국의 민간경비산업이 19세기 중반 이후 지속적인 성장을 하게 된 주된 이유는 다음과 같다.[51]

---

49) 위의 논문, pp.43-51.
50) 이윤근, “사회안전 확보를 위한 전문자격증제도 도입 및 활성화 방안에 관한 연구”, 『행정논집』, 제27집, 동국대학교 행정대학원, 1999, pp.319-320.

첫째, 범죄 및 범죄에 대한 불안감의 증대이다. 이민 초기의 정착지, 변경, 식민지는 주민들의 자조와 상부상조의 사상을 추진하였다. 따라서 새로 출현한 주택지나 도시에서는 각자의 방식으로 민간 야경활동이 이뤄졌는데, 이것은 19세기 중엽 대도시권을 중심으로 주나 지방자치단체의 법에 따라 경찰조직이 창설될 때까지 지속되었다.[52]

이후 도시화, 산업화로 인한 범죄증가와 사회경제적 변화에 따른 범죄증가, 그리고 범죄증가에 의한 범죄두려움 등으로 인하여 민간경비에 대한 의존도가 높아진 것이다.

둘째, 공공안전 보호서비스의 미약이다. 공경비가 국가의 재정위기로 제약이 있고 또 경찰이 제대로 임무를 수행하지 못했기 때문에 민간경비의 수요가 증가하였다. 아울러 경찰은 전체 국민을 대상으로 치안활동을 펼치기 때문에 특정 계층의 특별한 치안요구에 일일이 대응할 수 없다는 점도 민간경비업체를 선호하는 이유가 된다. 고객이 원하는 서비스를 고객 입맛에 맞게 제공한다는 점에서 민간경비업체가 우위를 가질 수밖에 없는 것이다.[53]

또 경제체제의 변화 등으로 공공사회안전 보호서비스가 줄어든 반면, 새로 생긴 대규모 쇼핑센터, 놀이동산, 공공주택단지 등에서 자체경비 또는 계약경비를 함으로써 민간경비산업이 성장하였다.

공경비는 개인이나 기업이 이용 가능한 사회안전보호의 선택안 중의 하나이다.[54] 그리고 근린경계(neighborhood watch), 범죄스토퍼(crime stoppers), 기타 시민에 기반을 둔 프로그램은 범죄억제, 진압, 체포에서 경찰활동을 보완하는 것이다.

셋째, 저비용 고효율의 민간경비에 대한 인식이 제고되면서 민간경비 이용이 증대되었다. 역사적 기록을 보면 원시 시대부터 인간에게 가장 큰 관심사는 외부의 위협으로부터 방어하고 사회적 힘을 정비하는 것이었다. 그리고 사유재산이 생겨나면서 이를 지키기 위해서 사병이나 경비원이 고용되기 시작하였다. 이러한 점에서 다른 나라와 마찬가지로 미국의 경찰활동도 민간주도의 사회안전 보호활동에 뿌리를 두고 있다.

초기에 일반국민은 민간경비의 필요성은 절감하면서도 경제적인 이유와 신분적인 제약으로 인해 민간경비의 혜택을 누릴 수 없었다. 그러나 경제체제의 변화와 소득수준

---

51) William C. Cunningham, John J. Strauchs, & Clifford W. Van Meter, *Private Security Trends: 1970 to 2000 The Hallcrest Report*, MA: Butterworth-Heinemann, 1990, p.236.

52) Ibid., p.110.

53) 인횡권 외, 앞의 책, p.354.

54) Richard Post & Arthur Kingsbury, *Security Administration: An Introduction*, 1977, Springfield, IL: Charles Thomas, 1977, p.893.

의 향상, 안전욕구의 증가 등으로 인하여 저비용 고효율의 민간경비 제품과 서비스에 관한 대중과 기업의 인식과 이용이 확대된 것이다.

제 3 절

일본 민간경비의 발달과정과 현황

1 민간경비의 발달과정과 역사적 배경[55)]

일본에는 고대부터 경비업이라고 부를 수 있는 제도가 있었다.[56)] 즉, 이시이 스스무(石井進)의 『일본역사』 '중세 무사단'편을 보면 11세기 말부터 12세기 초경 막강한 후지와라 섭관가(藤原氏攝關家)는 자신의 세력을 유지하고 지방세력을 통제하기 위해 교토에서 가까운 유력한 지역명주(名主)들을 1개월에 10일씩 상경하게 하여 숙직, 경호, 잡역의 봉사를 하게 하였다.[57)]

그 후 일본 역사 속에서 경비업에 가까운 것은 도쿠가와 시대의 정노(町奴)인 장병위(長兵衛)이다.[58)] 장병위는 노동자 공급사업이나 경비업무를 하였다. 막부(幕府)의 노동력이며, 예비군인 소보보인(小普請人)이 에도성을 시작으로 어전·저(御殿·邸) 등의 수리를 하였을 때 그 노동력을 구입옥(口入屋)에 의뢰하였다. 후에는 호상(豪商) 등의 의뢰로 저택을 경비하거나 3교대 순찰 경호역으로 고용되었다.[59)]

그러나 현대적 의미의 경비업이 시작된 것은 1962년이다. 즉, 1962년 3월에 주식회사 대일경(大日警), 같은 해 7월에 일본경비보장주식회사(SECOM의 전신)가 설립되었다. 그 후 1964년 도쿄올림픽 선수촌 경비를 계기로 일본 시큐리티업계는 부상되었으며, 6년 뒤인 1970년 오사카 만국박람회가 오사카에서 개최되었는데, 대회장 내에서의 시설관리, 관람객들의 안전, 질서유지 등에 민간경비가 투입되었다. 대회기간 6개월 동

55) 안황권 외, 『비교시큐리티제도론』, 서울: 진영사, 2007, pp.119-120.

56) 深澤賢治, 『警備保障のすべて』, 제2판, 東京: 東洋經濟新報社, 1999, pp.64-66.

57) 京都에 가까운 3국, 즉 攝津·和泉·近江의 유력한 명주(名主)들을 '大番舍人'으로 편성하여 경호 등의 봉사를 시켰다.

58) 유명한 것으로 '幡隨院長兵衛'가 있다.

59) 深澤賢治, 앞의 책, p.68.

안 연인원 6,400만 명에 달하는 관람객에 대하여 별다른 사고 없이 대회를 무사히 치름으로써 성장의 발판을 마련하였다.[60] 1972년에는 경비업법을 제정하여 민간경비에 대한 법제화를 하였다. 그 후 급속한 경제성장과 늘어나는 범죄발생률과 함께 급성장하였으며, 최첨단 전자기술을 민간경비업에 활용하면서 일본 최대의 성장산업으로 발전하였다.

그리고 국내에서 국외로 시장을 개척하는 새로운 시대를 맞이하게 되었고, 이미 1980년대 초 한국에 진출하였으며, 1988년에는 중국에까지 진출하는 눈부신 발전을 거듭하고 있다.[61]

일본의 범죄발생률은 세계 주요국과 비교하여 낮은 것은 사실이지만 전국 각지에서 끊임없이 범죄가 발생하고 그 수가 지속적으로 증가[62]하여 체감치안이 악화되고 있다.[63] 더구나 사회 전체를 직접 위험에 빠뜨리는 유형의 범죄가 출현하고, 현금을 얻기 위해서는 수단을 가리지 않는 금융형범죄가 자주 발생하는 것이다. 그리고 유괴사건, 보험금을 노리는 살인사건, 신용카드를 악용한 절도사건 등이 증가하고 있다. 그리고 컴퓨터를 이용하여 개인정보의 침해, 기업의 침해, 금융범죄의 증가, 범죄의 국제화, 협박범죄, 경영자의 범죄 등이 확대되고 있다.

이러한 범죄환경 속에서 일본의 민간경비업은 국민의 자율방범활동을 보완·대행하는 서비스산업으로 사회체계 속에서 활동하고 있는 필요불가결한 서비스산업이 되었다.

치안환경의 악화와 일상생활을 위협하는 범죄를 예방하는 관점에서 시민이 안심하고 경비업체를 활용할 수 있도록 생활안전산업으로서의 경비업의 건전한 발달을 도모하기 위해서 수차례 경비업법의 일부를 개정하였다. 이는 경비업무에 대한 사회의 기대와 그 역할의 중요성이 증대하여 이에 부응하기 위해서이다.

---

60) 이윤근, 『민간경비론』, 서울: 엑스퍼트, 2003, p.26.

61) 정진환, 『경비업법개론』, 서울: 백산출판사, 2004, p.99.

62) 외국인범죄의 증가와 소년범죄의 증가가 범죄발생률의 증가 원인이 되고 있다. (社)全國警備業協會, *Security Time*, Vol. 310, 2005.6, p.41-42.

63) 체감치안이 악화된 배경은 우선 범죄발생률의 급증, 특히 강도 등 흉악범죄의 급격한 증가 때문이며, 거기다 흉악범의 검거율이 저하되었기 때문이다. (社)全國警備業協會, 앞의 책, p.41.

2 일본의 민간경비제도[64)]

1) 경비업과 경비업무

(1) 의의

경비업이란 고객으로부터 의뢰받은 경비업무를 수행하는 영업을 말한다. 그리고 경비업자는 도도부현공안위원회의 인정을 받아 경비업을 영위하는 자를 말하며, 경비원은 경비업자의 사용인 기타 종사자로 경비업무에 종사하는 자를 말한다.

(2) 경비업무의 종류

경비업무는 시설경비업무, 혼잡경비업무, 운반경비업무, 신변경비업무 등 네 가지로 나누고 있다.

① 시설경비업무

사무소, 주택, 흥행장, 주차장, 유원지 등의 시설에서 도난 등의 사고발생을 경계하고 방지하는 업무이다. 즉, 출입관리, 순찰, 감시 등의 업무를 통하여 이상 유무의 확인, 수상자나 수상한 물건의 발견, 경찰기관 등에 연락 등의 업무가 여기에 해당된다.

최근에는 테러의 위협을 받는 공항시설, 항만시설, 원자력시설 등의 소위 중요시설에서의 경비나 자녀의 안전을 확보하기 위한 학교경비 등 시설경비의 경비대상시설은 다양하다.

시설경비는 경비원의 업무내용에 따라 다음과 같이 나눌 수 있다.

㉮ 상주경비업무: 빌딩, 공장 등의 시설에 경비원이 상주하면서 출입관리업무나 순회업무를 하는 것이다. 또는 빌딩, 공장 등의 시설에 각종 센서를 설치하여 그 시설 내에 침입자나 화재 등의 이상을 감시하는 것이다.

㉯ 순회경비업무: 경비원은 빌딩, 공장 등의 시설에 상주하지 않고 복수의 경비업무 대상시설을 차량 등으로 순회하는 것이다.

㉰ 보안경비업무: 백화점, 대형할인마트 등 대규모 점포 내를 경비원이 순찰하면서 절도범 등 점포 내 범죄를 경계하고 방지하는 것이다.

㉱ 공항보안경비업무: 항공기의 하이재킹 등을 방지하기 위해 기계 등으로 여객 등

---

64) 안황권 외, 앞의 책, 2007, pp.137-159.

의 수하물이나 소지품을 검사하는 것이다.

㉮ 기계경비업무[65]: 기계경비업무는 경비업무용 기계장치, 즉 경비업무대상시설에 설치한 기기에 의해 감지한 도난사고의 발생에 관한 정보를 당해 경비업무대상시설 이외의 시설에 설치한 기기에 송신 및 수신하기 위한 장치를 사용하여 행하는 경비업무이다.

즉, 빌딩, 공장 등에 각종 센서를 설치하여 경비대상시설 밖의 기지국에서 침입자나 화재 등의 이상을 감시하여, 센서가 이상을 감지한 경우에는 경비원이 현장에 출동하는 것이다. 이 가운데 주택을 대상으로 한 것을 소위 홈시큐리티라고 부른다.

기계경비업무는 야간 무인화하는 빌딩 등에서 많이 행해지며, 순회경비업무를 병행하여 하는 경우도 있다. 최근 휴일의 증가, 치안정세의 악화, 시큐리티기기의 고도화 등을 배경으로 하여 급속히 기계경비의 수요가 확대되고 있다. 특히 홈시큐리티의 보급, ATM기의 편의점 설치, 학교경비의 필요성 등으로 수요가 많아지고 있다.

② 혼잡경비업무[66]

사람이나 차량이 혼잡한 장소 또는 이들의 통행이 위험한 장소에서 부상 등의 사고발생을 경계하고 방지하는 업무이다.

㉮ 교통유도경비업무: 도로공사현장, 주차장 등에서 교통체증이나 사고발생을 미연에 방지하기 위해 경비원이 차량이나 보행자를 유도하는 것이다.

㉯ 혼잡경비업무: 제례, 이벤트 등에 불특정 다수인이 모이는 경우, 군중심리가 발동하여 뜻밖의 사고가 발생할 수 있다. 참가자의 안전을 지키기 위해 복수의 경비원이 경비부대를 편성하여 혼잡을 정리하고 유도를 하는 것이다.

③ 운반경비업무

운반중의 현금, 귀금속, 미술품, 핵연료물질 등 위험물의 도난 등의 사고발생을 경계하고 방지하는 업무이다.

㉮ 귀중품운반경비업무: 현금, 유가증권, 귀금속 등의 운반경비업무에 더하여 최근

65) 일본 경비업법상 기계경비는 시설경비의 범주에 들어가는 것이다. 그러나 다른 경비업무와는 현저하게 다른 기계장치를 사용하는 시스템이어서 경비업법에서도 별도로 취급하고 있다.

66) 혼잡경비업무는 한국 경비업법에서 시설경비업무에 혼잡경비가 포함되어 있고, 교통유도경비업무는 존재하지 않는다.

에는 점포 내에 설치된 입금기를 이용한 매상금 회수업무의 수요가 증가하고 있다. 또한 ATM에 현금상자의 장착, 회수뿐 아니라 기계경비업무를 연동하여 ATM 관리업무를 토털(total)하는 등 취급업무 내용은 매년 확대되고 있다.

㉯ 핵연료물질 등의 위험물 운반경비업무: 핵연료 사이클을 전개하는 원자력발전소 등 각 원자력 관련 시설 간에 있어서 운반경비업무이다.

최근 국제테러의 위협으로부터 핵연료물질 등 위험물운반 시의 안전확보대상이 강하게 요구되고 있다.

④ 신변경비업무

사람의 신체에 대한 위해의 발생을 그 신변에서 경계하고 방지하는 업무이다.

치안정세의 악화와 안전에 대한 사회욕구가 높아짐에 따라 신변경비의 니즈는 정·재계 요인, 예능인, 스포츠선수, 일반시민, 자녀에게까지 광범위하다. 최근에는 GPS를 이용한 '위치정보시스템'이나 일반여성 및 자녀 등 범죄약자를 대상으로 한 '에스코트 서비스'의 수요가 높아지고 있다.

(3) 경비업의 인정(허가)

경비업을 영위하려고 하는 자는 결격사유가 없이 도도부현공안위원회의 인정을 받아야 한다.[67)]

인정을 받으려고 하는 자는 그 주된 영업소의 소재지를 관할하는 공안위원회에 인정신청서를 제출해야 한다. 인정신청서에는 내각부령에서 정한 서류를 첨부해야 한다.[68)]

신규인정 및 갱신인정의 유효기간은 5년이다.

공안위원회는 인정을 받은 자가 다음에 해당될 때는 인정을 취소할 수 있다.[69)]

① 허위, 기타 부정한 수단으로 인정 또는 인정증의 유효기간 갱신을 받은 것

② 결격사유에 해당된 자(제3조 제9항 제외)

③ 정당한 사유 없이 인정을 받은 날로부터 6월 이내에 영업을 개시하지 않거나 또는 계속 6월 이상 영업을 중지해 실제 영업을 하지 않을 때

④ 3월 이상 소재불명일 때

---

67) 일본 경비업법 제4조.

68) 일본 경비업법 제5조.

69) 일본 경비업법 제8조

2) 경비업자와 경비원

(1) 경비업자

① 의의와 결격사유

경비업자는 도도부현공안위원회의 인정을 받아 경비업을 영위하는 자를 말한다. 그러나 다음에 해당하는 자는 경비업을 영위할 수 없다.[70]

㉮ 성년피후견인, 피보좌인, 또는 파산자로 복권되지 않은 자

㉯ 금고 이상의 형의 선고를 받았거나 또는 경비업법의 규정에 위반하여 벌금형 선고를 받고, 그 집행이 종료되거나 또는 집행이 종료된 것으로 보는 날부터 5년이 경과하지 않은 자

㉰ 최근 5년 간에 경비업법, 경비업법에 의거한 명령의 규정, 처분에 위반하였거나 또는 경비업무에 관해 타 법령의 규정에 위반하는 중대한 부정행위로 국가공안위원회 규칙에서 정한 것을 한 자

㉱ 집단적, 또는 상습적으로 폭력적 불법행위 기타 죄에 해당하는 위법한 행위로 국가공안위원회 규칙에서 정한 것을 할 우려가 있다고 인정되는 상당한 이유가 있는 자

㉲ 폭력단원에 의한 부당한 행위의 방지 등에 관한 법률 제12조 또는 제12조의6의 규정에 의한 명령 또는 동법 제12조의4 제2항의 규정에 의한 지시를 받은 자로, 당해 명령 또는 지시를 받은 날로부터 3년이 경과하지 않은 자

㉳ 알코올, 마약, 대마, 아편 또는 각성제의 중독자

㉴ 심신장해로 경비업무를 적정하게 수행할 수 없자 자로 국가공안위원회 규칙에서 정한 것

㉵ 영업에 관계되어 성년자와 동일한 행위 능력을 가지지 않는 미성년자. 단, 그 자가 경비업자의 상속인으로, 그 법정대리인이 앞의 각호의 어느 것에 해당하지 않은 경우를 제외하는 것으로 한다.

㉶ 영업소마다 및 해당 영업소에서 취급하는 경비업무마다 경비원지도교육책임자를 선임하지 않은 것에 대하여 상당한 이유가 있는 자

㉷ 법인으로 그 임원[71] 가운데 앞의 ㉮부터 ㉴까지의 하나에 해당하는 자가 있을 때

---

70) 일본 경비업법 제3조.

71) 여기에는 업무를 집행하는 사원, 이사, 집행역 또는 이것들에 준하는 자를 말하며, 상담역, 고문,

㉮ ④에 해당하는 자가 출자, 융자, 거래, 기타 관계를 통하여 그 사업활동에 지배적인 영향력을 가진 자

② **준수의무**

㉮ 경비업자의 의무

㉠ 경비업자는 자기의 명의를 타인에게 대여해서는 안 된다.

㉡ 경비업자는 결격사유가 있는 경비원을 경비업무에 종사시켜서는 안 된다.

㉢ 경비업자는 인정증을 주된 영업소의 잘 보이는 곳에 게시해야 한다.

㉣ 경비업자는 경비업무의 의뢰자와 경비업무 계약을 체결하기 전에 계약개요에 대하여 기재한 서면을 의뢰자에게 교부해야 한다.

㉤ 경비업자는 계약을 체결한 때는 소정의 계약내용을 적은 계약서를 의뢰자에게 지체없이 교부해야 한다.

㉥ 경비업자는 항상 시행하는 경비업무에 대하여 의뢰자 등의 불만을 적절하게 해결하도록 노력해야 한다.

㉦ 경비업자는 경비원에 대해 교육을 실시하고 필요한 지도 및 감독을 해야 한다.

㉧ 경비업자는 영업소마다 경비원의 명부, 기타 내각부령에서 정한 서류를 구비해야 한다.

㉨ 경비업자는 선임한 경비원지도교육책임자에게 소정의 기간마다 경비원의 지도・교육에 관한 강습을 받도록 해야 한다.

㉯ 경비업자 및 경비원의 공통의무

㉠ 경비업자 및 경비원은 경비업무를 실시할 때는 특별한 권한이 부여되지 않으므로, 타인의 권리나 자유를 침해하거나 또는 개인이나 단체의 정당한 활동을 간섭해서는 안 된다.

㉡ 경비업자 및 경비원은 경비업무를 실시할 때는 법령에 의거하여 정해진 제복과 색, 형식, 표장에 의해 명확하게 식별할 수 있는 복장을 사용해야 한다.

㉢ 경비업자 및 경비원은 경비업무를 적정하게 시행하기 위해 경비업무에 관한 지식과 능력향상을 위해 노력해야 한다.

그 외 어떠한 명칭을 가졌던 간에 법인에 대해 업무를 집행하는 사원, 이사, 집행역 또는 이것들에 준하는 사람과 동등 이상의 지배력을 가졌다고 인정되는 자를 포함한다.

(2) 경비원

① 의의와 결격사유

경비원은 경비업자의 사용인, 종업원으로 경비업무에 종사하는 자를 말한다.

경비원이 될 수 없는 자는 다음과 같다.72)

㉮ 18세 미만인 자

㉯ 성년피후견인, 피보좌인, 또는 파산자로 복권되지 않은 자

㉰ 금고 이상의 형의 선고를 받았거나 또는 경비업법의 규정에 위반하여 벌금형 선고를 받고, 그 집행이 종료되거나 또는 집행이 종료된 것으로 보는 날부터 5년이 경과하지 않은 자

㉱ 최근 5년 간에 경비업법, 경비업법에 의거한 명령의 규정, 처분에 위반하였거나 또는 경비업무에 관해 타 법령의 규정에 위반하는 중대한 부정행위로 국가공안위원회 규칙에서 정한 것을 한 자

㉲ 집단적, 또는 상습적으로 폭력적 불법행위 기타 죄에 해당하는 위법한 행위로 국가공안위원회 규칙에서 정한 것을 할 우려가 있다고 인정되는 상당한 이유가 있는 자

㉳ 폭력단원에 의한 부당한 행위의 방지 등에 관한 법률 제12조 또는 제12조의6의 규정에 의한 명령 또는 동법 제12조의4 제2항의 규정에 의한 지시를 받은 자로, 당해 명령 또는 지시를 받은 날로부터 3년이 경과하지 않은 것

㉴ 알코올, 마약, 대마, 아편 또는 각성제의 중독자

㉵ 심신장해로 경비업무를 적정하게 수행할 수 없자 자로 국가공안위원회 규칙에서 정한 것

② 경비원의 의무73)

㉮ 경비원이 경비업무를 실시할 때 특별한 권한이 부여되지 않으므로 타인의 권리나 자유를 침해하거나 또는 개인이나 단체의 정당한 활동을 간섭해서는 안 된다.

㉯ 경비원은 경비업무를 실시할 때는 법령에 의거하여 정해진 제복과 색, 형식, 표장에 의해 명확하게 식별할 수 있는 복장을 사용해야 한다.

㉰ 경비원은 경비업무를 적정하게 시행하기 위해 경비업무에 관한 지식과 능력향상

72) 일본 경비업법 제14조.

73) 경비원과 경비업자에게 공통으로 적용되는 의무이며 제한이다.

을 위해 노력해야 한다.

3) 경비원지도교육책임자

(1) 의의와 선임

경비원지도교육책임자는 경비원의 지도 및 교육에 관한 계획을 작성하고 그 계획에 따라 경비원을 지도·교육하는 자이다.

경비업자는 영업소(경비원이 속하지 않는 것은 제외)마다 및 영업소에서 취급하는 경비업무의 구분마다 경비원지도교육책임자를 선임해야 한다. 선임된 경비원지도교육책임자가 결원이 되었을 때는 15일 이내에 선임해야 한다.[74)]

(2) 경비원지도교육책임자의 의무[75)]

경비원지도교육책임자의 의무는 ① 경비원에 대한 지도계획 작성과 그 계획에 의거 경비원지도 및 그 기록을 작성하는 것, ② 교육계획서를 작성하고 작성 및 그것에 의거 경비원 교육실시를 관리하는 것, ③ 관련 서류, 기타 경비원 교육실시에 관한 기록의 기재에 대해 감독하는 것, ④ 경비원의 지도 및 교육에 대하여 경비업자에게 필요한 조언을 하는 것이다.

(3) 자격과 결격사유

① 자격

도도부현공안위원회는 다음에 해당하는 자에 대하여 경비원지도교육책임자 자격증을 교부한다.

도도부현공안위원회가 국가공안위원회 규칙[76)]에서 정하는 바에 따라 경비원의 지도 및 교육에 관한 업무에 대하여 시행한 경비원지도교육책임자 강습을 받고, 그 과정을 수료한 자, 또는 그와 동등 이상의 지식 및 능력을 가진 자라고 인정된 자에게 경비원지도교육책임자 자격증을 교부한다.

---

74) 일본 경비업법 제22조.
75) 일본 경비업법 시행규칙 제40조.
76) 경비원지도교육책임자 및 기계경비업무관리자 관련 강습회 등에 관한 규칙을 말한다.

② **결격사유**

도도부현공안위원회는 다음에 해당하는 자에 대해서는 경비원지도교육책임자 자격자증을 교부하지 않는다.[77]

㉮ 미성년자

㉯ 경비업자의 결격사유 ①, ②, ③, ④, ⑤, ⑥번에 해당하는 자

㉰ 허위, 기타 부정한 방법으로 교부 또는 규칙의 규정에 위반하여 경비원지도교육책임자로서 부적당하다고 인정되어 경비원지도교육책임자 자격자증의 반납을 명령받아 그 날부터 기산해 3년을 경과하지 않는 사람

(4) 현임지도교육책임자강습

경비업자는 3년마다 경비원지도교육책임자로 선임한 자에게 국가공안위원회 규칙에서 정하여 행하는 경비원의 지도 및 교육에 관한 강습을 받도록 해야 한다(경비업법 제22조 제8항). 즉, 현임지도교육책임자강습은 모든 영업소의 경비원지도교육책임에 대하여 경비업무의 구분마다, 당해 영업소의 당해 경비업무의 구분을 취급한 날부터 3년마다 1회 행한다.

현임지도교육책임자강습은 경비업무의 구분에 다음과 같은 사항과 시간을 강습한다.

① 경비업법 기타 경비업무실시의 적정을 확보하기 위해 필요한 최신의 법령에 관한 것-1시간

② 사건·사고 등의 발생 상황 및 최신 치안정세에 관한 것-1시간

③ 경비업무를 실시하기 위해 사용하는 최신의 각종 기자재의 기능, 사용방법 및 관리방법에 관한 것-2시간

④ 경비업무에 관계되는 사고 사례를 근거로 한 사고방지에 관한 것-1시간

4) 기계경비업무

(1) 기계경비업자의 의의와 신고

기계경비업무는 경비업무용 기계장치를 사용하여 행하는 시설경비업무를 말하며, 이 업무를 하는 경비업이 기계경비업이다. 그리고 기계경비업을 영위하는 경비업자가 기계경비업자이다.

77) 일본 경비업법 제22조 제4항.

기계경비업자는 기계경비업무를 하려고 할 때는 해당 기지국 또는 송신기기를 설치한 경비업무대상시설이 소재한 도도부현의 구역마다 해당 구역을 관할하는 공안위원회에 소정의 서류를 첨부하여 신고서를 제출해야 한다(경비업법 제40조).

관할구역 내의 기지국을 폐지할 때, 기타 해당 구역 내에서 기계경비업무를 행하지 않을 때 또는 기지국 명칭 및 소재지, 선임한 기계경비업무관리자 성명 및 주소 등을 변경할 때는 해당 공안위원회에 신고서를 제출해야 한다.

(2) 기계경비업무관리자

① 의의와 선임

기계경비업무관리자는 기지국에서 경비업무용 기계장치의 운용을 감독하고, 경비원에 대한 지령업무를 통제, 기타 기계경비업무를 관리하는 자이다.

기계경비업자는 기지국마다 기계경비업무관리자를 선임해야 한다.

② 기계경비업무관리자의 자격

도도부현공안위원회는 다음에 해당하는 자에게 기계경비업무관리자 자격자증을 교부한다.[78]

㉮ 도도부현공안위원회가 국가공안위원회 규칙[79]에서 정한 바에 따라 기계경비업무의 관리에 관한 업무에 대해서 행하는 기계경비업무관리자 강습을 받고, 그 과정을 수료한 자

㉯ 도도부현공안위원회가 국가공안위원회 규칙에서 정한 바에 따라 기계경비업무의 관리에 관한 업무에 관해 ㉮항에 열거한 자와 동등 이상의 지식 및 능력을 가지고 있다고 인정한 자

㉰ 기지국에 선임된 기계경비업무관리자가 결원인 경우, 기계경비업무관리자 자격자증의 교부, 갱신 및 재교부, 기계경비업무관리자 자격자증의 교부를 받은 자에 대한 것은 경비원지도교육책임자 관련 내용을 준용한다.

③ 기계경비업무관리자의 업무

기계경비업무관리자의 업무는 다음과 같다.[80]

---

78) 일본 경비업법 제42조 제2호.
79) 경비원지도교육책임자 및 기계경비업무관리자 관련 강습회에 관한 규칙.
80) 일본 경비업법 시행규칙 제61조.

㉮ 경비업무용 기계장치에 의한 경비업무대상시설의 경계, 경비업무용 기계장치의 유지관리, 기타 경비업무용 기계장치의 운용을 원활하게 하기 위해 계획을 작성하고, 그 계획에 의거 경비업무용 기계장치의 운용을 행하기 위해 경비원 등을 감독하는 것이다.

㉯ 지령업무에 관한 기준을 작성하고, 그 기준에 따라 지령업무를 통제하기 위해 지령업무에 종사하는 경비원을 지도하는 것이다.

㉰ 경비원에게 경찰기관과의 연락방법에 대하여 지도를 하는 것이다.

㉱ 서류기재에 대하여 감독하는 것

㉲ 기계경비업무의 관리에 대하여 기계경비업자에게 필요한 조언을 하는 것

(3) 대응체제 및 구비서류

기계경비업자는 도도부현공안위원회 규칙의 기준에 따라, 기지국에서 도난 등의 사고발생에 관한 정보를 수신한 경우에 신속히 현장에 있는 경비원이 사실확인, 기타 필요한 조치를 강구하도록 하기 위해 필요한 수의 경비원, 대기소 및 차량, 기타 장비를 적정하게 배치해야 한다.

기계경비업자는 기지국마다 ㉠ 대기소마다 배치한 경비원 성명, ㉡ 경비대상시설의 명칭 및 소재지, ㉢ 내각부령에서 정한 사항을 기재한 서류를 구비해야 한다.

5) 교육과 검정

(1) 교육제도

경비원의 교육은 신임교육과 현임교육으로 나눌 수 있으며, 경비업자는 그 경비원에 대하여 다음의 교육을 실시하여야 한다.[81)]

① 신임교육

새로 경비업무에 종사할 경비원은 신임교육을 받고부터 경비업무에 임해야 한다. 경비원으로서 최저한 습득해야 할 기본교육(기본적 법령, 지식, 마음가짐, 기능 등)을 받고, 나아가 업무별 교육을 받은 후 각각의 현장에서 실지로 교육을 받는다. 기본교육시간은 15시간, 업무별 교육시간은 15시간이다.

---

81) 일본 경비업법 제21조 제2항 및 동법 시행규칙 제38조.

표 3-2	경비원 교육제도		
구분	교육대상	교육시간	비고
신임 교육	새로 경비업무에 종사시키려고 하는 경비원	기본교육 15시간*	
		업무별 교육 15시간	
현임 교육	현재 경비업무에 종사시키고 있는 경비원	기본교육 3시간	연 2회**
		업무별 교육 5시간	

* 최근 3년 간 경비업무에 종사한 기간이 통산하여 1년 이상인 경비원 및 경찰관으로 통산하여 1년 이상 재직한 경비원은 5시간의 기본교육을 받는다.

** 연(年) 2회의 구분은 4월 1일~9월 30일, 10월 1일~익년 3월 31일까지이다.

② **현임교육**

현임의 경비원은 6개월마다 현임교육을 받는다. 현임의 기본교육 및 업무별 교육은 각 업무, 현장의 실태에 따른 교육을 실시하며, 경비원의 지식 및 능력의 유지 향상을 도모한다. 현임교육은 기본교육 3시간(6개월마다), 업무별 교육은 5시간(6개월마다)이다.

업무별 교육의 예외는 다음과 같다.

㉮ 새로 당해 업무별 교육에 관계되는 경비업무에 종사시키려고 하는 경비원은 15시간 업무별 교육을 받아야 한다.

다만, 검정 합격증명서의 교부를 받은 경비원으로 당해 합격증명서에 관련된 종별의 경비업무에 종사시키려고 하는 것과 지도교육책임자 자격자증의 교부를 받은 경비원으로 당해 지도교육책임자 자격자증에 관계되는 경비업무에 종사시키려고 하는 것, 기계경비업무에 종사시키려고 하는 경비원으로 기계경비업무관리자 자격자증의 교부를 받고 있는 것 및 ㉯항의 경비원은 예외이다.

㉯ 새로 당해 업무별 교육에 관계되는 경비업무에 종사시키려고 하는 경비원으로 최근 3년 간 당해 경비업무에 종사한 기간이 통산하여 1년 이상인 자는 5시간의 교육을 받아야 한다.

다만, 검정 합격증명서의 교부를 받은 경비원으로 당해 합격증명서에 관련된 종별의 경비업무에 종사시키려고 하는 것과 지도교육책임자 자격자증의 교부를 받은 경비원으로 당해 지도교육책임자 자격자증에 관계되는 경비업무에 종사시키려고 하는 것, 기계경비업무에 종사시키려고 하는 경비원으로 기계경비업무관리자 자격자증의 교부를 받고 있는 것은 예외이다.

신임경비원의 신임교육 내용은 〈표 3-3〉과 같다.

표 3-3 신임 및 현임 기본교육 내용 · 시간

구분	교육사항	교육시간
신임 기본 교육	① 경비업무실시의 기본원칙에 관한 것 ② 경비원의 자질향상에 관한 것 ③ 경비업법 그 외 경비업무의 적정한 실시에 필요한 법령에 관한 것 ④ 사고발생 시에 경찰기관과의 연락, 그 외 응급조치에 관한 것 ⑤ 호신용구의 사용방법, 그 외 호신의 방법에 관한 것	15시간
현임 기본 교육	① 경비업무실시의 기본원칙에 관한 것 ② 경비업법 기타 경비업무의 적정한 실시에 필요한 법령에 관한 것 ③ 사고발생 시에 경찰기관과의 연락, 기타 응급조치에 관한 것	3시간 (연 2회)

업무별 교육은 경비원을 주로 종사시키는 경비업무에 따라, 당해 경비업무를 적정하게 실시하기 위해 필요한 지식 및 기능에 관한 사항을 교육한다.

표 3-4 업무별 교육내용

구분	업무별 교육내용
시설 경비	① 경비대상시설에 사람 또는 차량 등의 출입의 관리방법에 관한 것 ② 순회의 방법에 관한 것 ③ 경보장치 기타 당해 경비업무를 실시하기 위해 사용하는 기기의 사용방법에 관한 것 ④ 의심스런 사람 또는 의심스런 물건을 발견한 경우에 취할 조치에 관한 것 ⑤ 기타 당해 경비업무를 적정하게 실시하기 위해 필요한 지식 및 기능에 관한 것
혼잡 경비	① 당해 경비업무를 적정하게 실시하기 위해 필요한 도로교통 관계법령에 관한 것 ② 차량 및 보행자의 유도방법에 관한 것 ③ 사람 또는 차량이 혼잡한 장소에서 혼잡 정리방법에 관한 것 ④ 당해 경비업무를 실시하기 위해 사용하는 각종 기자재의 사용방법에 관한 것 ⑤ 사람 또는 차량이 혼잡한 장소 또는 이들의 통행에 위험이 있는 장소에 부상 등의 사고가 발생할 때 취해야 할 조치에 관한 것 ⑥ 기타 당해 경비업무를 적정하게 실시하기 위해 필요한 지식 및 기능에 관한 것
운반 경비	① 운반에 사용할 차량 등의 구소 및 실비에 관한 것 ② 차량 등에 의한 동반 및 운반 중에 주위를 살피는 방법에 관한 것 ③ 운반에 관계된 현금, 귀금속, 미술품 등을 실을 때 경계방법에 관한 것 ④ 당해 경비업무를 실시하기 위해 사용하는 각종 기자재의 사용방법에 관한 것 ⑤ 운반 중에 도난 등의 사고가 발생할 때 취해야 할 조치에 관한 것 ⑥ 기타 당해 경비업무를 적정하게 실시하기 위해 필요한 지식 및 기능에 관한 것
신변 보호	① 사람의 신변에서 경계에 관계된 경계위치, 경계방법에 관한 것 ② 당해 경비업무를 실시하기 위해 사용하는 각종 기자재의 사용방법에 관한 것

	③ 의심스런 사람 또는 의심스런 물건을 발견한 경우에 취해야 할 조치에 관한 것 ④ 사람의 신체에 대한 위해발생을 방지하기 위해 취해야 할 피난 등의 조치에 관한 것 ⑤ 기타 당해 경비업무를 적정하게 실시하기 위해 필요한 지식 및 기능에 관한 것
기계경비	① 당해 기계경비업무를 실시하기 위해 사용하는 경비업무용 기계장치의 기능에 관한 것 ② 경비업무용 기계장치에 의한 경계 및 지령방법에 관한 것 ③ 지령업무에 종사하는 경비원과 현장에 나가는 경비원과의 연락방법에 관한 것 ④ 기지국에서 도난 등의 사고발생에 관한 정보를 수신한 경우에 의심스런 자나 의심스런 물건을 발견, 그 외 현장에서 사실확인의 방법에 관한 것 ⑤ 기타 당해 기계경비업무를 적정하게 실시하기 위해 필요한 지식 및 기능에 관한 것

(2) 검정제도

일본의 시큐리티 관련 자격제도는 경비원 검정제도, 경비원지도교육책임자, 기계경비업무관리자 등이 있다.

① 경비원 검정제도의 의의

경비원 검정제도는 경비원의 자질을 향상시키고 전문성을 확보하기 위하여, 경비원의 지식과 능력을 평가하여 합격하는 자에게 1급, 2급의 민간경비원 자격증을 부여하는 것이다.

공안위원회는 경비업무의 적정한 실시를 도모하기 위해 그 종별에 따라 경비원 또는 경비원이 되려고 하는 자에 대하여 그 지식 및 능력에 관한 검정을 한다(경비업법 제23조 제1항).

경비업자는 경비업무(시설, 혼잡, 운반) 가운데 그것을 실시하는 데 전문적 지식 및 능력을 요하거나 또는 사고가 발생한 경우에는 불특정 또는 다수인의 생명, 신체 또는 재산에 위험이 발생할 우려가 있는 경비업무[82]를 수행할 때는 그 경비업종마다 검정합격증명서를 교부받은 경비원에게 관계된 경비업무를 시켜야 한다.

② 검정의 종별

검정은 경비업무의 종별을 특정하여 그 종별에 종사할 경비원의 지식 및 능력에 관하여 한다. 따라서 현재 업무의 중요성(공공성) 및 수요를 감안하여 검정규칙 제1조에 정한 5개의 종별에 대하여 실시하고 있다.

82) 여기에 해당하는 경비업무는 공항보안경비업무, 시설경비업무(기계경비업무와 공항보안경비업무 제외), 혼잡경비업무, 교통유도경비업무, 핵연료물질 등 위험물운반경비업무, 귀중품운반경비업무이다.

표 3-5 종별 검정 내용

검정의 종별	내용
공항보안검사업무에 관한 검정	공항 등 시설에서 항공기의 강탈 등의 사고발생을 경계하고 방지하는 업무(항공기에 가지고 들어가는 물건의 검사에 관계되는 것에 한함)
시설경비업무에 관한 검정	시설경비업무(기계경비업무 및 공항보안경비업무는 제외) 가운데 경비대상시설의 파괴 등의 사고발생을 경계하고 방지하는 업무
혼잡경비업무에 관한 검정	사람이 혼잡한 장소에서 부상 등의 사고발생을 경계하고 방지하는 업무(혼잡정리에 관계되는 것에 한함)
교통유도경비에 관한 검정	공사현장 기타 사람 또는 차량의 통행에 위험이 있는 장소에서 부상 등의 사고발생을 경계하고 방지하는 업무(교통유도에 관계되는 것에 한함)
핵연료물질 등 위험물운반경비업무에 관한 검정	운반 중의 핵연료물질 등 위험물에 관계되는 도난 등의 사고발생을 경계하고 방지하는 업무
귀중품운반경비업무에 관한 검정	운반 중의 현금, 귀금속, 유가증권 등의 귀중품에 관계되는 도난 등의 사고발생을 경계하고 방지하는 업무

③ **검정방법**[83)]

검정은 검정을 받으려고 하는 자의 지식 및 능력에 대하여 학과시험 및 실기시험에 의해 판정한다.[84)]

국가공안위원회의 등록을 받은 자가 실시하는 강습회의 과정을 수료한 자에 대해서는 학과시험 또는 실기시험의 전부 또는 일부를 면제하여 검정에 합격한 자로 간주한다.

따라서 검정에 합격하는 방법은 두 가지이다.

하나는 도도부현공안위원회가 실시하는 학과시험 및 실기시험의 수검을 받아 합격하는 방법이다. 또 하나는 국가공안위원회가 지정한 강습의 과정을 수료하고, 도도부현공안위원회가 실시하는 학과시험 및 실기시험을 면제받아 합격하는 방법이다.

6) 전국경비업협회

한국경비협회에 해당하는 단체는 일본 전국경비업협회이다. 일본의 경우는 1972년 경비업법 제정 당시부터 지금에 이르기까지 경비업법에 협회에 관한 규정을 두고 있지 않다.[85)]

83) 일본 경비업법 제23조 제2항.
84) 안황권, "일본민간경비의 현황과 과제", 『경기대 논문집』, 제50집, 2006, pp.170-171.

전국경비업협회 정관에서 정한 목적은 ① 회원이 행하는 각종 사업에 관한 지도, ② 경비원 교육담당자의 교육훈련 및 그 자격의 부여, ③ 경비원의 교육훈련 및 그 자격의 부여, ④ 경비업에 관한 홍보 및 출판물의 간행, ⑤ 경비업무의 적정화 및 기술 향상에 관한 조사연구, ⑥ 경비용 기자재의 연구, 개발 및 알선, ⑦ 관계 행정청이 행하는 방범활동 및 사고방지활동에 대한 협조, ⑧ 기타 본회의 목적을 달성하기 위하여 필요한 사업 등이다(http://www.ajssa.or.jp/).

이 중에서 가장 역점을 두고 있는 사업은 경비원지도교육책임자 및 경비원의 교육훈련과 자격의 부여이다. 그리고 경비원교육 강사연수회를 실시하고 있다.[86]

출판물도 그동안 30여 권의 교재 및 서적, 6세트의 비디오, 기타 자료 및 장식 등을 제작하여 배포하고 있다. 이러한 교재 및 자료, 잡화는 유료로 판매(알선)하여 수익을 올리고 있다.

또한 월간으로 발행되는 협회보인 '*Security Time*'은 단순한 소식지가 아니라 국내의 시큐리티의 동향과 외국의 경비업법과 동향에 대해 소개하고 있다.

교육 및 연수, 세미나는 대부분 협회가 설립한 연수센터에 개최되고 있다. '연수센터 후지노(ふじの)'는 가나가와현(神奈川縣) 사가미하라시(相模原市)의 후지노에 위치하고 있으며, 동경에서 약 1시간 정도의 거리이다. 연수센터는 세미나실, 체육관, 종합운동장 등을 갖추고 있으며, 수용인원은 총 114명이다.

그리고 경비업무와 관련하여 경찰청, 국토교통성, 후생노동성, 소방청, 법무부 등 전부 관련 부처와 긴밀하게 협력하여 관련 사업을 적극적으로 추진하고 있다.[87]

7) 감독

(1) 경비원의 명부 등

경비업자는 영업소마다 경비원명부, 기타 내각부령에서 정한 서류를 구비하여 필요한 사항을 기재해야 한다.

---

85) 한국 경비업법은 제정 당시부터 협회에 관한 규정을 두고 있으며, 현행법에서도 2개(제22조, 제23조)의 조문을 두고 있다.

86) 유한책임중간법인 경비원특별강습사업센터를 설립하여 교육사업을 주로 하고 있다.

87) 국토교통성과는 테러대책의 일환으로 항만시설의 보안강화를, 법무성과는 신설 교도소의 경비, 경찰청과는 위법주차단속 업무의 민간위탁 등을 상의하였다.

(2) 자료제출

도도부현공안위원회는 경비업법의 시행에 필요한 한도 내에서, 경비업자에게 업무상황에 관한 보고 또는 자료제출을 요구할 수 있다.

(3) 출입검사

도도부현공안위원회는 경비업법의 시행에 필요한 한도 내에서 경찰직원에게 경비업자의 영업소, 기지국 또는 대기소에 출입하여 업무 상황, 장부, 서류, 기타 물건을 검사시킬 수 있다.

(4) 영업정지 등

도도부현공안위원회는 경비업자 또는 그 경비원이 경비업법, 경비업법 관련 명령, 도도부현공안위원회 규칙의 규정에 위반하였거나, 또는 경비업무에 관해 타 법령의 규정에 위반한 경우에는 경비업무의 적정한 실시가 현저히 침해될 우려가 있다고 인정될 때 또는 경비업자가 선소의 출입검사의 규정에 의한 지시에 위반한 때, 해당 경비업자에 대해 6월 이내의 기간을 정하여 해당 공안위원회의 관할구역 내에 경비업무에 관련된 영업의 전부 또는 일부 정지를 명할 수 있다.

도도부현공안위원회는 ① 결격사유가 있다는 통지를 받고도 경비업을 영위하는 자, ② 경비업 인정이 취소된 후 경비업을 영위한 자, ③ 결격사유에 해당하는 자로 경비업을 영위하고 있을 때는 그 자에 대해 영업폐지를 명할 수 있다.

8) 벌칙

(1) 1년 이하의 징역 또는 100만엔 이하의 벌금

다음에 해당하는 자는 1년 이하의 징역 또는 100만엔 이하의 벌금에 처하거나 또는 그것을 병과한다.[88]

① 제35조의 규정에 의한 업무정지의 명령에 위반한 자

② 제49조 제1항 또는 제2항의 규정에 의한 영업정지 또는 폐지의 명령에 위반한 자

---

88) 일본 경비업법 제56조.

(2) 100만엔 이하의 벌금

다음에 해당하는 자는 100만엔 이하의 벌금에 처한다.

① 제5조 제1항의 규정에 의한 인정의 신청을 하지 않고 또는 그것에 관련된 동조 제2항 또는 제3항의 규정에 의한 통지를 받기 전에 경비업을 영위한 자

② 제7조 제1항의 규정에 의한 인정증의 유효기간의 갱신신청을 하지 않고, 인정증의 유효기간의 만료 후 계속 경비업을 영위한 자

③ 제13조의 규정에 위반하여 타인에게 경비업을 영위하도록 한 자

④ 제19조의 규정에 위반하여 서면을 교부하지 않고 또는 동조에 규정한 사항이 기재되어 있지 않은 서면 또는 허위기재된 서면을 교부한 자

⑤ 제22조 제1항의 규정에 위반하여 경비원지도교육책임자를 선임하지 않은 자

⑥ 제40조의 규정에 위반하여 신고를 하지 않은 자

⑦ 제48조의 규정에 의한 지시를 위반한 자

⑧ 허위, 기타 부정한 수단으로 제4조의 인정 또는 제7조 제1항의 인정증의 유효기간을 갱신받은 자

(3) 30만엔 이하의 벌금

다음에 해당하는 자는 30만엔 이하의 벌금에 처한다.

① 제5조 제1항(제7조 제4항을 준용하는 경우 포함)의 인정신청서 또는 인정증 갱신신청서 또는 첨부서류에 허위기재를 하여 제출한 자

② 제6조의 규정에 위반하여 인정증을 게시하지 않은 자

③ 제9조, 제10조 제1항, 제11조 제1항, 제16조 제2항, 제41조의 규정에 위반하여 신고를 하지 않거나 또는 제9조, 제10조 제1항, 제11조 제1항, 제16조 제2항, 제40조, 제41조의 신고서, 첨부서류에 허위기재를 하여 제출한 자

④ 제12조 제1항의 규정에 위반하여 인정증을 반납하지 않은 자

⑤ 제22조 제7항의 규정에 의한 명령에 위반한 자

⑥ 제31조의 규정에 의한 신고를 하지 않거나 또는 허위신고를 한 자

⑦ 제36조의 규정에 위반하여 장부를 비치하지 않고, 장부에 기재하지 않거나 또는 허위로 기재하거나 장부를 보존하지 않은 자

⑧ 제37조, 제46조의 규정에 의한 보고 또는 자료제출을 하지 않거나 허위로 보고

및 자료제출 또는 제38조 제1항, 제47조 제1항의 규정에 의한 검사를 거부, 방해, 기피한 자

⑨ 제42조 제1항의 규정에 위반하여 기계경비업무관리자를 선임하지 않은 자

⑩ 제44조, 제45조에 규정한 서류를 구비하지 않거나 또는 그것에 필요한 사항을 기재하지 않았거나 허위로 기재한 자

(4) 20만엔 이하의 과료

다음에 해당하는 자는 20만엔 이하의 과료에 처한다.

① 제12조 제2항의 규정에 위반하여 인정증을 반납하지 않은 자 또는 동조 제3항의 규정에 위반하여 신고를 하지 않았거나 허위신고를 한 자

② 제32조 제1항의 규정에 위반하여 재무제표 등을 비치하지 않거나 재무제표에 기재할 사항을 기재하지 않았거나 허위기재 또는 정당한 이유가 없이 동조 제2항의 규정에 의한 청구를 거부한 자

9) 양벌규정

법인의 대표자 또는 법인 혹은 사람의 대리인, 사용인, 기타 종업원이 그 법인 또는 사람의 업무에 관련해 벌칙에 위반행위를 한 때는 행위자를 처벌하는 외 그 법인 또는 사람에 대해서도 벌금형을 부과한다.

3 일본의 경비산업

1) 경비업체

(1) 경비업체[89)]

일본의 경비업체는 2021년 12월 31일 현재 10,359개인데, 이것은 경비업법이 처음 제정된 1972년 11월과 비교해보면 13.4배 늘어났으며, 전년 대비 246개가 증가한 것이다.

경비업체는 1972년부터 2000년까지 계속 증가하였으며, 2001~2003년까지 약간 감소

89) 일본은 개인이 경비업을 영위할 수 있으므로 경비업자라고 하지만, 필자는 조직체의 대표라는 의미에서 경비업체라고 표현한다.

표 3-6 일본 경비업체 추이

연도	1972	1982	1992	2002	2012	2013	2014	2015	2016	2017	2018	2019	2020	2021
업체	775	3,546	6,578	9,463	9,131	9,247	9,266	9,342	9,434	9,548	9,714	9,908	10,113	10,359

자료: 일본경찰청. http://www.npa.go.jp/safetylife/seianki5/20080702.pdf
(社)日本全國警備業協會(2022.7: 15).

하다가 2012년부터 2021년 12월 말까지 지속적으로 증가하고 있다.

(2) 경비업체의 영업소 수별 상황

2021년 12월 말 현재 전국 경비업체 10,359개가 전국의 도 · 도 · 부 · 현에 개설하고 있는 영업소 수별 현황은 〈표 3-7〉과 같다.

주된 영업소 1개만을 두고 있는 경비업체는 전체의 84.5%인 8,755개이며, 영업소 수가 5개 이하인 경비업체가 10,074개로 전체의 97.3%를 차지하고 있다.

표 3-7 일본 경비업체 영업소 수별 현황

영업소 수	1	2	3	4	5	6~9	10~19	20~29	30개 이상	기타
업자 수	8,755	807	302	136	74	162	83	12	15	13
비율	84.5	7.8	2.9	1.3	0.7	1.6	0.8	0.1	0.1	0.1

주: 기타는 폐업 또는 소재불명의 업자이다.
자료: 일본경찰청. http://www.npa.go.jp/safetylife/seianki5/2008702.pdf

(3) 매출액

① 매출총액

일본 경비업체의 매출총액은 3조 4,537억 6,500만엔(2021년 12월 31일 현재)으로 전년도 보다 196억 6,431만엔이 감소하였다.

표 3-8 매상고의 연도별 추이

(단위: 억엔)

연도	2016	2017	2018	2019	2020	2021
매상고	34,236	34,761	35,341	35,534	34,734	34,537

② 매출액별 경비업체 수

매출액별 경비업체의 수는 〈표 3-9〉와 같다. 매출액이 1천만엔 미만의 경비업체는 2,334개로 전체의 28.5%, 1억~20억엔 미만의 업체는 2,440개로 전체의 29.8%를 차지하고 있다. 한편 연간 100억엔 이상의 매출을 기록한 업체도 32개나 된다.

표 3-9 일본 경비업체 매출액별 상황

구분	2007년			2006년
매상고	경비업체 수	비율	전년비	경비업체 수
1,000만엔 미만	2,334	28.5	−452	2,786
1,000~3,000만엔 미만	1,071	13.1	−61	1,132
3,000~5,000만엔 미만	775	9.5	−26	801
5,000~1억엔 미만	1,328	16.2	+65	1,263
1억~20억엔 미만	2,440	29.8	−76	2,516
20억~50억엔 미만	152	1.9	−13	165
50억~100억엔 미만	39	0.6	−14	53
100억엔 이상	45	0.5	+13	32
합계	8,184			8,748

자료: 일본경찰청. http://www.npa.go.jp/safetylife/seianki5/20080702.pdf

2) 경비원

(1) 경비원 수와 고용 연도별 추이

경비원 수는 〈표 3-10〉과 같이 2021년 12월 말 현재 58만 9,938명으로 전년보다 1,574명이 증가하였다. 경비업법이 제정된 1972년 4만 1,146명에 비하면 14.3배가 된다.

경비원의 고용별 상황을 보면, 상용경비원은 53만 6,237명으로 전년에 비해 1,574명

표 3-10 일본 경비원 수의 연도별 추이

(단위: 명)

연도	2000	2010	2015	2017	2018	2019	2020	2021
경비원 총수	422,851	446,703	538,347	552,405	554,517	570,727	588,364	589,938
상용경비원 수	319,512	341,264	461,675	487,227	496,655	515,831	534,584	536,237
임시경비원 수	103,339	105,439	76,672	65,178	57,862	54,896	53,780	53,701

자료: 일본경찰청. http://www.npa.go.jp/safetylife/seianki5/20080702.pdf

이 증가하였으며, 임시경비원은 5만 3,701명으로 전년 대비 79명이 감소하였다. 경비원 총수에서 임시경비원이 차지하는 비율은 9.1%이다. 일본의 경우에도 임시경비원이 차지하는 비율이 매년 낮아지고 있다.

(2) 경비원 성별 현황

경비원의 성별 현황은 〈표 3-11〉과 같다. 남자 경비원은 55만 126명으로 전체 경비원의 93.3%를 차지하고 있으며, 이 중 상근직은 남자 경비원의 91.5%인 50만 3,105명, 임시직은 8.5%인 4만 7,021명이다.

여자 경비원은 3만 9,812명으로 전체 경비원의 6.8%를 차지하고 있으며, 이 중 상근직은 여자 경비원 중 83.2%인 3만 3,132명, 임시직은 16.8%인 6,680명이다.

표 3-11 경비원 남녀별 · 고용별 상황(2020.12.31 현재)

(단위: 명)

	남자 경비원	여자 경비원	합계
상근직	503,105(91.5%)	33,132(83.2%)	536,237(90.9%)
임시직	47,021(8.5%)	6,680(16.8%)	53,701(9.1%)
합계	550,126(100%)	39,812(100%)	589,938(100%)

자료: 일본경찰청. http://www.npa.go.jp/safetylife/seianki5/20080702.pdf

경비원의 재직연수별 현황은 〈표 3-12〉와 같다. 전체 경비원 58만 9,938명 중에서 3~10년 미만 재직자는 33.8%인 19만 9,157명, 10년 이상 재직자는 28.3%인 16만 7,017명, 1~3년 미만은 21.5%인 12만 6,850명, 1년 미만은 16.4%인 9만 6,914명이었다. 일본의 경우 10년 이상 장기 재직자가 28.3%를 차지하는 것은 의미있는 것이다.

표 3-12 경비원의 재직연수별 · 성별 현황(2021.12.31 현재)

(단위: 명)

	1년 미만	1~3년 미만	3~10년 미만	10년 이상
남성	86,931(89.7%)	115,406(90.9%)	187,808(94.3%)	159,981(95.8%)
여성	9,983(10.3%)	11,444(9.1%)	11,349(5.7%)	7,036(4.2%)
합계	96,914(100%)	126,850(100%)	199,157(100%)	167,017(100%)

자료: 일본경찰청. http://www.npa.go.jp/safetylife/seianki5/20080702.pdf

경비원의 연령별 현황은 〈표 3-13〉과 같다. 전체 경비원 58만 9,938명 중에서 50~59세가 19.3%인 11만 3,631명, 70세 이상이 18%인 10만 5,820명, 40~49세가 15.2%인 8만 9,448명, 65~69세가 14.1%인 8만 3,392명, 60~64세가 13.1%인 7만 7,010명, 30세 미만이 10.5%인 6만 1,918명, 30~39세가 10.0%인 5만 8,719명이었다.

표 3-13 경비원의 연령별 · 남녀별 현황(2021.12.31 현재)

(단위: 명)

	30세 미만	30~39세	40~49세	50~59세	60~64세	65~69세	70세 이상
남성	50,496 (81.6%)	53,487 (91.1%)	82,473 (92.2%)	105,759 (93.1%)	73,641 (95.6%)	80,849 (96.9%)	103,421 (97.7%)
여성	11,422 (18.4%)	5,232 (8.9%)	6,975 (7.8%)	7,872 (6.9%)	3,369 (4.4%)	2,543 (3.1%)	2,399 (2.3%)
합계	61,918 (100%)	58,719 (100%)	89,448 (100%)	113,631 (100%)	77,010 (100%)	83,392 (100%)	105,820 (100%)

자료: 일본경찰청. http://www.npa.go.jp/safetylife/seianki5/20080702.pdf

(3) 경비업자의 경비원 수별 현황

경비업자가 고용한 경비원 수별 현황은 〈표 3-14〉와 같다. 즉, 경비원이 5인 이하인 경비업체가 26.0%로 가장 높고, 10~19명인 업체가 18.6%, 30~49명인 업체가 12.2%인 반면, 100~499명인 업체가 9.0%, 500~999명인 업체가 0.8%, 1,000명 이상인 업체는 0.5%로 나타났다.

50명 미만을 고용한 경비업체가 전체의 78.9%인 8,172개로 영세성을 보이고 있는 반면, 나머지 업체가 과점을 하고 있어 양극화의 현상이 뚜렷하게 나타나고 있다.

표 3-14 일본 경비업자의 경비원 수별 현황(2021.12.31 현재)

	5인 이하	6~9	10~19	20~29	30~49	50~99	100~499	500~999	1,000 이상	합계
경비업체 수	2,690	1,046	1,929	1,241	1,266	1,129	927	82	49	10,359
비율	26.0	10.1	18.6	12.0	12.2	10.9	9.0	0.8	0.5	100%

자료: 일본경찰청. http://www.npa.go.jp/safetylife/seianki5/20080702.pdf

3) 경비업무별 경비업 현황

(1) 경비업무별 경비업체 수 및 경비원 수

경비업무별 경비업체는 〈표 3-15〉에서 보는 바와 같다.

표 3-15 일본 경비업무 종별 현황(2020.12.31 현재)

경비업종별			경비업자 수	구성비(%)
시설 경비	시설	전체	6,740	
		(순회)	(2,361)	
		(보안)	(1,368)	
	공항보안		82	
	기계	전체	571	
		(주택대상)	(399)	
		(주택 이외 대상)	(524)	
	소계		6,897	42.9
혼잡 경비	교통유도		7,624	
	혼잡		4,226	
	소계		7,854	48.8
운반 경비	귀중품 운반	전체	662	
		(현금수송)	(427)	
		(현금 외 귀중품 운반)	(408)	
	핵연료물질 등 운반		14	
	기타		27	
	소계		670	6.3
신변 보호	긴급통보서비스	긴급통보서비스	163	
		긴급통보서비스 이외	563	
	소계		661	4.1
경비업자 합계			10,359	
경비업무 합계			16,082	100

주: 1) 경비업체가 둘 이상의 업무를 하는 경우, 그 업무마다 각각 1개로 계상한다.
2) 〈표 3-15〉에서 사용하는 용어의 뜻은 다음과 같다.
① 순회는 복수의 경비업무대상시설을 차량 등으로 순회하는 등, 경비대상시설에 상주하지 않고 도난 등의 사고발생을 경계하고 방지하는 업무를 말한다.
② 보안은 불특정 다수가 출입하는 점포 등에서 훔쳐가는 등의 도난을 비롯 상품에 독극물이나 이물질을 넣거나 기물을 파괴하는 등 점포 내 범죄의 불법행위를 경계하고 방지하는 업무를 말한다.
③ 운반경비 중 기타는 일반 위험물 등의 운반경비업무를 말한다.
④ 긴급통보서비스는 멀리 떨어져 있는 사람의 신변에 착용한 기기를 통하여 그 신변에 대한 위해의 발생을 경계하고 방지하는 업무를 말한다.

자료: 일본경찰청. http://www.npa.go.jp/safetylife/seianki5/2008702.pdf

시설경비업무(기계경비업무 포함)를 하는 업체는 전체의 46.6%, 혼잡경비업무를 하는 업체는 45.6%, 수송경비업무를 하는 업체는 4.6%, 긴급통보서비스를 하는 업체는 3.2%를 차지하고 있다. 많은 업체가 시설경비업무와 혼잡경비업무를 하고 있는 것을 알 수 있다.

(2) 기계경비업 현황

기계경비업의 전체적인 현황은 〈표 3-16〉과 같다.

기계경비업체 수는 2000년 이후 매년 감소하여 2021년 12월 말 현재 571개 업체이다. 그러나 기계경비업무 대상시설 수는 2000년 이후 매년 증가하여 2021년 12월 말 현재 326만 2,011개로 증가하고 있다.

2021년 12월 말 현재 기지국 수는 682개, 대기소 수는 8,007개, 전속경비원 수는 27,042명, 기지국근무원 수는 4,767명, 전용순회차 수는 12,936대, 대상시설 수는 326만 2,011개이다.

표 3-16 일본 기계경비업체·기지국·대상시설 등 현황

	2000	2015	2017	2018	2019	2020	2021
기계경비업체 수	812	676	675	631	596	578	571
기지국 수	1,228	832	770	745	733	707	682
대기소 수	8,736	9,301	8,515	8,458	8,317	8,228	8,007
전속경비원 수	33,110	33,576	29,211	30,826	28,699	27,267	27,042
기지국근무원 수	4,990	5,310	5,376	5,100	4,978	4,821	4,767
전용순회차 수	13,479	13,239	12,066	11,264	13,781	13,114	12,936
대상시설 수	1,086,246	2,994,770	3,038,191	3,196,238	3,118,034	3,176,544	3,262,011

자료: 일본경찰청. http://www.npa.go.jp/safetylife/seianki5/20080702.pdf

① 기계경비 1업자당 현황

〈표 3-17〉에서 보는 바와 같이 기계경비 1업자당 기지국 수는 1.2개, 대기소 수는 14개, 전속경비원 수는 47.4명, 기지국근무원 수는 8.3명, 전용순회차는 22.7대, 기계경비업무 대상시설 수는 5,712.8개이다.

표 3-17 일본 기계경비업체당 기지국 · 대상시설 수 현황(2019.12.31 현재)

구분	총수	1업체당 수
기계경비업자 수	571	–
기지국 수	682	1.2
대기소 수	8,007	14.0
전속경비원 수	27,042	47.4
기지국근무원 수	4,767	8.3
전용순회차 수	12,936	22.7
기계경비업무 대상시설 수	3,262,011	5,712.8

자료: 일본경찰청. http://www.npa.go.jp/safetylife/seianki5/20080702.pdf

② 기계경비업체의 대응체계

기계경비업체의 대응체계 추이는 〈표 3-18〉과 같다. 2021년 12월 말 현재 대응체계 현황을 보면, 1업체당 대상시설 수는 5,713개, 1대기소당 대상시설 수는 407개, 경비원 1인당 대상시설 수는 121개, 전용순회차 1대당 대상시설 수는 252개이다.

표 3-18 기계경비업체의 대응체계 추이(각 연도 말 현재)

구분	2015년	2017년	2018년	2019년	2020년	2021년
1업체당 대상시설 수	4,430	4,501	5,065	5,232	5,496	5,713
1대기소당 대상시설 수	322	357	378	375	386	407
경비원 1인당 대상시설 수	89	104	104	109	116	121
전용순회차 1대당 대상시설 수	226	252	238	226	242	252

자료: 일본경찰청. http://www.npa.go.jp/safetylife/seianki5/20080702.pdf

4) 경비원 자격증 취득 현황

경비원 검정제도는 경비원의 자질을 향상시키고 전문성을 확보하기 위하여 경비원의 지식과 능력을 평가하여 합격하는 자에게 1급, 2급의 민간경비원 자격증을 부여하는 것이다.

경비원 자격증의 검정제도는 1986년에 처음 시작되었으나 2004년 개정 경비업법에 따라 시행되고 있다. 즉, 도도부현공안위원회가 학과시험을 시행하는 방법(직접검정)과 등록강습기관[90]이 주관하는 강습회 과정을 수료한 자에게 학과시험 및 실기시험을 면

제하는 방법이 있다.[91]

2021년 중 검정합격 증명서의 교부 현황은 〈표 3-19〉와 같다. 즉, 1급검정취득자는 1,513명, 2급검정취득자는 13,250명이다.

표 3-19 검정합격증 교부 현황(2021.12.31 현재)

(단위: 명)

	공항보안	시설	혼잡	교통	핵연료물질 등	귀중품	계
1급검정 취득자	599	521	244	119	0	30	1,513
2급검정 취득자(누계)	1,037	3,395	1,259	6,284	3	1,272	13,250

자료: 일본경찰청. http://www.npa.go.jp/safetylife/seianki5/20080702.pdf

2021년 12월 말 현재 검정합격 증명서를 소지한 경비원의 현황은 〈표 3-20〉과 같다. 즉, 1급검정보유자 수는 3만 431명, 2급검정보유자 수는 18만 4,886명이다.

표 3-20 경비원의 검정합격증 보유 상황(2021.12.31 현재)

(단위: 명)

	공항보안	시설	혼잡	교통	핵연료물질 등	귀중품	계
1급검정 보유자 수	3,949	10,667	6,462	5,541	178	3,634	30,431
2급검정 보유자 수	5,911	50,068	28,284	78,897	738	20,988	184,886

자료: 일본경찰청. http://www.npa.go.jp/safetylife/seianki5/20080702.pdf

2021년 12월 말 현재 경비원 등(경비원 및 경비업자의 종사자) 중에서 경비업무의 구분마다 경비원 지도교육책임자 자격자증을 보유한 현황은 〈표 3-21〉과 같다. 전체 보유자는 9만 8,198명이고, 이 중 시설경비업무에 45%인 4만 4,167명, 혼잡경비업무에 33%인 3만 2,444명, 운반경비에 11%인 1만 841명, 신변보호에 10.9%인 1만 746명이 보유하고 있다.

90) (사)전국경비업협회, (재)공항보안사업센터 등이 있다.

91) 학과시험 및 실기시험과목, 범위 등에 대한 자세한 설명은 안황권(2005), "민간경비 자격제도에 관한 연구", 한국경비협회 제17차 CEO세미나 자료집을 참조할 것.

표 3-21 경비원지도교육책임자 자격증의 보유 현황(2021.12.31 현재)

(단위: 명)

구분	시설경비	혼잡경비	운반경비	신변보호	합계
보유자 수	44,167	32,444	10,841	10,746	98,198

5) 일본 경비업의 과제와 시사점

일본 시큐리티산업은 1962년 이래 짧은 기간에 급성장하였으나 적지 않은 문제를 안고 있다. 특히 심각한 문제는 덤핑입찰, 경비원의 질문제, 경비업자의 위반문제, 경비업자의 양극화문제이다.

첫째, 경비업자의 덤핑문제이다. 덤핑문제는 영업전략상 수단과 방법을 가리지 않고 특정 경비대상물건의 계약을 반드시 체결하기 위해서 적정가격을 현저하게 낮춰서 입찰하여 낙찰받는 것이다. 경비대금을 저가로 낙찰하게 되면 그 결과 경비원은 낮은 보수와 후생복지의 취약 등으로 이직이 잦아 업무의 숙련도가 떨어지고 사기가 저하되어 양질의 서비스를 기대하기 어렵게 된다. 특히 기계경비보다는 인력경비업무는 인건비가 차지하는 부분이 커서 코스트다운을 하는 것은 쉽지 않다. 따라서 인력경비업무를 주로 하는 업체에서 덤핑문제가 일어나는 경우가 많다.

덤핑문제를 해결하기 위해서는 윤리위원회의 강화를 통하여 표준가격시산표를 각 지역마다 정하여 발표하고, 극단적으로 싸게 수주한 업자에 대해서 그 상황설명서를 협회에 제출하게 하여 이를 회원들에게 공표하도록 하고 있다.[92] 그리고 경비업협회의 힘을 강화하여 업종마다 최저요금제를 정하여 가맹사에게 이를 지키도록 요구하고 있다.

둘째, 경비원의 질 향상 문제는 최근의 문제가 아니라 경비업이 시작된 때부터 제기된 것이라고 할 수 있다. 경비원의 질적 수준을 높이고 나아가 사회에 민간방범시스템의 핵으로 만들고, 경비업법은 경비원의 교육에 관하여 상세한 규정을 정할 의무를 부여하고 있다. 그러나 실제로 교육이 제대로 이뤄지지 않고 있다.

경비원의 교육에 대한 부정적 시각은 다양한 원인[93]이 있지만, 궁극적으로 경비업체의 신뢰도와 직결되고 현장에서의 안전사고와 관계가 많으므로 다양하고 적극적인 방

92) 深澤賢治, 앞의 책, pp.186-187.

93) 그 이유를 보면 첫째, 교육비용을 염출할 수 없다. 둘째, 교육에 돈을 들여도 쓸데 없다. 셋째, 몇 번 교육해도 곧 사직해서 일관된 교육이 곤란하다. 넷째, 교육받고 싶은 의욕이 없어 교육효과가 없다는 지적이다.

표 3-22 일본 경비업체에 대한 행정처분 현황

(단위: 건)

연차	2000	2015	2016	2017	2018	2019	2020	2021
지시처분	104	243	234	274	249	201	152	196
영업정지처분	24	11	9	13	15	7	5	3
인정취소처분	6	1	1	6	0	2	1	0
합계	134	255	244	293	264	210	158	199

자료: 일본경찰청. http://www.npa.go.jp/safetylife/seianki5/20080702.pdf

법으로 경비원의 질을 향상시키는 방안을 강구하고 있다.

셋째, 경비업자의 위반문제이다. 경비업자가 영위하는 경비업은 영리를 목적으로 하는 사업이다. 그리고 경비업법은 경비업무 시행의 적정화를 도모할 목적으로 만들어진 법률로 경비업에 규제를 행하는 것이다. 경비업자 중에는 눈앞의 이익에 급급하여 저이윤을 위해 자기가 제공하는 경비업무의 적법성에 부주의해 버리는 경우가 있는데, 여기에 경비업법 위반의 원인이 되고 있다.

최근 경비업체에 대한 행정처분 결과는 〈표 3-22〉와 같다. 2021년 12월 말 현재 경비업체에 대한 행정처분 실시 건수를 살펴보면, 지시처분이 196건, 영업정지처분이 3건으로 총 199건인데 전년도에 비해 41건이 증가하였다.

넷째, 일본 경비업체의 양극화 현상이다. 상위그룹에 의해 과점화가 진행되는 가운데 중견 규모업자 등의 분열과 영세자본를 가진 소규모 영세업자가 증대하는 추세를 보이고 있다. 50명 미만을 고용한 경비업체가 전체의 80%에 이르고 있어 영세성을 보이고 있는 반면, 나머지 업체가 과점을 하고 있어 양극화의 현상이 뚜렷하게 나타나고 있다.

기업 간 격차가 확대되고 경비업체끼리의 경쟁도 심해지고 있으며, 저가수주는 일상화되어 있다. 특히 기계경비와 교통유도경비에서 그 경향이 현저하다. 경비업계는 신요금체계를 구축해 나가야 하는 한편 지금까지 없었던 새로운 경비보장서비스를 각 경비업자마다 창출하고 선의의 경쟁을 하는 것이 필요하다.

일본 시큐리티 제도와 산업의 특징과 동향을 바탕으로 한국 민간경비가 벤치마킹할 수 있는 몇 가지 시사점을 살펴보면 다음과 같다.

첫째, 민간경비 자격제도의 활성화이다. 앞서 일본 민간경비제도에서 밝혔듯이 이제 일본 민간경비는 경비업무(시설, 혼잡, 운반) 가운데 전문적 지식 및 능력을 요하거나 또는 사고가 발생한 경우에는 불특정 또는 다수인의 생명, 신체 또는 재산에 위험이 발생할 우려가 있는 경비업무94)를 수행할 때는 그 경비업종마다 검정합격증명서를 교부받은 경비원에게 그 경비업무를 시키도록 하고 있다.

둘째, 교육 기능의 활성화이다. 법 개정을 통하여 경비원들은 검정을 통하여 또는 강습을 통하여 자격을 받도록 교육 기능을 강화하였다. 아울러 경비원지도교육책임자에게 신임뿐 아니라 현임에게도 재교육의 강습을 하도록 하였다.

일본 경찰청은 전국경비업협회에 경비원지도교육책임자의 전문지식과 능력의 유지·향상을 위한 시책으로 '경비원지도교육책임자 자격증 교부자 및 경비원지도교육책임자의 전문지식 및 기능의 유지·향상을 위한 시책의 추진에 대하여'라는 제목으로 지도교육책임자에 대한 재교육을 요청하였다. 그리고 이에 대해 전국경비업협회도 그 개선을 제언하였다.

셋째, 경비업무의 확대가 요청된다. 경비업은 사회공공의 안전을 담당하는 생활안전산업으로서 안전이라고 하는 중요한 사회적 자산을 지키는 일에 적극적으로 능력을 발휘해야 한다.

일본에서는 이미 도입되어 운영되고 있는 민간경비업무가 아직 한국에는 도입되지 않은 경비업무들이 있다. 이를 적극적으로 반영하는 것이 필요하다. 대표적인 것은 교통유도경비와 위험물운반경비업무 등이다. 또한 방치차량확인사무, 민간조사업무, 방범설비업무 등이 별도로 분리되지 않고 민간경비산업의 영역으로 흡수되도록 노력해야 할 것이다.

넷째, 시큐리티의 네크워크화와 한국경비협회의 활성화이다. 일본에는 대학에 민간경비와 관련된 학과가 없으며, 다만 동경도립 오오타(大田)기술전문학교에 시설경비과가 있다. 따라서 민간경비를 전공하는 학자가 소수이며, 연구물도 거의 경찰 또는 협회나 기업체 실무자에 의해 발간되어 왔다. 시큐리티 관련 교재 등의 출판은 오히려 전국경비업협회가 주도하고 있는 실정이다.

---

94) 여기에 해당하는 경비업무는 공항보안경비업무, 시설경비업무(기계경비업무와 공항보안경비업무 제외), 혼잡경비업무, 교통유도경비업무, 핵연료물질 등 위험물운반경비업무, 귀중품운반경비업무이다.

제 4 절

한국 민간경비의 발전과정

1 전근대의 민간경비

동굴벽화 등 여러 고대자료들을 보면 원시 시대 인간들에게 가장 중요한 일은 외부의 위협으로부터 방어하고 사회적 힘을 정비하는 것이었다. 따라서 원시 시대의 인간에게 가장 큰 관심사는 인간의 안전과 원시적 보안장비를 개발하는 것이었다. 이러한 점에서 인간의 생명과 재산을 보호하는 시큐리티는 인간의 역사 속에서 가장 오래된 일 중의 하나이며, 오늘날 공경비 분야보다 더 다양하고 더욱 세분화된 전문성을 가지고 발전되고 있다.95)

민간경비는 공경비와 대칭되는 개념으로 여러 가지 위해로부터 개인의 이익이나 생명, 재산 등을 보호하기 위하여 특정한 의뢰자인 고객으로부터 받은 보수에 따른 경비서비스를 개인, 단체, 영리기업 등에 제공하는 것이다.96) 이러한 본지대로라면 한국의 경우 전근대의 민간경비는 찾아보기가 쉽지 않을 것이다. 일정한 재화를 받고 계약을 통하여 경비서비스를 제공하는 일은 드문 일일뿐 아니라 미분화된 사회에서 이런 제도가 정착되기는 어려운 일이다.

조선이 건국된 직후 사병을 혁파하기 위해 의흥삼군부(義興三軍府)를 설치하고 정도전이 주창한 진법(陳法)을 전국에 걸쳐 시행하면서 군사권의 통제를 꾀했으나, 종친과 훈신(勳臣)들의 사병은 혁파하지 못했다. 그러나 이로 인해 1398년(태조 7년)과 1400년(정종 2년)의 두 차례에 걸친 왕자의 난이 일어나게 되고, 제2차 왕자의 난이 수습된 직후에 실권을 장악한 이방원은 국왕과 세자의 시위(侍衛)를 제외한 모든 사병을 혁파했다. 이후 성리학을 국가경영의 이데올로기로 하여 안정적 중앙집권적 권력구조를 구축한 조선왕조는 확대된 개념의 민간경비, 즉 사병의 발호로 인해 정국이 혼란해지는 단계에서 벗어나게 되고, 민간경비라고 부를 수 있는 사례가 등장하기 시작했다.97)

---

95) 안황권 외, 『비교시큐리티제도론』, 서울: 진영사, 2007, pp.15-16.

96) Private Security, *Report of Task Force on Private Security*(U.S. Government Office), 1976, p.4.

97) 김정환, “한국 민간경비의 발전과정에 관한 연구”, 『시큐리티연구』, 창간호, 한국시큐리티지원연구원, 2007, pp.75-76.

조선 시대의 경비원은 일반적으로 군(軍) · 직(直)이라 불렀는데, 그 명칭에서 알 수 있듯 공적인 성격이 강했다. 궁궐을 비롯한 왕실의 민간경비는 군역(軍役)을 진 일반 양인이 담당했는데, 조선중기 보법(保法)의 실행과 더불어 군역이 용병화되는 경향을 띠게 된다. 민간에서도 사회 · 경제적으로 상층부에 속하는 특권 양반층에 의해 자체 소유의 노비를 중심으로 한 경비는 일반화되어 있었고, 조선후기의 사회경제적 성장과 더불어 중하위 계층에서도 묘(墓) · 사당(祠堂) · 고(庫)의 관리와 경비를 위해 인원을 고용하고 있었던 것으로 보인다. 또 개항 이후 개성에서는 일본을 비롯한 인삼도둑이 많아지자 인삼밭 경비를 위해 경비원이 고용된 전례가 있다. 하지만 전근대 시대에 있어서 임금을 매개로 계약을 통해 성립된 보호업무는 일반화되지 못했고, 이는 자본주의가 본격적으로 도입된 근대 이후부터 본격화되기 시작했다.[98]

2 1950~1960년대의 민간경비

1950~1960년대는 한국 민간경비의 태동기라고 할 수 있다. 이를 1950년대와 1960년대로 나누어 살펴보면 다음과 같다.

1) 1950년대의 민간경비

1950년대 한국 민간경비의 유형은 두 가지이다. 하나는 미8군의 주둔으로 인한 시설경비 및 군납 형태의 경비이고, 또 하나는 미국의 원조경제의 차원에서 한국에 상륙한 관련 물품에 대한 민간경비이다.

(1) 미군 군납경비

한국에서 민간경비에 대한 입법이 되지 않은 채 1954년 용진실업(대표 유화열)[99]이 미8군 군납경비를 맡으면서 현대적 의미의 민간경비가 시작되었다. 미군 노무처에서

98) 위의 논문.

99) 유화열(柳和烈)씨가 1954년 미군 경비용역업체인 '용진실업'을 설립한 배경은 아래와 같다. "1954년에 세계 상이군인연맹 회의에 갔다가 한 미국인 대표를 만나 도움을 받았습니다. 그 사람은 두팔이 없는 상이군인이었는데, '우리 시대의 최고의 해'라는 영화에도 나온 사람입니다. 내가 전후 복구도 어렵고 팔다리도 잘리고 총 맞은 한국의 상이군인들이 곤경에 빠져 있다고 얘길 했더니 '내가 미8군 사령관을 잘 안다. 상이군인들이라도 경비는 할 수 있지 않겠느냐'고 아이디어를 제공하더군요. 이후 미8군 사령관을 만났더니 흔쾌히 일을 맡겨줬습니다." 월간 조선, 1993년 7월호, p.693.

경비용역의 필요성이 제기되어 1954년 용진실업이 경비용역업무를 군납용역의 형태로 담당하였으며, 그 후 1958년에 설립한 영화기업(주)과 경원기업(주), 그리고 1959년에 설립한 신원기업(주) 등이 동참하였다. 이후 봉신기업(奉信企業) 등에서 발전시설, 유류저장시설 등의 경비근무를 하청받아 경비를 하였다.[100]

이 민간경비업체들은 손쉬운 채소류의 납품으로 시작하여 점차 신용을 쌓아 미군막사, 격납고의 건설 및 잡역, 수선, 개인주택경비 등으로 확대되었다. 그 결과 1956년에 746만달러, 1957년 1,303만달러, 1958년 2,000만달러, 1959년 2,560만달러의 수익을 올렸다.

(2) 원조경제에 따른 주한 미국회사의 시설경비

1950년대 우리 경제는 원조경제 시대라고 할 만큼, 미국으로부터 필요한 식량과 생활필수품뿐만 아니라 전쟁으로 인해 파괴된 사회간접자본과 산업시설 설비와 복구를 위해 원조를 받았다.

경제발전에 필요한 석유류 공급을 위해 정부는 1952년 3월 한・미 석유운송협정을, 1955년 5월에는 한・미 석유운송협정을 체결했다. 이에 따라 한국, 미국, 대한석유저장(주)[101]은 KOSCO(Korea Storage Company)라는 회사를 설립했는데, 이때부터 국내에서 소비되는 석유류는 KOSCO에 의해 미국에서 완제품으로 부산, 인천항 부두에 입항해 하역하게 되었다. 1958년 2월 4일 설립한 합자회사 범아실업공사는 부두에 야적한 석유류의 경비 및 검수를 위해 KOSCO와 경비・검수 등에 관한 용역계약을 처음으로 미국식 영문계약으로 체결함으로써 용역경비・검수업무를 맡게 되었다.

2) 1960년대의 민간경비

1962년부터 자립경제 기반을 구축하기 위해 경제개발 5개년계획이 수립되어 시행되었다. 그동안 농업사회에서 산업사회로 전환되는 과정에서 가치관의 다양화, 향락적 풍조 등 가치관의 변화와 범죄 등 각종 부작용으로 인하여 치안수요가 증가하였다. 또 1・21 청와대기습 기도사건, 울진・삼척 무장간첩 남파사건 등 북한의 노골적인 도발행위가 이어지자 국가중요시설[102]의 보호와 취약지구의 방위를 목적으로 민・관・군

100) 내무부, 『70년대 한국경찰의 방향』, 서울: 광명인쇄, 1972, p.298.

101) 대한석유저장(주)는 3대 메이저인 칼텍스, 스탠다드, 쉘에 의해 구성되어 석유류 제품의 인수・저장・유통을 담당하게 되었다.

의 공동방위 대책[103]이 수립되었다.

1962년 1월 15일 군납촉진에 관한 임시조치법(법률 제979호)이 공포되어 군납업이 정비되면서 주무부서는 상공부 수출국 군납과가 맡게 되었으며, 산하에는 건설군납, 용역군납, 물품군납 등 3개의 군납조합이 조직되었다.

이로써 군납용역경비도 체계가 잡혀 용진기업(주)(1953년 설립), 신원기업(1959년 설립), 봉신기업(주)(1965년 설립), 경화기업(주)(1965년 설립), 초해산업(1968년 설립) 등 1969년 현재 5개 회사가 248개소의 시설물에 경비인력 5,743명을 보유함으로써 군납용역은 급속히 성장하였다. 그러나 서부전선에 배치되었던 미 제7사단이 1971년 3월부터 철수하기 시작하여 하향세가 되었다.

1960년 강력한 산업화정책에 따라 전국 각지에 국가중요산업시설이 건설되었고, 이 시설물에 대한 경비문제가 뒤따르게 되었다. 그러나 당시의 경찰력은 국내의 치안질서를 유지하기도 벅찬 실정이었을 뿐 아니라 북한의 대남전술이 본격화된 시점에서 각종 중요산업시설의 방호에 문제가 발생했다. 이러한 문제를 해결하기 위한 보완책으로 1962년 4월 3일 법률 제1049호로 청원경찰법을 제정·공포하기에 이르렀다.

1966년부터 정부는 정책적으로 전자산업을 육성했으며, 수출호황에 따라 경제성장률도 8.5%를 기록하였다. 그러나 1960년대 하반기에 들어서면서 도시화의 급진전으로 인한 부작용으로 강도, 절도 등의 강력범죄가 빈발하였다. 강·절도 범죄의 증가는 인력경비 수요와 더불어 도난경보기 및 보안 시스템의 발전을 요구하게 되었으며, 이것이 많은 보안장비를 개발하는 계기가 된 것이다.

또한 1969년 1월 28일 제정 공포된 전자공업진흥법에서는 도난경보기 등 기계경비 시스템의 제작·판매·수출이 급성장하는 계기가 마련되었다. 특히 감지기인 센서(sensor)의 발전은 기계경비 산업을 한 단계 진전시키는데 크게 기여하였다.

1950년대에 이어 1960년대에도 지역순찰경비인 주민자율 방범활동이 점차 확대되어 갔다. 1962년에 내무부 치안국에서는 야간경비제도를 관장하면서 주민이 의무적으로

---

102) 국가중요시설이란 적의 공격으로부터 파괴 또는 기능마비 시 국가적으로 중대한 영향을 미치는 시설로서, 국가 보안목표상 필요하다고 지정한 시설과 중앙부처의 장 또는 시·도지사가 시설보안상 지정한 시설물을 의미한다. 국가중요시설은 평상시에는 산업발전과 국력신장을 도모하고 전시에는 전쟁수행능력을 뒷받침할 목적으로 중요도에 따라 가·나·다·및 기타 급으로 분류해 보호하였다.

103) 대표적인 예는 대간첩대책본부의 주관 하에 향토예비군, 지역방위협의회 및 중요시설, 기관의 공동방위 체제가 구성된 것이다.

방범비를 납부하는 유급 방범제도로 전환하여 운영하다가 1975년 폐지되었다.

3 1970~1980년대의 시설경비

1) 1970년대의 시설경비

1960년대 차관위주의 고도성장 정책은 부실기업 발생 등 여러 가지 문제를 낳았다. 1970년대는 이를 해결하기 위해 다방면의 조치와 전략을 채택한 시기였다. 또한 1970년대는 7·4 남북공동성명, 유신선포, 동서 데탕트 분위기 속에서의 대미갈등 등 각종 정치적 사건이 발생했으며, 이는 경제에도 큰 영향을 미쳤다. 즉, 남·북한, 한·미 간의 관계변화는 중화학공업화 정책을 추진하게 만든 중요한 요인이었다. 중화학공업화는 저임금·양질의 노동력을 활용한 1960년대 경공업 수출정책의 한계를 극복하려는 의도를 갖고 있었으며, 군수산업 육성이라는 성격을 내포하고 있었다.

1970년대에는 경제적 발전과 이에 따른 향락산업의 증가, 빈곤층 및 소외 계층의 상대적 박탈감에 의한 범죄증가, 차량보급 확대 등으로 치안수요가 늘어나 경찰인력만으로는 역부족인 상황을 초래했다. 경찰력의 증가는 국가예산 등으로 인하여 한계가 있기 때문에 경찰력을 대신해 사회치안 질서유지 역할을 할 준경찰력의 증대가 요청되었다. 1970년대 준경찰력 확보를 위한 제도로는 방범원제도, 교통순시원제도, 용역경비업법 제정, 청원경찰법 개정·보완 등이 있었다.

1976년 12월 31일 용역경비업법이 제정·공포됨으로써 민간경비산업은 비로소 법적·제도적인 틀 안에서 보호·육성될 수 있는 기반을 마련하게 되었다. 1976년 경비업법 제정 당시 경비회사는 9개사에 경비원은 5,022명이었으나, 3년 후인 1979년에는 경비회사 10개사에 경비원 4,992명으로 오히려 30명이 감소된 상황이었다. 이에 치안본부에서는 용역경비 육성책 마련을 위해 1979년 7월 24일 치안본부 회의실에서 치안본부, 경비협회, 경비업자 등이 모여 여러 가지 상호 의견교환과 협의를 했으며, 이어 8월 31일에는 치안본부에서 용역경비 적극 육성책을 발표하였다.

용역경비업법의 제정에 따라 한국용역경비협회가 동법 제15조에 의거 1978년 8월 17일 서울 무교동의 엠파이어호텔에서 10명의 회원사 대표 중 9명이 참석한 가운데 창립총회를 개최하였다.

민간경비는 경제발전에 따른 생활수준의 향상, 중요 산업시설의 증가, 북한의 무장공

표 3-23 1978년 국내 경비업체 현황

회사명	대표자	허가번호	허가 일자	설립 일자	주계약처	지사 및 출장소	경비 인원
한국경비보장(주) 韓國警備保障(株)	문학동 文鶴東	내무부장관 1	77.12.19	77.11.29		1	110
한국경보(주) 韓國警保(株)	이동웅 李東雄	내무부장관 2	77.12.29	74.12.19	남해화학 등 5개사 시설경비	3	250
(주)한국보안공사 (株)韓國保安公司	최진엽 崔進燁	내무부장관 3	78.2.13	71.1.22	한국증권거래소 등 17사 시설경비	2	223
합자회사 범아실업공사 合資會社 汎亞實業公社	윤 관 尹 瓘	내무부장관 4	78.2.13	58.2.4	대한석유공사 등 15개사 시설경비	32	750
범아공신(주) 汎亞公信(株)	김정환 金正煥	내무부장관 5	78.2.13	71.7.7	한국비료공업(주) 등 18개사 시설경비	30	950
용진실업(주) 龍進實業(株)	김명욱 金明旭	내무부장관 6	78.4.12	66.8.20	미8군 예하부대 시설경비	3	800
신원기경(주) 新圓企經(株)	김동수 金東秀	내무부장관 7	78.4.12	59.1.30	미8군 예하부대 시설경비	3	200
봉신기업(주) 奉信企業(株)	김형중 金衡中	내무부장관 8	78.4.12	64.4.6	미8군 예하부대 시설경비	16	700
경화기업(주) 慶和企業(株)	김이남 金利南	내무부장관 9	78.4.12	64.3.20	미8군 예하부대 시설경비	3	1,200
동우공영(주) 同宇工營(株)	김남수 金南洙	내무부장관 10	78.8.7	78.3.25	대우그룹	1	120
한국안전기업(주) 韓國安全企業(株)	황헌친 黃憲親	서울시장 1	78.8.16	73.11.19	김포국제공항 등 3개사 시설경비	2	200
한국종합경비보장(주) 韓國綜合警備保障(株)	김진철 金振哲	경기도지사 1	79.2.1	79.2.1			50
동서기연(주) 東西企研(株)	정준혁 鄭埈赫	내무부장관 11	79.6.9	74.2.22	동아제약 등 15개사 시설경비	2	200
동방용역(주) 東邦用役(株)	홍승건 洪承鍵	서울시장 2	79.7.6	79.3.21	한양개발금융(주) 등 시설경비		80

주: 1978년 당시 용역경비업을 영위하기 위해서는 서울특별시장 · 부산시장 또는 도지사의 허가를 받도록 되어 있었다. 다만, 영업구역이 2개 이상의 도(서울시, 부산시 포함)에 걸칠 때에는 내무부장관의 허가를 받아야 한다(용역경비업법 제4조 제1항).

자료: (사)한국용역경비협회(1978: 8-13)를 재구성.

비 침투로 인한 위협, 그리고 민간경비에 대한 인식변화 등으로 점차 그 수요가 증가하면서 국가안보 및 치안에 미치는 중요성이 커졌다.

특히 정부에서는 1968년 1·21 사태를 겪고, 1970년대부터 국가중요산업시설이 늘어나면서 시설경비의 개념이 도난이나 화재예방의 차원에서 벗어나 국가안보적 차원에서 그 중요성을 인식하게 되었다.

1970년대에 미8군 경비는 1969년 5,000명 선이었으나 1971년에 전방에 배치하던 미 제7사단의 철수로 경비인원이 약 2,000명 감원되어 1979년에는 2,600명 정도가 유지되었다. 반면, 국내경비는 경비인원과 시설 수에서 1960~1970년대 미8군 경비보다 훨씬 적었으나 1970년대 말에 가서 균형을 이루었다. 1980년대 초부터는 미8군 경비를 앞서가기 시작하였다.

그동안 주로 인력경비에 의존해왔던 경비체제가 1970년 후반부터 전자산업의 발달에 따라 도난·화재경보기 등의 설치가 늘어나 인력과 기계의 혼합 경비업무가 시도되었다.

2) 1980년대의 민간경비

1980년대 초반 한국 경제는 폭등하는 물가, 불황에 따른 가동률 저하, 외채의 급증이라는 대·내외적 위기를 맞고 있었고, 이에 정부는 구조조정이라는 정책전환을 단행하게 되었다. 이 시기에 한국 경찰은 '86아시안게임과 '88서울올림픽을 안전하게 개최하는 데 주도적인 역할을 담당하였으나, 1987년 1월 박종철군 고문치사사건, 같은 해 6월 이한열군 최루탄 사망사건 등으로 여론의 지탄을 받았다.

한편 1982년, 1984년에 개최된 서울 국제무역박람회는 국내 경비업체가 참여하여 행사장 시설경비업무를 성공적으로 수행하였다.

1980년대에 들어와서 정부나 기업의 사무실은 서서히 변해가고 있었다. 급속히 발전하는 정보기술, 즉 컴퓨터·통신 및 관련 기술의 발달과 상호결합으로 정보화 사회로의 진전이 이루어지고, 기업의 사무자동화(office automation: OA)가 급속히 확산되었다.

국내 민간경비산업는 1980년부터 1985년 사이에 5건의 외국회사와의 합작 및 기술도입에 착수해 기계경비(무인경비)가 본격화되기 시작했다. 합작 및 제휴회사는 1980년에 한국경비보장(주)(현 에스원)을 시작으로 1981년에는 한국워켄핫(주), 1982년에는 범아종합경비(주), 1983년에는 대한중앙경비보장, 1984년에는 한국보안공사(현 캡스) 순으로 합작 또는 기술제휴의 방식으로 외국인 투자가 이루어졌다.

그리고 '86아시안게임과 '88서울올림픽의 유치는 한국 시설경비업 역사상 최대의 수요를 창출했으며, 아울러 사회 전반에 민간경비업에 대한 인식을 확산시키는 데에도 많은 기여를 하게 되었다. '86아시안게임을 치루면서 민간경비업계에 대한 공신력을 인정받는 계기가 되었다. 민간경비업체는 주로 3선 경비를 담당하였는데 전국 123개 경비업체들이 각각 지역별로 올림픽시설물 등에 대한 시설경비를 전담하였다.

'88서울올림픽 경비는 경찰을 중심으로 경비업체와 자원봉사가 합동으로 대회경비에 임했다. 경비업체는 1988년 8월 30일 총 10개 시설에 978명이 배치되어 시설경비업무를 성공적으로 수행하였다.

4 1990년대의 민간경비

급속한 경제성장과 사회의 변화로 범죄문제도 양적·질적으로 더욱 심화됨에 따라 국민들은 보다 나은 생활안전을 위해 다양하고 전문화된 치안활동을 요구하였다.

정부에서는 범죄문제를 해결하기 위해 1990년 10월 13일 모든 경찰관을 무장시켜 범죄와 폭력에 정면 대응하는 '범죄와의 전쟁'을 선포하였다. 그리고 경찰의 민주적인 관리, 효율적인 임무수행을 위하여 경찰청을 설립하였다. 분단국가인 우리나라의 특수한 치안상황과 치안여건에 효율적으로 대처하기 위하여 국가경찰체제를 유지하면서 경찰의 임무를 명확히 하고, 직권을 남용하지 못하도록 하여 국민의 자유와 권리를 최대한 보장하기 위하여 출범하였다.

그러나 경찰력만으로는 이러한 치안수요에 대처하기에 한계가 있으므로 민간경비의 필요성이 더욱 증대되었다.

1995년 9월에는 경찰청 경비부서에서 담당하던 용역경비에 대한 관련 업무를 방범부서로 이관하였으며, 경비원의 자질향상을 위하여 경비지도사제도를 신설, 경비원의 지도·감독을 전담하도록 하였다.

경제·과학·학문의 올림픽으로 불리는 '93대전엑스포 경비의 중요성을 감안하여 조직위원회에서는 행사 경비를 주로 경찰과 군에 의지하던 그동안의 관례를 벗어나 경비업체에 맡겼다. 박람회 행사 약 15개월 전(1992.5.15)부터 공사현장에 대한 화재예방 및 출입통제 활동 등 사전경비 및 소방활동을 실시하여 각종 사고를 미연에 방지함으로써 성공적인 박람회 개최에 기여하였다.

1990년대에는 고도의 산업사회에서 경비업무의 역할을 조명하고 첨단장치를 이용한 기술집약적 과학경비 시스템 및 방범기기를 널리 보급하여 민생치안에 기여코자 방범전시회가 활성화되었다. 1991년 방범전시회, 1994년 방범전시회, 1998년 방범전시회(세계범죄학대회)가 개최되었다.

5 한국 민간경비의 과제

2000년대의 정보화 사회는 첨단기술의 발달과 국민소득의 증가로 신용사회가 형성되고 있으나, 반면 첨단기술을 이용한 범죄는 매년 늘어나고 있다.

선진국의 각 나라들은 국민의 안전과 질서유지를 위하여 공공부문뿐 아니라 민간부문의 자원까지도 총동원하여 대처하고 있다. 특히 범죄는 국민의 일상생활 안전과 가장 밀접한 관계에 있기 때문에 국가 내의 모든 가용자원을 총동원할 정도이다.

대외적으로는 미국 · 이라크 간의 전쟁과 그에 따른 지구촌 테러공포, 반미 · 반전 시위확산 및 사스(SARS) 파동 등으로 인하여 국제 정세가 1년 내내 불안하였으며, 대내적으로는 건설 노조 파업 · 부안 핵폐기장 건설 반대 등의 집단민원 분출, 미군장갑차에 의한 여중생 사망사건으로 촉발된 반미시위에 대비한 미군시설 경비, 대구지하철 참사 사건발생, 태풍에 의한 자연 재해로 인한 피해 발생 등 사회적 갈등 및 대형사건 · 사고로 인하여 경찰의 활동과 역할이 중요시되었다.

고령화 사회가 진행되면서 이미 고용시장 일부에서는 학력, 나이, 성별을 묻지 않는 기업이 생겨났듯이, 경비업도 학력, 나이보다도 건강 위주로 선발하여 일정 교육 후 등록제로 인원확보를 하고, 조직적인 운영관리를 통해 언제 어디서든 원하는 장소에 경비원을 공급하는 전문 취업단체나 기업이 형성되었다.

2002 한 · 일 월드컵은 역사상 처음으로 아시아대륙에서 개최되는 대회이자 한 · 일 양국에서 공동개최한 대회로서 대회운영이나 경기 결과, 국민의 질서의식 등 모든 것이 전 세계에 비교되었다.

월드컵 경기장의 경비도 경찰과 민간경비가 역할을 분담하여 경비 업무를 수행하였다. 경찰은 경기장 시설경비와 통제 및 귀빈에 대한 경호업무를 수행하였다. 1차에서 4차에 이르는 검색신에서의 통제와 검색(차량 검색, 관중물품 검색, 차량하물 검색), 그리고 경기장 내부의 곳곳에서 ZONE과 ZONE의 통제, 귀빈 안내 및 보호, 선수단 이동 및 진입 에스코트 등 방대한 분야에 투입되어 임무를 수행하였다.

경비회사로서 유일하게 (주)TRI 인터내셔널은 경기장 주요 핵심구역의 경비부터 선수단 신변보호, 미디어 운영, VIP 영접과 의전, 시설 관리, 선수 대기실 경비 등의 경비 업무를 수행하였다.

경찰에서는 경비업체와의 유기적 협력을 통한 사회전반의 범죄대응 역량을 강화하기 위하여 경비업을 적극 지도·육성하기 위해 노력하였다. 이를 위해 민·경 협력치안체제 구축과 기계경비업체의 범죄대응능력 강화를 위한 출동경비원 근무표준 매뉴얼을 5,000부 제작하여 기계경비업체와 경비원을 대상으로 배포하였다. 또한 경비원의 신임교육을 내실화하기 위하여 민간경비 교육기관을 확대(일반경비원 신임교육기관 47개소, 특수경비원 신임교육기관 10개소, 경비지도사 교육기관 7개소)하고, 경비업법 시행규칙 개정을 통하여 교육시간과 교육과목을 조정하였다.

연도별 경비업체 현황은 〈표 3-24〉에서 보는 바와 같이 2012년부터 매년 약간씩 증가와 감소를 반복해오면서 2020년 12월 말 현재 법인 수는 4,438개이며, 허가업종 수는 5,265개이다.

표 3-24 연도별 경비업체 현황

(단위: 개)

연도	법인 수	업종계	시설경비	호송경비	신변보호	기계경비	특수경비
2012	3,836	4,556	3,718	41	527	148	122
2013	4,062	4,843	3,974	44	533	149	143
2014	4,285	5,027	4,177	40	537	138	135
2015	4,449	5,203	4,338	38	540	146	141
2016	4,570	5,337	4,456	42	548	146	145
2017	4,321	5,193	4,342	39	525	148	139
2018	4,542	5,461	4,528	41	600	149	143
2019	4,502	5,324	4,420	37	583	145	139
2020	4,438	5,265	4,355	29	603	146	132

자료: 사이버경찰청(검색일: 2021.8.29).

경비업체의 허가업종별 현황은 〈표 3-25〉와 같다. 전체 허가업종 중에서 시설경비업무가 82.7%인 4,355개, 신변보호업무가 11.5%인 603개였다. 그리고 지역적으로는 전체 허가업종 중에서 서울지역이 35.4% 1,862개, 경기남부지역에 15.3%인 803개, 부산지역에 7.0%인 366개, 인천지역에 4.9%인 258개 허가업종이 있다.

표 3-25 경비업체의 허가업종별 현황(2020.12.31 현재)

구분	법인 수	허가업종별 현황					
		업종계	시설경비	호송경비	신변보호	기계경비	특수경비
총계	4,438	5,265	4,355	29	603	146	132
서울	1,507	1,862	1,475	23	267	47	50
부산	314	366	311	1	38	5	11
대구	220	253	212	1	25	10	5
인천	216	258	208	0	33	9	8
광주	153	184	151	1	24	7	1
대전	163	185	162	0	10	7	6
울산	86	102	86	0	9	2	5
세종	17	17	17	0	0	0	0
경기남부	693	803	678	0	82	29	14
경기북부	183	216	178	2	29	5	2
강원	101	111	101	0	8	1	1
충북	79	94	78	0	9	6	1
충남	116	135	116	0	13	1	5
전북	145	162	143	1	8	6	4
전남	120	149	119	0	16	4	10
경북	142	151	141	0	7	1	2
경남	163	192	159	0	20	6	7
제주	20	25	20	0	5	0	0

자료: 사이버경찰청(검색일: 2021.8.29).

각 연도별 경비원 현황은 〈표 3-26〉과 같다. 2019년을 제외하고 매년 증가하여 2020년 12월 말 현재 16만 4,014명이 근무하고 있다.

표 3-26 경비원 현황

연도	2016	2017	2018	2019	2020
경비원 수	147,049	156,066	158,020	157,774	164,014

자료: 사이버경찰청(검색일: 2021.8.29).

민·간·경·비·론

제4장 민간경비의 권한과 규제

제1절 민간경비의 권한

민간경비업무도 범죄예방과 질서유지 등 공경비(경찰)업무와 유사한 업무임에도 불구하고, 경찰과 달리 민간경비원은 사인(私人)과 동일한 권한을 가지고 있을 뿐 민간경비원의 권한에 대한 「경비업법」상 명문의 규정은 없다. 다만, 「경비업법」 제7조 제1항에 의하면, "경비업자는 경비대상시설의 시설주(소유자 또는 관리자)의 관리권의 범위 안에서 경비업무를 수행하여야 하며, 다른 사람의 자유와 권리를 침해하거나 그의 정당한 활동에 간섭하여서는 아니 된다"라고 규정하고 있으므로 경비업자는 시설주의 관리권에 기한 권한을 행사할 수 있다. 아울러 일반 사인과 동일한 권한으로서 「형법」에 기한 권한도 행사할 수 있다.

1 관리권에 기한 권한

「경비업법」 제7조 제1항에 따른 관리권의 주체는 경비대상시설의 시설주(소유자 또는 관리자)이다. 따라서 경비업자는 시설주의 관리권의 범위 안에서 경비업무를 수행하여야 하는 것이다. 한편, 시설주는 경비대상시설에 대한 점유자로 볼 수 있으며, 시설주와 도급계약에 의하여 시설주의 지시를 받아 경비대상시설에 대한 사실상의 지배를 하는 경비업자와 경비업무를 수행하고 있는 경비원은 점유보조자[1])로 볼 수 있다. 일반적으로 점유보조자는 점유자를 위하여 자력구제를 행사할 수 있으므로 점유자인 시설주로부터 관리권을 위임받은 점유보조자인 경비업자와 경비원은 경비대상시설에 대한 제3자의 침해를 예방하거나 이미 침해된 상태를 회복하기 위한 행위를 행사할 수 있는 것이다.

1) 자력구제권

점유자는 그 점유를 부정히 침탈 또는 방해하는 행위에 대하여 자력으로써 이를 방위할 수 있다(민법 제209조 제1항). 또한 점유물이 침탈되었을 경우에 부동산일 때에는 점유자는 침탈 후 직시 가해자를 배제하여 이를 탈환할 수 있고 동산일 때에는 점유자는 현장에서 또는 추적하여 가해자로부터 이를 탈환할 수 있다(민법 제209조 제2항). 「민법」 제209조 제1항에 규정된 점유자의 '자력방위권'은 점유의 침탈 또는 방해의 위험이 있는 때에 인정되는 것인 한편, 제2항에 규정된 점유자의 '자력탈환권'은 점유가 침탈되었을 때 시간적으로 좁게 제한된 범위 내에서 자력으로 점유를 회복할 수 있다는 것으로서, 위 규정에서 말하는 '직시'란 '객관적으로 가능한 한 신속히' 또는 '사회관념상 가해자를 배제하여 점유를 회복하는 데 필요하다고 인정되는 범위 안에서 되도록 속히'라는 뜻으로 해석할 것이다.[2)]

민간경비원은 점유자인 시설주의 점유권을 보조하는 점유보조자로서 시설주의 사실상의 지배력을 유지하기 위하여 자력구제권을 행사할 수 있으며, 이를 위해 타인지배를 배제하는 범위 내에서 물리적 유형력을 행사하거나 침탈된 물건을 탈환할 수 있다. 이러한 경비원들의 물리적 유형력의 행사는 시설주의 재산을 보호하거나 경비원 자신 또는 제3자를 보호하기 위함과 동시에 범죄예방의 차원이기도 하다. 하지만 경비원들의 물리적 유형력의 행사가 목적 달성을 초과하는 것은 허용될 수 없다. 적어도 경비원들은 유형력의 행사가 적정한 범위 내에서 행해져야 한다.[3)] 따라서 경비원은 유형력을 행사하기에 앞서, 위협이 존재 또는 목전에 임박하거나 긴급한지, 그리고 실현이 가능한지의 여부, 유형력 행사 외에 다른 수단이 있는지 여부, 사건발생 후 경과된 시간, 행

---

1) 점유보조자란 가사상, 영업상 기타 유사한 관계에 의하여 타인의 지시를 받아 물건에 대한 사실상의 지배를 하는 자이다(민법 제195조 참조). 여기서의 타인을 보통 점유주라고 하며, 점유주는 점유보조자를 사용함으로써 점유의 범위를 넓힐 수 있는 것이다.

2) 대법원 1993.3.26. 91다14116.

3) 김준성, "민간경비원의 법적 지위와 형사책임의 범위", 『한국민간경비학회보』, 2012, 제11권 제1호, p.10.

사되는 유형력의 목적이 위협에 대한 보복(대응)인지 여부, 주동자 또는 공격자가 실제로 누구인지 등을 고려하여야 할 것이다.4)

2) 직무질문권

경비원은 경비대상시설 내에서 법익 침해의 우려가 있는 자를 발견한 경우 등 경비업무를 위하여 신원을 확인할 필요가 있다고 인정되는 상당한 이유가 있는 때에는 그 행위자를 정지시켜 신원을 물을 수 있으며, 이는 관리권의 범위에 해당된다고 할 것이다. 따라서 경비원은 경비대상시설 내에서 수상한 행동을 하거나 도난·화재 그 밖의 위험을 야기하려 하고 있다고 의심할 만한 상당한 이유가 있는 사람을 정지시켜 질문할 수 있다. 수상한 행동이란 자연스럽지 못한 동작, 태도, 언어, 모습, 소지품 등으로 보아 평상적 활동에서 벗어난 어떠한 일이 일어난 것이 아닌가 의심되는 상태를 말한다. 예를 들면, 경비대상시설과 어울리지 않는 부자연스러운 행동을 하거나 경비원의 거동 및 형태를 관찰하는 경우, 계절·장소 및 대상자의 체격·연령 등과 어울리지 않는 복장을 착용한 경우, 의심스러운 물품을 소지하고 있는 경우, 일정 주위를 배회하며 주위 사람의 눈치를 보거나 경계를 하는 경우 등에 해당하면 질문의 대상이 될 수 있다.

직무질문을 할 경우 경비원도 원칙적으로 서비스직에 해당하므로 친절한 태도를 기본으로 하며, 강압적이지 않고 자연스러운 대화형식으로 대상자 및 현장상황에 따라 진행하여야 한다. 질문의 내용은 출입용건이나 방문목적, 대상자의 기본적인 인적사항 등을 질문하되, 민감한 개인정보에 해당하는 질문은 우회적으로 질문을 하는 것이 바람직하다.

3) 물품검색권

경비대상시설에 대한 인적 출입통제와 더불어 물적 반입에 대해서도 통제하여야 하며, 반입되는 물품이 위험을 야기할 수 있거나 소유자 또는 관리자의 점유를 방해할 우려가 있는 경우 그러한 물품에 대해 사전 검색하거나 반입 판단을 위해 그에 대한 반입 보류를 명할 수 있고, 이에 불응하거나 반입금지 물품으로 판명될 경우 반입을 금지할 수 있다.5)

---

4) 이종환·이민형, "경비업법 제7조 제1항 관리권의 범위에 대한 법적 해석", 『시큐리티연구』, 2011, 제26호, p.83.

5) 위의 논문, p.82.

한편, 공항운영자는 항공기에 탑승하는 사람, 휴대물품 및 위탁수하물에 대한 보안검색을 하고, 항공운송사업자는 화물에 대한 보안검색을 하여야 한다. 공항운영자 및 항공운송사업자는 보안검색을 직접 하거나 「경비업법」 제4조 제1항에 따른 경비업자 중 공항운영자 및 항공운송사업자의 추천을 받아 국토교통부장관이 지정한 업체에 위탁할 수 있다(항공보안법 제15조 제2항 · 제3항). 따라서 위탁받은 특수경비업체 소속 특수경비원은 「항공보안법」에 근거하여 항공기에 탑승하는 사람의 신체 및 휴대물품, 위탁수하물 등에 대한 보안검색을 실시할 수 있다.

4) 출입통제 및 퇴거요구권

경비대상시설에 대한 안전을 사전에 확보하기 위해서는 안전을 위협하는 자를 그 내부에 들이지 말아야 하며, 위해기도자인지 아닌지에 대한 판단을 함과 동시에 법익 침해를 사전에 예방하기 위하여 출입통제를 할 수 있다. 이와 더불어 출입이 금지되어야 한다고 판단되거나 그 통제에 불응하여 내부에 침입한 경우 퇴거를 요구할 수 있다.[6] 만약, 경비원이 정당한 절차에 따라 제3자에게 출입통제를 하였음에도 불구하고 제3자가 경비대상시설로 침입하려는 경우 경비원은 실력으로 저지할 수 있으며, 침입기도자 및 침입자에 대한 경고 및 경찰 신고 등 법적 절차를 고지하는 행위도 관리권에 기한 민간경비원의 권한이다.

2 형법에 기한 권한

원칙적으로 민간경비원은 직무를 수행함에 있어 타인에게 위력을 과시하거나 물리력을 행사하여서는 아니 된다. 그러나 민간경비원이 업무수행 중 실력을 행사하여 타인의 권리를 침해한 경우에도 「형법」상 정당방위, 긴급피난, 정당행위 및 자구행위에 해당하는 경우에는 위법성이 조각되어 적법한 행위가 되므로 벌하지 아니한다. 즉, 무죄가 된다. 그러나 현실적으로 민간경비원의 실력행사가 적법한 행위로 인정받기는 쉽지 않다. 따라서 민간경비원이 업무수행 중의 실력행사가 적법한 행위에 해당하기 위하여는 각각의 엄격한 요건을 갖추어야 한다. 이에 대하여 구체적으로 서술하고자 한다.

6) 위의 논문, p.82.

1) 정당방위

정당방위란 자기 또는 타인의 법익에 대한 현재의 부당한 침해를 방위하기 위한 상당한 이유가 있는 행위를 말한다(형법 제21조 제1항). 정당방위는 현재의 부당한 침해를 방위하기 위한 행위이므로 '부정(不正) 대 정(正)'의 관계인 점에서 긴급피난과 구별되며, 사전적 긴급행위라는 점에서 사후적 긴급행위인 자구행위와 구별된다.

민간경비원의 실력행사가 정당방위로 인정받기 위해서는 일정한 요건을 구비하여야 한다. 즉, 어떠한 행위가 정당방위로 인정되려면 그 행위가 자기 또는 타인의 법익에 대한 현재의 부당한 침해를 방어하기 위한 것으로서 상당성이 있어야 하므로, 위법하지 않은 정당한 침해에 대한 정당방위는 인정되지 않는다. 이때 방위행위가 사회적으로 상당한 것인지는 침해행위로 침해되는 법익의 종류와 정도, 침해의 방법, 침해행위의 완급, 방위행위로 침해될 법익의 종류와 정도 등 일체의 구체적 사정을 참작하여 판단하여야 한다. 가해자의 행위가 피해자의 부당한 공격을 방위하기 위한 것이라기보다는 서로 공격할 의사로 싸우다가 먼저 공격을 받고 이에 대항하여 가해를 한 경우 가해행위는 방어행위인 동시에 공격행위의 성격을 가지므로 정당방위라고 볼 수 없다.[7] 그러나 겉으로는 서로 싸움을 하는 것처럼 보이더라도 실제로는 한쪽 당사자가 일방적으로 위법한 공격을 가하고 상대방은 이러한 공격으로부터 자신을 보호하고 이를 벗어나기 위한 저항수단으로서 유형력을 행사한 경우에는, 그 행위가 새로운 적극적 공격이라고 평가되지 아니하는 한, 이는 사회관념상 허용될 수 있는 상당성이 있는 것으로서 위법성이 조각된다.[8]

경비원이 업무를 수행하던 중 경비대상시설에의 출입제한에 불응하는 민원인과 다툼이 발생하였고, 민원인이 먼저 공격을 함으로써 경비원도 이에 대항하여 공격을 한 경우, 이는 싸움으로 간주되어 경비원에게 정당방위로 인정되기 어려울 것이다. 또한 경비대상시설에 은신하고 있다가 경비원에 의하여 발각되어 순순히 손을 들고 나오면서 그대로 도주하는 범인을 경비원이 뒤따라 추격하면서 단봉으로 범인의 머리를 가격하여 사망케 한 경우, 이와 같은 장비사용은 현재의 부당한 침해를 방지하기 위한 상당성 있는 행위라고 볼 수 없으므로, 현행범 체포를 위하여 필요한 최소한도를 넘어 장비를 사용한 것으로 정당방위로 인정되기 어려울 것이다. 한편, 자기의 법익을 지키기 위

7) 대법원 2021.5.7. 2020도15812.
8) 대법원 2010.2.11. 2009도12958.

한 행위뿐만 아니라 타인의 법익을 방어하기 위한 행위도 정당방위가 된다. 따라서 신변보호를 하는 경비원이 그의 의뢰인에게 닥친 부당한 침해를 방위하기 위한 행위를 한 것은 위법하지 않다.

과잉방위행위인 경우, 즉 방위행위가 그 정도를 초과한 경우에는 정황(情況)에 따라 그 형을 감경하거나 면제할 수 있다(형법 제21조 제2항). 그러나 과잉방위행위가 야간이나 그 밖의 불안한 상태에서 공포를 느끼거나 경악하거나 흥분하거나 당황하였기 때문에 그 행위를 하였을 때에는 벌하지 아니한다(형법 제21조 제3항). 또한 오상방위란 정당방위의 객관적 요건이 존재하지 않음에도 불구하고 행위자는 주관적으로 이것이 존재하는 것으로 오신하고 행한 방위행위를 말한다. 예를 들어, 음식배달을 위해 들어오는 배달원을 강도로 오인하고 경비원이 난봉으로 쳐 상해를 입힌 경우이다. 이는 정당방위의 성립요건을 갖추지 않았으므로 위법성이 조각되지 않는다.

2) 긴급피난

긴급피난이란 자기 또는 타인의 법익에 대한 현재의 위난을 피하기 위한 상당한 이유 있는 행위를 말한다(형법 제22조 제1항). 긴급피난은 위법한 침해만을 전제로 하는 것이 아니며 위난을 야기한 자가 아닌 제3자의 이익을 훼손하는 것도 가능하기 때문에 '정(正) 대 정(正)'의 관계인 점에서 정당방위가 구별된다. 또한 현재의 위난에 대한 것이므로 사전적 긴급행위라는 점에서 정당방위와는 공통되나 과거의 침해를 전제로 하는 사후적 긴급행위인 자구행위와는 구별된다.

이러한 긴급피난은 국가권력(경찰)이 그의 법익보호임무를 달성할 수 없는 상황에서 개인이 그의 법익이나 제3자의 법익을 보호하는 행위를 법적으로 인정해 주는 제도이다. 즉, 긴급피난제도는 경찰의 법익보호의 사각지대에서 그 기능을 시민을 통해 연장시키는 제도, 다시 말하면 시민이 '경찰의 늘어난 팔' 구실을 하는 제도이다.[9]

긴급피난에 있어서 '상당한 이유 있는 행위'에 해당하려면, 첫째, 피난행위는 위난에 처한 법익을 보호하기 위한 유일한 수단이어야 하고, 둘째, 피해자에게 가장 경미한 손해를 주는 방법을 택하여야 하며, 셋째, 피난행위에 의하여 보전되는 이익은 이로 인하여 침해되는 이익보다 우월해야 하고, 넷째, 피난행위는 그 자체가 사회윤리나 법질서 전체의 정신에 비추어 적합한 수단일 것을 요하는 등의 요건을 갖추어야 한다.[10]

9) 최선우, 『민간경비론』, 인천: 진영사, 2015, p.271.
10) 대법원 2013.6.13. 2010도13609.

이와 같이 자기 또는 타인의 법익에 대한 현재의 위난이 존재하고, 피난행위가 상당성을 가지고 있는 경우 긴급피난에 해당하여 위법성이 조각된다. 예를 들어, 신변보호 업무를 수행 중인 경비원이 총기나 흉기 등으로 무장한 위해자의 공격으로부터 신변보호 대상자의 생명 및 신체를 보호하는 과정에서 긴박하여 타인의 주거를 무단출입하거나 정차 중인 타인의 자동차를 무단사용하여 현장을 이탈한 행위는 정황에 따라 긴급피난에 해당되어 처벌받지 않을 수 있다. 다만, 민사상 손해배상책임은 질 수 있다.

과잉피난인 경우, 즉 현재의 위난에 대한 피난행위는 있었으나 그 피난행위가 상당성을 초과한 경우에는 정황에 따라 그 형을 감경하거나 면제할 수 있다. 그러나 과잉피난이 야간이나 그 밖의 불안한 상태에서 공포를 느끼거나 경악하거나 흥분하거나 당황하였기 때문에 그 행위를 하였을 때에는 벌하지 아니한다(형법 제22조 제3항). 한편, 위난을 피하지 못할 책임이 있는 자에 대하여는 긴급피난이 허용되지 않는다(형법 제22조 제2항). 그러나 이는 위난을 피하지 못할 책임이 있는 자에게 절대적으로 긴급피난을 제한하는 것이 아니라 직무수행상 의무적으로 감수해야 할 범위 내에서 제한한다는 의미이다. 예를 들어, 경찰관, 소방관, 군인 등은 그 직무를 수행함에 있어서 마땅히 일정한 위난을 감수해야 할 의무에 있는 자이며, 경비원 또한 경비대상시설의 도난・화재 등의 위험발생을 방지하거나 사람의 생명・신체에 대한 위해를 방지하는 업무를 수행하는 등 직업적 특성상 일반인에 비해 보다 높은 위험을 감수해야 할 의무에 있는 자라고 볼 수 있다. 따라서 경비원이 경비대상시설의 화재를 목격하고 신고와 동시에 초기진화작업을 수행하다가 질식될 위험에 빠지자 창문을 부수고 탈출한 경우에는 긴급피난이 적용된다고 할 것이다.

3) 정당행위

정당행위란 법령에 의한 행위 또는 업무로 인한 행위 기타 사회상규에 위배되지 아니하는 행위를 말한다(형법 제20조). 어떠한 행위가 범죄구성요건에 해당하지만 정당행위라는 이유로 위법성이 조각된다는 것은 그 행위가 적극적으로 용인, 권장된다는 의미가 아니라 단지 특정한 상황 하에서 그 행위가 범죄행위로서 처벌대상이 될 정도의 위법성을 갖추지 못하였다는 것을 의미한다.[11)]

법령에 의한 행위란 법령에 근거를 두고 권리 또는 의무로서 행해지는 모든 행위를

11) 대법원 2021.12.30. 2021도9680.

말하며, 업무로 인한 행위란 사람이 그의 사회생활상의 지위에 의하여 계속·반복의 의사로써 행하는 사무로 인한 행위를 말한다. '사회상규에 위배되지 아니하는 행위'라 함은 법질서 전체의 정신이나 그 배후에 놓여 있는 사회윤리 내지 사회통념에 비추어 용인될 수 있는 행위를 말하고, 어떠한 행위가 사회상규에 위배되지 아니하는 정당한 행위로서 위법성이 조각되는 것인지는 구체적인 사정 아래에서 합목적적, 합리적으로 고찰하여 개별적으로 판단되어야 하므로, 이와 같은 정당행위를 인정하려면 첫째, 그 행위의 동기나 목적의 정당성, 둘째, 행위의 수단이나 방법의 상당성, 셋째, 보호이익과 침해이익과의 법익 균형성, 넷째, 긴급성, 다섯째, 그 행위 외에 다른 수단이나 방법이 없다는 보충성 등의 요건을 갖추어야 한다.[12] 대법원에 의하면, 분쟁이 있던 옆집 사람이 야간에 술에 만취된 채 시비를 하며 거실로 들어오려 하므로 이를 제지하며 밀어내는 과정에서 2주 상해를 입힌 행위는 정당행위에 해당한다고 하였다.[13]

한편, 법령에 의한 행위로서 정당행위에 해당하는 대표적인 예가 사인이나 경비원의 현행범 체포행위를 들 수 있다. 현행범인이란 범죄를 실행하고 있거나 실행하고 난 직후의 사람을 말한다(형사소송법 제211조 제1항).

범죄를 현재 실행하고 있는 자의 의미는 범죄의 실행행위에 착수하여 그것을 계속 수행하고 있거나 아직 종료에 이르지 않은 경우이다. 미수에 대하여 처벌규정이 없는 범죄에 대해서는 미수의 단계에서는 범죄의 실행행위 중이라고 인정되지 않는다. 또한 범죄는 특정의 죄(예: 절도, 상해 등)를 말하므로 단지 '수상한 자'여서 어떠한 범죄를 범하고 있다는 의심만으로는 불충분하며, 이 경우 현행범이라고 할 수 없다.

'범죄실행의 즉후인 자'란 체포하는 자가 볼 때 범죄의 실행행위를 종료한 직후의 범인이라는 것이 명백한 경우를 일컫는 것으로서, 시간이나 장소로 보아 체포당하는 자를 방금 범죄를 실행한 범인이라고 볼 증거가 명백히 존재하는 것으로 인정되는 경우에만 그를 현행범으로 볼 수 있다.[14]

준현행범인이란 범인으로 불리며 추적되고 있을 때, 장물이나 범죄에 사용되었다고 인정하기에 충분한 흉기나 그 밖의 물건을 소지하고 있을 때, 신체나 의복류에 증거가 될 만한 뚜렷한 흔적이 있을 때, 누구냐고 묻자 도망하려고 할 때에 해당하는 사람을 말하며, 준현행범인은 현행범인으로 본다(형사소송법 제211조 제2항).

---

12) 대법원 2013.6.13. 2010도13609.
13) 대법원 1995.2.28. 94도2746.
14) 대법원 1995.5.9. 94도3016.

이와 같은 현행범인은 누구든지 영장없이 체포할 수 있다(형사소송법 제212조). 현행범인은 현재 범죄를 실행중이거나 또는 실행을 마친 것이 명확하게 인정되어, 그 자리에서 체포하지 않으면 피해의 확대 또는 증거의 인멸, 도주의 우려가 있기 때문에 체포영장청구 등의 절차를 요하지 않고 누구라도 체포할 수 있도록 한 것이다. 따라서 현행범인은 체포 시에 특정 범죄의 범죄임이 명백하여야 한다. 외형상 죄를 범한 것처럼 보일지라도 범죄가 성립하지 않을 경우(예: 위법성조각사유, 책임조각사유의 존재가 명백한 경우 등)에는 체포할 수 없다.

현행범인으로 체포하기 위하여는 행위의 가벌성, 범죄의 현행성과 시간적 접착성, 범인・범죄의 명백성 이외에 체포의 필요성, 즉 도망 또는 증거인멸의 염려가 있어야 한다. 이러한 요건을 갖추지 못한 현행범인 체포는 법적 근거에 의하지 아니한 영장 없는 체포로서 위법한 체포에 해당한다.[15]

체포를 할 때에는 당연히 어느 정도 실력행사가 허용되지만 그 실력행사에는 자연히 한계가 있으며, 범인의 거동 기타 그 현장의 구체적 상황에 따라 사회통념상 타당한 범위 내에서 이뤄져야 한다. 특히, 강제력의 사용은 체포 목적을 달성하기 위한 적절한 수단이어야 한다. 또한 검사 또는 사법경찰관리 아닌 자가 현행범인을 체포한 때에는 즉시 검사 또는 사법경찰관리에게 인도하여야 한다(형사소송법 제213조 제1항). 즉, 현행범인을 체포할 권한은 일반 사인에게도 부여되어 있지만 그것은 체포행위가 허용되어 있을 뿐이며, 취조, 신체수검, 소지품검사 등을 할 권한은 인정되지 않는다. 따라서 범인을 체포한 경우는 즉시 경찰관 등에게 인도해야 하며, 체포한 현행범인을 인도하지 않고 석방하는 것은 허용되지 않는다. 예를 들면, 절도 등 범죄를 목적으로 경비대상시설에 침입한 것이 명백한 자에 대하여 민간경비원은 완력으로 체포할 수 있으며, 절취 후 도주하는 경우에는 현장에서 추격하여 역시 체포할 수 있다. 다만, 체포 후에는 즉시 경찰관에게 인도하여야 한다.[16] 경찰관 등에 범인을 인도하는 방법으로는 112 등에 신고하여 체포현장에 직접 경찰관의 출동을 요청하든지 아니면 체포자가 직접 범인을 경찰서, 지구대 등에 데려가는 방법이 있다. 어느 방법이든 간에 체포자로서는 범인의 인도를 받은 경찰의 조치가 신속하고 적정하게 이뤄지도록 협력해야 한다.

---

15) 대법원 2017.4.7. 2016도19907.

16) 주의할 점은 경비원이 절도범을 현장에서 추격하였으나 체포하지 못하고 놓쳤으며, 며칠 후 길에서 우연히 절도범을 발견한 경우에는 현행범 체포를 할 수 없다는 것이다.

4) 자구행위

자구행위란 권리의 침해를 당한 자가 공권력에 의한 구제를 받을 여유가 없는 긴급한 상황에서 그 침해로부터 발생한 청구권 보전을 위해 스스로 실력을 행사하여 그 권리를 보전·회복하는 행위를 말한다. 즉, 법률에서 정한 절차에 따라서는 청구권을 보전할 수 없는 경우에 그 청구권의 실행이 불가능해지거나 현저히 곤란해지는 상황을 피하기 위하여 한 행위는 상당한 이유가 있는 때에는 벌하지 아니한다(형법 제23조 제1항). 자구행위는 과거의 침해에 대한 사후구제라는 점에서 사후적 긴급행위라고 한다. 따라서 사전적 긴급행위인 정당방위·긴급피난과 구별된다. 여기서의 청구권은 자기의 청구권임을 요한다. 다만, 청구권자로부터 자구행위의 실행을 위임받은 자는 자구행위를 할 수 있다. 예를 들면, 경비대상시설이 상업시설인 경우 시설주가 경비원에게 비용을 지불하지 않고 도주한 손님을 붙들어 오게 한 경우 등이다.

제 2 절

민간경비의 규제

1 민간경비에 대한 법적 규제의 필요성

국가 차원에서 민간경비업은 육성의 대상이기도 하지만 관리의 대상이기도 하다. 이는 민간경비업이 경찰과 유사한 치안서비스를 제공하고 있기 때문이기도 하다. 따라서 민간경비의 경우 그 업무의 특성상 당연히 법에 의한 통제 및 규제를 받고 있으며, 특히 민간경비에 대한 법적 규제의 필요성을 구체적으로 살펴보면 다음과 같다.

첫째, 민간경비업은 개인의 생명·재산을 범죄로부터 보호하기 위해 존재하는 것인바, 그 직무를 행하는 것이 필요하다. 둘째, 민간경비의 목적이 범죄의 방지에 있는 한, 일반시민과의 접촉이 불가피하다. 이 때문에 체포, 구금, 수색, 압수, 자백, 그리고 증언 등을 요구하는 수도 있고, 이것들은 헌법상 기본적 인권과 밀접한 관계를 가지고 있다. 경찰에 대해서도 강제력의 행사에 있어서 엄격한 제약을 두고 있는 이상, 민간경비에 대해서도 같은 제약이 필요하다. 셋째, 위험한 범죄로부터 자신의 신변을 보호하기 위해서 민간경비원이 무기를 휴대하여, 상대를 살상할 가능성이 있는 한, 무기의 휴대·

사용에 관한 엄격한 규제가 필요하다. 넷째, 민간경비원의 제복이나 장비는 경찰의 그것과 유사하여, 일반시민의 오해의 소지가 있다. 이와 같은 오해에서 시민에게 피해가 생기지 않도록 규제할 필요가 있다.[17)]

민간경비에 대한 법적 규제는 「경비업법」에서 구체적으로 규정하고 있는데, 경비업(경비업자)에 대한 규제로는 경비업무 종류의 제한, 허가제의 채택, 경비업자에 대한 의무부과 및 지도 · 점검, 행정처분 및 벌칙 등이 있으며, 경비원에 대한 규제로는 결격사유, 경비원에 대한 의무부과 및 교육제도, 경비지도사에 의한 지도 · 감독, 법정 복장 및 장비, 벌칙 등이 있다.

2 민간경비업 및 경비업자에 대한 규제

1) 경비업의 제한적 규정

「경비업법」 제2조 제1호에 의하면, "경비업이란 시설경비, 호송경비, 신변보호, 기계경비, 특수경비에 해당하는 업무의 전부 또는 일부를 도급받아 행하는 영업을 말한다"라고 규정하고 있다. 이와 같이 「경비업법」은 민간경비시장에서 수요가 있는 경비 관련 업무를 자유롭게 영위할 수 있게 하는 것이 아니라 경비업무로서 시설경비업무, 호송경비업무, 신변보호업무, 기계경비업무, 특수경비업무로 한정하여 규정함으로써 다섯 가지 업무만 경비업에 해당된다고 열거하여 제한하고 있는 것이다. 따라서 외국에서 이미 민간경비산업의 한 영역으로 자리잡고 있는 민간조사업이나 교통유도경비업, 민간군사경비업 등 새로운 유형의 경비업무가 출현할 경우에는 법률의 제 · 개정이 있어야 한다. 이는 민간경비시장이 필요로 하는 업무에 능동적으로 대처하지 하지 못함으로써 다양한 민간경비산업의 발전을 저해하는 측면도 있으나, 무분별한 경비 관련 업무의 난립으로 인한 국민의 피해를 사전에 예방할 수 있는 측면도 있다. 현행법상 영위할 수 있는 경비업에 대한 구체적인 내용은 다음과 같다.

(1) 시설경비업무

경비대상시설에서의 도난 · 화재 그 밖의 혼잡 등으로 인한 위험발생을 방지하는 업

17) 이윤근, "한국 사경비 발전방안에 관한 조사연구", 박사학위논문, 동국대학교 대학원, 1989, p. 154.

무이다. 시설경비는 경비원들이 직접 안전을 공급하는 인력경비의 대표적인 형태이며, 특정한 장소에 상주하여 경비업무를 수행하거나 일정지역을 도보 혹은 차량을 통해 순찰하는 형태로 경비업무를 수행한다.[18]

(2) 호송경비업무

운반 중에 있는 현금·유가증권·귀금속·상품 그 밖의 물건에 대하여 도난·화재 등 위험발생을 방지하는 업무이다. 호송경비업무는 주로 현금이나 귀중품 등을 운반하며, 무술유단자인 일반경비원들에 의하여 견고성·안전성을 갖추고 무선통신시설·경보시설을 갖춘 호송용 차량 등을 이용하여 운반한다는 점에서 일반 택배회사의 업무와는 구분된다고 할 것이다.[19]

(3) 신변보호업무

사람의 생명이나 신체에 대한 위해의 발생을 방지하고 그 신번을 보호하는 업무이나. 신변보호란 경호대상자의 신변에 직접적 또는 간접적으로 가해질 수 있는 여러 가지 위해요소를 사전에 제거하거나 예방하는 활동으로 위해요소에는 범죄나 테러 등 인위적인 위해요소만이 아니라 화재·재난·교통사고 등 간접적인 위해요소까지도 모두 포함한다. 호송경비업무가 현금이나 물건, 즉 '재산'에 대한 보호 기능을 담당한다면, 신변보호업무는 생명이나 신체, 즉 '사람'에 대한 보호 기능을 담당한다는 점에서 차이가 있다.

(4) 기계경비업무

경비대상시설에 설치한 기기에 의하여 감지·송신된 정보를 그 경비대상시설 외의 장소에 설치한 관제시설의 기기로 수신하여 도난·화재 등 위험발생을 방지하는 업무이다. 관제시설이란 당해 경비대상시설 이외의 장소에 설치하여 경비대상시설의 이상유무를 확인·제어하고, 경비원의 출동 등 필요한 조치를 취하는 시설을 말한다. 따라서 관제시설의 설치위치가 경비대상시설 '외'의 장소가 아닌 경비대상시설 '내'에 있다면 이는 기계경비의 영역에 포함되지 않는다고 할 것이다.

---

18) 김성언, "민간경비의 성장과 함의", 박사학위논문, 서울대학교 대학원, 2005, p.279.
19) 최경철, "보안산업 발전을 위한 경비업법 개정방안", 박사학위논문, 경기대학교 대학원, 2018, p. 34.

(5) 특수경비업무

공항(항공기 포함) 등 '대통령령이 정하는 국가중요시설'의 경비 및 도난·화재 그 밖의 위험발생을 방지하는 업무이다. '대통령령이 정하는 국가중요시설'이란 공항·항만, 원자력발전소 등의 시설 중 국가정보원장이 지정하는 국가보안목표시설[20]과 「통합방위법」의 규정에 의하여 국방부장관이 지정하는 국가중요시설[21]을 말한다. 이와 같은 특수경비제도는 기획예산처에서 1998년 10월 2일 국가중요시설 경비의 전문화·과학화를 도모하고 당시 국가중요시설의 경비를 담당하던 청원경찰의 노령화, 관료화에 따른 비효율성을 제거하고 경비의 과학화, 전문화 등 경비기술 향상을 도모하기 위하여 민간경비 활용방안을 확정 통보함에 따라 그 후속조치로서 2001년 4월 7일 「경비업법」 제2조가 전면 개정되면서 새로 도입된 제도이다. 아울러 2001년 3월 29일 인천국제공항의 개항에 맞춰 「경비업법」이 개정되어 특수경비제도가 도입됨으로써 민간경비산업의 발전에 있어서 획기적인 전기가 마련되었다.[22]

2) 영업의 허가제도

(1) 허가의 의의

허가란 일정한 행위나 영업을 예외 없이 금지하고 일정한 경우에 행정청의 행위를 통해 이러한 금지를 해제하여 금지된 행위를 할 수 있게 허용하는 것을 말한다. 허가는 일정한 행위를 하기 위한 허가(행위허가)와 사업을 하기 위한 허가(영업허가)로 구분된다. 영업허가의 경우 일반적으로는 금지규정을 두지 않고 어떠한 영업을 하려면 관계 행정기관의 장의 허가를 받아야 한다고 규정함으로써 금지와 그 금지의 해제라는 허가의 기본구조가 명확히 드러나지 않는다. 그러나 해당 법률에서 허가를 받지 않고 영업을 하면 처벌을 받도록 규정함으로써 무허가 영업이 일반적으로 금지됨을 나타내고 있

20) 국가보안목표시설이란 공공기관, 공항, 항만, 주요 산업시설 등 적 및 불순분자에 의하여 점령 또는 파괴되거나 기능이 마비될 경우 국가안보 및 국민생활에 심대한 영향을 미치는 시설을 말한다.

21) 「통합방위법」 제21조 제4항에 따르면 "국가중요시설은 국방부장관이 관계 행정기관의 장 및 국가정보원장과 협의하여 지정한다"라고 규정하고 있는데, 이에 따라 「국가중요시설 지정 및 방호훈령」 제7조에서 국가중요시설을 분류하면서 제7항에서 공항 중 국제공항은 "가"급으로(제1호), 국제공항을 제외한 주요 국내공항을 "나"급으로 하도록 규정하고 있다. 따라서 국제공항이 경비업법 제2조 제1호 마목의 국가중요시설에 해당하는 것은 명백하다고 할 것이다(법제처 14-0063, 2014.8.26. 경찰청).

22) 헌법재판소 2009.10.29. 2007헌마1359 참조.

다.[23] 따라서 「경비업법」도 허가주의를 채택하고 있다고 할 수 있다.[24] 즉, 경비업을 영위하고자 하는 법인은 도급받아 행하고자 하는 경비업무를 특정하여 그 법인의 주사무소의 소재지를 관할하는 시・도경찰청장의 허가를 받아야 한다(경비업법 제4조 제1항). 이와 같이 경비업을 허가주의를 채택한 이유는 경비대상시설의 도난・화재 등 위험발생 방지업무를 원활히 수행하고, 부실업체로 인한 경비의 중단 또는 허술한 경비수행 등을 막기 위하여 일정 수준 이상의 자본금, 경비인력, 배상능력 등을 갖춘 법인만 영업하도록 할 필요가 있으며 사전에 경비능력을 검토하고 일정한 자격요건을 갖춘 업체만 경비업무를 수행할 수 있도록 하기 위함이다.

「경비업법」상 허가의 종류에는 신규허가, 변경허가, 갱신허가가 있다. 신규허가란 최초로 경비업 허가를 받는 것을 말하며, 변경허가란 신규허가를 받은 법인이 허가를 받은 경비업무를 변경하거나 새로운 경비업무를 추가하고자 할 때 받는 허가를 말한다. 또한 갱신허가란 경비업 허가의 유효기간(5년)이 만료된 후 계속하여 경비업을 하고자 하는 법인이 받는 허가를 말한다. 이러한 유효기간 및 갱신허가제도를 규정한 이유는 부실업체, 명의대여업체들을 정비하여 경비업의 건전한 육성・발전을 도모하고 부실업체로 인한 국민들의 피해를 방지하며, 경비업 허가의 실효성을 확보하기 위한 것이다. 다만, 5년마다 갱신허가를 받도록 하는 것은 경비업자에 대한 과도한 제한이 될 수 있어 오히려 경비업의 육성・발전을 저해할 뿐만 아니라 경비업자에 대한 지나친 영업의 자유를 침해하여 위헌의 소지가 있다는 비판도 제기된다.

(2) 허가대상

경비업은 법인이 아니면 이를 영위할 수 없으므로, 법인만이 허가의 대상이다(경비업법 제3조). 경비업은 영리성을 추구하지만 개인의 생명과 신체 또는 재산을 보호하는

---

23) 법제처, 『법령 입안・심사 기준』, 세종: 한결엠, 2020, p.147.

24) 영업허가는 어떤 영업을 계속적으로 하면서 그에 따른 이익을 향유하는 모습을 가지기 때문에 마치 어떤 권리를 부여하는 것 같은 착각을 가져올 수 있어 특허로 보일 여지가 있다. 그러나 영업에 따른 이익을 얻거나 얻지 못하는 것은 영업을 하는 개인의 문제일 뿐 법적으로 이를 조력하거나 보호해야 할 성질의 것은 아니므로 권리가 되는 것은 아니다. 이런 의미에서 그 이익은 '반사적 이익'이라고 부르게 된다. 반면, 특허는 권리를 부여하는 것이고 그 권리에 의하여 어떤 이익이 당연히 주어지는 것이어서 법적으로 그 이익은 보호되는 것이라는 점에서 차이가 있다. 특허의 경우에 특허를 받지 않고는 사업을 하지 못한다는 것은 그 사업이 일반적으로 금지되어 있기 때문이 아니고, 그 사업을 할 권리(권한 또는 권능)가 없기 때문이다(법제처, 앞의 책, p. 81). 따라서 경비업 허가는 '특허'라기보다는 '허가'에 해당한다고 할 것이다.

업무의 특성상 공공성도 요구되므로 그 행위주체를 개인이 아닌 법인으로 한정함으로써 국가에 의한 통제를 강화한 것이다. 법인은 「상법」상 법인뿐만 아니라 사단법인(社團法人), 재단법인(財團法人)을 불문한다. 다만, 사단법인이나 재단법인과 같은 비영리법인의 경우에는 주무관청에 의하여 영리사업을 해도 좋다는 허가를 받아야 영리추구 활동을 할 수 있을 것이다.

(3) 허가요건

경비업의 허가를 받고자 하는 법인은 허가요건 중 어느 하나라도 충족하지 못할 경우 허가처분 대상에서 제외된다. 반면에, 복수의 경비업 허가요건을 충족할 경우에는 복수의 경비업무를 허가 받을 수도 있다. 허가요건과 관련하여 「경비업법」 제4조 제2항에서 대통령령으로 정하는 경비인력 · 자본금 · 시설 및 장비 등을 갖추어야 한다고 규정하고, 세부적인 기준은 〈표 4-1〉과 같이 「경비업법 시행령」 제3조 제2항 별표 1에서 규정하고 있다.

표 4-1 경비업의 시설 등의 기준

시설 등 / 기준 / 업무별	경비인력	자본금	시설	장비 등
시설 경비업무	• 일반경비원 10명 이상[1] • 경비지도사 1명 이상	1억원 이상	기준 경비인력 수 이상을 동시에 교육할 수 있는 교육장	기준 경비인력 수 이상의 경비원 복장 및 경적, 단봉, 분사기
호송 경비업무	• 무술유단자인 일반경비원 5명 이상 • 경비지도사 1명 이상	1억원 이상	기준 경비인력 수 이상을 동시에 교육할 수 있는 교육장	• 호송용차량 1대 이상 • 현금호송백 1개 이상 • 기준 경비인력 수 이상의 경비원 복장 및 경적, 단봉, 분사기
신변 보호업무	• 무술유단자인 일반경비원 5명 이상 • 경비지도사 1명 이상	1억원 이상	기준 경비인력 수 이상을 동시에 교육할 수 있는 교육장	• 기준 경비인력 수 이상의 무전기 등 통신장비 • 기준 경비인력 수 이상의 경적, 단봉, 분사기
기계 경비업무	• 전자 · 통신 분야 기술자격증소지자 5명을 포함한 일반경비원 10명 이상 • 경비지도사 1명 이상	1억원 이상	• 기준 경비인력 수 이상을 동시에 교육 할 수 있는 교육장 • 관제시설	• 감지장치 · 송신장치 및 수신장치 • 출장소별로 출동차량 2대 이상 • 기준 경비인력 수 이상의 경비원 복장 및 경적, 단봉, 분사기

특수 경비업무	• 특수경비원 20명 이상 • 경비지도사 1명 이상	3억원 이상	기준 경비인력 수 이상을 동시에 교육할 수 있는 교육장	기준 경비인력 수 이상의 경비원 복장 및 경적, 단봉, 분사기

주: 1) 2023년 5월 16일부터 시행.

〈표 4-1〉 중 '경비인력' 요건에 있어 기준경비 인력 수에 해당하는 경비원을 허가신청 당시에 반드시 고용할 필요는 없다. 따라서 허가신청 당시 고용하지는 않았지만 해당 경비업무를 도급받은 경우에 고용계약을 체결하여 해당 경비업무 수행이 가능한 인력을 '확보'하고 있으면 되는 것이다.

'자본금' 요건의 연혁을 살펴보면, 최초 자본금은 1억원 이상이었으나, 이후 경비업의 진입 장벽을 낮추어 경비업 창업을 촉진하게 하기 위하여 2011년 시행령 개정 시 5천만원 이상으로 완화하였다. 그러나 집단민원현장에서 노조원과 경비원 간의 무력충돌이 발생하고, 일부 경비업체들이 무자격의 경비원을 동원하여 폭력사태를 야기하는 등 국민생활에 불안감을 주자 경비업자의 규제를 강화하여야 한다는 사회적 요구가 일어났고, 이에 경비업체의 난립을 막기 위해 경비업의 허가요건을 강화하는 차원에서 2013년 「경비업법」 개정 시 자본금 최저 기준을 1억원 이상으로 다시 상향 조정한 후 현재에 이르고 있다. 한편, 자본금의 경우 하나의 경비업무에 대한 자본금을 갖춘 경비업자가 그 외의 경비업무를 추가로 하려는 경우 자본금을 갖춘 것으로 본다. 다만, 특수경비업자 외의 자가 특수경비업무를 추가로 하려는 경우에는 이미 갖추고 있는 자본금을 포함하여 특수경비업무의 자본금 기준에 적합하여야 한다. 예를 들면, 시설경비업자(1억원 보유)가 기계경비업무를 추가하려는 경우 별도의 자본금은 필요하지 않다. 다만, 시설경비업자(1억원 보유)가 특수경비업무를 추가로 하려는 경우 2억원의 자본금을 추가로 갖추어야 한다.

'교육장'의 경우 하나의 경비업무에 대한 시설을 갖춘 경비업자가 그 외의 경비업무를 추가로 하고자 하는 경우에는 경비인력이 더 많이 필요한 경비업무에 해당하는 교육장을 갖추어야 한다. 예를 들면, 호송경비업무(5명 이상 인력)를 하는 경비업자가 시설경비업무(20명 이상 인력)를 추가할 때는 총 20명이 동시에 교육할 수 있는 교육장을 갖추어야 한다. 즉, 20명분의 책상 배치가 가능해야 하고 앞·뒤·옆으로 일정부분의 여유 공간이 있어야 한다. 아울러 교육장은 반드시 소유할 필요는 없고 임대사용도 가능하다. 다만, 언제든지 교육에 활용할 수 있어야 한다.

'무술유단자'란 「국민체육진흥법」 제33조에 따른 대한체육회에 가맹된 단체 또는 문화체육관광부에 등록된 무도 관련 단체가 무술유단자로 인정한 사람을 말하며, '호송용 차량'이란 현금이나 그 밖의 귀중품의 운반에 필요한 견고성 및 안전성을 갖추고 무선 통신시설 및 경보시설을 갖춘 자동차를 말하며, '현금호송백'이란 현금이나 그 밖의 귀중품을 운반하기 위한 이동용 호송장비로서 경보시설을 갖춘 것을 말하며, '전자·통신 분야 기술자격증소지자'란 국가기술자격법에 따라 전자 및 통신 분야에서 기술자격을 취득한 사람을 말한다.

(4) 허가절차

경비업의 허가를 받고자 하는 경우에는 허가신청서에, 허가를 받은 법인이 허가를 받은 경비업무를 변경하거나 새로운 경비업무를 추가하고자 하는 경우에는 변경허가신청서에 소정의 서류를 첨부하여 시·도경찰청장에게 제출하여야 한다. 첨부할 서류는 ① 법인의 정관 1부, ② 법인 임원의 이력서 1부, ③ 경비인력·시설 및 장비의 확보계획서 1부(경비업 허가신청 시 이를 갖출 수 없는 경우에 한함)이다. 정관은 경비업무를 특정하고 있는지 여부를, 임원의 이력서는 임원의 결격사유 해당 여부를 검토하기 위하여 첨부케 한 것이다. 한편, 경비업 허가 시 허가기준을 갖추는 것이 원칙이나, 허가신청시 경비인력·시설 및 장비를 갖출 수 없는 경우에는 확보계획서를 제출하여 허가신청이 가능하며, 확보계획서를 제출한 후 허가 또는 변경허가를 받은 날부터 1월 이내에 경비인력·시설 및 장비를 갖추고 시·도경찰청장의 확인을 받아야 한다. 주의할 점은 자본금은 확보계획서를 제출할 수 없고, 허가신청 시 반드시 갖추어야 한다는 점이다.

(5) 허가처분

법인의 주사무소 소재지를 관할하는 시·도경찰청장이 허가 또는 변경허가의 신청을 받은 때에는 ① 경비업을 영위하고자 하는 법인의 임원 중 결격사유에 해당하는 자가 있는지의 유무, ② 경비인력·시설 및 장비의 확보 또는 확보 가능성의 여부, ③ 자본금과 대표자·임원의 경력 및 신용 등을 검토하여 허가 여부를 결정하여야 한다.

대법원은 허가신청이 기준에 합치하는 이상 특별한 사정이 없는 한 허가하여야 하며, 공익상 필요가 없음에도 불구하고 이를 거부할 수 없다는 의미에서 경찰의 허가는 기속재량에 해당하는 처분이라고 하였다.[25] 따라서 경비업의 경우에도 「경비업법」에

25) 대법원 1974.11.26. 74누110.

규정된 소정의 허가요건을 충족하였다면 허가를 하여야 하는 기속재량이라고 보아야 한다.

(6) 허가의 제한

「경비업법」은 허가의 제한으로써 다른 경비업체와 동일명칭을 사용하여 허가를 받을 수 없도록 규정하고 있다. 즉, 누구든지 허가를 받은 경비업체와 동일한 명칭으로 경비업 허가를 받을 수 없다(경비업법 제4조의2 제1항).

또한 허가받은 경비업무 외의 업무에 경비원을 종사하게 하거나 경비업무의 범위를 벗어난 행위를 하게 하여 허가가 취소된 경우에는 누구라도 허가가 취소된 경비업체와 동일한 명칭으로 10년간 허가를 받을 수 없도록 규정하고 있으며, 허가가 취소된 법인은 법인명 또는 임원의 변경에도 불구하고 허가가 취소된 날부터 5년간 경비업 허가를 받을 수 없도록 규정하고 있다(경비업법 제4조의2 제2항 · 제3항 참조). 이러한 규정은 집단민원현장에서 경비원의 폭력행위 및 경비업자의 경비업무를 벗어난 불법적 행위에 대한 규제를 강화하고자 한 것이다.

3) 경비업자의 의무부과

「경비업법」은 경비업자로 하여금 해당 경비업과 관련하여 많은 의무를 부과하고 있다. 경비업은 국민의 생명 · 신체 · 재산에 대한 권리의 침해를 가져올 수 있는 것으로, 국가는 이에 대하여 경비업무 수행에 있어서 엄격한 규정을 마련하여 경비업자로 하여금 강제시키고 있다.[26] 경비업자의 의무에는 전체 경비업자가 지켜야 할 의무 규정이 있고, 기계경비업무의 특수성과 특수경비업무의 중요성 등으로 인하여 기계경비업자와 특수경비업자에 대하여는 추가로 요구되는 의무 규정이 있다.

(1) 전체 경비업자의 의무

① 시설주의 관리권 범위 내 업무수행 및 타인의 자유 · 권리 침해금지

경비업자는 경비대상시설의 소유자 또는 관리자(이하 시설주라 함)의 관리권의 범위 안에서 경비업무를 수행하여야 하며, 다른 사람의 자유와 권리를 침해하거나 그의 정당한 활동에 간섭하여서는 아니 된다(경비업법 제7조 제1항).

26) 송수복, "경비업법의 개정을 위한 시론", 박사학위논문, 청주대학교 대학원, 2012, p.113.

② **경비업무의 성실수행의무**

경비업자는 경비업무를 성실하게 수행하여야 하고, 도급을 의뢰받은 경비업무가 위법 또는 부당한 것일 때에는 이를 거부하여야 한다(경비업법 제7조 제2항).

③ **경비원 권익보호의무**

경비업자는 불공정한 계약으로 경비원의 권익을 침해하거나 경비업의 건전한 육성과 발전을 해치는 행위를 하여서는 아니 된다(경비업법 제7조 제3항).

④ **비밀준수의무**

경비업자의 임·직원이거나 임·직원이었던 자는 다른 법률에 특별한 규정이 있는 경우를 제외하고는 그 직무상 알게 된 비밀을 누설하거나 다른 사람에게 제공하여 이용하도록 하는 등 부당한 목적을 위하여 사용하여서는 아니 된다(경비업법 제7조 제4항).

⑤ **허가받은 경비업무 외에 경비원 종사금지**

경비업자는 허가받은 경비업무 외의 업무에 경비원을 종사하게 하여서는 아니 된다(경비업법 제7조 제5항). 이를 위반하여 허가받은 경비업무 외의 업무에 경비원을 종사하게 한 때에는 그 허가를 취소하여야 한다(경비업법 제19조 제1항 제2호). 이 사유로 허가취소를 하는 때에는 해당 경비업자가 영위하는 모든 경비업무에 대하여 취소처분을 하여야 한다(경비업법 제19조 제3항 단서). 즉, '경비업자가 허가받은 경비업무 외의 업무에 경비원을 종사하게 한 때'에는 '경비업 허가 전체'를 '필수적으로 취소'하도록 규정하여 허가관청으로 하여금 제재처분의 종류 및 행사 여부에 관하여 재량의 여지를 부여하지 않고 있고, 당시 임원이었던 자에 대하여도 '5년 동안' 경비업을 영위하는 법인의 임원이 될 수 없도록 하여 「경비업법」의 다른 규정 위반의 경우와 비교하여 매우 중한 제재를 규정하고 있다. 위와 같은 「경비업법」의 규정 내용, 「경비업법」의 목적에 비추어 볼 때, '허가받은 경비업무 외의 업무에 경비원을 종사하게 한 때'란, '경비업자가 소속 경비원을 경비업무 외의 업무에 종사하게 함으로써 경비대상시설 등에 대한 위험발생 방지를 목적으로 하는 경비업의 건전한 운영을 저해한 경우'를 의미한다고 봄이 상당한다. 특히 '종사하게 한 때'에 해당한다고 보려면, 단순히 경비업자가 일반적인 주의 또는 관리감독의무를 다하지 아니한 과실로 경비원이 경비업무 외의 업무에 종사하게 된 결과를 초래한 것만으로는 부족하고, 경비업자가 적극적으로 관여하여 경비원을 경비업무 외의 업무에 종사하게 한 때에 해당하여야 한다.[27] 한편, 제7조 제5항(경비업무 외 업무종사금지조항)의 '입법취지'는 경비업무가 국민의 생명과 재산의 안전을 지키는 공공적(公共的)인 특성이 있음에도 불구하고, 경비원을 경비업 이외의 '비윤리적(非倫理的)인 기업행위 및 타업종'에 종사시킴으로써 발생할 수 있는 여러 가지 부작용을 방지하기 위한 것이다.[28]

⑥ 집단민원현장에 경비지도사 선임 · 배치의무

경비업자는 집단민원현장에 경비원을 배치하는 때에는 경비지도사를 선임하고 그 장소에 배치하여 행정안전부령으로 정하는 바에 따라 경비원을 지도 · 감독하게 하여야 한다(경비업법 제7조 제6항).

경비업자에게 집단민원현장에 경비지도사를 선임하고 그 장소에 배치하도록 강제하고 있는 바, 집단민원현장에 선임 · 배치된 경비지도사는 경비원 등의 의무 위반행위 예방 및 제지, 경비원의 복장 착용 등에 대한 지도 · 감독, 경비원의 장비 휴대 및 사용에 대한 지도 · 감독, 집단민원현장에 비치된 경비원 명부의 관리 등의 직무를 수행하여야 한다(경비업법 시행규칙 제6조의2). 이는 국가자격시험을 통하여 경비지도사 자격을 부여하고, 경비업자는 이러한 자격을 취득한 경비지도사를 선임하여 경비 인력을 관리하도록 함으로써 민간경비를 공경비의 대체수단 내지 보완수단으로서 역할을 규정한 것이다.

(2) 기계경비업자의 의무

① 대응체제 구축의무

기계경비업자는 경비대상시설에 관한 경보를 수신한 때에는 신속하게 그 사실을 확인하는 등 필요한 대응조치를 취하여야 하며, 이를 위한 대응체제를 갖추어야 한다(경비업법 제8조). 이에 따라 기계경비업자는 관제시설 등에서 경보를 수신한 때에는 경보를 수신한 때부터 늦어도 25분 이내에 도착시킬 수 있는 대응체제를 갖추어야 한다(경비업법 시행령 제7조). 이는 기계경비업자로 하여금 이상 경보 수신 시 신속히 출동하여 이상 유무를 확인하고 현행범인을 체포하거나 경찰에 연락하는 등 필요한 대응조치를 취하도록 의무화한 것이다. 다만, 경보에 대한 대응능력 없이 112 신고에만 의존하는 일부 기계경비업자들의 태도를 시정하고, 무분별한 112 신고를 방지하여 경찰의 출

27) 서울고등법원 2022.2.23. 2019누50764.

28) 용역경비업법 중 개정법률안 심사보고서 1995년 12월 내무위원회

동이 급박하게 필요한 국민에게 공공재인 경찰서비스가 이루어지게 하기 위하여 경찰청 감독명령(제2013-1호)에서 선별신고제도[29]를 도입하였다. 따라서 기계경비업체는 경보발생 시 현장출동, 전화확인, CCTV 확인 등을 통해 대응조치를 반드시 취하되, 경보의 범죄 관련성이 확인된 경우에 한하여 경찰로 신고하여야 한다(확인신고 원칙). 그럼에도 불구하고 국가중요시설 · 관공서의 사무실 · 외국공관 · 금융기관 내 금고 · 금은방 · 휴대폰 판매점에 설치한 비상버튼 또는 감지기에서 경보가 발생하는 경우나 비상버튼 방식에다가 감지기가 동시 또는 순차적으로 경보가 발생하는 경우에는 출동기계경비원을 출동시킨 후 즉시 경찰로 신고하여야 한다(긴급신고). 다만, 긴급신고에 해당하는 사유라 할지라도 출퇴근시간 경비설정 실수 등 오경보가 의심되는 경우에는 관제실의 판단에 따라 경찰로 신고를 하지 아니할 수 있다(제2013-1호 감독명령 제4조 · 제6조 · 제7조 참조).

② 오경보 방지의 의무

기계경비업자는 경비계약을 체결하는 때에는 오경보를 막기 위하여 계약상대방에게 기기사용요령 및 기계경비운영체계 등에 관하여 설명하여야 하며, 각종 기기가 오작동되지 아니하도록 관리하여야 한다(경비업법 제9조 제1항).

기계경비업자가 계약상대방에게 하여야 하는 설명은 당해 기계경비업무와 관련된 관제시설 및 출장소의 명칭 · 소재지, 기계경비업자가 경비대상시설에서 발생한 경보를 수신한 경우에 취하는 조치, 기계경비업무용 기기의 설치장소 및 종류와 그 밖의 기계장치의 개요, 오경보의 발생원인과 송신기기의 유지 · 관리방법 등의 사항을 기재한 서면 또는 전자문서(전자문서는 계약상대방이 원하는 경우에 한함)를 교부하는 방법에 의한다(경비업법 시행령 제8조 제1항).

③ 관련 서류 작성 · 비치의무

기계경비업자는 대응조치 등 업무의 원활한 운영과 개선을 위하여 관련 서류를 작성 · 비치하여야 한다(경비업법 제9조 제2항). 즉, 기계경비업자는 출장소별로 경비대상시설의 명칭 · 소재지 및 경비계약기간, 기계경비지도사의 명단 · 배치일자 · 배치장소와 출동차량의 대수, 경보의 수신 및 현장도착 일시와 조치의 결과, 오경보인 경우 오

29) '선별신고제도'란 기계경비업체가 경비대상시설에 설치한 기기에 의하여 감지 · 송신된 정보에 출동대응 후 범죄 관련성을 확인하여 경찰로 신고하는 기준으로 확인신고와 긴급신고를 말한다(제2013-1호 감독명령 제3조 제1항).

경보가 발생한 경비대상시설 및 그 오경보에 대한 조치의 결과 등의 사항을 기재한 서류를 갖추어 두어야 한다(경비업법 시행령 제9조 제1항).

오경보 방지의무와 관련 서류 작성・비치의무는 기계경비의 높은 오경보율로 인하여 경찰력 낭비 및 기계경비의 신뢰성 저하문제가 야기되는 바 이를 해소하기 위하여 오경보의 가장 큰 원인인 사용자 실수를 줄이기 위한 방안으로, 기계경비업자로 하여금 계약상대방에게 기기사용요령, 기계경비운영체계, 오경보의 발생원인 등을 상세히 설명케 하고, 오경보에 대한 조치결과 등을 기재한 서류를 비치케 하는 등 최소한의 의무를 부과한 것이다.[30]

(3) 특수경비업자의 의무

① 경비대행업자 지정・신고의무

특수경비업자는 특수경비업무의 개시신고를 하는 때에는 국가중요시설에 대한 특수경비업무의 수행이 중단되는 경우 시설주의 동의를 얻어 다른 특수경비업자 중에서 경비대행업자를 지정하여 허가관청에 신고하여야 한다(경비업법 제7조 제7항).

② 경비대행업자의 승계의무

특수경비업자는 국가중요시설에 대한 특수경비업무를 중단하게 되는 경우에는 미리 경비대행업자에게 통보하여야 하며, 경비대행업자는 통보받은 즉시 그 경비업무를 인수하여야 한다. 이 경우 시설주의 동의를 얻어 경비대행업자를 지정하여 허가관청에 신고하여야 한다(경비업법 제7조 제8항). 이는 특수경비업무 도중 부도 등으로 경비업무 중단 시 국가중요시설 방호에 문제가 발생할 수 있으므로 국가중요시설 경비의 연속성을 보장하기 위해 대행업체를 지정하고 지정된 대행업체의 승계의무에 관하여 특별히 규정한 것이다.[31]

③ 겸업금지의무

특수경비업자는 「경비업법」에 의한 경비업과 경비장비의 제조・설비・판매업, 네트워크를 활용한 정보산업, 시설물 유지관리업 및 경비원 교육업 등 대통령령이 정하는 경비 관련업 외의 영업을 하여서는 아니 된다(경비업법 제7조 제9항).

특수경비업자에 대하여 겸업금지의무를 규정한 이유는 비전문적인 영세경비업체의

30) 최경철, 앞의 논문, p.48.
31) 헌법재판소 2009.10.29, 2007헌마1359 참조.

난립을 막고 전문경비업체를 양성하여 총기를 소지하는 특수경비원에 대한 국민의 불안을 해소하고자 함이다. 그러나 "경비업체의 전문화"라는 관점에서 보면, 현대의 첨단기술을 바탕으로 한 소위 디지털 시대에 있어서 경비업은 단순한 경비 자체만으로는 '전문화'를 이룰 수 없다. 오히려 경비장비의 제조·설비·판매업이나 네트워크를 통한 정보산업, 시설물 유지관리, 나아가 경비원 교육업 등을 포함하는 '토털서비스(total service)'를 절실히 요구하고 있는 추세이다. 그러므로 「경비업법」에서 규정하고 있는 경비업만을 영위하도록 법에서 강제하는 수단으로는 오히려 영세한 경비업체의 난립을 방치하는 역효과를 가져올 수도 있다.[32] 따라서 현행법에 의하면, 특수경비업자를 제외한 모든 경비업자는 경비업이 아닌 업종의 영업에 대한 관련 법령의 요건을 충족하는 경우에 경비업 외의 영업을 할 수 있으며, 특수경비업자의 경우에도 경비장비의 제조·설비·판매업, 네트워크를 활용한 정보산업, 시설물 유지관리업 및 경비원 교육업 등은 겸영할 수 있도록 한 것이다. 그 구체적인 이유는 다음과 같다.

첫째, 현대의 경비업은 과거의 수위나 경비원의 개념을 떠나 정보통신을 이용한 기계경비 분야로 나아가고 있다. 기계경비 분야에 있어서의 관건은 그 인프라를 이루는 각종 센서, CCTV, 관제장비 등 기술적인 발달에 있다. 따라서 경비업체는 우리나라에 적합한 경비장비를 연구·개발하여 직접 생산할 필요성이 있으므로 경비장비의 제조·설비·판매업을 겸영할 수 있어야 할 것이다.

둘째, 경비업은 정보산업(Information Technology: IT)과 불가분의 관계에 있는데, 정보화는 해커나 크래커 등을 낳게 하는 부작용을 수반하므로 정보안전(information security 또는 internet security)을 위하여 네트워크를 활용한 정보산업은 경비업체가 겸영할 수 있어야 할 것이다.

셋째, 오늘날의 경비업은 건축물의 유지관리와 불가분의 관계에 있다고 할 수 있다. 즉, 방범·방화는 물론 엘리베이터나 보일러, 에어컨 설비의 고장, 지하실 침수, 실내공기의 오염 등을 체크할 수 있는 기능이 하나의 기계로 통합되고 있는 것이다. 이러한 시스템통합(system integration)을 위해서 경비업체는 시설물 유지관리업과 겸영할 수 있어야 할 것이다.

넷째, 경비원 교육업의 경우, 우리나라 경비업계의 가장 큰 현안의 하나는 경비원의 질을 어떻게 높일 것인가 하는 점이다. 경비원의 질 향상 및 전문화는 결국 교육을 통

32) 헌법재판소 2002.4.25. 2001헌마614 참조.

해서만 가능할 것이며, 이를 위해 경비원교육을 위한 전문교육기관의 양성이 절실하다고 할 수 있다. 따라서 경비업체는 경비업무의 전문화를 위해 독자적으로 연수원을 설립하여 교육사업을 행하는 등 경비원 교육업을 겸영할 수 있어야 할 것이다.

4) 배치신고 및 허가

「경비업법」은 경비원을 배치할 경우 신고의무를 규정하고 있으며, 일정한 경우에는 신고가 아니 허가를 받도록 함으로써 보다 강력한 규제를 하고 있다. 경비원을 배치한다는 것은 경비업자가 도급받은 경비업무를 수행하기 위하여 반드시 일정한 경비대상물에 경비원을 배치한다는 의미뿐만 아니라 지역적으로 경비업자가 그 업무를 수행하기 위하여 일정한 영입징소에 경비원을 배치하여 두었다가 필요한 경우 그 업무를 수행하게 하도록 하는 경우까지 포함된다.[33]

(1) 배치신고

경비업자가 경비원을 배치한 경우에는 행정안전부령이 정하는 바[34]에 따라 관할 경찰관서장에게 신고하여야 한다. 다만, 특수경비원과 집단민원현장이 아닌 곳에서 신변보호업무를 수행하는 일반경비원의 경우에는 경비원을 배치하기 전까지 신고하여야 한다(경비업법 제18조 제2항). 단서에서 배치 전에 배치신고를 의무화하는 것은 민간경비가 전적으로 질서유지를 담당하기 보다는 국가의 권력과 협력의 의무를 부과함과 동시에 국가가 민간경비를 철저히 관리감독 하겠다는 의미를 주지시키는 것이라 할 수 있다.[35] 한편, 배치신고를 하지 아니하고 경비원을 배치한 때에는 관할 경찰관서장은 배치폐지를 명할 수 있다(경비업법 제18조 제8항 제5호).

(2) 배치허가

경비업자가 시설경비업무 또는 신변보호업무 중 집단민원현장[36]에 일반경비원을 배

33) 국민권익위원회 2000-03658, 2000.7.24.

34) 경비업자는 경비업무를 수행하기 위하여 20일 이상 경비원을 배치하거나 그 기간을 연장하려는 때에는 경비원을 배치한 후 7일 이내에 경비원 배치신고서(전자문서로 된 신고서를 포함한다)를 배치지를 관할하는 경찰관서장에게 제출하여야 한다(경비업법 시행규칙 제24조 제1항).

35) 동중영, "국가권력과 민간경비: 민간경비제도의 정치적 정당성에 대한 검토", 박사학위논문, 동국대학교 대학원, 2010, p.208.

36) '집단민원현장'이란 다음 각 목의 장소를 말한다(경비업법 제2조 제5호).
가. 「노동조합 및 노동관계조정법」에 따라 노동관계 당사자가 노동쟁의 조정신청을 한 사업장 또는 쟁의행위가 발생한 사업장

치하려는 경우에는 경비원을 배치하기 48시간 전까지 행정안전부령으로 정하는 바에 따라 배치허가를 신청하고, 관할 경찰관서장의 배치허가를 받은 후에 경비원을 배치하여야 하며, 이 경우 관할 경찰관서장은 배치허가를 함에 있어 필요한 조건을 붙일 수 있다(경비업법 제18조 제2항). 허가의 요건을 충족하지 않은 신청이 있는 경우에 행정청은 그 허가를 거부할 밖에 없다. 그러나 이 경우에 미비된 허가요건을 충족할 것을 부관(조건)으로 하여 허가를 내줌으로써 무용하게 행정이 반복되는 것을 방지하고 신청인에게 신속한 행정을 제공할 수 있다.[37]

관할 경찰관서장은 집단민원현장에 일반경비원 배치허가 신청을 받은 경우 경비원이 경비업무의 범위를 벗어난 행위를 할 우려가 있는 때, 경비원 중 결격사유에 해당하는 결격자나 신임교육을 받지 아니한 사람이 대통령령으로 정하는 기준(100분의 21) 이상으로 포함되어 있는 때, 경비원의 복장 · 장비 등에 대하여 내려진 필요한 명령을 이행하지 아니하는 때에는 배치허가를 하여서는 아니 되며(경비업법 제18조 제3항), 경비업자가 배치허가를 받지 아니하고 경비원을 배치하거나 배치허가 신청의 내용을 거짓으로 한 때, 배치결격사유에 해당하는 자를 집단민원현장에 일반경비원으로 배치한 때, 신임교육을 이수하지 아니한 자를 경비원으로 배치한 때, 경비업자 또는 경비원이 위력이나 흉기 또는 그 밖의 위험한 물건을 사용하여 집단적 폭력사태를 일으킨 때에는 배치폐지를 명할 수 있다(경비업법 제18조 제8항). 이와 같은 관할 경찰관서장의 배치폐지 명령권은 경비현장에서 경비업자 및 경비원이 법률을 준수하며 업무를 수행할 수 있도록 강제하는 기능을 한다.

5) 경비업자에 대한 지도점검

경찰청장 또는 시 · 도경찰청장은 경비업무의 적정한 수행을 위하여 경비업자 및 경비지도사를 지도 · 감독하며 필요한 명령을 할 수 있으며,[38] 시 · 도경찰청장 또는 관할

나. 「도시 및 주거환경정비법」에 따른 정비사업과 관련하여 이해대립이 있어 다툼이 있는 장소
다. 특정 시설물의 설치와 관련하여 민원이 있는 장소
라. 주주총회와 관련하여 이해대립이 있어 다툼이 있는 장소
마. 건물 · 토지 등 부동산 및 동산에 대한 소유권 · 운영권 · 관리권 · 점유권 등 법적 권리에 대한 이해대립이 있어 다툼이 있는 장소
바. 100명 이상의 사람이 모이는 국제 · 문화 · 예술 · 체육 행사장
사. 「행정대집행법」에 따라 대집행을 하는 장소

37) 박균성 · 김재광, 『경찰행정법』, 서울: 박영사, 2011, pp.262-264.

38) 이 규정을 통상적으로 감독명령이라고 지칭한다.

경찰관서장은 소속 경찰공무원으로 하여금 관할구역 안에 있는 경비업자의 주사무소 및 출장소와 경비원배치장소에 출입하여 근무상황 및 교육훈련상황 등을 감독하며 필요한 명령을 하게 할 수 있다(경비업법 제24조 제1항 · 제2항). 이와 같이 경비업의 허가관청은 경비업자에 대하여 감독권한을 가지므로 지도점검을 실시할 수 있다. 지도점검을 실시하면서 필요한 감독상 명령을 발할 수 있으며, 이를 위반한 경우 행정처분을 함으로써 실효성을 담보하고 있다.

지도점검은 경비업체의 불법행위를 예방하거나 「경비업법」 위반사항을 적발하는 것이 중요하다. 그러나 이러한 역할뿐만 아니라 「경비업법」의 기본 취지인 경비업의 육성 및 발전을 꾀할 수 있도록 적정한 행정지도를 병행해야 한다. 즉, 경비업의 육성 및 발전을 위한다는 큰 잣대를 가지고 경비업 담당자의 건전한 상식으로 판단하고 행정지도로 행정목적을 달성할 수 있는 경우 행정지도로 전환하여 경비업자를 견인해야 할 필요성도 있다.[39]

한편, 행정지도란 행정기관이 그 소관 사무의 범위에서 일정한 행정목적을 실현하기 위하여 특정인에게 일정한 행위를 하거나 하지 아니하도록 지도, 권고, 조언 등을 하는 행정작용을 말한다(행정절차법 제2조 제3호). 행정지도는 상대방의 임의적 협력을 전제로 하는 비권력적 사실행위에 속하는데, 현대 행정의 영역이 확대되면서 그 필요성이 커지는 새로운 행위형식이다. 행정지도는 급변하는 경제 · 사회적 상황과 과학기술의 발전에 유연하고도 신속하게 대응할 수 있고, 상대방의 동의나 협력을 전제로 하므로 상대방의 저항이 적다는 점에서 유용한 행정 수단이 되고 있다. 그러나 사실상 행정지도는 상대방이 거부하기 어려운 강제성을 띠는 경우가 많으므로, 이에 절차적 통제가 없으면 행정지도의 남용과 그로 인한 법치주의의 공동화(空洞化) 현상이 발생할 수 있다.[40] 따라서 경비업 담당자가 경비업자에 대하여 행정지도를 하는 경우에도 「행정절차법」에서 규정하고 있는 행정지도의 원칙을 준수해야 할 것이다. 즉, 행정지도는 그 목적 달성에 필요한 최소한도에 그쳐야 하며, 행정지도의 상대방의 의사에 반하여 부당하게 강요하여서는 아니 된다. 또한 행정기관은 행정지도의 상대방이 행정지도에 따르지 아니하였다는 것을 이유로 불이익한 조치를 하여서는 아니 된다(행정절차법 제48조).

39) 경찰청, 『경비업 업무처리 매뉴얼』, 2018, p.60.
40) 법제처, 앞의 책, p.414.

6) 경비업자에 대한 행정처분 및 벌칙

(1) 경비업자에 대한 행정처분

허가제는 행정기관에서 개인의 영업활동에 관하여 규제를 행사하는 제도로서 허가를 받은 영업 등과 관련하여 위법행위가 있거나 허가 처분 이후 그 처분을 그대로 존속시키는 것이 허가제 본연의 목적에 반하는 경우 벌칙 등의 제재를 가하는 외에 허가를 취소하거나 해당 영업의 정지를 명하는 등의 행정처분을 할 수 있도록 하여 위법하거나 목적에 반하는 영업활동에 대한 규제의 실효성을 확보하는 것이 일반적이다.[41]

경비업 허가를 받은 경비업자의 위법행위를 이유로 행정처분을 명하는 것은 국민의 기본권에 중대한 제한을 가져오는 행정작용이므로 법률에 명시적인 규정을 두는 것이 원칙이다. 따라서 「경비업법」에서도 경비업의 허가관청인 시·도경찰청장은 경비업자의 일정한 위반사항에 대하여 그 허가를 취소하여야 하는 경우와 취소하거나 영업정지를 명할 수 있는 경우를 규정하고 있다.

① 필요적 허가취소사유

허가관청은 경비업자가 다음의 어느 하나에 해당하는 때에는 그 허가를 취소하여야 한다(법 제19조 제1항).

㉮ 허위 그 밖의 부정한 방법으로 허가를 받은 때

㉯ 허가받은 경비업무 외의 업무에 경비원을 종사하게 한 때

㉰ 특수경비업자가 경비업 및 경비관련업 외의 영업을 한 때

㉱ 정당한 사유없이 허가를 받은 날부터 2년 이내에 경비 도급실적이 없거나 계속하여 1년 이상 휴업한 때

㉲ 정당한 사유없이 최종 도급계약 종료일의 다음 날부터 2년 이내에 경비 도급실적이 없을 때

㉳ 영업정지처분을 받고 계속하여 영업을 한 때

㉴ 소속 경비원으로 하여금 경비업무의 범위를 벗어난 행위를 하게 한 때

㉵ 관할 경찰관서장의 배치폐지 명령에 따르지 아니한 때

② 임의적 허가취소사유 또는 영업정지처분사유

허가관청은 경비업자가 다음의 어느 하나에 해당하는 때에는 대통령령으로 정하는

41) 위의 책, p.105.

행정처분의 기준에 따라 그 허가를 취소하거나 6개월 이내의 기간을 정하여 영업의 전부 또는 일부[42]에 대하여 영업정지를 명할 수 있다(법 제19조 제2항).

㉮ 시・도경찰청장의 허가 없이 경비업무를 변경한 때

㉯ 도급을 의뢰받은 경비업무가 위법한 것임에도 이를 거부하지 아니한 때

㉰ 경비지도사를 집단민원현장에 선임・배치하지 아니한 때

㉱ 기계경비업자가 경비대상시설에 관한 경보 대응체제를 갖추지 아니한 때

㉲ 기계경비업자가 관련 서류를 작성・비치하지 아니한 때

㉳ 결격사유에 해당하는 경비원을 배치하거나 결격사유에 해당하는 경비지도사를 선임・배치한 때

㉴ 경비지도사의 선임・배치기준을 위반하여 경비지도사를 선임한 때

㉵ 경비원으로 하여금 교육을 받게 하지 아니한 때

㉶ 경비원의 복장・장비・출동차량 등에 관한 규정을 위반한 때

㉷ 집단민원현장에 일반경비원 명부를 작성・비치하지 아니한 때

㉸ 배치허가를 받지 아니하고 경비원을 배치하거나 경비원 명단 및 배치일시・배치장소 등 배치허가 신청의 내용을 거짓으로 한 때

㉹ 배치결격사유에 해당하는 일반경비원을 집단민원현장에 배치한 때

㉺ 감독상 명령[43]에 따르지 아니한 때

㉻ 손해[44]를 배상하지 아니한 때

(2) 경비업자에 대한 벌칙

벌칙은 법령의 실효성을 담보하기 위한 목적으로 보충적이며 최종적으로 사용되어야 할 수단으로서 처벌 내용을 기준으로 행정형벌과 행정질서벌(과태료)로 크게 구별된다. 벌칙에서 정하는 형벌 또는 과태료는 위반행위의 가벌성의 정도에 비추어 적절한 것이어야 한다. 가벌성의 정도는 국민의 법 감정과 사회 여건의 변화 등에 따라 변할 수 있다. 가령 비형벌화(非刑罰化) 정책이 강조되는 경우에는 형벌 조항이 과태료로 전

42) 영업의 전부 또는 일부란 크게 업무의 종별과 지역의 범위를 말하는 것으로, 경비업자가 허가를 받은 수개의 경비업무 중 특정한 경비업무에 대해서만 영업정지가 가능하고, 지역적으로 전국, 시・도경찰청관할, 출장소별 등을 특정하여 영업정지가 가능하다는 의미이다(2018 경찰청 경비업 업무처리 매뉴얼).

43) 법 제24조에 따른 경찰청장, 시・도경찰청장 또는 관할 경찰관서장이 감독상 명령을 말한다.

44) 경비원의 업무수행 중 고의 또는 과실로 발생한 경비대상 또는 제3자에 대한 손해를 말한다.

화될 수도 있는 것이다. 「경비업법」은 경비업의 건전한 운영이라는 행정 목적을 실현하기 위하여 일정한 명령·금지 위반행위에 대하여 범죄로서 처벌하거나 과태료를 부과하도록 규정하고 있다.

① 경비업자에 대한 형벌사유

허가를 받지 아니하고 경비업을 영위한 자, 경비업무의 중단을 통보하지 아니하거나 경비업무를 즉시 인수하지 아니한 특수경비업자 또는 경비대행업자, 경비원에게 경비업무의 범위를 벗어난 행위를 하게 한 자[45] 등에 해당하는 자는 3년 이하의 징역 또는 3천만원 이하의 벌금에 처한다(경비업법 제28조 제2항).

경비원에게 법정 장비 외에 흉기 또는 그 밖의 위험한 물건을 휴대하고 경비업무를 수행하게 한 자, 경찰관서장의 배치폐지 명령을 따르지 아니한 자, 시·도경찰청장 또는 관할경찰관서장의 중지명령에 따르지 아니한 자 등에 해당하는 자는 1년 이하의 징역 또는 1천만원 이하의 벌금에 처한다(경비업법 제28조 제4항).

② 양벌규정

양벌규정은 어떤 범죄가 이루어진 경우에 행위자를 벌할 뿐만 아니라 그 행위자와 일정한 관계가 있는 타인(자연인 또는 법인)에 대해서도 형을 과하도록 정한 규정을 말한다. 양벌규정은 벌칙규정에 행위자만을 처벌하는 것만으로는 형벌의 목적을 달성하기 어렵다는 전제에서 비롯한다.[46]

법인의 대표자나 법인 또는 개인의 대리인, 사용인, 그 밖의 종업원이 그 법인 또는 개인의 업무에 관하여 제28조(벌칙)의 위반행위를 하면 그 행위자를 벌하는 외에 그 법인 또는 개인에게도 해당 조문의 벌금형을 과(科)한다. 다만, 법인 또는 개인이 그 위반행위를 방지하기 위하여 해당 업무에 관하여 상당한 주의와 감독을 게을리하지 아니한 경우에는 그러하지 아니하다(경비업법 제30조). 예를 들어, 경비업체 소속 경비원이 업

---

45) 경비업법 제15조의2 제2항은 '누구든지 경비원으로 하여금 경비업무의 범위를 벗어난 행위를 하게 하여서는 아니 된다'고 규정하고, 같은 법 제28조 제2항 제9호는 '제15조의2 제2항의 규정을 위반하여 경비원에게 경비업무의 범위를 벗어난 행위를 하게 한 자'를 처벌하도록 규정하고 있는바, 위 각 규정의 문언 및 경비업자 또는 그 피용자가 아닌 자에 대하여도 위 규정에 의하여 처벌할 필요성이 있다고 보이는 점에 비추어 볼 때, 위 규정이 처벌대상으로 하는 행위주체는 반드시 '경비업자 또는 그 피용자로서 경비원에게 경비업무의 범위를 벗어난 행위를 지휘·감독할 지위에 있는 자'에 한정된다고 볼 수는 없다(대법원 2008.11.27. 2008도7567).

46) 법제처, 앞의 책, p.540.

무상 위법행위를 한 경우 벌칙 규정을 적용받아 처벌되는 것은 실제 행위를 한 경비원이다. 이 경우 그 위반행위에 따라 이익 등을 얻고 있는 자는 경비업체이므로 경비업체가 이와 같은 위반행위를 방지하고 장래에 대한 예방조치를 강구할 책임이 있다고 할 것이다. 따라서 이러한 책임을 다하지 못한 경비업체에 대해 벌금형을 과하는 것이다.

③ 경비업자에 대한 과태료 부과 사유

행정질서벌인 과태료는 행정법규 위반의 정도가 비교적 경미하여 간접적으로 행정목적 달성에 장애를 줄 위험성이 있는 정도의 단순한 의무태만에 대해 과하는 일종의 금전벌이다. 행정형벌은 직접적으로 행정 목적이나 사회법익을 침해하는 경우에 과한다는 점에서 과태료와 차이가 있다. 과태료는 형벌이 아니므로 「형법」 총칙의 규정이 자동적으로 적용되지는 않는다. 또한 과태료를 부과 받더라도 전과로 되지 않으며 다른 형벌과 누범관계가 생기지 않는다.47)

「경비업법」상 목적 달성에 지장이 적은 경미한 의무위반행위에 대해서 형사처벌을 억제함과 동시에 의무이행을 확보하기 위하여 경비업자에 대하여 3천만원 이하 또는 500만원 이하의 과태료를 부과하고 있다.48)

먼저, 다음에 해당하는 경비업자에게는 3천만원 이하의 과태료를 부과한다(경비업법 제31조 제1항).

㉮ 경비원의 복장에 관한 신고를 하지 아니하고 집단민원현장에 경비원을 배치한 자

㉯ 이름표를 부착하게 하지 아니하거나, 신고된 동일 복장을 착용하게 하지 아니하고 집단민원현장에 경비원을 배치한 자

㉰ 집단민원현장에 일반경비원을 배치하면서 경비원의 명부를 배치장소에 작성・비치하지 아니한 자

㉱ 배치허가를 받지 아니하고 경비원을 배치하거나 경비원 명단 및 배치일시・배치장소 등 배치허가 신청의 내용을 거짓으로 한 자

㉲ 신임교육을 이수하지 아니한 자를 ⓐ 시설경비업무・신변보호업무 중 집단민원현장의 일반경비원, ⓑ 집단민원현장이 아닌 곳에서 신변보호업무를 수행하는 일반경비원, ⓒ 특수경비원으로 배치한 자

---

47) 위의 책, p.545.

48) 과태료의 부과・징수 등의 질차에 관하여는 「질서위반행위규제법」에서 정하는 바에 따르므로, 과태료 부과에도 고의・과실을 필요로 하는 책임주의 원칙이 적용된다.

또한 다음에 해당하는 경비업자에게는 500만원 이하의 과태료를 부과한다(경비업법 제31조 제2항).

㉮ 휴업·폐업 신고, 허가사항 등의 변경신고, 기계경비 관제시설 신설·이전·폐지 신고, 특수경비업무의 개시·종료신고, 경비원 배치신고 및 배치폐지신고를 하지 아니한 자

㉯ 경비대행업자 지정신고를 하지 아니한 자

㉰ 오경보방지를 위한 설명[49]의무를 이행하지 아니한 자

㉱ 경비지도사 선임기준을 위반하여 경비지도사를 선임하지 아니한 자

㉲ 무기의 적정한 관리를 위한 경찰관서장의 감독상 필요한 명령을 정당한 이유없이 이행하지 아니한 자

㉳ 결격사유에 해당하는 경비원을 배치하거나 결격사유에 해당하는 경비지도사를 선임·배치한 자

㉴ 복장 등에 관한 신고규정을 위반하여 신고를 하지 아니한 자

㉵ 이름표를 부착하게 하지 아니하거나, 신고된 동일 복장을 착용하게 하지 아니하고 경비원을 경비업무에 배치한 자

㉶ 경비원 명부를 작성·비치하지 아니한 자

㉷ 경비원의 근무상황을 기록하여 보관하지 아니한 자

한편, 과태료는 대통령령이 정하는 바에 의하여 시·도경찰청장 또는 경찰관서장이 부과·징수한다(경비업법 제31조 제3항). 과태료 규정은 강행규정으로서 위반행위에 대해 과태료를 부과할 것인지 여부에 대한 행정청의 재량은 인정되지 않는다. 다만, 「질서위반행위규제법」 제14조 및 「경비업법 시행령」 제32조에 따라 적정한 과태료 액수를 산정할 수는 있다. 즉, 시·도경찰청장 또는 경찰관서장은 위반행위의 동기·목적·방법·결과, 위반행위 이후의 당사자의 태도와 정황, 위반행위자의 연령·재산상태·환경, 그 밖에 과태료의 산정에 필요하다고 인정되는 사유 등을 고려하여 과태료 금액의 100분의 50의 범위에서 경감하거나 가중할 수 있다. 다만, 가중하는 때에는 법정 과태료 금액의 상한을 초과할 수 없다(질서위반행위규제법 제14조, 경비업법 시행령 제32조).

---

49) 기계경비업자가 경비계약을 체결하는 때에 오경보를 막기 위하여 계약상대방에게 기기사용요령 및 기계경비운영체계 등에 관하여 하는 설명을 말한다.

3 민간경비원에 대한 규제

1) 채용상 규제

(1) 법정 결격사유

경비원이란 경비업의 허가를 받은 법인(경비업자)이 채용한 고용인으로서 경비업무를 수행하는 자를 말한다. 이 중 시설경비업무, 호송경비업무, 신변보호업무, 기계경비업무를 수행하는 자를 일반경비원이라 하며, 특수경비업무를 수행하는 자를 특수경비원이라 한다.

「경비업법」은 경비원의 자질향상을 위하여 결격사유를 규정하여 자격에 제한을 가하고 있다. 즉, 경비업자는 결격사유에 해당하는 자를 경비원으로 채용할 수 없도록 제한하고 있다. 일반경비원의 결격사유는 〈표 4-2〉와 같다. 한편, 특수경비원의 결격사유는 미성년자 또는 고령자 및 신체장애자를 국가중요시설 경비인력으로 투입 시 긴급대처를 요하는 국가중요시설 방호상에 문제가 발생할 수 있으므로 유사시 대처능력이 있는 특수경비원을 확보하기 위해 일반경비원보다 결격사유를 강화하여 규정하고 있다. 즉, 특수경비원의 결격사유로는 〈표 4-2〉 ②~⑧의 일반경비원 결격사유 이외에 '18세 미만이거나 60세 이상인 사람', '심신상실자 · 알코올 중독자 등 대통령령으로 정하는 정신적 제약이 있는 자', '금고 이상의 형의 선고유예를 받고 그 유예기간 중에 있는 자', '팔과 다리가 완전하지 않거나 두 눈의 맨눈시력 각각 0.2 이상 또는 교정시력 각각 0.8 이상에 미달되는 자' 등의 사유도 특수경비원이 될 수 없도록 추가로 규정하여 일반경비원보다 특수경비원의 자격을 보다 엄격하게 제한하고 있다.

표 4-2 일반경비원의 결격사유

① 18세 미만인 사람
② 피성년후견인
③ 파산선고를 받고 복권되지 아니한 자
④ 금고 이상의 실형의 선고를 받고 그 집행이 종료(집행이 종료된 것으로 보는 경우 포함)되거나 집행이 면제된 날부터 5년이 지나지 아니한 자[50]
⑤ 금고 이상의 형의 집행유예선고를 받고 그 유예기간 중에 있는 자

50) 예를 들면, 집행이 종료된 경우는 만기석방의 경우이며, 집행이 종료된 것으로 보는 경우는 가석방 후 잔형기가 경과한 경우이며, 집행면제는 특별사면을 받은 경우이다. 만약, 일반사면을 받은 경우에는 일반사면일 즉시 결격사유에서 벗어난다.

⑥ 다음의 어느 하나에 해당하는 죄[51]를 범하여 벌금형을 선고받은 날부터 10년이 지나지 아니하거나 금고 이상의 형을 선고받고 그 집행이 종료된(종료된 것으로 보는 경우 포함) 날 또는 집행이 유예·면제된 날부터 10년이 지나지 아니한 자
  ㉠ 「형법」상 범죄단체등 조직죄
  ㉡ 「폭력행위 등 처벌에 관한 법률」상 범죄단체등의 구성·활동죄
  ㉢ 「형법」상 강간죄, 유사강간죄, 강제추행죄, 준강간죄, 준강제추행죄, 강간등 상해·치상죄, 강간등 살인·치사죄, 미성년자등에 대한 간음죄, 업무상 위력등에 의한 간음죄, 미성년자에 대한 간음·추행죄
  ㉣ 「성폭력범죄의 처벌 등에 관한 특례법」상 특수강도강간등죄, 특수강간등죄, 친족관계에 의한 강간등죄, 장애인에 대한 강간·강제추행등죄, 13세 미만의 미성년자에 대한 강간·강제추행등죄, 강간등 상해·치상죄, 강간등 살인·치사죄, 업무상 위력등에 의한 추행죄, 공중 밀집 장소에서의 추행죄
  ㉤ 「아동·청소년의 성보호에 관한 법률」상 아동·청소년에 대한 강간·강제추행등죄, 장애인인 아동·청소년에 대한 간음등죄
  ㉥ 위 ㉢·㉣·㉤의 죄로서 다른 법률에 따라 가중처벌되는 죄
⑦ 다음의 어느 하나에 해당하는 죄를 범하여 벌금형을 선고받은 날부터 5년이 지나지 아니하거나 금고 이상의 형을 선고받고 그 집행이 유예된 날부터 5년이 지나지 아니한 자
  ㉠ 「형법」상 절도죄, 야간주거침입절도죄, 특수절도죄, 자동차등 불법사용죄, 강도죄, 준강도죄, 특수강도죄, 인질강도죄, 해상강도죄, 강도상해·치상죄, 강도살인·치사죄, 강도강간죄
  ㉡ 위 ㉠의 죄로서 다른 법률에 따라 가중처벌되는 죄
⑧ 위 ⑥의 ㉢·㉣·㉤·㉥에 해당하는 죄를 범하여 치료감호를 선고받고 그 집행이 종료된 날 또는 집행이 면제된 날부터 10년이 지나지 아니한 자 또는 위 ⑦에 해당하는 죄를 범하여 치료감호를 선고받고 그 집행이 면제된 날부터 5년이 지나지 아니한 자
⑨ 「경비업법」이나 「경비업법」에 따른 명령을 위반하여 벌금형을 선고받은 날부터 5년이 지나지 아니하거나 금고 이상의 형을 선고받고 그 집행이 유예된 날부터 5년이 지나지 아니한 자

(2) 경비원의 자세

경비원의 채용에 있어서 「경비업법」에서 규정하고 있는 결격사유에 해당하지 않아야 함은 당연하다. 아울러 「경비업법」에서 규정하고 있지는 않지만 경비원의 자질과 능력을 평가하기 위하여 채용과정에서 경비원의 의식이나 경비근무자의 마음가짐 등에 대한 검증이 필요하다.

① 조직인으로서 경비원의 의식

경비업무에 종사하는 경비원이 경비실무를 할 때는 경비대의 일원으로서 또는 단독근무의 경우도 계약처 등의 조직의 일원으로서 업무를 수행한다. 경비실무를 수행할 때

51) 해당 미수범과 상습범 및 예비·음모죄의 표기는 생략함(경비업법 제10조 제1항 제5호·제6호 참조).

자기가 수행하는 업무가 전체에서 어떠한 역할을 담당하고 있는가를 파악하는 것이 중요하다.

계약처 조직에서 경비원으로서의 입장 또는 경비대로서의 업무를 수행하고 있는 경우에는 그 경비대 속에서 자기의 입장, 그리고 그 조직 속에서 자기가 해야 할 역할 등에 대하여 충분히 인식하고 전체의 방침이나 공통의 목적에 따라 상호 의사소통을 도모하고 전체의 목적 달성을 위해 노력한다.[52] 조직의 구성원으로서 경비원에게 요구되는 의식은 다음과 같다.

㉮ 책임의식

경비원은 조직인으로서 강한 책임감을 가져야 한다. 그러기 위해서는 업무에 대한 깊은 지식과 주위 사람들에 대하여 따뜻한 배려가 필요하다. 또한 경비근무자는 경비대상시설의 안전을 지킨다는 책임의식을 가지고 임무를 수행해야 한다.

㉯ 사명의식

경비근무자는 남다른 사명감을 가지고 근무하여야 한다. 경비근무자를 믿고 그 직장의 모든 구성원이 안심하고 근무하거나 쉬고 있는 것이다. 경비근무자가 사명감이 없이 근무를 소홀히 하거나 졸게 되면 사고나 손실로 이어질 가능성이 높은 것이다.

㉰ 보안의식

경비근무자는 직무상 취득한 비밀을 준수해야 한다. 경비대상시설의 사소한 정보라도 보안을 유지하는 것이 철칙이다. 현금을 보관하는 금고의 위치가 어느 곳이라는 등에 대한 사항을 외부에서 누설하였을 경우 범인에게 결정적인 정보를 제공하는 것이 되고, 이는 자신이 근무하는 시설의 안전을 경비근무자 스스로 무너뜨리는 것이 된다.[53]

㉱ 협조의식

경비원은 경비대의 일원으로서 또는 계약처 조직의 일원으로서 다른 조직원과 협력하고 협동하는 자세를 가져야 한다. 조직 속에서 자기가 수행할 역할과 임무를 인식하고 조직 전체의 목표를 달성하기 위하여 다른 구성원과 의사소통을 하고 협력을 해야 한다.

---

52) (社)全國警備業協會, 『警備員教育教本: 施設警備業務編』, 東京: 全國警備業協會, 2006, p.5
53) 안창훈, 『시설경비실무』, 서울: 대한피앤피, 2006, pp.64-69.

② **경비근무자의 마음가짐**

경비원의 능력과 자질은 사고 등이 발생할 때에 나타난다. 어떠한 상황이 발생하여도 냉정하고 침착하게 적절히 그 사태를 수습하는 하는 능력이 경비원에게 요구된다. 실제로는 사고 등이 자주 발생하는 것은 아니다. 따라서 일상업무에서 기본적인 업무를 확실하게 수행하는 것이 사고 등의 발생을 미연에 방지할 수 있는 것이다.

경비의 목적은 경비대상에 내재하는 위험요인을 조기에 발견하여 제거하는 것 및 위험요인이 사고로 발전한 경우에 그 피해를 최소한도로 그치게 하는 것이다. 이를 위해서 경비원은 일상업무의 실시방법이나 대응방법 등에 대하여 끊임없이 학습하는 동시에 자신감을 가지고 근무해야 한다.[54]

㉮ 경비대상에 관한 지식

경비대상은 다양한 형태가 있다. 우선 경비대상의 실태를 파악해야 한다. 즉, 건물개요, 주차장 등의 개요, 출입구의 위치, 피난통로의 위치와 피난능력, 대상시설의 특징(점포, 사무실, 기타) 등을 파악해야 한다.

㉯ 경비대상에 내재하는 위험요인

경비대상의 형태나 성질에 따라 내재하는 위험요인은 수없이 많이 존재한다. 사고 등을 미연에 방지하기 위해서는 위험요인을 정확하게 파악해야 한다. 즉, 건물시설 등의 미비나 고장 가능성, 수상한 자의 침입 가능 경로, 수상한 자의 잠복 가능 장소, 부정한 입·퇴장의 방법, 화재발생의 요인, 피난경로상의 장해물 등을 파악해야 한다.

㉰ 사고 등의 미연방지대책

경비대상에 발생할 우려가 있는 사고를 예상하여 미리 그 원인을 배제함으로써 사고발생을 미연에 방지할 수 있다. 시설경비 등과 관련된 것으로는 침입 가능한 장소의 개선, 침입에 이용될 수 있는 물품의 배제, 불씨의 제거, 방화대상이 되는 휴지 등의 제거, 소화설비 기능의 확보, 피난경로의 확보 등이다.

㉱ 사고발생 시의 사전대책

사전에 피해확대 방지대책을 마련해 둠으로써 경비대상에 사고가 발생한 경우의 피해를 최소한으로 억제할 수 있다. 시설경비등과 관련된 것으로는 범인체포의 방법, 도주한 범인의 특징을 기억하는 방법, 경찰기관 등에 연락방법, 초기소화방법, 연소방지

---

54) (社)全國警備業協會, 앞의 책, pp.16-19.

방법, 피난유도방법, 응급조치방법, 소방서 등에 연락방법 등이다.

㉤ 자신있는 임무수행

경비업무에 관해 필요한 지식을 습득하는 동시에 목적 달성을 위해 수행해야 할 임무를 이해함으로써 자신을 가지고 업무를 수행하는 것이 가능하다. 경비원이 자신을 가지고 업무를 수행함으로써 상대방은 그 경비원을 신뢰하는 동시에 적극적인 협력을 아끼지 않는다. 경비원에게 자신감이 없다면 상대방도 그 경비원을 신뢰할 수 없다.

㉥ 감정적 마찰의 회피

경비업무를 수행하다 보면 다양한 성격의 사람을 접하게 된다. 무례한 사람이나 고압적인 태도를 취하는 사람도 많다. 어떠한 사람과 접하는 경우에도 경비원으로서는 감정적인 마찰을 회피해야 한다. 감정적으로 대립하면 그 자리에서 경비원의 의견이 올바르기 때문에 이긴다 해도, 그 상대방은 경비원이나 경비대상에 대하여 나쁜 감정을 가지게 되므로 장래적으로 경비입무를 실시하는 데 이미지가 나빠지게 된다.

(3) 경비원의 교육

민간경비원의 전문화를 위해서는 무엇보다도 경비원들에 대한 적절하고 체계적인 교육훈련이 이루어져야 한다. 특히, 민간경비원의 업무 특성상 사건·사고 발생 시 신속하고 적절하게 대응하고 조치하기 위해서는 전문적 교육이 필수적이다. 우리나라 경비업계의 주요 현안 중 하나도 경비원의 질을 어떻게 높일 것인가 하는 점이며, 경비원의 전문성 부족에 대한 문제는 끊임없이 제기되고 있는 실정이다. 경비원의 질 향상 및 전문화는 결국 교육을 통해서만 가능할 것이다.[55] 따라서 「경비업법」은 경비원에 대한 교육을 강제하고 있다. 즉, 경비업자는 경비업무를 적정하게 실시하기 위하여 경비원으로 하여금 대통령령으로 정하는 바에 따라 경비원 신임교육 및 직무교육을 받게 하여야 한다(경비업법 제13조 제1항).

경비원에 대한 교육은 경비원의 전문성 향상을 위한 조치로서 신임교육과 직무교육으로 구분하고 있다. 신임교육이란 경비업자가 채용한 경비원이 경비업무를 처음 시작하려는 경우 또는 일반경비원으로 취업을 준비하는 경우에 받는 교육이며, 직무교육이란 경비원으로 근무하는 사람에 대하여 매월 정기적으로 교육시간을 편성하여 업무수행에 필요한 기술이나 법령 등을 교육시켜 원활한 경비업무 수행과 질 높은 경비서비

55) 최경철, 앞의 논문, p.62.

스를 시설주에게 제공하고자 하는 교육이다.

일반경비원의 신임교육 시간은 24시간이며, 직무교육 시간은 매월 4시간이다. 특수경비원 신임교육 시간은 88시간이며, 직무교육 시간은 매월 6시간이다. 구체적인 신임교육 과목은 〈표 4-3〉과 같으며, 직무교육 과목은 직무수행에 필요한 이론·실무과목 및 정신교양 등이다.

표 4-3 경비원 신임교육 과목

구분	일반경비원 신임교육 과목	특수경비원 신임교육 과목	
이론 과목	• 경비업법 • 범죄예방론(신고 및 순찰요령 포함)	• 범죄예방론(신고요령 포함) • 헌법 및 형사법(인권, 경비 관련 범죄 및 현행범체포에 관한 규정 포함) • 경비업법·경찰관 직무집행법 및 청원경찰법	
실무 과목	• 시설경비실무 • 호송경비실무 • 신변보호실무 • 기계경비실무 • 사고예방대책(테러대응요령, 화재대처법 및 응급처치법 포함) • 체포·호신술(질무·검색요령 포함) • 장비사용법 • 직업윤리 및 서비스(예절 및 인권교육 포함)	• 사격 • 민방공 • 총검술 • 테러 대응요령 • 기계경비실무 • 응급처치법 • 총기조작 • 출입통제요령 • 예절교육	• 폭발물 처리요령 • 정보보호 및 보안업무 • 체포·호신술 • 시설경비요령 • 화재대처법 • 분사기 사용법 • 관찰·기록기법 • 정신교육
기타	입교식, 평가 및 수료식	입교식·평가·수료식	

2) 경비원의 의무부과

민간경비원의 인권을 침해하는 사건들이 지속적으로 발생하고 있음에도 불구하고 현행법에서는 경비원에게 의무만을 부여하고 있을 뿐 경비원의 인권보호에 관한 사항이 규정되어 있지 않다. 이는 종래 일부 민간경비원들의 불법행위에서 기인하는 측면도 있다. 따라서 민간경비업체의 경비원이 집단민원현장 등에 불법적으로 동원되어 주민들과 충돌을 일으키는 경우가 종종 발생함으로써 이를 강력하게 규제하고 있는 것이다. 즉, 경비원은 직무를 수행함에 있어 타인에게 위력을 과시하거나 물리력을 행사하는 등 경비업무의 범위를 벗어난 행위를 하여서는 아니 된다(경비업법 제15조의2 제1항). 특히, 특수경비원의 경우에는 업무의 강한 공공성과 소총·권총 등 무기를 휴대한 상태로 근무할 수 있는 특수성 등을 감안하여 다음과 같은 추가적인 의무 규정을 두어 규제를 하고 있다.

(1) 명령복종 및 경비구역 이탈금지 의무

특수경비원은 직무를 수행함에 있어 시설주·관할 경찰관서장 및 소속상사의 직무상 명령에 복종하여야 하고, 소속상사의 허가 또는 정당한 사유 없이 경비구역을 벗어나서는 아니 된다(경비업법 제15조 제1항). 경비구역이란 경비대상시설을 보호하기 위하여 경비원이 경비업무를 수행하여야 하는 구역이라고 할 수 있다. 이 규정은 특수경비업무의 방호 공백을 막고 원활한 경비업무 수행을 위하여 국가공무원의 복무규정 중 복종의무와 직장이탈금지의무를 규정한 것이다.[56] 경비구역 안에서 시설물의 절도, 손괴, 위험물의 폭발 등의 사유로 인한 위급사태가 발생한 때에 이 규정을 위반한 특수경비원은 3년 이하의 징역 또는 3천만원 이하의 벌금에 처한다(경비업법 제28조 제2항 제8호).

(2) 쟁의행위 금지의무

특수경비원은 파업·태업 그 밖에 경비업무의 정상적인 운영을 저해하는 일체의 쟁의행위를 하여서는 아니 된다(경비업법 제15조 제3항). 이는 특수경비원들이 관리하는 국가중요시설의 안전을 도모하고 방호혼란을 방지하려고 하는 것이다. 그러나 이로 인하여 특수경비원의 단체행동권이 제한되는 불이익을 받게 되는 것을 부정할 수는 없으나 국가나 사회의 중추를 이루는 중요시설 운영에 안정을 기함으로써 얻게 되는 국가안전보장, 질서유지, 공공복리 등의 공익이 매우 크다고 할 것이므로, 이 규정은 헌법에 위반되지 아니한다.[57]

(3) 무기의 안전사용수칙 준수의무

특수경비원이 무기를 휴대하고 경비업무를 수행하는 때에는 무기의 안전사용수칙을 지켜야 한다. 즉, 특수경비원은 사람을 향하여 권총 또는 소총을 발사하고자 하는 때에는 미리 구두 또는 공포탄에 의한 사격으로 상대방에게 경고하여야 하며, 무기를 사용하는 경우에 있어서 범죄와 무관한 다중의 생명·신체에 위해를 가할 우려가 있는 때에는 이를 사용하여서는 아니 되며, 총기 또는 폭발물을 가지고 대항하는 경우를 제외

56) 위의 논문, p.57.
57) 헌법재판소 2009.10.29. 2007헌마1359 참조.

하고는 14세 미만의 자 또는 임산부에 대하여는 권총 또는 소총을 발사하여서는 아니 된다. 다만, 특수경비원을 급습하거나 타인의 생명 · 신체에 대한 중대한 위험을 야기하는 범행이 목전에 실행되고 있는 등 상황이 급박하여 경고할 시간적 여유가 없는 경우나 인질 · 간첩 또는 테러사건에 있어서 은밀히 작전을 수행하는 경우로서 부득이한 때에는 경고하지 아니할 수 있으며, 무기를 사용하지 아니하고는 타인 또는 특수경비원의 생명 · 신체에 대한 중대한 위협을 방지할 수 없다고 인정되는 때에는 필요한 최소한의 범위 안에서 이를 사용할 수 있다(경비업법 제15조 제4항). 이와 같이 특수경비원의 무기안전사용수칙을 법률에 구체적으로 명시한 것은 상시적으로 무기를 휴대하는 특수경비원의 업무성격에 비추어 무기 오남용을 방지하는 것이 무엇보다 중요하기 때문이다.

나아가 특수경비원이 무기를 휴대하고 경비업무 수행 중에 무기의 안전수칙을 위반하여 폭행 · 상해 · 체포 · 감금 · 협박 등의 죄를 범한 경우 그 형의 2분의 1까지 가중처벌한다(경비업법 제29조). 이러한 가중처벌 규정을 둔 이유는 특수경비원이 무기휴대 · 사용권을 부여받게 됨에 따라 일반시민의 기본권을 침해할 소지가 있으므로, 이에 대한 안전장치로서 범행개연성이 높은 범죄, 즉 생명, 신체, 자유에 대한 범죄에서 제한적으로 가중처벌함으로써 범죄예방효과를 높이고자 함에 있다고 할 것이다.[58]

3) 복장 및 장비 규제

1976년「용역경비업법」제정 시 '복장 및 장구'에 관한 규정은 "경비원은 근무 중 내무부령으로 정하는 복장과 장구를 착용하여야 한다"라고 규정하였다. 당시 내무부령(제정 용역경비업법 시행규칙 제7조)을 보면, "복제의 제식은 각각 경찰공무원 복제 중 비간부의 것과 같이 한다"라고 규정하였다. 즉, 제정 당시에는 경비원 복장 · 장구 등의 형태 및 규격은 경찰공무원의 것과 같았다. 다만, 복장의 색상은 달리하였다.[59] 이는 민간경비원도 경찰과 유사한 복제를 착용하도록 함으로써 업무수행에 있어 권위와 범죄예방의 효과를 기대하는 측면이 있었다. 그러나 1996년「용역경비업법 시행규칙」전부개정 시 "경비원의 복제는 경찰공무원 또는 군인의 복제와 색상 및 표지장이 명확히 구별될 수 있고, 경비원임을 식별할 수 있는 복장으로 정하여야 한다"라고 규정함으로

58) 최경철, 앞의 논문, p.58.

59) 당시 경비원의 동근무복은 감색, 하근무복 및 성하복은 담청색이었으며, 경찰의 근무복(동복)은 흑감색, 하복 및 성하복은 쥐색이었다(1977년 제정 용역경비업법 시행규칙, 1977년 개정 경찰관복제 참조).

써 경비원의 복제는 경찰공무원 또는 군인의 복제와 색상 및 표지장과 구별되는 범위 안에서 업체별로 자율적으로 정하도록 하였다. 나아가 2012년 노조원과 경비용역업체 간 폭력사건이 발생하였고, 사건 당시 경비원의 복장이 경찰로 오인할 여지가 있는 등 문제가 발생하자 2013년 「경비업법」 개정 시 종래 「경비업법 시행규칙」에서 규정하고 있던 복장 관련 내용을 「경비업법」에서 직접 규정함과 동시에 엄격한 규제를 하게 되었다. 즉, 경비업자는 경찰공무원 또는 군인의 제복과 색상 및 디자인 등이 명확히 구별되는 소속 경비원의 복장을 정하고 이를 확인할 수 있는 사진을 첨부하여 주된 사무소를 관할하는 시·도경찰청장에게 행정안전부령으로 정하는 바에 따라 신고하여야 한다. 그리고 경비업자는 경비업무 수행 시 경비원에게 소속 경비업체를 표시한 이름표를 부착하도록 하고, 신고된 동일한 복장을 착용하게 하여야 하며, 복장에 소속 회사를 오인할 수 있는 표시를 하거나 다른 회사의 복장을 착용하게 하여서는 아니 된다.[60] 시·도경찰청장은 제출받은 사진을 검토한 후 경비업자에게 복장 변경 등에 대한 시정명령을 할 수 있고, 시정명령을 받은 경비업자는 이를 이행하여야 하고, 시·도경찰청장에게 이행보고를 하여야 한다(경비업법 제16조).

한편, 경비원이 휴대할 수 있는 장비의 종류는 경적·단봉·분사기 등 행정안전부령으로 정하되, 근무 중에만 이를 휴대할 수 있다. 누구든지 장비를 임의로 개조하여 통상의 용법과 달리 사용함으로써 다른 사람의 생명·신체에 위해를 가하여서는 아니 되며, 경비원은 경비업무를 위하여 필요하다고 인정되는 상당한 이유가 있을 때에는 필요한 최소한도에서 장비를 사용할 수 있다(경비업법 제16조의2 제1항·제3항·제4항). 이는 경비원의 장비사용에 있어 필요성·상당성·비례성의 요건을 규정한 것으로서 경비원의 장비사용의 대상이 되는 일반국민의 인권보호 및 안전을 위하여 중요한 제한규정이라고 할 것이다.

4) 경비지도사에 의한 지도·감독·교육

(1) 경비지도사의 의의

과거에는 경비원에 대한 현장 및 전문교육이 거의 전무한 상태였으므로 경비원들의 경비업무 수행능력 및 기능 등 전문성의 수준이 매우 낮아 사회적 수요에 부응하지 못

60) 다만, 집단민원현장이 아닌 곳에서 신변보호업무를 수행하는 경우 또는 경비업무의 성격상 부득이한 사유가 있어 관할 경찰관서장이 허용하는 경우에는 신고된 복장과 다른 복장을 착용하게 할 수 있다(경비업법 제16조 제2항 단서).

하고 있는 실정이었다. 따라서 경비원에 대한 지도·감독 및 교육을 전담케 하여 경비원의 자질향상 및 전문성을 제고하기 위하여 1995년에 경비지도사 제도를 신설하였다.

경비지도사 제도는 경비업무 관리현장에서 국가에서 인정하는 수준의 자격을 갖춘 자로 하여금 경비원에 대한 교육 및 지도·감독을 하게 함으로써 경비서비스의 질적 수준을 담보하고, 이를 통해 국민에게 실질적인 혜택이 돌아갈 수 있도록 하기 위한 현장관리자 제도이다.[61]

경비지도사라 함은 경비원을 지도·감독 및 교육하는 자를 말하며, 일반경비지도사와 기계경비지도사로 구분한다(경비업법 제2조 제2호). 일반경비지도사는 시설경비업무·호송경비업무·신변보호업무·특수경비업무에 종사하는 경비원을 지도·감독 및 교육하는 경비지도사이며, 기계경비지도사는 기계경비업무에 종사하는 경비원을 지도·감독 및 교육하는 경비지도사이다.

(2) 경비지도사의 직무

선임된 경비지도사의 직무는 경비원의 지도·감독·교육에 관한 계획의 수립·실시 및 그 기록의 유지, 경비현장에 배치된 경비원에 대한 순회점검 및 감독, 경찰기관 및 소방기관과의 연락방법에 대한 지도, 집단민원현장에 배치된 경비원에 대한 지도·감독, 그 밖에 대통령령이 정하는 직무[62] 등이다(경비업법 제12조 제2항).

한편, 집단민원현장에서 경비원의 폭력사태 등을 예방하기 위하여 경비원에 대한 감독 및 규제를 강화하였다. 즉, 경비업자는 집단민원현장에 경비원을 배치하는 때에는 경비지도사를 선임하고 그 장소에 배치하여 경비원을 지도·감독하게 하여야 한다(경비업법 제7조 제6항). 또한 집단민원현장에 선임·배치된 경비지도사는 경비원 등의 의무 위반행위 예방 및 제지, 경비원의 복장 착용 등에 대한 지도·감독, 경비원의 장비 휴대 및 사용에 대한 지도·감독, 집단민원현장에 비치된 경비원 명부의 관리 등의 직무를 수행하여야 한다(경비업법 시행규칙 제6조의2). 예를 들면, 집단민원현장에 선임·배치된 경비지도사는 경비원이 물리력을 행사하지 못하도록 예방 및 제지를 해야 하며, 신고된 복장을 착용하게 하고 소속 경비업체를 표시한 이름표를 부착했는지 감독

---

61) 이상훈, "경비업법상 경비지도사의 법적 지위와 제도적 발전방안", 『한국공안행정학회보』, 2013, 22권 제3호, p.222.

62) '대통령령이 정하는 직무'란 기계경비지도사의 직무로써 기계경비업무를 위한 기계장치의 운용·감독, 오경보방지 등을 위한 기기관리의 감독 등의 직무이다(경비업법 시행령 제17조 제1항).

하며, 안면을 가리는 마스크·두건 등을 착용하지 못하게 지도하며, 가능하면 공격적 용도로 사용될 수 있는 봉류는 휴대금지시키며, 배치된 경비원과 명부를 확인하는 등 경비업무의 범위를 준수하도록 하여 경비원에 의한 폭력사태를 사전에 억제하도록 하여야 한다.

5) 경비원에 대한 벌칙

(1) 경비원에 대한 형벌사유

민간경비원은 사인(私人)과 동일한 지위에 있다고 하지만 민간경비원이 업무 수행 중에 범한 일정한 행위에 대해서는 사인과 달리 「경비업법」에 의하여 처벌될 수 있다. 이는 민간경비원에 대한 강력한 제재 수단으로 작용한다. 「경비업법」에서 규정하고 있는 구체적인 형벌사유는 다음과 같다.

국가중요시설의 정상적인 운영을 해치는 장해를 일으킨 특수경비원은 5년 이하의 징역 또는 5천만원 이하의 벌금에 처한다(경비업법 제28조 제1항).

직무상 알게 된 비밀을 누실하거나 부당한 목적을 위하여 사용한 자, 과실로 인하여 국가중요시설의 정상적인 운영을 해치는 장해를 일으킨 특수경비원, 특수경비원으로서 경비구역 안에서 시설물의 절도, 손괴, 위험물의 폭발 등의 사유로 인한 위급사태가 발생한 때에 시설주·관할경찰관서장·소속상사의 직무상 명령에 불복종하거나 소속상사의 허가 또는 정당한 사유없이 경비구역을 벗어난 자, 경비원에게 경비업무의 범위를 벗어난 행위를 하게 한 자 등은 3년 이하의 징역 또는 3천만원 이하의 벌금에 처한다(경비업법 제28조 제2항).

정당한 사유없이 무기를 소지하고 배치된 경비구역을 벗어난 특수경비원은 2년 이하의 징역 또는 2천만원 이하의 벌금에 처한다(경비업법 제28조 제3항).

파업·태업 그 밖에 경비업무의 정상적인 운영을 저해하는 쟁의행위를 한 특수경비원, 직무를 수행함에 있어 타인에게 위력을 과시하거나 물리력을 행사하는 등 경비업무의 범위를 벗어난 행위를 한 경비원, 법정 장비 외에 흉기 또는 그 밖의 위험한 물건을 휴대하고 경비업무를 수행한 경비원 등은 1년 이하의 징역 또는 1천만원 이하의 벌금에 처한다(경비업법 제28조 제4항).

(2) 형의 가중처벌

특수경비원이 무기를 휴대하고 경비업무 수행 중에 무기의 안전수칙을 위반하여 폭행·체포·감금·협박·특수상해·특수공갈·특수강요·협박·재물손괴 등의 죄를 범한 경우 그 형의 2분의 1까지 가중처벌한다(경비업법 제29조 제1항). 이러한 가중처벌 규정을 둔 이유는 특수경비원이 무기휴대·사용권을 부여받게 됨에 따라 일반시민의 기본권을 침해할 소지가 있으므로, 이에 대한 안전장치로서 범행개연성이 높은 범죄 즉, 생명, 신체, 자유에 대한 범죄에서 제한적으로 가중처벌함으로써 범죄예방효과를 높이고자 함에 있다고 할 것이다.[63)]

또한 경비원이 경비업무 수행 중에 법정 장비 외에 흉기 또는 그 밖의 위험한 물건을 휴대하고 특수폭행·체포·감금·특수상해·특수공갈·특수강요·협박·재물손괴 등의 죄를 범한 때에는 그 죄에 정한 형의 2분의 1까지 가중처벌한다(경비업법 제29조 제2항). 이는 집단민원현장 등에서 경비원이 불법 장비를 소지하고 무력충돌이나 폭력사태 등을 초래하는 것을 예방하기 위하여 처벌을 강화한 것이다.

제3절

민간경비의 책임

1 서설

민간경비원은 일반 사인(私人)의 신분이므로 민간경비원도 사회적으로 비난 가능한 행위를 하게 되면 형사책임과 민사책임을 지게 된다. 형사책임은 형사상의 형벌에 의한 제재이며, 민사책임은 불법행위에 의한 손해배상책임이다. 이들 두 책임은 근거법, 목적, 요건, 효과 등에서 차이가 있다.

첫째, 형사책임은 공법상의 제도인 데 비하여 민사책임은 사법상의 제도이다. 둘째, 형사책임은 법률에서 규정한 일정한 행위를 범죄로 규정하고 이러한 행위를 한 자를 범죄자로서 국가가 형벌을 가함으로써 이러한 행위를 억제하는 것을 목적으로 한다면,

63) 최경철, 앞의 논문, p.58.

민사책임은 피해자에게 발생된 손해를 일정한 요건이 충족되면 이를 가해자에게 부담시킴으로써 피해자를 구제하는 것을 목적으로 한다.[64] 즉, 형사책임은 행위에 대한 처벌과 예방이 목적이며, 민사책임은 손해에 대한 배상이 목적이다. 셋째, 형사책임은 고의범만을 처벌하는 것이 원칙이고 과실범은 처벌규정이 있는 경우에만 예외적으로 처벌한다. 그러나 민사책임은 실손해의 전보를 목적으로 하므로 가해자에게 고의가 있든 과실이 있든 불문하고 손해를 배상하게 한다. 넷째, 형사책임은 실제로 침해가 발생하지 않은 미수·예비·음모도 처벌하는 경우가 있으나, 민사책임은 손해가 발생하지 않은 미수·예비·음모는 문제가 되지 않는다. 다섯째, 형사책임에서는 고의의 경우가 과실의 경우보다 책임이 중하지만, 민사책임에서는 고의와 과실의 경우에 책임의 경중에 차이가 없는 것이 원칙이다.

이와 같이 형사책임과 민사책임은 별개이고 발생요건도 다르기 때문에 동일한 가해행위에 의하여 두 책임이 모두 발생하는 경우도 있고, 어느 하나의 책임만 발생할 수도 있다. 예를 들어, 민간경비원이 업무수행 중에 살인이나 상해를 범한 경우에 고의·과실을 불문하고, 민·형사상 책임을 모두 지게 되나 과실로 경비대상시설을 멸실시킨 경우에는 형사상 책임은 지지 않고 민사상 책임만 지게 된다. 또한 두 책임이 모두 발생한 경우 어느 하나의 책임을 졌다고 하여 다른 책임을 면하는 것도 아니다. 나아가 형사재판과 민사재판의 결과가 달리질 수도 있다. 즉, 형사재판에서 유죄판결이 선고되었지만 민사재판에서 손해배상은 인정되지 않을 수도 있고, 반대로 무죄판결이 선고되었지만 손해배상은 인정될 수도 있다. 대법원은 경찰관이 범인을 제압하는 과정에서 총기를 사용하여 범인을 사망에 이르게 한 사안에서, 경찰관이 총기사용에 이르게 된 동기나 목적, 경위 등을 고려하여 형사사건에서 무죄판결이 확정되었더라도 당해 경찰관의 과실의 내용과 그로 인하여 발생한 결과의 중대함에 비추어 민사상 불법행위책임을 인정하였다. 결국 불법행위에 따른 형사책임은 사회의 법질서를 위반한 행위에 대한 책임을 묻는 것으로서 행위자에 대한 공적인 제재(형벌)를 그 내용으로 함에 비하여, 민사책임은 타인의 법익을 침해한 데 대하여 행위자의 개인적 책임을 묻는 것으로서 피해자에게 발생된 손해의 전보를 그 내용으로 하는 것이고, 따라서 손해배상제도는 손해의 공평·타당한 부담을 그 지도원리로 하는 것이므로, 형사상 범죄를 구성하지 아니하는 침해행위라고 하더라도 그것이 민사상 불법행위를 구성하는지 여부는 형사책임과

64) 김형배, 『민법학강의』, 서울: 신조사, 2008, p.1523.

별개의 관점에서 검토되어야 할 것이다.[65)]

2 형사책임

형사책임은 죄형법정주의의 원칙상 반드시 법률에 규정되어 있는 경우에 한하여 그 책임을 진다. 민간경비와 관련하여 경비업자 또는 경비원이 「형법」상 범죄를 범한 경우에는 「형법」에 의하여 처벌됨은 당연하나, 민간경비업무는 그 업무의 특성상 다른 사람의 자유와 권리를 침해할 수 있으며 또한 타인에게 위력을 과시하거나 물리력을 행사할 개연성이 높다. 특히, 장비나 무기를 소지하는 경우에는 인권 침해의 소지도 높다. 따라서 「형법」 이외에 「경비업법」에서도 행정형벌을 규정하고 있다.

제2절에서 살펴본 바와 같이, 경비업자에 대하여는 일정한 위반행위에 대하여 3년 이하의 징역이나 3천만원 이하의 벌금 또는 1년 이하의 징역이나 1천만원 이하의 벌금에 처하게 되며, 양벌규정에 의하여 경비원의 위반행위에 대하여 경비업자도 벌금형을 받게 된다. 경비원에 대하여는 국가중요시설의 정상적인 운영을 해치는 장해를 일으킨 특수경비원에 대하여 5년 이하의 징역이나 5천만원 이하의 벌금이라는 중한 처벌을 하게 되며, 그 외 일정한 위반행위에 대하여 3년·2년·1년 이하의 징역 또는 3천·2천·1천만원 이하의 벌금에 각각 처하게 된다. 특히, 경비원이 무기나 흉기 등을 휴대하고 「형법」상 특정한 범죄를 범한 경우에는 그 형의 2분의 1까지 가중처벌하게 된다. 가중처벌은 처단형의 범위가 늘어난다는 의미이며 법원은 늘어난 처단형의 범위 내에서 선고가 가능하기 때문에 무조건 2분의 1 가중처벌이 된다는 의미는 아니다.

3 민사책임

1) 「민법」상 계약책임과 불법행위책임

민간경비에 있어 민사책임으로는 계약책임(채무불이행에 의한 손해배상책임)과 불법행위책임이 있다. 개별법에 별도의 규정이 없다면, 사법상(私法上) 손해배상에 대해서는 「민법」이 적용된다. 「민법」 제390조는 "채무자가 채무의 내용에 좇은 이행을 하지 아니한 때에는 채권자는 손해배상을 청구할 수 있다. 그러나 채무자의 고의나 과실없이

65) 대법원 2008.2.1. 2006다6713.

이행할 수 없게 된 때에는 그러하지 아니하다"라며 계약책임을 규정하고 있고, 제750조는 "고의 또는 과실로 인한 위법행위로 타인에게 손해를 가한 자는 그 손해를 배상할 책임이 있다"라며 불법행위책임을 규정하고 있다.

채무불이행에 의한 손해배상책임은 ① 채무불이행이 있을 것, ② 손해가 발생하였을 것, ③ 손해가 배상범위에 해당할 것, ④ 피해자(채권자)가 입증할 것을 요건으로 하며, 불법행위에 따른 손해배상책임은 ① 가해자의 고의 또는 과실에 의한 행위가 있을 것, ② 가해자에게 책임능력이 있을 것, ③ 가해행위가 위법할 것, ④ 가해행위에 의하여 손해가 발생할 것을 요건으로 하고 있다. 그러나 동일한 당사자 사이에서 하나의 사실이 계약책임의 요건과 불법행위의 요건을 모두 충족시키는 경우가 있다. 이러한 경우에는 피해자인 채권자는 그의 선택에 따라 가해자인 채무자에 대하여 계약책임을 묻거나 불법행위책임을 물을 수 있다는 것이 판례의 태도이다. 예를 들어, 경비업자의 과실로 경비대상시설에 사고가 발생한 경우에 시설주는 그의 선택에 따라서 경비업자에 대하여 계약책임을 묻거나 불법행위책임을 물을 수 있다는 것이다.

불법행위책임과 계약책임은 손해배상의 범위에 있어서는 차이가 없으나, 유책사유의 증명에 있어서 불법행위책임에서는 피해자가 가해자의 유책사유를 증명하여야 하나, 계약책임에서는 가해자인 채무자가 자기에게 유책사유가 없었음을 증명하여야 한다. 또한 불법행위책임에서는 피용자의 고의·과실로 사용자가 책임을 지는 경우에 사용자가 면책될 수 있으나, 계약책임에서는 채무이행을 보조하는 자의 고의·과실로 채무자가 책임을 지는 경우에 채무자는 면책될 여지가 없다. 이러한 점에서는 계약책임을 묻는 것이 채권자에게 유리하다. 반면에, 불법행위책임에서는 공동불법행위의 경우에 연대책임을 인정하나(민법 제760조), 계약책임에는 그러한 규정이 없다. 또한 불법행위책임에서는 고의의 불법행위의 경우 채무자가 상계하지 못한다는 규정이 두어져 있고(민법 제496조), 계약책임에는 그러한 규정이 없다. 이러한 점에서는 불법행위책임을 묻는 것이 채권자에게 유리하다.[66]

한편, 경비계약 체결에 있어 경비업자의 면책을 규정한 경비약관의 효력과 관련한 판례를 살펴보면, 경비계약의 특약사항에 귀중품은 금고에 보관하여야 하며, 사용자가 이를 준수하지 아니하여 발생한 사고에 대하여는 경비업체가 책임을 지지 아니한다는 면책조항이 포함되어 있더라도 그 면책조항이 경비업체의 고의·중과실이 있는 경우에

66) 송덕수, 『민법강의』, 서울: 박영사, 2013, p.1648.

까지 적용되는 것은 아니다.[67] 따라서 도난방지 등 경비업무를 제공하는 경비업체의 직원들이 관제본부에서 이상신호를 접수하고 현장에 긴급출동하게 된 경우, 언제나 점포 안으로 들어가 현장을 확인할 의무는 없다 하더라도 위 직원들이 현장에 출동하였을 당시 이미 후문의 잠금장치가 파손되어 있었음에도 이를 발견하지 못하고, 나아가 예비열쇠로 점포 안으로 들어가 현장을 확인하는 등 필요한 조치를 취함이 없이 만연히 밖에서 출입문의 시정장치와 등화상태만을 확인한 채 이상이 없는 것으로 가볍게 판단하고 그대로 철수하여 버림으로써 도난사고가 발생하였다면, 이는 위 직원들의 중과실이 있는 경우에 해당하므로 특별한 사정이 없는 한 경비업체는 피해자에게 위 경비계약에 따라 도난사고로 인하여 피해자가 입은 손해를 배상할 책임이 있다.[68]

2)「경비업법」상 손해배상책임

「민법」 제756조(사용자책임)에 의하면, "타인을 사용하여 어느 사무에 종사하게 한 자는 피용자가 그 사무집행에 관하여 제3자에게 가한 손해를 배상할 책임이 있다. 그러나 사용자가 피용자의 선임 및 그 사무감독에 상당한 주의를 한 때 또는 상당한 주의를 하여도 손해가 있을 경우에는 그러하지 아니하다"라고 규정하고 있으며, 「경비업법」 제26조(손해배상 등)에 의하면, "경비업자는 경비원이 업무수행 중 고의 또는 과실로 경비대상에 손해가 발생하는 것을 방지하지 못한 때에는 그 손해를 배상하여야 하며, 경비원이 업무수행 중 고의 또는 과실로 제3자에게 손해를 입힌 경우에는 이를 배상하여야 한다"라고 규정하고 있다.

위 규정과 관련한 판례를 살펴보면, A회사(의류제품 제조·판매업)는 의류제품을 물류센터에 보관하면서 물류센터의 경비 업무 등 관리 및 유지보수업무를 B회사(건물관리업)에 도급하였으며, B회사 물류센터의 경비업무를 C회사(경비업)에게 하도급하였다(즉, A회사와 B회사는 경비용역계약을 체결하였으며, B회사와 C회사는 하도급 경비계약을 체결한 것이다). 그런데 물류센터에서 화재가 발생한 사안에서 C회사는 A회사와 경비용역계약을 체결한 적이 없으므로 「경비업법」 제26조 제1항에 따른 손해배상책임을 부담하지 않는다고 주장하는 바 이에 대하여 판례는 다음과 같이 판시하였다. "「경

67) 여기서 중과실이라 함은 행위자에게 통상 요구되는 정도의 상당한 주의를 하지 않더라도 약간의 주의를 한다면 손쉽게 위법·유해한 결과를 예견할 수 있는 경우임에도 만연히 이를 간과함과 같은 거의 고의에 가까운 현저히 주의를 결여한 상태를 의미한다.

68) 대법원 1997.2.25. 96다37589.

비업법」 제26조 제1항은 손해배상책임의 주체와 손해의 내용만을 규정하고 있을 뿐 손해배상채권자를 경비용역계약의 상대방으로 명시하고 있지 않은 점 등에 비추어 보면, 경비업자가 경비원들의 고의, 과실로 업무상 성실의무를 위반한 경우에 그 위반에 따라 경비대상에 발생한 손해를 배상하도록 한 「경비업법」 제26조 제1항에 따른 손해배상책임은 경비용역계약상 채무불이행으로 인한 손해배상책임으로 보기는 어렵다고 할 것이다. 따라서 경비업자의 경비원들이 과실로 경비대상인 A회사 소유의 의류제품 등에 관하여 손해가 발생한 것을 방지하지 못한 경우에는 C회사와 경비용역계약을 체결하지 않은 A회사도 C회사에 대하여 「경비업법」 제26조 제1항에 따른 손해배상책임을 물을 수 있다고 할 것이다."[69]

그리고 「경비업법」 제26조 제2항은 경비원이 경비대상 외의 제3자에게 피해를 입혀 제3자가 경비업자를 상대로 사용자책임을 물을 경우에 입증곤란이나 소송지연 등으로부터 제3자의 권익을 보호하는데 그 도입 취지가 있으므로 「민법」 제756조에서 정한 사용자책임의 특별규정임이 명백하다.[70] 따라서 경비원이 제3자에게 손해를 입힌 경우에는 개별법인 「경비업법」이 우선 적용된다고 할 것이다. 「민법」에서는 사용자에게 면책사유를 인정하고 있지만, 「경비업법」에서는 면책사유를 규정하고 있지 않으며 경비업무수행과 관련한 손해에 대하여는 경비업자가 제1차적인 책임을 지도록 하였다. 이와 같이 경비업자에게 1차적인 책임을 부담하도록 함으로써 경비업자는 경비업무에 대한 관리 · 감독자로써 책임 있는 업무를 수행하고, 고도의 주의의무를 다하도록 요구하고 있는 것이다. 나아가 경비업자가 손해를 배상하지 않는 경우 허가관청은 행정처분을 함으로써 손해배상을 강제할 수 있다.[71]

---

69) 서울중앙지방법원 2018.2.9. 2016가합559693.

70) 서울중앙지방법원 2018.2.9. 2016가합559693.

71) 허가관청은 경비업자가 손해를 배상하지 아니한 때에는 허가를 취소하거나 6개월 이내의 기간을 정하여 영업정지를 명할 수 있는 것이다(경비업법 제19조 제2항 제16호).

제 5 장 민간경비 조직관리

제 1 절 민간경비 조직관리의 의의

1 민간경비 기업과 조직관리

1) 민간경비 기업

현대 사회를 구성하는 중요한 경제주체는 기업이며, 경제활동의 대부분은 기업활동을 통하여 행해지고 있다. 즉, 기업의 활동에 의하여 어떠한 국가, 사회도 많은 영향을 받으며, 거기서 생활하는 많은 사람들이 각종 영향을 받아 생활하고 있기 때문이다.[1)]

민간경비업도 경제성 원칙에 입각하여 운영되는 공동체의 일종인 경비업체라고 하는 기업을 통하여 운영되는 것이다. 특히, 민간경비 기업의 주된 업무는 고객의 생명과 신체 및 재산을 지키는 것이므로 공정하고 적절한 경영활동에 의하여 공정한 이윤을 얻도록 경영활동을 유지해야 하며, 어떤 방법으로 이윤확보와 사회 전체와의 통합성을 유지할 것인가가 경영의 과제라고 할 수 있다. 따라서 민간경비 기업의 경영목표는 이윤확보라는 단일의 목표(single goal)에 두는 것이 아니라, 그 목표도 다목표(multiple goal)의 확대에 있다고 할 수 있다. 그리고 민간경비 기업의 경영목표는 대 지역사회, 고객, 거래처, 관계회사, 경찰청을 비롯한 국가기관, 지방자치단체, 노동조합, 종업원 등

1) 木暮至, 『現代經營の管理と組織』, 東京: 同文館出版, 2004, p.43.

에 대하여 적절하게 대응해야 하는 것을 의미한다.

2) 민간경비조직과 조직관리

민간경비를 위한 경호·경비조직이란 경호대상자와 경비대상시설을 범죄나 자연재해로부터 예방하고 대응함으로써 고객의 생명과 신체 및 재산을 보호하는 사회적 체계이자 활동체계를 말한다.

이러한 민간경비조직은 사회조직의 일종이자 기업조직(business concerns)이므로 다른 조직과 마찬가지로 일반적 특성을 지니고 있다. 그러나 한편 민간경비업무의 특수성이 있기 때문에 민간경비조직 또한 특수한 성격을 지니고 있다.

일반적으로 조직은 다수의 인간들이 공통된 목적을 달성하기 위하여 상호작용을 하고 조정을 하는 활동 내지 협동체계이다. 따라서 조직의 특성[2]은 첫째, 여러 사람들과 집단들로 구성된 사회적 실체이며 인간의 구성체이다. 둘째, 목표를 지향한다. 셋째, 구조라는 틀과 특정 임무를 수행하기 위한 활동체계를 가진다. 넷째, 조직을 효율적으로 관리하기 위한 조정체계가 요구된다. 다섯째, 조직의 적정 구성원을 유지하면 계속적으로 조직 목표를 수행해 나간다. 여섯째, 내부에 조직구성원·구조·관리 등 여러 자체 요인들을 가짐으로써 조직 외부와의 경계가 구분되어 있다.

조직관리의 문제는 기업경영의 근간을 이루는 중요한 문제이다. 그러나 조직연구는 기업경영에 한정하지 않고 모든 조직체(협동체)를 대상으로 연구되어 왔다. 그것은 조직문제가 인간생활의 기본적 문제이기 때문이다. 이와 같이 조직일반의 문제가 높은 관심을 모으고 다양한 입장과 방법에서 연구되어 온 것은 그 배경에 활기찬 조직이란 무엇인가, 조직성원이 개성을 발휘하고 동시에 효율적인 조직을 형성하려면 어떻게 하는 것이 좋은가, 이러한 기본적 문제가 인간생활에 항상 존재하고 있기 때문이다. 이러한 기본문제는 동시에 현대 기업에 부과된 본질적인 과제이다.[3]

기업에서 경영조직의 연구는 경영학이나 경영관리론이 탄생한 이래 항상 그 중심적인 지위를 차지하여 왔으며, 나아가 조직론(organization theory)이나 관리론(management theory)이라고 하는 일반이론을 전개하는 입장에서 모든 조직체에 적용할 수 있는 이론의 구축이 필요하게 된 것이다.

한편, 민간경비업무는 공경비인 경찰의 특수성과 상당히 밀접한 관련성을 갖고 있다.

---

2) 박연호·오세덕, 『현대조직관리론』, 서울: 법문사, 2000, p.32.

3) 木暮至, 앞의 책, p.119.

그러나 민간경비는 영리를 추구하는 사적 기업의 형태를 취하고 있다. 그리고 그 업무 수행에 항상 위험성과 돌발성이 내포되어 있다. 따라서 이에 적절히 대처하기 위해서는 기동성과 조직성을 지녀야 한다. 현대 산업사회는 위험사회로 규정되고 지금까지의 자유보다는 위험사회로부터의 안전을 최고의 가치로 여길 정도이다. 따라서 민간경비조직은 경비대상시설이나 경호대상자의 위해발생과 손실 등의 위험을 예방하고 대처하기 위해서 항상 위험성에 둘러싸여 있다. 그리고 이러한 위험성은 예측 가능한 형태로 나타나기 보다는 항상 기습적이고 예상을 뛰어넘는 돌발성을 지니고 있다. 공격자나 위해자는 불시에 기습적이고 돌발적인 공격을 하기 때문에 민간경비조직의 업무는 돌발성에 대처해야 하는 것이다. 따라서 민간경비관리자 및 경비원들은 이러한 점을 인식하고 체계적인 조직관리 및 운영이 이루어질 수 있도록 해야 할 것이다.[4)]

2 민간경비 조직구조

1) 자체경비 조직구조

자체경비의 경우 어떤 회사나 기관 내에 경비전담부서를 설치할 것인지, 아니면 타 부서에 소속된 경비조직을 둘 것인지는 그 회사나 기관의 규모, 자체 보유 시설・정보의 중요도, 정책, 경험, 최고책임자의 의식 등 여러 가지 문제와 관련되어 결정될 것이다. 즉, 회사나 기관의 규모가 방대한 경우나 자체 보유한 시설・정보가 매우 중요한 경우는 독립적인 경비부서를 설치하는 경우가 많을 것이다. 그리고 과거에 도난・화재 등으로 많은 손실을 입은 회사 및 기관의 경우나 경비의 중요성을 크게 인식하는 최고책임자의 경우에는 독립적인 경비부서를 설치할 가능성이 높다.

(1) 독립적인 경비부서

회사나 기관의 규모가 크고, 자체 보유 시설이나 정보가 중요하여 경비 기능을 강화할 필요가 있는 경우에 경비부서를 독립적인 부서로 설치하는 형태이다. 이 조직은 경비업무를 전담하는 분화되고 전문화된 조직이므로 자체적으로 일정한 권한과 책임을 가지고 경비업무를 수행할 수 있다. 반면에, 독립된 조직을 설치하기 때문에 비용이 많이 드는 단점이 있을 것이다.

---

4) 최선우, 『민간경비론』, 인천: 진영사, 2019, p.325.

(2) 타 부서 소속 경비조직

회사나 기관의 규모가 영세하거나 경비업무에 대한 인식부족으로 경비업무를 독립부서에서 담당하지 않고 관리부서 등에 소속시키는 형태이다. 독립적인 경비부서에 비해 비용이 적게 드는 반면에, 상대적으로 경비담당자들의 사기가 떨어지기 쉽고, 비전문적인 책임자의 인식부족으로 경비업무가 소홀해지는 경우가 있을 수 있다.

2) 경비회사 조직구조

경비회사의 조직구조는 부서화 작업의 결과로 기업 내부 집단 간의 정형화된 조직을 말한다. 일반적으로 부서화는 기능 · 제품 · 지역 · 고객 · 사람 · 시간 등의 요인에 의해 이루어진다. 그리고 이러한 요인에 의한 부서화는 곧 조직의 구조를 나타낸다.

조직구조의 형태는 기능별 조직, 사업부제 조직, 프로젝트조직, 행렬조직 등이 있다.

(1) 기능별 조직

기능별 조직(functional organization)은 부서화의 가장 기본적인 한 형태이다. 직무상의 업무내용이 유사하고 관련성이 있는 특성별로 분류 · 결합된 조직구조이다. 경영 기능(인사 · 생산 · 재무 · 회계 · 마케팅 등)을 중심으로 부서를 구조화하기도 하며, 관리 기능별(계획 · 조직 · 통제 등)로 부서화되기도 한다.[5]

경호 · 경비라고 하는 서비스를 판매하는 중소규모의 경비회사에 유리한 조직이며, 일반적으로 소규모기업에서 선호하고 있다.

(2) 사업부제 조직

사업부제 조직(divisional organization)은 제품별 · 시장별 · 지역별로 사업부가 분화되어 이것을 기초로 하여 구성된 조직형태이다. 이 조직은 경영상의 독립성을 인정하여 주고, 반면에 책임의식을 가지게 함으로써 경영활동을 효과적으로 수행할 수 있도록 형성된 조직형태이다.[6]

(3) 프로젝트조직

경영활동을 프로젝트별로 조직하는 형태이다. 따라서 프로젝트조직(project organi-

---

5) 김영규, 『경영학원론』, 서울: 박영사, 2000, p.255.
6) 위의 책.

zation)이란 특수한 사업(project)이나 목표를 달성하기 위하여 일정한 기간 업무를 수평적 · 대각적(對角的)으로 배열하고 막대한 양의 인적 · 물적 자원을 탄력적으로 이용하는 동태적 조직이다.[7] 오늘날 조직환경이 동태적으로 다양하게 변동하여 종전과 같은 고정적인 기능조직으로는 업무의 신속화와 합리화를 기할 수 없다. 따라서 기능별 명령계통의 협조곤란과 환경변화에 신속한 적응곤란을 극복하기 위하여 고안된 것이다.

이 조직은 프로젝트조직의 특수한 사업이나 목표를 수행하기 위하여 구성되었다가 이를 달성하면 해산되는 한시적인 조직이며, 주로 수평적 · 대각적인 관계를 중심으로 업무가 수행되는 특징을 지니고 있다.

(4) 행렬조직

행렬조직(matrix organization)은 기능별 조직과 프로젝트조직의 혼합형태이다. 즉, 조직의 기능에 따라 수직적으로 편성된 직능조직에 수평적 · 측면적인 프로젝트의 모형을 부가시킨 조직을 말한다.[8]

행렬조직은 명령통일의 원리, 계층제의 원리 등 전통적인 조직원리들을 무시하게 된다. 예를 들면, 한 개의 명령체계는 기능부문에 따른 수직적 명령체계이며, 또 다른 명령체계는 특수 분야의 전문가인 프로젝트 책임자로부터 기인하는 수평적 명령체계이다.

제2절 민간경비의 조직원리

민간경비는 다양한 유형으로 수행되고 있으나 어떤 형태의 조직이든 간에 기본적인 조직관리의 원리가 적용되고 준용되고 있다. 즉, 개인 내지 기업이 자체적으로 경비업무 담당부서를 조직하여 운영하는 자체경비(proprietary security)의 경우에는 이 담당부서에 대한 조직관리가 필요한 것이다. 또 외부 민간경비 전문회사에 도급을 주어 경비업무를 수행하는 계약경비(contractual security)의 경우에도 민간경비 전문회사 자체의 조직관리는 필수적인 것이다.

---

7) 박연호 · 오세덕, 앞의 책, p.242.
8) 위의 책, p.245.

오늘날 민간경비의 추세와 주된 연구대상은 자체경비보다는 계약경비에 관심을 두고 있는 실정이다. 따라서 모든 민간경비조직에 적용될 수 있는 조직관리 이론뿐 아니라, 특히 민간경비회사에 적용될 수 있는 이론들을 중심으로 소개하고자 한다.

또 조직은 여러 가지 기준에 따라 분류될 수 있는데, 흔히 규모, 공식화의 정도, 지속기간, 영리의 추구 여부 등으로 분류하고 있다. 이 책에서는 영리목적으로 민간경비 업무을 지속적으로 추구하는 공식화된 상당한 규모의 사기업을 대상으로 기술하고자 한다.

1 계층제의 원리

1) 의의

계층이란 권한과 책임의 정도에 따라 직무를 등급화(grade)한 것으로 피라미드 형태의 조직이다. 따라서 계층제(hierarchy)란 권한과 책임의 정도에 따라 공식조직을 구성하는 성원들 간에 상하의 등급 및 계층을 설정하여, 각 계층 간에 권한과 책임을 배분하고 명령계통과 지휘・복종관계의 체계를 확립하는 것을 의미한다.[9] 계층적 조직의 가장 전형적인 것은 군대조직이며 민간경비업체의 경영조직 및 경호・경비대 조직도 계층의 원리에 의하여 편성되고 있다.

2) 계층제의 순기능과 역기능

(1) 순기능[10]

첫째, 지휘・명령의 통로가 되므로 지휘・명령의 계통을 명확히 할 수 있다.

둘째, 권한과 책임의 통로가 되므로 위계질서가 확립되고 책임한계를 분명히 할 수 있다.

셋째, 의사전달의 통로가 되므로 하위조직으로부터 보고가 신속하게 전달될 수 있다.

넷째, 전 부문 및 조직을 통합하는 데 용이하다. 따라서 조직 내부 분쟁의 조정과 해결의 수단이 된다.

---

9) 위의 책, p.248.

10) Leonard D. White, *Introduction to the Study of Public Administration*, 4th ed., New York: McMillan, 1955, pp.35-36.

다섯째, 조직목표의 설정과 업무배분의 통로가 되므로 조직의 능률성을 촉진할 수 있다.

(2) 역기능

첫째, 계층이 많아지면 조직의 경직을 가져오고 조직구성원 간의 동태적 인간관계를 저해한다.

둘째, 계층 수가 많아지면 의사전달이 왜곡되고 조직업무가 지체되기 쉽다.

셋째, 계층 수가 많아지면 급변하는 환경에 신축성 있게 적응하기 어렵다.

2 명령통일의 원리

1) 의의

명령통일(unity of command)의 원리란 조직의 어떤 구성원도 한 사람의 상관 또는 감독자로부터 명령을 받아야 하며,[11] 두 사람 이상의 상관으로부터 명령을 받거나 섬겨서는 안 된다는 원칙이다.

명령통일의 원리는 한마디로 조직에는 오직 한 명의 장(長)이 있어야 하며, 이 한 명의 장에게 그 조직을 운영할 최종권위가 부여되어야 한다는 원리이다.[12] 이것은 2인 이상의 상관으로부터 명령을 받을 때, 그 결과 명령계통의 혼선과 부하의 부담과 무책임 등을 가져올 수 있고, 모순된 두 개의 명령을 받을 가능성이 있기 때문이다.

명령통일의 원리가 직면한 문제는 전문화의 원리와 어떻게 조화하느냐 하는 점이다. 조직활동의 성격과 의사결정이 지식의 전문성을 요구할 때, 복수의 전문가의 판단이나 명령에 영향을 받지 않을 수 없게 되었다. 이러한 점에서 오늘날과 같은 전문화된 조직에서는 명령통일의 원리보다는 명령다원화가 적용되고 있는 실정이다.

그러나 민간경비업체의 경호조직이나 경비대 등은 위험 상황 속에서 고객의 생명과 신체 및 재산을 지키는 활동을 하기 때문에 명령통일의 원칙을 준수하는 것이 타당할 것이다.

---

11) Charles A. Sennewald, *Effective Security Management*, 4th ed., MA: Elsevier Science, 2003, pp. 16-17.

12) 박연호 · 오세덕, 앞의 책, p.251.

2) 순기능과 역기능

(1) 순기능

첫째, 명령통일의 원리를 따르면 부하는 조직적이고 책임감 있게 일할 수 있다.

둘째, 부하직원이 누구에게 보고하고 지시를 받는지 명백하기 때문에 책임소재를 분명히 할 수 있다.

셋째, 조직의 장으로 하여금 전체적인 조정을 가능하게 한다.

(2) 역기능

첫째, 명령통일의 원리의 적용은 기능적 전문가의 영향력이 감소된다.

둘째, 명령통일의 원리를 지나치게 강조한 경우는 커뮤니케이션의 과중한 부담을 야기할 수 있다.

3 통솔범위의 원리

1) 의의

통솔범위(span of control)란 한 사람의 상관이 효과적으로 직접 감독할 수 있는 부하의 수를 말한다.[13] 인간은 지식, 시간, 능력, 주의력 등에 한계가 있기 때문에 일정한 수의 부하를 통솔하여야 한다는 원리이다.

통솔의 범위를 몇 명으로 정해야 하느냐에 대해서는 학자들마다 다양한 수를 제시하고 있다. 예를 들면, 한 사람의 상관이 통솔할 수 있는 적정한 부하의 수를 페이욜(H. Fayol)은 5~6명, 어윅(L. Urwick)은 상위책임자의 부하의 수는 4명, 하위층은 8~12명, 그레이쿠나스(V. A. Graicunas)는 상층부는 5~6명, 말단에는 20명을 들고 있다.

2) 통솔범위 결정요소

귤릭(Luther Gulick)은 통솔범위의 결정요인으로 조직기능, 시간적 기능, 공간적 요소, 계층제의 형태를 들고 있다.[14] 그리고 알렌(L. A. Allen)은 결정요인으로서 통솔자

---

13) Charles A. Sennewald, op. cit., p.16.

14) Luther Gulick(1947), "Note on the Theory of Organization", in Luther Gulick & Lyndall Urwick (eds.), 2nd ed., *Papers on the Science of Administration*, New York: Institute of Public Admin-

가 속해 있는 기관의 조직이나 관리의 형태, 그가 담당할 업무의 성질, 참모의 상황 및 계선부하의 능력, 그리고 통솔자의 능력과 명확한 정책 등을 들고 있다.[15]

일반적으로 통솔범위에 영향을 미치는 결정요소는 다음과 같다.

첫째, 부하직원이 담당하는 직무의 성질이 기계적, 반복적, 표준화되어 단순하고 동질적인 때에는 통솔범위는 확대된다.

둘째, 감독자의 능력, 인품, 부하에 대한 신임도가 높을수록, 그리고 부하직원이 유능하고 동일한 교육훈련을 받은 경우에는 통솔범위는 확대된다.

셋째, 안정된 조직, 기성조직인 경우 통솔범위가 확대되며, 권한위임과 책임체제가 확립된 조직의 경우 그 범위가 확대된다.

다섯째, 장소가 분산된 조직보다는 동일건물에 배치된 조직인 경우가 통솔범위가 확대되며, 감독자와 부하의 집무장소의 거리가 가까울수록 통솔범위는 확대된다.

여섯째, 정보처리, 회계제도, 통제제도 등 조직의 관리기술이 활성화된 조직은 그렇지 못한 조직보다 통솔범위가 확대된다.

4 분업 · 전문화의 원리

1) 의의

분업(division of work)이란 업무를 그 종류와 성질별로 나누어 조직구성원에게 가능한 한 가지의 주된 업무를 분담시킴으로써 조직관리상의 능률을 향상시키는 것이다. 분업과 동시에 전문화(specialization)가 발생하는 것이므로 분업과 전문화는 이어동의적(異語同義的)인 것이다.[16]

업무를 분담하는 주요한 기준은 목적, 과정 또는 방법, 고객, 시간, 지리적 여건 등이 있다.[17]

---

istration, 1947, pp.7-9.

15) Louis A. Allen, *Management and Organization*, New York: McGraw-Hill, 1964, p.175.

16) 박연호 · 오세덕, 앞의 책, p.259.

17) Charles A. Sennewald, op. cit., p.12.

2) 분업의 장 · 단점

(1) 장점

분업은 구성원들이 주된 업무만을 전담하므로 작업능률을 향상시키고 개인능력 이상으로 조직을 확대할 수 있다.

(2) 단점

분업이 과도하여 단순한 업무만을 반복하는 조직구성원은 흥미를 상실하여 능력발전이 이뤄지지 않는다. 그리고 조직 내의 단위 간 조정을 어렵게 하여 통합적 조직관리보다 업무 중복, 낭비, 책임회피 등을 가져올 수 있다.

5 조정의 원리

1) 의의

조정(coordination)이란 조직의 공동목적을 달성하기 위한 제 기능과 업무수행을 조화 있게 결집하고 배열하는 것이다. 조정은 조직의 기능들이 질서 있게 정리되고, 그것을 통하여 서로 마찰과 중복을 제거할 수 있는 것이다.

조직과 조직 간의 상호의존성이 더욱 높아지고 있다. 그리고 조직이 대규모화되고 복잡해질수록 효율성을 높이기 위해서 기능의 분화는 불가피하다. 이와 같이 분업화된 각 구성원의 개별적 노력을 통합하는 기능이 조정인 것이다.

민간경비업체 조직뿐 아니라 업무에 따라서는 경호 · 경비대 등의 조직도 대규모화됨으로써 조직구성원은 조직단위에만 관심과 충성을 가질 뿐 다른 조직단위와의 협조를 기피하는 경향이 있다. 이러한 경향은 조직 자체의 효과성을 저해하고 횡적 조정을 곤란하게 하는 것이다.[18]

2) 조정의 방법

(1) 조직에 의한 조정

첫째, 권한과 책임이 모호하여 혼선이 발생하는 경우가 적지 않다. 따라서 조직의 목

18) 박연호 · 오세덕, 앞의 책, p.263.

표를 분명히 설정하고 조직단위의 권한과 책임의 한계를 명확히 함으로써 조정이 용이하다.

둘째, 대규모조직에서는 기획조정실 등 조정 기능을 전담하는 별개의 기구를 설치하여 조정을 실현할 수 있다.

셋째, 조직 내의 계층제는 명령계통과 지휘・복종 관계의 체계 확립을 바탕으로 구성된 것이므로 이를 통한 조정이 가능하다. 그리고 실제 이를 통한 조정이 대부분이다.

넷째, 원활한 의사소통이 이뤄지는 조직은 갈등요인이 발생하기 어렵다. 따라서 조직 내의 의사전달을 촉진하는 것이 조정을 용이하게 하는 것이다.

(2) 리더십에 의한 조정

첫째, 조직구성원의 공동체 의식의 확립과 협동정신의 앙양은 조직의 일체감을 형성하는 것이다. 일체감이 조성된 조직은 조정이 용이하다.

둘째, 동기부여를 통하여 조직구성원들이 능동적, 자발적으로 조직발전에 동참함으로써 조정이 용이해지는 것이다.

제 3 절

민간경비의 조직관리

1 동기부여

1) 동기부여의 개념

동기부여란 개인의 행동이 조직목표를 달성하기 위한 방향으로 작동되도록 유도하는 과정을 말한다. 따라서 이것은 개인에 내재하는 직무수행상의 자발성의 촉진에 역점을 두는 것으로 조직구성원이 직무를 수행하려고 하는 의욕을 불러일으키는 것이다. 그것은 구성원의 인간적 요인으로서 일하는 의욕을 돕는 동시에, 조직의 공동목표에 결부된 주체적 인간의 일할 의욕을 중시하는 것이다.

동기부여는 인간적 요인을 중시하고 나아가 조직인으로서 일할 의욕을 불러일으키고, 사기를 고양시켜 직무에 대하여 적극적인 행동을 일으키는 과정으로서의 의의를 가지고 있다. 그것은 구성원의 욕구를 충족할 수 있는 유인을 제공함으로써 적극적으로 참가하려고 하는 협동의욕을 찾아내는 것이다. 인간의 욕구는 생리적, 물질적인 것으로부터 사회성, 문화성 등 정신적, 비물질적인 욕구로 이동하며, 나아가 보다 고도의 욕구 모양에 따라 여러 가지 지향성을 보여주게 된다.[19]

2) 동기부여의 내용이론

(1) 매슬로우의 욕구계층이론

매슬로우(Abraham H. Maslow)는 욕구 우선성(prepotency of needs)의 개념에 근거하여 욕구계층(hierarchy of needs)이론을 전개하였다.[20] 즉, 욕구를 ① 생리적 욕구, ② 안전의 욕구, ③ 사회적 욕구, ④ 존경의 욕구, ⑤ 자기실현의 욕구 등 5단계의 욕구계층으로 나누고, 인간의 동기는 다섯 가지 욕구의 계층에 따라 순차적으로 발로된다는 것이다. 그리고 인간의 욕구는 하위욕구로부터 상위욕구로 성장한다는 것이다.

(2) 맥그리거의 X · Y이론

맥그리거(Douglas M. McGregor)가 인간관을 두 가지 범주로 구분하여 제시한 이론이다. 즉, X · Y이론은 인간의 본성과 행태에 관한 많은 가정으로 구성되어 있다.[21] 전통적 관리전략을 정당화시켜주는 인간관을 X이론이라 하고, 인간의 성장적 측면에 착안한 새로운 관리전략을 뒷받침해 주는 인간관을 Y이론이라 부른다. 따라서 X이론에 입각한 관리전략은 인간의 하급욕구에 자극을 주거나 그것을 만족시켜주는 데 주력하게 되며, 외재적 통제를 강화하는 방향으로 나가게 된다. Y이론에 입각한 관리전략은 인간의 잠재력이 능동적으로 발휘될 수 있는 여건을 조성하는 것이다. 조직구성원을 감시하고 통제하는 관리가 아니라 조직구성원 개개인으로 하여금 자발적으로 근무의욕이 일어나도록 유도하여야 한다는 것이다.[22]

(3) 앨더퍼의 ERG이론

앨더퍼(C. P. Alderfer)는 매슬로우의 욕구단계론에 대한 비판을 근거로 단순화시

---

19) 木暮至, 앞의 책, p.239.

20) A. H. Maslow, *Motivation and Personality*, 2nd ed., N.Y.: Harper & Row, 1970, pp.35-46.

21) Charles A. Sennewald, *Effective Security Management*, 4th ed., MA: Elsevier Science, 2003, p. 117.

22) 박연호 · 오세덕, 앞의 책, pp.173-174.

킨 욕구론을 제시하였다. 즉, 욕구 5단계 대신에 생존욕구, 관계욕구, 성장욕구를 지적하였다.

첫째, 생존욕구(existence needs: E)는 인간의 생존에 필요한 것을 바라는 욕구이다. 생리적·물질적 욕구와 조직에서 임금·작업조건 등에 관한 욕구가 여기에 해당된다. 매슬로우의 생리적 욕구와 안전욕구에 해당한다.

둘째, 관계욕구(relationship needs: R)는 인간관계의 유지와 발전에 관한 욕구이다. 즉, 개인 간의 소속감·자존심 등에 관한 욕구이다. 매슬로우의 사회적 욕구와 존경의 욕구에 해당하는 것이다.

셋째, 성장욕구(growth needs: G)는 인간답게 살기위해 성장하고 싶은 욕구이다. 이러한 성장욕구는 자신의 능력을 발휘할 수 있고 새로운 능력을 개발할 수 있는 업무에 종사함으로써 충족될 수 있다. 매슬로우의 자아실현의 욕구나 일부 존경욕구가 이 범주와 비교될 수 있다.

(4) 허즈버그의 동기 - 위생이론

허즈버그(Frederick Herzberg)의 2요인이론(dual factor theory)도 욕구분류시스템이라고 할 수 있는 접근을 한 것이다.[23] 허즈버그는 직무에 대한 만족과 불만에 관한 새로운 가설을 제기하고 실증연구를 하였다. 그 결과 직무에 관한 인간의 욕구는 불만을 야기하는 요인과 만족을 주는 요인으로 구분한 것이다.

불만족요인은 위생요인(hygiene factor)이라 부르며, 조직의 정책, 감독, 급여, 대인관계, 작업조건 등이다. 이 위생요인의 욕구가 충족되지 않은 경우 노동자는 불만을 품지만, 그러나 반대로 충족되는 경우도 불만이 없는 상태가 될 뿐이다.

만족요인은 동기요인(motivators)이라 부르며, 직무 자체, 직무성취, 직무성취에 대한 인정, 권한부여, 책임, 승진 등이다. 동기요인은 노동자가 하는 직무와 사람 간의 관계에 관한 것으로서 보다 나은 직무수행과 노력을 위한 동기부여의 원인이 된다.

허즈버그의 독자성은 만족과 불만을 독립된 별개의 차원으로 구분하고, 불만을 경감하는 요인과 만족을 촉진하는 요인이 별개의 것이라는 점이다. 따라서 생산성 향상은 어디까지나 동기부여 요인의 개선이 필요하다는 것이다. 그래서 위생요인의 체계적 정비에 중점을 둔 종래의 관리에 동기부여 요인의 확충을 지적하며 관리자교육, 커뮤니케

23) F. Herzberg, *Work and the Nature of Man*, N.Y.: World Publishing Co., 1971.

이션 개선, 직무충실을 주장한 것이다.[24)]

3) 동기부여의 과정이론

동기부여의 내용이론은 인간의 행동과 그 행동의 심리적 전제조건에 관심을 가지고 설명하였다. 그러나 인간의 행위에 관한 동기는 이것뿐 아니라 개인의 욕구가 충족되는 과정에 대한 설명, 즉 과정이론이 등장한 것이다.

동기부여의 과정이론으로는 브룸의 선호-기대이론, 포터와 롤러의 업적-만족이론, 애덤스의 공정성 이론 등을 들 수 있다.

(1) 브룸의 선호-기대이론

브룸(V. H. Vroom)은 유의성(valence), 수단성(instrumentality), 기대감(expectancy)이라는 개념에 의하여 동기부여모델을 제창한 것이다.[25)]

기대이론(expectancy theory)은 개인이 자신의 행동형성과정에서 여러 가지의 가능한 행동대안을 인지적으로 평가하여 자기 자신에게 가장 유리한 결과를 가져오리라고 믿어지는 행동전략을 선택하여 행동한다는 것이다.[26)]

브룸의 이론을 구성하고 있는 기본변수의 개념은 다음과 같다.[27)]

① 기대감(expectancy)

어떤 행동이 수반할 결과, 즉 성과에 대한 주관적 확률을 의미한다. 즉, 자기가 하는 행동이 자신에게 가져올 결과에 대한 기대감이다. 예를 들면, 직무를 열심히 수행하면 봉급인상과 승진이 있을 것이라는 기대감 등이다.

② 유의성(valence)

개인이 원하는 특정 결과에 대한 선호도이다. 즉, 보상에 대한 주관적 매력도이다. 예를 들면, 50만원의 임금상승을 커다란 보상으로 느끼는 노동자가 있는가 하면, 오히려 근로시간의 단축을 더 큰 보상으로 인식하는 노동자가 있을 수 있다.

---

24) 木暮至, 『現代經營の管理と組織』, 東京: 同文館出版, 2004, p.246.
25) V. H. Vroom, *Work and Motivation*, New York: John Wiley and Sons, 1964.
26) 김영규, 『경영학원론』, 서울: 박영사, 2000, p.323.
27) 박연호·오세덕, 앞의 책, p.197.

③ **수단성((instrumentality)**

개인이 지적하는 1차적 결과와 2차적 결과와의 상관관계, 즉 개인활동의 성과와 그에 따른 보상의 관계를 나타내는 것을 의미한다.

브룸의 이론은 구성원이 높게 평가하는 가치와 구성원이 원하는 결과를 얻은 확률에 대한 평가인 기대가 동기를 결정한다는 것이다.

(2) 포터와 롤러의 업적 – 만족이론

포터(L. W. Porter)와 롤러(E. E. Lawler)의 모델에서는 개인의 노력(동기부여)은 보상의 가치(유의성)와 개인이 노력한 만큼 보상을 받을 것이라고 예상하는 인지된 노력=보상확률(기대)에 의하여 결정되는 것이다. 즉, 보상의 가치(유의성)가 높고, 즉 개인이 보상에 높은 가치를 인식하거나 또는 인지된 노력 → 보상확률(기대)가 높다면, 즉 노력하면 그 보상을 받을 것이라고 생각하는 기대가 높은 만큼 개인은 많은 노력(동기부여)을 하게 된다. 다만, 개인의 능력과 자질과 역할을 바르게 인식하고 있는가의 역할인식에 의하여, 즉 본인의 능력이나 자기의 역할을 바르게 이해하는지의 여부에 따라 노력과 성과와의 사이에 차이가 생기는 것은 당연하다.[28)]

(3) 공평이론

애덤스(J. S. Adams)의 공평이론(equity theory)은 목표 달성이나 보상극대화(기대이론)와는 달리 공정성을 강조하는 이론이다. 이 이론은 다른 동기부여이론과는 완전히 다른 기초적 동기부여 메커니즘을 시사하는 것이다.

개인이 지각하는 자기 자신의 산출/투입비율이 다른 사람의 그것과 대등하다면 공정성을 지각하게 되고 비율 간의 균형관계가 없다고 지각되면 불공정성을 느껴 심리적 불균형과 긴장 · 불안감이 뒤따르고, 이것을 해소시키려는 과정에서 개인의 동기와 행동이 형성된다고 보는 것이다.[29)] 결국 불공정한 조건 하에서 생긴 불만을 저감시키려고 하는 활동이 동기부여된다는 것이다.

---

28) 木暮至(2004), 앞의 책, p.248.
29) 박연호 · 오세덕, 앞의 책, p.203.

2 리더십이론

1) 리더십의 의의와 특징

리더십(leadership)에 관한 정의는 이를 시도한 연구자의 수만큼 정의가 존재한다고 할 정도로 매우 다면체의 개념이다.30)

리더십이란 조직의 목표를 달성하기 위하여 조직 내의 개인 및 집단에게 영향을 미치고 동기를 부여하고 활동을 촉진하는 영향력을 말한다.

리더십은 일반적으로 다음과 같은 특징을 갖는다.31)

첫째, 리더십은 목표를 전제로 행동이 전개되는 과정이다. 따라서 조직관리에 있어서 필요불가결의 요소이다.

둘째, 리더십은 지도자와 추종자 및 환경적 변수 간의 영향관계이다.

셋째, 리더십은 계층제의 책임자만이 갖는 기능이 아니고 동료 간 또는 말단의 구성원도 발휘할 수 있다.

넷째, 리더십은 지도자와 추종자의 상호작용을 통하여 발휘되는 것이다.

다섯째, 리더십은 공식적·법적으로 주어진 지위뿐 아니라 전문적인 기술능력, 자질, 특성 등의 권위를 통하여 발휘되는 기능이다.

2) 리더십의 결정요인이론

(1) 자질이론

리더십에 관한 연구는 오랫동안 유능한 리더의 자질, 즉 리더의 개인적 특성이 무엇인지를 규명하기 위해 노력해 왔다. 즉, 특정인이 특정 자질을 갖고 있기 때문에 리더가 될 수 있다는 것이다. 특성이론은 리더의 개인적인 질을 강조하는 것이며, 그 근저에는 '태어나면서 리더'가 존재한다고 하는 전제이다. 그리고 이 접근법은 그와 같은 '태어나면서 리더'는 다른 사람들에게는 없는 특성을 천부적으로 받았다고 생각하고 있다. 따라서 리더의 개인적 자질에 의해 리더십의 성공이 좌우된다는 것이다.

바나드(C. I. Barnard)는 기술적 측면과 도덕적 측면에서 자질적 특성을 지적하고 있다.32) 리더십의 기술적 자질로는 체력, 기능(skill), 기술(technology), 지각, 지식, 기억,

30) Brian R. Johnson, *Principles of Security Management*, N.Y.: Pearson, 2005, p.24.
31) 박연호·오세덕, 앞의 책, pp.434-435.
32) Chester I. Barnard, *Organization and Management*, Cambridge: Harvard University Press, 1948,

상상력에서 개인적 우월성을 말한다. 도덕적 자질로는 결단력, 불굴의 정신, 인내심, 용기 등을 지적하고 있다.

(2) 상황이론

상황이론은 특정인이 처한 상황이 갖고 있는 요소가 리더십을 결정짓는다는 이론으로서, 리더십이 발휘되는 시간과 장소, 역사적 맥락, 조직과 집단의 성격 등이 결정적 변수가 된다는 것이다.33)

(3) 추종자중심이론

추종자중심이론은 리더십의 결정요인이 추종자의 태도나 능력에 달려 있다고 보는 이론이다.

(4) 상호작용이론

상호작용이론은 리더십은 하나의 요인에 의해 결정되는 것이 아니라 여러 가지 요인의 작용에 의해 결정된다는 것이다. 즉, 개인적 자질, 처한 상황, 추종자의 능력과 태도 등의 상호작용에 의해 결정된다는 것이다.

3 의사결정

1) 의사결정의 중요성

사회에는 여러 기업들이 다양한 분야에서 기업활동을 수행하고 있다. 세계적인 거대기업으로부터 중소기업이나 영세기업에 이르기까지 그 행동은 여러 가지다. 그리고 규모의 대소에 관계없이 그것에 관계되는 사람들은 지식, 정열, 집념 등 능력을 다하여 노력을 하고 있다. 이러한 노력이 성공하는 기업도 있지만 실패하는 기업도 있다.

이와 같이 현실의 기업은 정보의 수집능력이나 판단능력의 차이로 각각 다른 행동을 취하는 것이 일반적이며, 정보의 양과 정확성에 한계가 있기 때문에 오히려 기업은 자주적으로 행동할 수 있으며, 따라서 어떻게 행동하면 가장 합리적인가라는 문제를 항상 안고 있다. 또한 기업의 성공과 실패에는 운, 불운이나 타이밍 등도 크게 작용하지만

---

pp.80-110.

33) 박연호 · 오세덕, 앞의 책, p.438.

그렇다고 해서 그것은 우연적 요소만으로 결정되는 것이 아니라 역시 중요한 것은 정보에 대한 감수성을 높이고, 찬스를 인식하는 통찰력이나 그것을 살리는 능력을 기르는 것이다.[34]

개개의 기업은 자주적으로 행동할 수 있기 때문에 보다 논리적인 행동이 요구되고 있다. 각각의 기업이 어떻게 행동하는가는 중요한 문제인 것이다. 물론 완전히 논리적인 행동은 불가능하지만 가능한 한 논리성에 근거한 행동이 불가결하다. 특히, 오늘날과 같이 격동하는 환경 속의 기업경영에서는 용의주도하게 환경에 대응하는 것이 필요하다. 어떤 행동에도 반드시 그것에 앞서 의사결정의 과정이 있어야 하는 것이다.

2) 의사결정의 의의

의사결정(decision-making)이란 일정한 목적을 달성하기 위해 몇 개의 대안(alternatives) 중에서 하나의 대안을 선택하는 과정이다. 이런 점에서 리더십도 결국은 좋은 선택에 관한 모든 것을 말한다.[35] 오늘날과 같이 격동기에는 환경에 적응하고 적극적으로 활동하기 위해 자기 회사의 위치를 확인하여 행동안을 신속하게 책정하는 것이 필요하다. 외부환경의 변화에 적극적인 성장기회를 보고, 그것을 최대한으로 이용하는 경영자의 시의적절하고 합리적인 전략적 의사결정이 기업의 성장성과 수익성에 결정적인 영향을 줄 것이다.

환경에 적극적으로 작용하는 행동안인 경영전략은 외부환경 지향적으로 기업자적 직능이 구체화된 것이지만, 기업의 중요한 성장요인이 되는 것이므로 바로 미래의 기업 운명을 결정하는 열쇠이며, 생명선이라고 할 수 있다. 더구나 미래의 예측이 극히 불확실하여 곤란한 만큼 탄력적인 기업성장의 방향과 범위를 기능적으로 규정해둘 필요가 있으며, 경영전략의 중요성은 앞으로도 증가할 것이다.

여기서는 다양하게 전개되는 경영전략을 정리하고, 그 의의나 내용을 분명하게 하는 동시에 경영전략의 책정과 실시문제를 분리하여 생각하는 것이 아니라 전략의 책정 과정에서 그 주요점, 문제점, 유의점 등을 분명히 하면서 경영전략의 기능과 프레임워크(framework)를 개관한다.

---

34) 木暮至, 『現代経営の管理と組織』, 東京: 同文館出版, 2004, p.161.

35) John J. Fay, *Contemporary Security Management*, MA: Butterworth-Heinemann, 2002, p.95.

3) 의사결정과 관리

의사결정이란 추구해야 할 가치(목적)를 실현할 가능성이 있는 선택 대안을 생각하고, 그 각 대안이 가져올 결과와 그 효과를 예측하고 바람직한 대안을 하나 선택하는 것이다. 결국 모든 의사결정은 달성하려고 하는 목적과 그것을 둘러싼 내·외의 환경과의 사이에 존재하는 갭을 메우기 위해 혹은 목적에 합치하는 환경을 만들기 위해 행하는 것이다.[36]

의사결정에는 이와 같은 목적과 환경이라고 하는 두 개의 객관적 요소가 존재하고 있다. 목적의 설정 자체는 하나의 의사결정이지만 설정된 현재의 목적은 새로운 의사결정에 있어서 하나의 여건으로서 객관적인 사실이 된다. 그러나 환경은 복잡하게 여러 가지 요소로 구성되어 있다. 목적 없이는 변화하는 복잡다기한 환경은 무의미하며, 목적이 있어야 비로소 환경은 의미를 가진다. 또한 환경을 제외한 목적은 어떠한 의미도 없다. 목적을 의식하는 것에 의하여 목적 달성을 촉진하거나 제약하는 요소나 중립적 요소가 환경 속에서 식별된다.

이와 같은 목적과 환경은 계속적인 의사결정을 통하여 서로 반응하며 거리를 단축하면서 구체화되어 간다. 그리고 이와 같은 의사결정에 필요한 과정의 분석은 전략적 요인의 탐구도 된다. 전략적 요인은 의사결정의 환경의 중심점을 이루기 때문이다. 이 전략적 요인의 이론(theory of strategic factors)은 의사결정과정의 이해나 경영자 직능의 본질을 이해하는 데 극히 중요하다.[37]

전통적 관리론 특히 경영관리를 계획, 조직, 인사, 지휘, 통제와 같은 일련의 순환적 과정으로 보는 관리과정론(management process school)이나 보통학파(universal school)라고 칭했던 것에 대해 비판이 높았던 것은 그것이 요소적 기능의 특질의 해명과 그것에 근거한 처리기술의 개척, 그리고 의거해야 할 행동지침으로서의 관리원칙의 확립에 힘을 기울였으며, 소위 효율화의 추진에 경주하였던 것이 첫째 이유였다. 경영관리의 과제는 경영시스템의 효율화가 편중되었을 뿐 아니라 혁신에도 같은 힘을 기울이지 않으면 안 된다. 효율화는 경영목적의 달성을 위해 현재의 시스템을 유효하게 가동시킨 내적 균형의 유지였지만, 혁신은 기업 내·외의 신기한 창조적 성과를 경영목적의 달성을 위해 내부화하고 소위 외적 균형의 유지였기 때문이다.[38]

---

36) 木暮至, 『現代經營の管理と組織』, 東京: 同文館出版, 2004, p.166.
37) 위의 책.
38) 위의 책, p.163.

의사결정은 기업의 상층부에 한정된 정신활동이 아니며, 경영관리는 작업자의 레벨에서도 하는 것이다. 게다가 그것은 실행행위의 전제가 되어 규제하는 의미에서도 활동에 있어서 적극적 의의를 가진다. 여기에 의사결정의 통일개념으로서의 적절성과 중요성이 주장된다.

인간은 일상생활 속에서나 소속된 조직 속에서 여러 가지 행동을 하고 있다. 인간의 의식적 행동은 분명하게 그것에 앞선 사고과정에 의하여 규정되며, 각각의 내용이 다르므로 동일조건 하에서도 여러 가지 인간행동이 나온다. 이와 같은 행동에 앞선 사고과정, 즉 몇 개의 행동대안(alternatives)으로부터 하나를 선택하는 과정을 의사결정(decision making)이라고 하며, 그것은 경영간부의 전략대안의 선택문제로부터 일상적인 업무레벨에 이르기까지 폭넓게 행해지고 있는 행위인 것이다.[39]

즉, 의사결정은 일정목적을 달성하기 위해 대안 가운데 하나를 선택하는 합리적·논리적인 과정이다.

관리나 조직에 관련된 문제는 모든 조직의 의사결정문제이다. 일체의 관리문제는 의사결정의 시각에서 취해지며, 분석·대응된다. 의사결정은 확실히 기업활동 전체의 운명에 관련되는 중요성을 가진다.

의사결정은 개인적 의사결정(individual decision)과 조직적 의사결정(organizational dicision)이 있다.

개인적 의사결정은 참가자 개인이 개인적인 목적이나 동기를 만족시키기 위해 행하는 수단의 합리적인 선택을 행하는 행동을 말한다.[40]

조직적 의사결정은 개인이 소속하는 기업의 목적을 위해 수단의 합리적인 선택을 행하는 행동을 말하며, 조직인격의 입장에서 행하는 의사결정이다. 이것은 의사결정의 목적, 효과, 과정에서 조직적인 것이다.

결국 개인적 결정은 개인인격으로서의 결정의 측면이며, 조직적 결정은 조직목적을 위해 조직인격으로서 조직의 일원으로서 개인이 행하는 결정이다.

이와 같이 소속인격에서 행하는 결정을 조직적 의사결정이라고 하며, 또한 경영시스템에서 이뤄지는 의사결정으로서 경영의사결정이라고도 한다. 이것은 계층적으로 경영적 의사결정, 관리적 의사결정 및 업무적 의사결정으로 나눌 수 있으며, 경영관리로서

---

39) 위의 책, p.164.

40) 경영조직에 공헌을 계속할 것인지의 여부, 이탈할 것인가의 여부, 매상목표에 협력할 것인가의 개인적 인격의 입장에서 행하는 의사결정이다.

문제가 되는 것은 경영적 의사결정과 관리적 의사결정이며 상대적으로 중요성을 가진다. 경영의사결정은 이 세 가지의 복합적 의사결정이다.

경영관리는 각 성원이 경영목적을 지향한 합리적인 의사결정을 할 수 있는 의사결정 환경을 형성하는 것이다.[41] 즉, 경영관리는 필요한 정보를 적시에 주는 전달(communication)체계를 정비하고, 개인적 의사결정에 크게 작용하여 공헌 의욕을 환기하여 동기부여(motivation)를 하며, 이러한 의사결정환경의 형성을 통하여 의사결정을 촉진하는 리더십을 발휘하는 것이다.

4) 의사결정의 과정

의사결정은 몇 가지의 과정을 거친다. 사이먼(H. A. Simon)[42]에 의하면 의사결정은 네 개의 활동으로 구성되는 일련의 과정이라고 한다. 즉, ① 정보활동(intelligent activity), ② 설계활동(design activity), ③ 선택활동(choice activity), ④ 검토활동(review activity)이다.

첫째, 정보활동은 문제의 지각활동으로 의사결정이 필요한 여러 가지 상황이나 문제에 대하여 올바른 발견과 인식이다.

둘째, 설계활동은 가능한 해결책이나 대안의 탐색과 열거이며, 취할 수 있는 대안활동코스의 분석, 발견, 개발이다.

셋째, 선택활동은 이용 가능한 대안을 평가하여 그 중에서 어떤 특정한 것을 골라내는 것이다.

넷째, 검토활동은 과거 선택에 대한 평가와 재검토이며 반성이다. 특히, 조직적 의사결정의 경우에는 이들의 일련의 활동이 복수의 사람에 의하여 분담되거나 혹은 설계활동과 같은 부분활동에 있어서는 나아가 하위활동(정보, 설계, 선택, 검토)이 생기는 등이 활동의 세분화가 분업의 논거가 되는 것이다.

이를 요약해 보면 다음과 같다.

첫째, 문제의 인지 단계이다. 즉, 의사결정을 하게 되는 동기는 해결해야 할 문제가 존재하는 것을 인식하기 때문이다.

둘째, 문제를 인지하게 되면 거의 동시에 그 문제에 대한 해결목표를 설정해야 한다.

---

41) 森本三南, 『經營學の原理』, 東京: 中央經濟社, 1978.

42) H. A. Simon, *Administrative Behavior; A Study of Decision-Making Process in Administrative Organization*, New York: Macmillan, 1976.

셋째, 목표를 설정한 후에는 그것을 달성할 수 있는 여러 가지 대안을 탐색, 비교, 평가한다.

넷째, 여러 가지 대안 중에서 최종적으로 대안을 선택한다. 그리고 대안이 실행에 옮겨진 후에는 분석과 평가를 해야 하고, 대안을 조절하거나 필요한 경우 새로운 대안을 모색해야 한다.

4 커뮤니케이션

1) 커뮤니케이션의 의의

커뮤니케이션은 인간생활에 필수이며 인간행동은 거의 그것에 관련되어 있다. 그리고 일상생활에서 사용되는 문서나 회화 등의 일상 언어뿐 아니라 제복에 의한 메시지 등과 같이 언어를 사용하지 않는 커뮤니케이션도 사회나 조직에서는 큰 역할을 하고 있는 것이다.

커뮤니케이션(communication)이란 둘 이상의 사람들 사이에 단지 정보전달뿐 아니라 그 의미, 내용, 사상, 태도 등을 공유하는 과정이다.[43] 즉, 그 행위의 결과나 성과뿐 아니라 그 과정을 의미한다. 따라서 의사의 일방적 전달만으로 커뮤니케이션이 끝나는 것이 아니라 상대방이 그 메시지를 이해했을 때 비로소 커뮤니케이션이 이뤄지는 것이다. 조직 속에서도 관리자에게 요구되는 소질, 자질, 기술 중에서 효과적인 커뮤니케이션 기술이 첫 번째이다. 사실상 모든 관리적 요소들은 커뮤니케이션 과정을 통해서 구체화되기 때문이다.[44]

2) 커뮤니케이션의 과정

커뮤니케이션은 하나의 과정이므로 그 속에는 여러 가지 요소를 포함하고 있다.

첫째, 송신은 실제로 정보를 전달하는 단계이다. 송신의 주체인 송신자는 정보내용을 전달 가능한 어떤 심볼로 전환해야 한다. 정확한 내용을 전달하기 위해 적절한 심볼의 선택이 중요하다. 또한 전송의 매체(media) 선택도 마찬가지이다.

둘째, 수신은 송신된 정보를 듣거나 읽는 등의 정보수용 단계이다. 수신의 주체인 수

---

43) 木暮至, 『現代經營の管理と組織』, 東京: 同文館出版, 2004, p.206.

44) Charles A. Sennewald, op. cit., p.139.

신자는 전송된 심볼을 해독하여 정보내용을 해석하는 것이다.

셋째, 메시지는 송신자가 전달하려고 의도한 생각 · 사실 · 문제들을 말한다.

넷째, 암호화란 전달하고자 하는 메시지를 수신자가 이해할 수 있는 도구로 전환하는 것이다. 이 도구는 언어적(verbal)인 것과 비언어적(non-verbal)인 것이 있다. 전자는 문서와 구두로 상호 의사를 통하고 필요사항을 전달하는 것이고, 후자는 일상언어가 아닌 표정, 제스처, 지시, 자세, 접촉 등을 이용하는 것이다.[45] 또는 문서 등으로 전환하는 것을 말한다.

다섯째, 해독은 메시지를 생각으로 전환하는 단계이다.

3) 기업 커뮤니케이션의 역할

기업경영의 관점에서 기업이 관여하는 커뮤니케이션활동을 기업커뮤니케이션이라 한다. 이것은 기업과 외부환경과의 관계를 중심으로 한 기업 외부 커뮤니케이션과 기업 내부 커뮤니케이션으로 나눌 수 있다.

(1) 기업 외부 커뮤니케이션[46]

기업은 환경으로부터 자금, 인재, 물자, 기술, 정보 등 여러 가지 자원을 공급받아 내부에서 가공 · 처리하고 생산된 제품이나 서비스를 판매하여 그 대가로 수입을 확보하고 있다. 기업은 송신형 커뮤니케이션으로서 혹은 수신형 커뮤니케이션으로서 기업 커뮤니케이션에 관여하고 있으며, 소비자, 종업원, 주주 등 기업활동에 관련된 모든 사람이 대상이다. 이와 같이 기업과 환경과의 상호작용 과정에서 자원, 가치, 자금, 서비스나 정보가 교환되며, 기업 외부 커뮤니케이션은 이 환경과의 상호작용 속에서 정보나 의미 내용의 전달 · 교환과정을 말한다.

외부로의 발신 커뮤니케이션 활동은 각종 광고, 선전을 비롯 각종 모임이나 정보제공을 이용자나 주주에게 발신하는 활동이다. 소비자의 구매행위나 구매의욕은 그 제품의 존재를 알려야 일어나는 것이다. 제품이나 서비스에 대한 정보를 널리 사람들에게 알리는 동시에 평소 기업이미지나 신뢰를 높여 좋은 인상을 형성할 필요가 있다. 또한 기업은 외부로부터 정보를 수신할 필요가 있다. 외부환경의 상황이 반영된 시장이나 소

45) Terence, R. Mitchell & James, R. Larson, *People in Organizations, An Introduction to Organizational Behavior*, 3rd ed., N.Y.: McGraw-Hill. 1987.

46) 木暮至, 앞의 책, p.209.

비자의 동향을 주시해야 한다. 변화를 관찰하고 분석하여 새로운 흐름에 대처하기 위해서는 고객을 비롯한 외부환경에 귀를 기울여 마케팅 커뮤니케이션 발상과 틀을 만드는 것이 불가결하다.

(2) 기업 내부 커뮤니케이션[47)]

기업은 외부환경과 정보를 끊임없이 수신·발신할 뿐 아니라 내부에 대해서도 정보를 발신하여 협력체제를 구축해야 한다. 기업 내의 인간은 정보를 발신하고 수신하는 존재이다. 이 내부의 개인에 대한 커뮤니케이션 활동은 주로 문서 내지 구두에 의한 전달방식이다. 또한 개인이나 집단으로부터 정보수집은 보고, 제안제도, 의식조사 등을 통하여 행해진다. 직장 커뮤니케이션이 원활한 것은 기분 좋게 일하기 위한 조건이지만 기업 전체의 능률이나 업적에 직결하는 것이다. 따라서 다른 부문 간의 의사소통도 극히 중요한 것이다.

4) 커뮤니케이션의 장애요인과 극복방안

(1) 장애요인

커뮤니케이션은 발안, 전달, 수신의 각 단계에서 여러 가지 장애요인이 존재하고 있다. 기업에 전문가들은 그 전문직능에 얽매여 좁은 고정 관점으로부터 전문주의적 편견이 생기기 쉽고 상부에 정보보고도 걸러져서 왜곡되기가 쉽다. 중간관리자나 발안자도 자기의 입장을 나쁘게 하는 보고는 하지 않거나 또는 다른 일을 우선해버리는 경향이 있다. 커뮤니케이션은 인체의 신경조직에 비유될 수 있는 중요한 것이므로, 그 장애는 의사결정의 지체나 왜곡을 야기하여 기업에 치명상을 줄 수 있다. 따라서 장애요인을 제거하고 원활한 커뮤니케이션을 도모하는 것은 극히 중요한 문제이다.[48)]

효과적인 커뮤니케이션을 저해하는 요인은 구조적 요인과 과정적 요인이 있다. 구조적 요인은 계층제, 전문화, 집권화 등이 있으며, 과정적 요인으로는 지각의 차이, 언어의 차이, 소음, 감정개입, 중복선날 등이 있다.

(2) 커뮤니케이션의 원칙

레드필드(C. E. Redfield)의 커뮤니케이션 일반원칙은 다음과 같다.[49)]

---

47) 위의 책, p.210.
48) 위의 책, p.209.

① **명료성(clarity)**

이상적인 의사전달이 이루어지려면 전달자가 그 의도하는 바를 표현하면 피전달자는 그가 뜻하는 의미를 정확하게 이해하여야 한다.

② **일관성(consistency)**

의사전달은 일관성이 있어야 하며, 처음의 명령과 나중의 명령이 모순되어서는 안 된다.

③ **적기적시성(timing and timeliness)**

의사전달은 너무 이르거나 너무 늦게 해서는 안 되며 알맞은 시기를 택하여 행해야 한다.

④ **분포성(distribution)**

의사전달은 전달자로부터 명확하게 피전달자에게 전해져야 한다.

⑤ **적당성(adequacy)**

의사전달은 적정량을 기하여야 하며, 너무 많은 경우나 너무 적은 경우에는 피전달자의 이해를 방해한다.

⑥ **적응성(adaptability)과 통일성(uniformity)**

적응성이란 의사전달의 융통성·개별성·현실합치성 등을 말하며, 통일성이란 각 의사전달이 전체로서 통일된 정책의 표현이 되게 하는 것을 말한다.

⑦ **관심(interest)과 수용성(acceptance)**

의사전달은 피전달자가 관심을 가지고 그것을 받아들일 수 있는 가능성이 있을 때에 비로소 능률적으로 이루어질 수 있다.

---

49) Charles E. Redfield, *Communication in Management: The Theory and Practice of Administrative Communication*, 2nd Impression, Illinoises: The University of Chicago Press, 1963, pp.29-48.

제4절

자체경비와 계약경비

1 자체경비와 계약경비의 개념

1) 자체경비의 개념

자체경비(proprietary security)는 개인, 기관, 기업체 등이 자신들의 자산을 보호하기 위하여 자체적으로 경비인력을 조직화하여 운용하는 것이다.

경비부서의 작용은 조직의 필요성에 따라 다르기 때문에 경비원리, 기업체 특수한 상황을 고려해야 한다. 그리고 경비 기능을 확장할 때 고려할 사항은 ① 경비안전의 긴급성, ② 지금까지 실시해온 경비상태, ③ 앞으로 요구될 경비활동, ④ 회사내부의 특수성과 회사 외부의 자연적 환경, ⑤ 회사성장의 잠재성이다.

2) 계약경비의 개념

계약경비(contract security)란 개인, 기관, 회사 등이 자신의 자산을 보호하기 위해 경비업체와 계약을 체결하여 일정한 보안서비스활동을 운용하는 것이다.

경비서비스의 전문화와 인건비 상승 등으로 전문경비업체에 경비대상을 의뢰하면서 계약경비서비스가 빠르게 성장하였다.

2 자체경비와 계약경비의 장점

자체경비와 계약경비는 다같이 장·단점을 가지고 있다. 이론상 자체경비의 장점은 역으로 계약경비의 단점이 되고, 계약경비의 장점은 역으로 자체경비의 단점이 된다. 그러나 실제로는 그 장·단점이 모든 사례에서 공통적인 것이 아니라 각각의 사례에 따라 달리 나타나기도 한다. 여기서는 자체경비와 계약경비의 일반적인 장점을 중심으로 논하려고 한다.

1) 자체경비의 장점

(1) 낮은 이직률

자체경비원은 경비대상시설 자체 조직이 직접 고용하므로 상대적으로 임금이 높고 후생복지 혜택이 많다. 따라서 계약경비회사에 고용된 경비원보다 상대적으로 이직률이 낮다.

(2) 감독 및 통제의 용이

경비대상시설의 자체 조직이 경비인력에게 직접 임금을 주고 평가를 하기 때문에 상대적으로 감독이 용이하다.

아울러 경비대상시설의 자체 조직이 경비원들을 직접 고용하여 관리하므로 이들에 대한 통제(control)가 용이할 뿐 아니라 통제를 강화할 수 있다.

(3) 커뮤니케이션의 용이 및 신속대처

계약경비는 경비인력과 고객 사이에 계약경비의 감독자가 존재하므로 상・하달되는 정보가 신속하고 정확하게 전달되는 데 방해가 될 수 있다. 반면에, 자체경비는 자체경비원에게 직접 정보를 전달하므로 양자의 커뮤니케이션이 원활하다.

또한 경비대상시설의 자체 조직이 경비원들을 직접 관리하므로 자체 조직 또는 자체 조직 고용주의 요구에 신속하게 대처할 수 있다.

(4) 충성심

자체경비 인력은 계약경비 인력들보다 그들이 보호하고 있는 경비대상조직에 대해 더 강한 충성심(loyalty)을 가진다. 계약경비 인력이 경비대상시설을 옮겨가면서 근무하기 때문에 특정한(대부분 일시적인) 고용인이나 조직에 충성심을 가질 만한 기회가 없기 때문이다.

(5) 조직이미지 제고

자체경비원은 고용된 조직에 대해 자부심을 가지고 있다. 따라서 고용된 그 조직의 명예와 위신(prestige)을 높이고 조직이미지를 제고하기 위해 노력한다.

2) 계약경비의 장점

(1) 저렴한 비용

계약경비는 자체경비에 비해 비용(cost)부담이 적다. 자체경비원은 그들이 고용된 경비대상 자체 조직에 속한 일반직원들과 동일한 봉급체계가 적용되기 때문에 상대적으로 많은 봉급을 받는다.

봉급뿐 아니라 경비원을 채용 및 고용하는 데 소요되는 채용비용, 고용비용, 훈련비용, 보험비용, 유니폼과 장비비용, 휴가 및 병가 관련 비용 등을 계약경비업체가 부담하기 때문에 고객의 입장에서 계약경비가 더 적은 비용을 부담한다.

(2) 관리문제

자체경비를 하기 위해서는 내부에서 채용, 심사, 훈련 과정 등 인적자원계획을 수립하고 관리(administration)해야 한다. 또 경비인력의 직접 감독 및 병가·휴가 시 근무조정 및 대체 등의 행정적인 관리문제가 수반된다.

그러나 계약경비는 경비원을 파견한 경비회사에서 인적자원계획과 관리를 수행하기 때문에 고객은 경비업체와 계약을 통해 필요한 인력을 공급받을 수 있다.

(3) 탄력적 인력운영의 유리

자체경비는 소속 인적 자원의 정원이 한정되어 있으므로 긴급상황 시 추가인력 투입 등 적절한 대처를 하기 어렵다. 그렇다고 이런 경우를 대비하여 평상시 많은 비용을 지불하는 예비인력을 두기도 어려운 일이다.

반면에, 계약경비업체는 대규모 경비인력을 보유하고 관리하고 있기 때문에 인력을 유동적이고 탄력적으로 운영할 수 있어 고객의 요청 시 긴급 추가투입이 용이하다. 또한 결근자나 근무지를 이탈한 경비원이 있는 경우에 대체인력을 투입하기가 용이하다.

(4) 노동조합

계약경비회사 소속 경비원들은 경비대상시설 자체 조직에서 노동조합(unions)을 결성하지는 않는다. 따라서 노동조합에 가입하지 않은 경비원에게 우호적인 고객은 계약경비를 선호한다.

(5) 객관적 업무처리

계약경비원들은 임금을 계약경비회사로부터 받기 때문에 경비대상시설의 자체 조직 직원들과 특별한 인간관계를 형성할 필요는 없다. 따라서 경비업무를 수행할 때 고객을 의식하지 않고 정해진 절차에 따라 공정하고 객관적으로 경비업무를 처리할 수 있다.

(6) 전문기술

계약경비업체는 경비업무를 전문적으로 수행하기 때문에 많은 특화된 경비인력, 노하우, 경비 프로그램, 장비를 보유하고 있다. 따라서 계약경비는 고객의 요구와 실정에 맞는 다양한 경비인력과 보안 프로그램 및 전문기술(expertise)을 제공할 수 있다.

(7) 전문적 교육 실시

한국의 경우 자체경비원의 교육은 자율적이지만 계약경비원의 교육은 법정교육이면서 의무교육이다. 즉, 계약경비원들은 교육기관에 위탁하여 신임교육을 이수해야 하며, 매월 정기적으로 직무에 필요한 이론과 실무 및 정신교양에 대한 소정의 교육을 받아야 하므로 전문성을 기할 수 있다.

3 자체경비와 계약경비의 혼성

보안서비스의 최신 경향은 자체경비의 운영과 계약경비의 운영을 혼합하는 것이다. 예를 들면, 어떤 기업의 경비대상시설에 보안담당자 또는 보안담당 책임자는 자체적으로 임명하고 경비요원들은 경비업체와 계약을 체결하여 공급을 받는 형태이다.

그동안 자체경비서비스보다 계약경비서비스가 더 빠르게 성장했다. 그러나 많은 기업들이 계약경비를 선호하지만, 자체경비를 하는 기업들은 자체 관리와 계약경비가 포함된 혼성경비(hybrid security)로 전환하고 있다. 그 결과 계약경비원, 상품, 서비스의 사용이 증가되었다. 〈포춘지(Fortune)〉 선정 500대 기업 중 3개가 감독은 자체, 경비원은 계약서비스를 활용하는 혼합시스템으로 바꾸고 있고, 구식 장비와 경비원 대신 선진 전자시스템으로 교체하고 있다.[50]

양자의 가장 합리적인 접근방법이 무엇인가는 경비서비스를 심사숙고해왔던 기업이

---

50) Robert J. Fischer, Edward Halibozek, & Gion Green, *Introduction to Security*, 2008, MA: Butterworth-Heinemann, 2008, pp.52-54.

나 단체의 관리자가 가장 잘 알고 있다. 관리자의 결정은 그 회사의 고유한 특징, 즉 보호되어야 할 장소, 보호를 필요로 하는 자산의 유형, 요구되는 보안요원의 규모, 수행해야 할 임무, 보안요원이 필요한 시간, 요구되는 보안요원의 자질 등에 따라 달라진다.

제 5 절

인력경비와 기계경비

1 인력경비

1) 인력경비의 개념

인력은 한자로 '사람 人(인)', '힘 力(력)'을 의미하므로 문자 그대로 사람의 힘이란 뜻이다. 따라서 인력경비(人力警備)란 사람의 힘에 의해서 도난, 화재 등의 위험발생을 방지하고 대응하는 모든 활동을 말한다.

과학기술이 발달하기 이전의 경비는 대부분 단순한 인력경비형태를 띠면서 발전해 왔다. 우리나라의 경우도 1980년 기계경비가 본격적으로 도입되기 전까지는 인력 중심의 경비였다.

그러나 오늘날 인력경비는 단순한 경비원 중심의 경비에서 벗어나 점차 전문성이 요구되고 있다.

2) 경비업무와 인력경비의 관계

오늘날 경비업무 중에는 인력이 개입하지 않는 것은 드물다. 경비업무, 즉 시설경비, 호송경비, 신변보호, 특수경비업무는 많은 인력이 개입되어 수행되고 있다. 기계경비업무도 마찬가지로 순수한 기계경비는 거의 존재하지 않는다. 거의 모든 기계경비시스템을 설치하고 작동, 관리, 관제 및 대응하는 것은 인력, 즉 인간의 힘에 의해 이루어지고 있다. 이러한 점에서 경비업무의 기본적인 요소는 인력을 기본으로 하는 인력경비가 바탕이 되어 있다.

그림 5-1 경비업무와 인력경비 관계

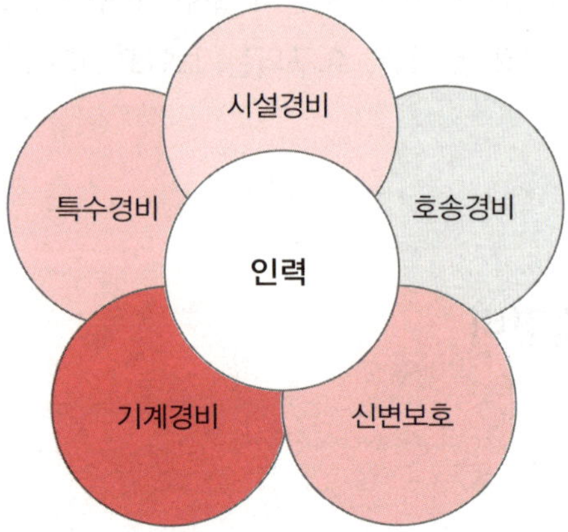

3) 인력경비의 형태

모든 경비활동에는 크고 작은 인력이 포함되어 있다. 여기서는 상대적으로 많은 인력이 내포된 경비활동을 소개하고자 한다. 이 경비활동은 후술하는 시설경비, 신변보호, 혼잡경비에서 자세히 설명을 하고 있으므로 간단히 기술하고자 한다.

(1) 상주경비

상주경비(常住警備)란 경비요원이 경비대상시설에서 24시간 상시 근무하면서 도난, 화재 등의 위험발생을 방지하는 경비활동을 말한다. 이것은 전통적이면서 전형적인 인력경비의 형태이며, 근무시간의 형태에 따라 일근, 2부제, 3부제 등으로 나눈다. 그리고 근무활동은 상주하면서 출입관리업무, 순찰업무, 감시업무 등을 수행한다.

(2) 순찰경비

순찰경비(巡察警備)란 경비요원이 경비대상시설을 순회하면서 도난, 화재 등의 위험발생을 방지하는 경비활동을 말한다. 순찰경비활동은 두 가지 형태로 나눌 수 있다. 우선 하나는 상주경비업무를 수행하는 과정의 일환으로 순찰활동을 실시하는 것이다. 이것이 일반적인 순찰활동이고 상주경비요원들의 중요한 업무 수행 중의 하나이다. 그리고 또 하나는 경비대상시설에 상주하지 않으면서 필요에 따라 순찰을 실시하는 경비형태이다. 예를 들면, 경비대상시설에 상주하지 않으면서 정기 또는 부정기적으로 외주순찰을 하는 경우이며, 또 하나는 기계경비업무에서 출동요원들이 일정한 근무지역을 순찰하는 활동이다.

(3) 요인경호

요인경호(要人警護)란 주요 인사의 생명과 신체를 지키기 위해 신변을 보호하는 경호활동을 말한다. 경호활동의 대상이 되는 주요 인사는 주로 외국귀빈, 정치인, 기업인, 연예인 및 위해를 우려하는 민원인 등이다.

복잡한 현대 사회에서 가치관의 다양화, 다양한 범죄의 증가, 묻지마 범죄 증가 등으로 개인의 안전을 위협하는 요인이 증가하고 있어 전문성을 가진 신변보호 요청이 증가하고 있다. 이와 같은 신변보호를 하는 요인경호는 거의 인력경비에 의존하고 있는 실정이다.

(4) 혼잡경비

혼잡경비(混雜警備)란 경비대상시설 또는 장소에 모인 군중에 의해 발생하는 혼란상태를 사전에 예방하고 사고발생을 경계・방지하고 위험한 상황의 발생 시 신속하게 내처하여 피해를 줄이는 경비활동을 말한다. 혼잡경비가 주로 필요한 장소는 축제장, 각종 기념식장, 이벤트 행사장, 스포츠 경기장, 종교 행사장, 다양한 공연장 등이다.

많은 군중이 모이는 행사에서 한 번 사고가 일어나면 큰 피해로 이어질 가능성이 많고, 그 사회에 미치는 영향력도 매우 크다. 따라서 이러한 피해를 막기 위해서 혼잡경비에는 많은 인력경비가 투입된다.

4) 인력경비의 장・단점

인력경비의 장・단점은 절대적인 것이 아니고 기계경비와 비교할 때 나타나는 상대적인 것이다.

(1) 인력경비의 장점

첫째, 경비요원이 경비업무를 수행하면서 때로는 다른 경비업무를 수행할 수 있다. 예를 들면, 도난방지활동을 하는 과정에서 안내업무를 병행할 수 있는 것이다. 그러나 경비요원은 법정업무 또는 본연의 업무에 충실하면서 그 외 법적으로 허용되는 업무를 수행해야 할 것이다.

표 5-1 공동주택 경비원의 허용 및 제한업무(예시 경비업무)

업무구분	허용업무	제한업무
주요 업무	• 도난, 화재, 위험발생 방지 • 순찰, 방범, CCTV 감시 • 외부인 출입금지 • 심야시간 등의 위험발생을 방지하기 위한 긴급업무	
주차관리	• 불법주차 감시 • 장애인 주차구역 주차감시 • 외부차량 출입통제 • 차량의 안전한 통행유도 • 정·후문 차량통제 • 위험발생을 방지하기 위한 차량 이동조치	• 개인차량 주차대행(대리주차)
택배보관	• 택배물, 우편물, 등기 등 보관 및 대장관리	• 개별세대 택배물 배달

예를 들면, 한국 경비업법에서는 허가받은 경비업무 외의 업무에 경비원을 종사하게 해서는 안 된다(제7조 제5항). 다만, 시설경비업무 중 공동주택에는 예외사항을 정하고 있다.

둘째, 사건발생 시 현장에서 신속한 대처가 가능하다. 경비요원이 상주하는 경우는 즉각 현장에 출동하여 대처할 수 있다. 그러나 기계경비의 경우 경보를 수신한 후 경비

표 5-2 공동주택 경비원의 허용 및 제한업무(예시 관리업무)

업무구분	허용업무	제한업무
청소 미화 보조	• 잡초제거, 낙엽청소 • 부분적 가지치기 수목관리 • 단지 내 쓰레기 수거 • 제설작업	• 기술·장비를 요하는 도색·제초작업, 수목 식재, 소독 및 정원조성 • 건물 내 청소(승강기, 계단실, 복도 등)
분리수거	• 재활용품 분리배출 감시·정리 • 재활용품 반출 확인 • 재활용품 반출 후 주변 정리 • 대형폐기물 스티커 관리	• 개별세대 대형폐기물 수거운반
관리사무소 일반업무 보조	• 안내문 게시 및 비치 • 우편수취함 투입	• 고지서·안내문 개별 배부 • 각종 동의서 징구 • 공용공간 수리 • 전기, 가스, 수도 등 검침 • 선거관리위원회 운영 보조 • 관리사무소 일반업무 보조

요원이 현장에 도착하는 데에는 상당한 시간이 소요된다.

(2) 인력경비의 단점

첫째, 인력경비는 경비에 많은 인건비가 소요된다. 기계경비는 초기 설치비용이 많이 들지만 장기적으로는 유지관리비만 들어가기 때문에 비용이 절감된다. 이런 면에서 인력경비는 상대적으로 인건비가 많이 든다.

둘째, 사건 또는 사고발생 시 인명피해가 있을 수 있다. 그리고 인명피해 발생 시 경비요원이 부상을 당하거나 또는 화재진압하는 경우는 신속하게 신고, 연락이 안 될 수 있다. 기계경비는 경비대상시설에 설치한 기기에 의해서 정보를 감지한 후 출동하여 대처하고 있다. 그러나 인력경비는 현장에서 즉시 대처하는 경우가 있기 때문에 사건발생 시 인명피해가 있을 수 있다. 그리고 이 경우 연락이 신속하게 이뤄지지 않을 수 있다.

셋째, 경비요원의 야간 경비활동은 효율성이 저하될 수 있다. 인간의 신체적・생물학적 특성상 야간의 경비활동 시 효율성은 떨어질 수밖에 없다. 즉, 야간근무는 낮에 깨어 있고 밤에 잠을 자는 생리적인 주기에 역행하는 근무형태이므로 효율성의 저하는 불가피한 것이다.

2 기계경비

1) 기계경비의 개념

기계경비(機械警備)란 경비대상시설 또는 장소에 각종 기기를 설치하여 고객의 자산을 보호하는 모든 경비활동을 말한다. 기존에 주로 인력에 의존하던 경비방식을 벗어나 각종 기기(센서, CCTV, 첨단장비 등)를 설치하여 경비목적을 달성하려는 것이다.

기계경비를 혼합기계경비와 무인기계경비로 나누는 경우가 있다.[51] 그러나 실제 순수한 의미의 인력경비도, 순수한 의미의 기계경비도 존재하지 않고 대부분 양자가 결합되어 있는 상태이다. 이 양자의 결합형태에 따라 편의상 혼합기계경비와 무인기계경비로 분류하고 있다.[52]

즉, 혼합기계경비와 무인기계경비의 구분은 기기(감지기, CCTV 등)가 설치된 경비대

51) 이윤근・김창윤・조용철, 『민간경비론』, 서울: 엑스퍼트, 2016, pp.74-75.
52) 최선우, pp.341-342.

상시설 또는 장소에 경비요원이 상주(배치)하느냐의 여부에 따른다.

(1) 혼합기계경비

혼합기계경비는 기기(감지기, CCTV 등)가 설치된 경비대상시설 또는 장소에 경비요원이 상주하면서 이상이 발견되거나 감지될 때 출동하여 대처하는 경비방식이다.

예를 들면, 대형마트, 빌딩 등의 경우는 효율적인 인력경비를 수행하기 위하여 경비구역에 각종 기기를 설치하여 감시하고 있다.

(2) 무인기계경비

무인기계경비는 기기(감지기, CCTV 등)가 설치된 경비대상시설 또는 장소에 경비요원이 상주하지 않는 경비방식이다. 예를 들면, 귀금속가게 등 소규모 상업시설에 경비요원을 배치하지 않고, 관제시설에서 이상이 감지된 경우에 출동요원에게 지령을 내려 출동시키는 방식이다.

2) 기계경비시스템의 구성요소

기계경비시스템은 경비대상시설의 기계장치, 관제시설의 수신장치, 긴급대응으로 구성된다. 이에 대한 자세한 설명은 기계경비에서 후술한다.

3) 기계경비의 장 · 단점

기계경비의 장·단점은 인력경비의 비교할 때 나타나는 상대적인 것이다. 즉, 인력경비의 장점이 기계경비의 단점이 되고, 인력경비의 단점이 기계경비의 장점이 된다.

(1) 기계경비의 장점

첫째, 기계경비는 장기적 관점에서 비용이 절감된다. 기계경비를 설치하는 초기에는 각종 감지기 등을 비롯한 기계장치를 설치하는 데 많은 비용이 소요되지만, 장기적으로는 유지관리비만 들어가기 때문에 상대적으로 비용이 절감된다.

둘째, 인력경비에 비해 감시범위가 넓고 24시간 정확하고 신속하게 일정한 지역을 효과적으로 감시할 수 있다. 순찰 또는 상주하는 인력에 의한 감시는 주의력의 범위나 순찰동선으로 한정되지만 CCTV 등 감시기기는 설치에 따라 폭넓게 24시간 동일한 조건으로 감시할 수 있다.

셋째, 기계경비는 강력범죄 등으로부터 인명피해를 예방할 수 있다. 그리고 현장에 설치된 CCTV 등의 감시기록은 사후 범죄수사의 단서가 될 수 있다. 그런 점에서 잠재적 범죄자에게 경고효과가 크다.

넷째, 기계경비는 화재예방시스템과 연계하여 통합적으로 운용할 수 있다.

(2) 기계경비의 단점

첫째, 단기적으로 초기 설치비용이 많이 든다. 장기적으로는 비용이 절감되지만 단기적으로는 기기의 설치 등 비용이 적지 않게 투입되는 단점이 있다.

둘째, 고정 설치된 감지 및 감시기기를 무력화시킨 후 범행이 발생할 수 있다. 즉, 기계경비의 설치를 지나치게 맹신하는 경우 오히려 범죄자에게 역이용될 가능성이 있다.

셋째, 오경보가 발생할 수 있다. 기계경비가 안고 있는 고질적인 문제 중에 하나는 오경보 문제이다. 실제로 범죄 및 위험사태가 발생하지 않았음에도 불구하고 기계장치의 자체적인 결함 또는 이용자의 부적절한 작동, 그리고 미세한 환경변화에 민감하게 작동하는 등 여러 가지 요인으로 인해 오경보 문제는 많은 비능률성의 원인이 되고 있다.[53] 특히, 오경보로 경찰이 출동하는 경우에 경찰력의 낭비로 이어져 치안공백 등이 우려되기도 한다.

넷째, 유지보수에 있어 많은 비용과 전문인력이 요구되며 고장 시 신속한 대응이 어렵다.

다섯째, 기계경비는 방범 관련 업무만 가능하다. 인력경비는 주어진 업무 외에 법령에 허용되는 다른 업무를 부수적으로 수행할 수 있지만 기계경비는 그렇지 못하다.

53) 최선우, 앞의 책, p.347.

민·간·경·비·론

제 6 장 민간경비 인적자원관리

제 1 절 인적자원관리의 의의와 내용

1 인적자원관리의 의의

민간경비의 인적자원관리(human resources management)는 민간경비업체에 필요한 인적자원을 동원하고 관리하는 체계이다.[1] 즉, 고용관계의 본질 및 여기에 관계되는 모든 의사결정 · 활동 · 사항을 다루는 과학이며 실천인 것이다.[2]

인적자원관리는 민간경비조직의 유지 · 적응작용을 담당하는 관리체계, 즉 경영관리(management)의 일부이다. 경영관리가 사람을 통하여 또는 사람을 사용하여 일을 하는 것이라면, 경영관리는 곧 인적자원관리라고 말하는 것이 가능하다. 이와 같이 인적자원관리는 중요한 역할을 하고 있는 것이다.

인적자원관리는 경영자가 사람이라고 하는 경영자원(인적자원)에 대해 실시하는 총

1) 현대 사회는 개인의 존엄성을 중요하게 생각하여 기업의 인적자원관리도 개인의 목표와 조직의 목표가 동시에 달성되는 방향으로 나가고 있다. 따라서 전통적인 인사관리라는 용어보다 인적자원관리란 용어를 더 많이 사용하고 있다. 인적자원이라는 말을 처음 사용한 사람은 마일스(Raymind E. Miles)이다. 그는 1965년 발표한 논문에서 Human Relations Model과 구별하기 위해 Human Resources Model이라는 말을 사용한 것이다. Raymind E. Miles, "Human Resources?", *Harvard Business Review*, 1965, No. 4, pp.149-150.

2) Ferris et al.(ed.), *Handbook of Human Resource Management*, Mass: Blackwell Publishers, 1995, p.1.

체적인 방안이다.[3] 즉, 경영자원으로서 가장 중요한 인재관리(종업원관리)를 하는 것이 인적자원관리인 것이다. 인적자원관리는 경영이념・경영방침, 인적자원관리의 이념・방침, 장기경영계획, 경영전략과 대응 활동이야말로 경영활동을 원활하게 전개하기 위한 활동이 된다. 따라서 경영활동을 원활하게 전개하기 위한 인적자원관리활동은 그 기반이 되는 이념・방침이 명확하고, 중・장기계획, 경영전략에 꼭 맞는 관리활동이 되어야 한다.[4]

2 인적자원관리의 내용

인적자원은 상호 관련된 일련의 활동이 과정을 통하여 관리된다. 개별관리활동은 상호 관련되어 있지만 분석의 편의상 분류하여 살펴보고자 한다.

우선, 경비업체가 필요로 하는 인력을 효율적으로 동원・관리하기 위해서는 이를 뒷받침할 인적자원계획이 있어야 한다.

그리고 인적자원관리는 고용관리에서 시작된다. 고용관리(employment management)는 경영목표를 달성하는 데 필요한 노동력(man power)의 확보・유지・활용 등에 관한 관리과정을 의미한다. 그것은 노동력의 모집, 채용, 배치, 이동, 승진, 파견, 퇴직 등의 직무가 중심이 되어 구성되는 관리과정이며, 종업원의 사기, 동기부여에 미치는 영향의 관리과정으로서의 의미를 가지고 있다.[5]

고용관리는 협의의 의미로는 채용관리를, 광의로는 채용으로부터 배치, 이동, 인적자원개발(교육훈련), 승진, 퇴직에 이르는 일련의 관리과정을 의미하기도 한다. 고용관리가 중요한 것은 인적자원전략으로서 고용관리활동은 인적자원관리활동의 전 과정에 영향을 주는 활동이기 때문이다. 또한 인적자원의 개발, 노사관계관리 등이 인적자원관리의 주요한 활동이 된다.

효과적인 인적자원관리가 되기 위해서는 인적자원관리활동이 사회환경, 기술혁신, 경영전략 등에 대응한 활동이 되도록 인적자원전략을 세워야 한다. 기본적으로 조직을 구성하는 인재(종사원)로부터 지지되고, 납득되는 활동이어야 한다. 조직을 구성하는 인재가 지지하고, 납득하는 활동으로서의 인적자원관리활동이라면, 조직에 대한 충성도,

---

3) 佐護譽, 『人的資源管理概論』, 東京: 文眞堂, 2005, p.4.
4) 梶原豊, 『人的資源管理論』, 東京: 同友館, 2002, p.75.
5) 위의 책, p.76.

직무에 대한 의욕, 능력개발을 위한 의욕을 높이는 중요한 요인이 된다.

제2절

인적자원의 계획과 충원

1 인적자원계획

우선, 인적자원계획(human resources planning) 또는 인력계획(manpower planning)이 입안되어야 한다. 인적자원계획이란 경비업체에서 필요로 하는 인력을 적절히 확보하기 위한 방법을 결정하는 과정이다. 따라서 인적자원계획의 목적은 경비업체가 필요로 하는 인력을 적절히 확보하는 것이다.

인사관리라 하면 종업원을 채용・배치하고 고과평정을 하여 승진시키고 임금지불이나 하면 된다는 축소 지향적 견해가 많다. 그러나 오늘날의 인적자원관리에서 인적자원계획은 체계적이며 합리적으로 인적자원관리를 위한 필수적 과정으로 인식되고 있다.6)

인적자원계획은 경영계획을 근거로 필요인력수요를 결정하고, 기존 인력에 대해 진단한 후 양자의 차이를 파악한다. 그리고 양자의 차이를 시정하기 위해 실행계획을 수립한 후 외부충원 또는 감량경영을 해야 한다.

2 채용

경비업체가 필요로 하는 인력의 외부채용은 모집과 선발의 과정으로 나눌 수 있다.

채용은 기업이 필요로 하는 사람을 뽑아 쓰는 것인데, 단계적으로 지원자가 직업조건을 수용해 나가는 과정이다.7) 4대 경영자원은 사람, 물건, 돈, 정보이다. 이 중에서 특히 사람이 중요한 역할을 한다. 그러므로 기업의 유지, 발전을 위해서는 생산계획, 임금계획, 판매계획 등과 함께, 사람(종업원)의 채용계획을 수립하는 것은 극히 중요한 의미를 가진다.

---

6) 김영규, 『경영학원론』, 서울: 박영사, 2000, p.415.

7) Charles A. Sennewald, *Effective Security Management*, 4th ed., MA: Elsevier Science, 2003, p.77.

사람의 채용에 관한 경영계획이 채용계획이다. 채용계획은 고용환경을 고려하여 결정된다. 채용계획은 장기계획과 단기계획(연차계획)으로 구분된다. 장기계획은 통상 3~5년 단위로 수립되며, 기간 중에 '어떠한 종업원을(노동력의 질)', '몇 명 정도(노동력의 양)' 채용할 것인가를 결정하는 계획이다. 단기계획은 통상 1년 단위로 입안되며, 장기계획을 구체적으로 실현하기 위한 계획이다.

1) 모집

모집(recruitment)은 기업의 공석인 직무에 적합한 후보자들이 지원하도록 유도하는 활동이다. 외부모집은 광고에 의한 모집, 직업소개소를 통한 모집, 현 종업원의 추천에 의한 모집, 교육기관과의 협력에 의한 모집, 연고자 등용, 수시모집 등을 통하여 이루어진다.

사전에 직무분석[8](job analysis)을 통하여 직무기술서(job description)와 직무명세서(job specification)를 작성하여 이에 부합하는 능력과 기술을 가진 인재를 선발해야 한다.

2) 선발

선발은 응모자 중에서 직무에 가장 적합하고 능력 있는 인재를 선택하는 과정이다. 이 과정에서는 채용희망자 중에서 어떻게 선발(selection)할 것인가(방침), 어떤 선발방법을 택할 것인가를 결정하고 관리하는 것이 중요하다.

선발방법의 종류는 서류심사(이력서, 추천서, 자격증 등), 시험,[9] 적성검사, 면접시험 등이 있다. 선발방법을 계획할 때는 응모자의 학력, 성별, 채용 후에 배치할 예정의 직무 관련성을 고려할 필요가 있다.

---

8) 직무분석은 직무에 관한 모든 정보를 수집, 분석, 정리한 것이며, 이에 대한 정보는 직무기술서와 직무명세서에 기록된다. 직무기술서는 직무내용, 구체적 의무와 책임 및 작업조건 등 직무 그 자체와 관련된 정보의 기록양식이고, 직무명세서는 직무수행에 가장 적합한 사람의 유형을 기록한 문서이다. 여기에 교육 정도, 기능, 경험, 기타 인적 특성이 기록된다. 김영규, 『경영학원론』, 서울: 박영사, 2000, p.418.

9) 시험은 시험대상자에 따라 집단시험, 개별시험으로 나누고, 해답방식에 따라 필기시험, 실기시험, 구술시험으로 나눌 수 있다.

제3절

인적자원의 유지와 활용

1 배치와 이동

배치(placement)란 종업원이 채용되면 특정 직무에 배속시키는 것을 말한다. 그리고 이동(transfer)이란 일단 배치된 종업원을 필요에 따라 다른 직무로 바꾸어 재배치하는 것을 말한다.

배치는 다수의 직무와 다수의 개인 간의 관계를 가장 잘 조합하여 경영의 성과를 전체적으로 높이는 동시에, 개인의 만족감도 높이는 방향으로 이루어져야 한다.[10] 따라서 적정한 배치를 하기 위해서는 한편으로는 직무분석에 의해 수행업무와 수행요건(자격요건)을 분명히 하여 이것을 직무기술서(또는 직무명세서)에 정리하는 것, 다른 한편으로는 인사고과나 적성검사 등에 의하여 종업원의 능력, 성격이라는 개인적 특성을 정확하게 파악하는 것이 바람직하다.[11]

이동은 전환배치, 승진, 강등 등으로 발생한다. 이것은 사람과 직무와의 최적결합에 의해 노동력을 가장 유효하게 활용하기 위해서이다. 또한 능력개발을 위해 계획적으로 배치전환을 하는 경우 등이 포함된다.

2 승진

승진(promotion)은 상위의 직위로 이동하는 것을 말한다. 즉, 현재의 담당 직무보다 계층체계상 책임수준이 높은 상위 직무담당자로 이동하는 것이다.

일반적으로 승진은 노동의욕고양, 능력개발, 인사정체에 의한 매너리즘의 타파 등을 목적으로 행해진다. 배치관리, 승진 등의 고용관리과정을 구성하는 관리활동은 동기부여 촉진요인으로서의 인사 시책이며, 이것들을 어떻게 실시하고 운영하는가는 인사전략의 골격을 형성하는 동시에 인재개발활동 및 인적자원관리의 중심적인 시책이 된다.[12]

---

10) 김영규, 앞의 책, p.426.
11) 佐護譽, 앞의 책, p.77.

3 인사고과

1) 의의

인사고과란 종업원의 능력과 업적을 일정한 기준에 따라서 평가하는 것이다. 즉, 종업원 개인의 지식, 성격, 태도, 직무수행능력, 적성, 업적 등을 평가하여 그 유용성을 파악하는 것이다. 이 평가의 결과는 각종 인사정책, 즉 승진, 이동, 배치, 교육훈련, 승급, 상여 등의 관리에 활용하며, 종업원의 유효한 활용과 적절한 처우를 하는 데 활용된다.[13)]

인사고과는 직무분석이나 직무평가와 함께 직무 중심의 인적자원관리를 전개하기 위한 기초적 수단이지만, 다음과 같은 특징을 지니고 있다.

첫째, 직무분석이 직무에 대한 기초적 정보를 수집하는 것인 반면, 인사고과는 사람(종업원, 조직구성원)에 대하여 다면적인 정보를 수집하는 것이다.

둘째, 직무평가는 직무의 (상대적)가치 또는 곤란도를 평가한 반면, 인사고과는 직무의 담당자인 사람의 (상대적)가치를 평가한다. 즉, 사람의 능력, 업적, 적성 등을 체계적으로 평가한다. 평가를 통하여 사람에 대해 다면적인 정보를 수집하는 것이다.[14)]

셋째, 인사고과는 비공식적인 개인의 의견이나 평가보다는 상대적으로 객관적이고 공정한 평가이다. 그러나 그것은 주관적인 것을 배제할 수 없다. 즉, 인사고과는 그 본질에 있어서 어디까지나 주관적인 것이며, 절대적으로 엄밀한 것은 있을 수 없다. 한 사람의 인간이 다른 사람을 평가하는 것은 과학적인 행위가 아니라 주관적인 것이다.[15)]

2) 목적

인사고과는 종업원의 처우 전반에 관련된 자료가 되며, 공정하고 합리적으로 운영되면 사기, 동기부여, 생산성 등에 직·간접적으로 영향을 미친다.

첫째, 인사고과는 배치관리상의 인사자료가 된다. 따라서 적재적소에 적정한 인사배

---

12) 위의 책, p.81.

13) 위의 책, p.100.

14) 인사고과에 대한 자세한 설명은 佐護譽, 『人事管理と勞使關係-日本·韓國·台灣·ドイツ-』, 東京: 泉文堂, 1997을 참조할 것.

15) Paul Pigors & Charles Anderw Myers, *Personnel Administration: A Point of View and a Method*, 8th ed., New York: McGraw-Hill, 1977, pp.270-273.

치를 하기 위해 활용한다.

둘째, 인사고과는 능력개발 · 교육훈련을 위한 자료로 활용한다.

셋째, 임금관리상의 자료로 활용한다. 종업원의 능력을 평가하여 적절한 임금을 결정하는 자료로 활용한다.

넷째, 인력계획 및 인사 기능의 타당성 측정의 수단이 된다. 인력계획에 요청되는 인적 데이터 확보와 채용 · 배치전환 · 승진 등의 인사 기능의 타당성을 측정하는 수단으로 활용한다.[16]

3) 인사고과의 방법과 기준

인사고과의 고과자는 직속상관을 비롯하여 상사들로 구성된 위원회, 동료, 부하, 전문평가자, 자기 자신 등이 될 수 있다. 일반적인 평가자로는 직속상사가 가장 많이 선정되고 있다.

인사고과는 일반적으로 1년 단위로 실시하지만, 경우에 따라서 6개월 단위 또는 직무의 성격상 더 짧은 기간을 단위로 실시할 수 있다.[17]

인사고과의 방법은 다음과 같은 것이 있다.[18]

(1) 서열법(ranking or ordering method)

서열법은 종업원의 업적과 능력에 따라서 순위를 매기는 방법이다. 이 방법에는 종합적 판단에 의거하여 순위를 메기는 방법(종합순위법)과 몇 개의 요소를 선택하여 순위를 매기는 각 요소마다의 순위를 종합하는 방법(분석적 순위법)이 있다.

(2) 평가척도법(rating scale method)[19]

근무성적의 기준을 어떤 기준(척도)에 의거하여 인위적인 단위를 설정한 후 종업원의 업적이나 능력이 단계적으로 평가하는 방법이다.

16) 김영규, 앞의 책, pp.430-431.

17) 위의 책, pp.431-433.

18) 佐護譽, 『人的資源管理概論』, 東京: 文眞堂, 2005, pp.47-48.

19) 일본에서 채택되고 있는 대표적인 인사고과방식이다.

(3) 직무기준법(performance standard method)

하나의 직무는 몇 개의 과업으로 구성되어 있다. 그 과업마다 세부적인 과업기준을 정하고, 그 기준에 대조하여 근무성적의 우열을 평가하는 방법이다.

(4) 대조법(checklist method)

대조법은 직무수행 사실을 분석적으로 분류한 평가세부일람표를 체크하여 평가하는 방법이다.

(5) 강제할당법(forced distribution method)

미리 정해 놓은 비율에 맞추어 피고과자를 기계적으로 할당하는 방법이다.[20]

(6) 직무보고법(performance report method)

피고과자가 자기의 직무상의 업적을 구체적으로 보고해서 평가를 받는 방법이다.[21]

직무평가와 같이 인사고과도 평가(고과)요소에 의하여 실시된다. 평가요소로 사용되고 있는 요소는 100여 가지가 넘는다. 〈표 6-1〉은 고과요소를 예시한 것이다.

고과요소는 매우 다양하지만, 실제의 인사고과는 여러 가지 요소 중에서 특정한 요소를 선택하여 실시한다.

아직 평가대상이 되는 종업원의 종류, 즉 직종이나 자격(생산직, 사무직, 관리직, 전문직 등)이 다르면, 많은 경우 다른 평가요소가 선택된다.

표 6-1 고과요소의 예

고과 항목	고과요소
능력고과	업무지식, 직무지식, 전문지식, 지식·기능, 기능도, 숙련도, 처리력, 추진력, 실행력, 기획력, 고안력, 계획력, 개발력, 개선력, 응용력, 기획창조력, 기획판단력, 기획수립력, 이해력, 통찰력, 이해판단력, 식견, 비전, 포용력, 인간적 매력, 대응력, 섭외력, 설득력, 절충력, 조정력, 판단력, 결단력, 리더십, 통솔력, 지휘력, 업무관리력, 평가력, 표현력, 전담력, 커뮤니케이션력
태도고과	협조성, 적극성, 책임감, 사명감, 문제의식, 자기계발노력, 팀워크, 자주성, 행동력, 근무태도
업적고과	정확성, 신속성, 근면성, 업무목표 달성도, 업무내용 개선도, 부문 간 협력, 일의 양, 일의 질, 일의 성과, 일의 개혁, 일의 능률, 과업성과, 영업성과, 안전도

자료: 笹島芳雄(1995: 101).

20) 김영규(2000), 앞의 책, p.435.
21) 위의 책.

인사고과는 공정하고 적절하게 운영되어야 하는데, 그것을 위해 인사고과운용상의 원칙으로서 ① 고과기준의 명확화, ② 고과기간의 준수, ③ 고과자의 복수화, ④ 제1차 고과의 존중, ⑤ 고과장면의 엄수 등이 있다.

그러나 고과에 있어서 각종 평정(評定)오차가 발생할 우려가 있으며, 그 오차의 발생 방지와 공정하고 적절한 고과를 하기 위해 고과자 훈련을 할 필요성은 높다고 할 수 있다.

4 보수

1) 보수의 의의와 보수관리의 중요성

보수란 업무수행에 대한 경제적인 대가인 봉급[22]과 기타 수당을 말한다. 현대 산업사회에서 보수는 사회적 지위와 심리적 상징을 포함하는 종업원의 생활방식을 결정한다. 즉, 보수로 지급받는 화폐는 지위의 상징이며 성공도를 나타내는 척도이기 때문에 욕구, 사기, 동기부여 요인으로 매우 중요한 역할을 가지고 있다.

보수관리는 종업원의 생활유지와 향상을 고려하여 보수지급을 경영의 측면에서 합목적적으로 관리하는 것이며, 시대의 흐름에 맞게 관리가 되어야 한다.

특히, 보수관리를 구성하는 보수수준, 보수제도, 보수체계는 사회의 흐름과 동향에 맞추고 있는 것은 종업원의 사기, 동기부여에 주는 영향이 크기 때문이다. 또한 인재개발, 능력개발이라는 측면에서 보수를 생각하면, 일상생활이 경제적으로 안정된 상황에서는 종업원이 자기계발에 투자하는 금액도 높게 되며, 고용관리의 측면에서 보수를 보면 보수는 유능한 인재를 확보하기 위한 중요한 영역이 된다.[23]

따라서 보수에 대해서는 종업원의 생활양식을 얻는 수단으로서의 임금이라고 생각할 것이 아니라 보다 폭넓은 관점에서 보수관리의 중요성을 생각할 필요가 있다.

---

22) 임금과 봉급은 일반적으로 지급대상, 지급방법을 기준으로 그 개념을 구분할 수 있다. 즉, 임금(wage)이라고 하면 육체적인 노동을 위주로 하는 육체노동자에게 주로 적용되는 시간급 또는 일당제의 명칭으로 사용된다. 반면에, 정신적인 노동을 위주로 하는 정신노동자를 대상으로 주급·월급·연봉 등의 형태로 지급되는 노동의 반대급부는 봉급(salary)이라고 부른다. 다만, 광의로 임금과 봉급이 다 같이 노력을 통해서 얻어지는 소득이라는 관점에서 동의어로 해석되고 또 사용되고 있다. 김영규(2000), 『경영학원론』, 서울: 박영사, p.439.

23) 梶原豊, 『人的資源管理論』, 東京: 同友館, 2002, p.107.

2) 보수체계와 보수지불형태

기업이 종업원에게 지불하는 보수총액을 개개 종업원에게 분배할 때에 보수지불의 항목을 보수체계라고 한다. 흔히 보수체계는 기본급, 수당, 상여금, 후생복지 등으로 구성된다. 기본급은 근로에 대하여 지급하는 임금을 말하며, 임금체계를 결정하는 기준이 되는 것이다. 수당은 기본급에 덧붙여서 근로조건이나 생활조건의 차이에 대응하여 지급되는 것이다. 예를 들어, 직무수당, 자격수당, 가족수당, 통근수당, 시간 외 근무수당 등이 있다. 상여금은 성과에 대한 보상으로 지급되는 보수로 보너스, 이윤배분 등의 형태이다. 후생복지는 종업원의 생활안정과 생활의 질을 높이기 위해 지급되는 것으로 법정 후생복지(의료보험 · 연금보험 · 실업보험 · 재해보험 등)와 법정외 후생복지(주택 · 급식 · 문화체육 등)가 있다.

보수체계를 구성하는 보수를 지불하는 형태는 시간제와 성과급제로 분류할 수 있다.

시간제(wage payment by time)는 종업원의 능력을 사전에 측정하여, 그 종업원에 대한 시간당 단가를 결정한 후 일정한 노동시간에 대하여 임금을 계산하는 방식이다. 이것은 시급제, 일급제, 주급제, 월급제, 연봉제 등이 있다.

성과급제(wage payment by output)는 개개 종업원 또는 집단에 대하여 그 업적이나 매출액에 따라 임금을 지불하는 제도이다.

노동자 1인당 임금액을 의미하는 임금수준은 동기부여 및 사기에 영향을 미치는 중요한 요인이며, 개별기업의 임금지불능력에 의거 적정한 임금배분, 노동시장에서 적절한 임금수준의 유지 · 향상은 인재의 확보 및 정착성과도 밀접하게 관련되어 있다.24)

3) 복리후생

종업원 및 가족에 대하여 기업이 법적 또는 자발적으로 행하는 경제적, 건강과 보건, 문화 교양적 시책들을 복리후생이라고 한다. 이것은 종업원의 경제적 안정을 위하여 임금지불뿐 아니라 일상생활에 필요한 경비를 일부 지급해 주는 것이다.

복리후생은 법정 복리후생과 법정외 복리후생의 두 가지 형태로 나눌 수 있다.

(1) 법정 복리후생

기업이 법률적 의무로서 실시하는 복리후생이며, 기업이 법정 복리후생을 위해 지출

24) 위의 책, p.110.

하는 경비가 법정 복리비이다. 우리나라의 경우 현재 국민연금 · 건강보험 · 고용보험 · 산재보험이 이에 해당된다.

(2) 법정외 복리후생

기업이 자발적 또는 노동협약에 따라 실시하는 복리후생이며, 기업이 법정외 복리후생을 위해 지출하는 경비가 법정외 복리비이다. 이에 해당하는 것은 생활경제복리(급식 · 교육비 등), 주택복리(주택대여), 건강과 보건복리(건강상담 · 운동시설 · 오락시설), 휴가(휴일과 질병휴가 · 바캉스휴가) 등이다.

제 4 절

인적자원의 개발

1 교육훈련의 의의

교육훈련은 종업원의 일반능력을 개발하고 직무수행에 필요한 지식과 기술을 연마하며 태도의 발전적 변화를 촉진하는 활동이다.[25] 즉, 기업환경의 변화에 대응하기 위해서 새로운 법률 · 기술 · 기계, 새로운 생산과 판매방법, 새로운 경영방법에 대하여 부단히 실시되는 활동이다.

기업 내에서 실시하는 교육훈련활동은 경영적 측면에서 보면 경영전략의 전개에 필요한 맨파워의 확보 · 육성, 기업문화의 전승 · 수정을 위해서 실시되는 것이다. 그러나 종업원의 입장에서 보면 개개인이 보유하는 잠재능력을 개발 · 육성하고, 직장생활에 필요한 능력의 향상, 한 시민으로서 사회적 능력(social skill)의 향상, 은퇴 후의 생활에 필요한 효과적인 능력개발 · 향상에 유용한 기회로서의 의의가 있다. 따라서 단지 기업경영에 도움이 되는 능력개발만이 아니라 평생교육의 관점에서 한 시민으로서 생활하는 데 도움이 되는 능력개발기회로서 기업 내 교육이 실시되는 것이 바람직하다.[26]

---

25) 오석홍, 『인사행정론』, 서울: 박영사, 1984, p.261.
26) 梶原豊, 앞의 책, pp.89-90

2 교육훈련의 중요성과 효과

경영자원 중에서 사람이 결정적인 역할을 담당하고 있기 때문에 인적자원개발이 조직의 유지·발전이 중요한 과제이다. 인재의 확보·능력개발이 기업의 성쇠를 규정하기 때문이다. 인적자원개발의 대상이 되는 능력은 직업능력 또는 직무를 수행하는 능력을 의미한다. 이러한 능력개발을 위한 유력한 수단이 교육훈련이다.[27)]

교육훈련은 새로 입사한 사람들에게 필요한 직무상의 지식이나 기술을 습득하는 계기를 제공한다. 또한 이미 근무하고 있는 종업원에게 새로운 지식과 기술을 습득하는 기회를 제공하는 것이다.

이와 같은 계획적인 교육훈련활동이 실시되면 종업원의 지식·기술·태도를 발전시켜서 능력개발의 기회가 주어져 직무에 만족을 갖게 되고, 더욱 직무수행능력이 발전되는 것이다.

계획적으로 교육훈련을 실시하기 위해서는 교육훈련체계, 교육훈련계획이 정비되고 계획적이고 제도적으로 교육훈련활동이 전개되는 등 장기적인 시점에 입각한 교육훈련활동으로서 능력개발시스템이 확립되는 것이 중요하다.

교육훈련체계는 각 기업의 경영이념, 기업행동이념을 교육훈련활동을 통하여 구현하기 위한 지침이 되는 것이며, 그것을 전개하기 위한 계획이 교육훈련계획이다.

3 교육훈련의 종류

1) 계층별 교육훈련

(1) 신입사원층 교육훈련

신입사원교육은 입사 전 교육, 입사 시 교육으로 나눌 수 있다.

(2) 중견사원층 교육훈련

중견사원층은 중간경영층과 신입사원층의 중간에 위치한 계층이다. 이 계층에서 요구되는 것은 경영조직의 인식, 업무의 효율적인 추진방법과 개선, 상사의 직무에 대한 인식과 보좌, 동료와의 협조, 신입사원에 대한 지원 등이다.

---

27) 佐護譽, 『人的資源管理概論』, 東京: 文眞堂, 2005, p.94.

일선감독자에 대한 직장외 교육훈련 중 대표적인 것으로 TWI(training within industry)가 있다. TWI는 감독자가 감독적인 직무를 수행하기 위해 필요한 능력 가운데, 작업지도(job instruction), 작업개선(job method), 부하직원통솔(job relation), 안전작업(job safety) 등 네 가지의 기능을 부여하는 훈련이다.28)

(3) 중간경영층 교육훈련

중간경영층 교육훈련은 관리·감독자가 갖추어야 될 자질을 함양하는 데 필요한 관리의 기초, 업무개선, 업무관리, 부하육성, 인간관계 등을 교육한다.

중간경영층을 위한 직장외 교육훈련으로는 MTP(management training program)를 들 수 있다. 이것은 중간관리자의 관리능력 향상을 목적으로 고안된 교육훈련방식이다.

(4) 경영자층 교육훈련

최고경영자로서 갖추어야 될 자질을 함양하는 데 필요한 경영계획, 조직화, 조정, 조직발전과 개혁 등이 교육내용이다.

최고경영층에 대한 직장외 교육훈련으로는 ATP(administrative training program)를 들 수 있다. ATP는 강의방식으로 진행되며 15명 내·외의 인원으로 구성된 피교육자를 대상으로 실시한다.29)

2) 직능별 교육훈련

기업조직을 사무직, 기능직, 판매직 등 직능별로 구분하여 교육훈련을 실시하는 것이다. 직능의 특성에 따라서 직속상사가 부하에게 직접 개별지도하고 교육훈련하는 OJT(on the job training), 연수회, 사례연구 등의 교육훈련을 실시한다.

3) 형태별 교육훈련

교육훈련을 형태별로 나누어 보면 기업 내 훈련과 기업 외 훈련으로 구분할 수 있다.

(1) 기업 내 교육훈련

기업 내의 교육훈련은 직장 내 훈련(on the job training: OJT), 직장 외 훈련(off the

---

28) 위의 책, p.96.

29) 김영규, 『경영학원론』, 서울: 박영사, 2000, p.454.

job training: off JT), 자기계발 등이 있다.

OJT는 직장 내에서 직속상사가 부하에게 직무수행에 필요한 지식 · 기능 · 태도의 향상과 발전을 위해서 시행하는 교육훈련이다.

off JT는 교육훈련을 담당하는 전문가의 책임 하에 집단적으로 교육훈련을 실시하는 방법이다. 이 훈련은 기업 내의 특정한 교육훈련시설을 통해서 실시되는 경우도 있고, 기업 외의 전문적인 훈련기관에 위탁하여 수행되는 경우도 있다.

자기계발은 종업원 개개인이 자기의 의사에 따라 능력개발을 위해 노력하는 것이다. 기업에서는 여기에 여러 가지 지원을 하는 경우가 많다.

(2) 기업 외 교육훈련

기업 외 교육훈련은 기업 외의 교육훈련기관이나 시설에 해당자를 파견하여 실시하는 교육훈련방식이다. 경비업 관련 기업 외 교육훈련의 대표적인 기관은 (사)한국경비협회와 경찰청이 지정한 대학 등이다.

4 민간경비 법정 교육훈련

1) 일반경비원의 교육

일반경비원의 교육은 신임교육과 직무교육으로 나눌 수 있다.

신임교육은 신입사원층 기능직에 대한 입사 시 교육훈련이며 기업 외 교육훈련을 통하여 교육훈련을 실시하는 것이다. 직무교육은 기능직에 대한 기업 내 교육훈련이다.

(1) 신임교육

① 신임교육대상자와 비용부담

일반경비업자는 다음의 일반경비원에 대하여 일반경비업자의 부담으로 신임교육을 받게 하여야 한다.

㉮ 경비원의 경력이 없는 사람으로서 일반경비원으로 채용된 사람, ㉯ 경비원 신임교육을 받은 후 3년 이상의 기간 동안 경비업무에 종사하지 아니하다가 일반경비원으로 채용된 사람이다.

다만, 일반경비원으로 채용된 사람이 경찰공무원법에 의한 경찰공무원, 대통령 등 경호에 관한 법률에 의한 경호공무원·별정직공무원 또는 군인사법에 의한 부사관 이상의 경력을 가진 사람, 경비지도사 자격이 있는 사람은 제외할 수 있다.

② 신임교육기관

신임교육은 ㉮ 경비협회, ㉯ 경찰교육기관, ㉰ 경비업무 관련 학과가 개설된 대학 등 경비원에 대한 교육을 전문적으로 수행할 수 있는 인력과 시설을 갖춘 기관 또는 단체 중 경찰청장이 지정하여 고시하는 기관 또는 단체가 실시한다.

③ 교육과목 및 시간

표 6-2 일반경비원 신임교육의 과목 및 시간

구분 (교육시간)	과목	시간
이론교육 (5시간)	「경비업법」	3
	범죄예방론(신고 및 순찰요령을 포함한다)	2
실무교육 (20시간)	시설경비실무(신고 및 순찰요령, 관찰·기록기법을 포함)	2
	호송경비실무	2
	신변보호실무	2
	기계경비실무	2
	사고예방대책(테러대응요령, 화재대처법 및 응급처치법을 포함)	3
	체포·호신술(질문·검색요령을 포함)	3
	장비사용법	2
	직업윤리 및 서비스(예절 및 인권교육을 포함)	4
기타(3시간)	입교식, 평가 및 수료식	3
계		28

자료: 경비업법 시행규칙 제12조 제1항 관련 별표 2.

(2) 직무교육

일반경비업자는 소속 일반경비원에 대하여 매월 4시간 이상의 직무교육을 실시하여야 한다. 직무교육은 경비업자가 실시한다.

2) 특수경비원의 교육

특수경비원의 교육은 신임교육과 직무교육으로 나눌 수 있다. 신임교육은 신입사원층 기능직에 대한 입사 전 교육훈련이며 기업 외 교육훈련을 통하여 교육훈련을 실시하는 것이다. 직무교육은 기능직에 대한 기업 내 교육훈련이다.

(1) 신임교육

① 신임교육대상자와 비용부담

특수경비업자는 특수경비원으로 하여금 특수경비원 신임교육과 정기적인 직무교육을 받게 하여야 하고, 특수경비원 신임교육을 받지 아니한 자를 특수경비업무에 종사하게 하여서는 아니 된다.

특수경비업자는 채용 전 3년 이내에 특수경비원업무에 종사하였던 경력이 있는 사람을 특수경비원으로 채용한 경우에는 해당 특수경비원을 특수경비원 신임교육대상에서 제외할 수 있다.

② 교육기관

특수경비업자는 ㉮ 「경찰공무원 교육훈련규정」에 따른 경찰교육기관, ㉯ 〈표 6-3〉에서 정하는 기준에 적합한 기관 또는 단체 중 경찰청장이 지정하여 고시하는 기관 또는 단체에서 실시하는 특수경비원 신임교육을 받도록 하여야 한다.

특수경비원 신임교육 과정을 개설하고자 하는 기관 또는 단체는 다음의 시설 등을 갖추고 경찰청장에게 지정을 요청하여야 한다. 경찰청장은 지정을 요청을 받으면 다음의 기준에 적합한 지의 여부를 확인한 후 그 기준에 적합한 경우 이를 특수경비원 신임교육 실시기관·단체로 지정할 수 있다. 지정을 받은 기관·단체는 신임교육의 과정에서 필요한 경우에는 관할경찰관서장에게 경찰관서 시설물의 이용이나 전문적인 소양을 갖춘 경찰관의 파견을 요청할 수 있다.

표 6-3 특수경비원 교육기관 시설 및 강사의 기준

구분	기준
1. 시설기준	• 100인 이상 수용이 가능한 165제곱미터 이상의 강의실 • 감지장치·수신장치 및 관제시설을 갖춘 132제곱미터 이상의 기계경비실습실 • 100인 이상이 동시에 사용할 수 있는 330제곱미터 이상의 체육관 또는 운동장 • 소총에 의한 실탄사격이 가능하고 10개 사로 이상을 갖춘 사격장
2. 강사기준	• 고등교육법에 의한 대학 이상의 교육기관에서 교육과목 관련 학과의 전임강사(전문대학의 경우에는 조교수) 이상의 직에 1년 이상 종사한 경력이 있는 사람 • 박사학위를 소지한 사람으로서 교육과목 관련 분야의 연구 실적이 있는 사람 • 석사학위를 소지한 사람으로서 교육과목 관련 분야의 실무업무에 3년 이상 종사한 경력이 있는 사람

	• 교육과목 관련 분야에서 공무원으로 5년 이상 근무한 경력이 있는 사람 • 교육과목 관련 분야의 실무업무에 10년 이상 종사한 경력이 있는 사람 • 체포 · 호신술 과목의 경우 무도사범의 자격이 있는 사람으로서 교육과목 관련 분야에서 2년 이상 실무 경력이 있는 사람 • 폭발물 처리요령 및 예절교육 과목의 경우 교육과목 관련 분야에서 2년 이상 실무 경력이 있는 사람

비고: 교육시설이 교육기관의 소유가 아닌 경우에는 임대 등을 통하여 교육기간동안 이용할 수 있도록 하여야 한다.

③ 교육과목 및 시간

표 6-4 특수경비원 신임교육의 과목 및 시간

구분 (교육시간)	과목	시간
이론교육 (15시간)	「경비업법」·「경찰관 직무집행법」 및 「청원경찰법」	8
	「헌법」 및 형사법(인권, 경비 관련 범죄 및 현행범체포에 관한 규정을 포함한다)	4
	범죄예방론(신고요령을 포함한다)	3
실무교육 (69시간)	정신교육	2
	테러대응요령	4
	폭발물 처리요령	6
	화재대처법	3
	응급처치법	3
	분사기 사용법	3
	출입통제요령	3
	예절교육	2
	기계경비 실무	3
	정보보호 및 보안업무	6
	시설경비요령(야간경비요령을 포함한다)	4
	민방공(화생방 관련 사항을 포함한다)	6
	총기조작	3
	총검술	5
	사격	8
	체포 · 호신술	5
	관찰 · 기록기법	3
기타(4시간)	입교식 · 평가 · 수료식	4
계		88

④ **이수증의 교부**

신임교육 기관 또는 단체의 장은 특수경비원 신임교육의 과정을 마친 사람에 게 신임교육 이수증을 교부하고 그 사실을 신임교육이수증 교부대장에 기록하여야 한다.

경비업자는 특수경비원이 신임교육을 받은 때에는 경비원의 명부에 그 사실을 기재하여야 한다.

(2) 직무교육

특수경비업자는 소속 특수경비원에 대하여 매월 6시간 이상의 직무교육을 실시하여야 한다.

관할경찰서장 및 공항경찰대장 등 국가중요시설의 경비책임자(관할경찰관서장)는 필요하다고 인정하는 경우에는 특수경비원이 배치된 경비대상시설에 소속공무원을 파견하여 직무집행에 필요한 교육을 실시할 수 있다.

5 경력개발

경력개발(career development)이란 개인의 경력목표를 달성하기 위한 경력계획을 수립하여 조직의 욕구와 개인의 욕구가 합치될 수 있도록 각 개인의 경력을 개발하는 활동을 말한다.[30] 따라서 경력개발은 종업원의 노동력 향상, 이직 방지, 후계자 양성을 기함으로써 인재의 효율적인 확보와 배치를 가능하게 하는 것이다. 그리고 종업원에게 승진 가능성을 제시함으로써 성취동기를 유발하는 것이다.

제 5 절

노사관계관리

1 노사관계관리의 의의

노사관계(industrial relation)는 경영에서 사용자와 종업원(개별노사관계), 사용자와

30) 김영규, 『경영학원론』, 서울: 박영사, 2000, p.455.

노동조합의 관계(집단적 노사관계)를 말한다. 그리고 노사 양자의 관계를 어떻게 합목적적으로 조정하는가가 노사관계관리이다.

노사관계가 안정되어 있는 직장의 사기는 높고, 결과로서 업적도 높지만, 안정된 노사관계를 양성하기 위해서는 사용자와 노동조합이 상호협력의 입장에서 이해조정을 하고, 협동관계를 수립하기 위해서 노력하는 관계가 되어야 한다. 즉, 현대의 노사관계는 노동조합과 경영자 간의 민주적이고 합리적인 분위기 속에서 노사협력체제를 구축하는 것이 요체이다.[31]

2 노동조합

1) 노동조합의 의의

노동조합이란 근로자가 주체가 되어 자주적으로 단결하여 근로조건의 유지・개선 기타 근로자의 경제적・사회적 지위의 향상을 도모함을 목적으로 조직하는 단체 또는 그 연합단체를 말한다.[32] 따라서 노동조합은 근로자가 주체적으로 사용자에 대하여 노동조건의 유지・개선 등을 도모하는 단체로서의 성격을 가지고 있다.

2) 노동조합의 형태

노동조합은 각각의 조직형태에 따라 특징이 있지만, 그 역할은 성격규정에 제시된 노동조건의 유지개선, 경제적 지위의 향상 등의 활동목적에 관하여 주체적으로 활동을 전개하는 것이다.

노동조합은 조직형태별로 나누어 보면 다음과 같다.[33]

(1) 직업별 조합(trade union)

한 기업 내에서 동일직업에 종사하는 노동자가 조직하는 조합형태이다. 동일기업 내에 직종에 따라 각 직업별 조합이 결성될 수 있다.

---

31) 위의 책, p.457.

32) 노동조합 및 노동관계조정법, 제2조.

33) 梶原豊, 『人的資源管理論』, 東京: 同友館, 2002, p.124.

(2) 직종별 조합(craft union)

특정한 직종에 따라 결성된 노동조합이다. 노동조합으로서 교섭력을 강화하기 위해 직종별 조합에서 직업별 조합으로 조직전환을 도모하는 경우가 많다.

(3) 산업별 조합(industial union)

동일산업에 속한 노동자를 일괄하여 조직한 노동조합이며, 사용자에 대하여 강력한 힘을 발휘할 수 있다. 구미 노동조합의 대부분은 산업별 조합이다.

(4) 기업별 조합(enterprise-based union, company-based union)

특정 기업 또는 그 사업소마다 조직화된 노동조합이다. 개별조합 단위로 규약, 임원, 재정을 가지고 있다. 일본 노동조합의 대부분은 기업별 조합이다.

3 노사협력제도

1) 의의

노사 간의 관계는 상호협력적인 면과 이해대립의 양면성을 지니고 있다. 노사 간 관계를 갈등보다는 상호협력하는 입장에서 지속적으로 유지해 나가기 위해서는 경영자와 노동자가 공통된 목표를 추구하기 위한 헌신적인 노력을 기울이지 않으면 안 된다. 노사 양자 간의 공통된 사안에 대하여 노동자의 발언권을 인정하는 노사협력제도는 노사관계를 개선하는 한 방편으로 사용된다.[34]

2) 노사협의회와 경영참가

노사협의회(joint consultation system, joint labor management conference system)는 경영 측과 노동조합 간의 사이에서, 단체교섭 이외의 설치된 협의기관을 통하여 노사 간의 문제점의 원활한 해결을 도모하고 있는 제도로서 경영참가의 한 형태이다.[35]

이 제도의 설치목적은 노사의 의사소통, 기업의 원활한 운영, 노동조건의 유지·개선, 생산성의 향상 등이다. 노사 간에 토의될 사항은 다음과 같이 분류될 수 있다.[36]

---

34) 김영규, 앞의 책, p.459.
35) 梶原豊, 앞의 책, p.125.
36) 위의 책, pp.125-126.

(1) 경영적 사항

경영방침, 생산 · 사무의 합리화방침, 경리

(2) 생산적 사항

생산계획, 생산성의 측정, 제안제도에 의한 처리사항

(3) 인사적 사항

채용 · 배치기준, 인사이동기준, 근무태양의 개선, 평가기준, 전보 · 인원정리 등

(4) 사회적 사항

안전위생, 복리후생

(5) 노동조건사항

임금제도, 노동시간, 정년제

(6) 기타

노동협약의 해석 · 적용, 고충처리, 취업규칙의 개폐

제6절

파트타임 종업원의 관리

1 파트타임 종업원의 의의

민간경비업은 특수경비업과 기계경비업 등 일부업종을 제외하고는 일시적이고 한시적인 경비수요로 인하여 파트타임(part time) 노동력에 의존하는 경우가 많다.

흔히 파트타임 근로자는 정규 취업시간보다 짧은 시간을 일하는 자를 말한다. 따라서 ILO에서는 정규근로자보다도 노동시간이 상당 정도 짧은 상용고용 노동자를 파트타임 고용(part-time employment)이라고 하며, EU는 사용자와 노동자의 합의에 의해 통상 노동시간보다도 단시간 노동에 종사하는 노동자를 파트타임 노동자라고 한다.[37]

그러나 단시간 취업의 노동자 모두가 반드시 파트타임 노동자라고 할 수 없을 만큼 다양한 취업형태가 존재하고 있고, 또 풀타임 노동과 아무런 차이가 없는 취업형태가 파트타임으로 포함될 만큼 다양한 고용관리문제가 존재한다. 따라서 파트타임 종업원이란 신분, 명칭에 관계없이 정규직이 아닌 자라고 할 수 있다.

파트타임 노동자를 고용하는 목적은 인건비의 삭감이며, 노동의 질, 노동자의 능력, 노동시간 등에 관계없이 파트타임 노동자는 총체적으로 정규종업원에 비교하여 임금수준이 낮게 책정되어 있는 것이 문제이다. 과거에 파트타임 노동자는 주로 가정주부, 젊은 여성층이 대부분이었지만 이제 청년, 학생, 정년퇴직한 남성 고령자가 파트타임으로 노동에 종사하는 경우가 늘어나 파트타임 노동자의 실태는 급격히 변하고 있어 파트타임 노동을 둘러싼 문제가 복잡하다.[38]

2 파트타임 근로자의 고용과 고용관리

산업구조의 전환은 과기와는 다른 새로운 산업을 만들고, 거기에 새로운 노동수요가 발생하는 동시에 업종 · 업태에 맞는 고용형태가 생기고 있다.

업종 · 업태를 불문하고 기업에서는 파트타임 노동자의 노동력이 충당되지 않으면 기업경영이나 기업의 원활한 활동이 매우 어려운 경우도 많다.[39] 즉, 파트타임 노동력에 기업은 크게 의존하고 있는 것이다.

민간경비산업의 경우도 파트타임 근로자가 차지하는 비율이 매우 높다.

일반적으로 민간경비업체가 파트타임 노동자를 고용하는 주요한 이유는 ① 고용조정이 용이하기 때문이다. ② 정규사원(풀타임)보다 인건비가 낮다. ③ 업무가 일정하지 않고 갑자기 일이 많고 바쁘기 때문이다.

그리고 경우에 따라서는 ① 간단한 일이기 때문에, ② 정규사원의 확보가 곤란하기 때문에 등의 이유도 있다.

고용기간을 일률적으로 정하고 있는 경우와 개별적으로 정하고 있는 경우 등 다양하

---

37) 위의 책, p.215.

38) 藤田忠, 『人事管理』, 東京: 有斐閣, 1973, p.215.

39) 업종 · 업태별로 보면 계절적 변동의 영향을 받기 쉬운 식품업, 운수업, 백화점 등에서는 일이 계절적으로 바쁘고, 간단한 일이기 때문에 파트타임 근로자를 고용하는 기업이 많고, 외식산업, 서비스산업 등에서는 하루 중 바쁜 시간대에 대처하기 위해, 정규사원보다 인건비가 싸기 때문에, 정규사원의 확보가 곤란하기 때문에 파트타임 근로자를 고용하는 기업이 많다.

지만, 서면으로 고용기간 갱신 절차를 밟는 기업이 많다.

파트타임 노동자에 대한 임금지불방법은 시간급, 일급제가 대부분이며 때로는 주급이나 월급제도 있다.

3 파트타임 근로자의 고용관리 적정화

파트타임 노동자의 고용관리 적정화를 위해 다음과 같은 조치가 필요하다.[40]

1) 고용관리의 적정화

사용자는 계획적인 모집, 파트타임 근로자의 특성, 능력, 적성, 경험을 감안한 채용, 배치를 위해 노력하는 등 적정한 고용관리를 한다.

2) 고용보험 등의 적용

일정한 요건을 갖춘 파트타임 근로자는 피보험자가 되는 것을 사업주, 노동자는 함께 인식하고 필요한 수속을 한다.

3) 교육훈련의 실시

사용자는 파트타임 근로자의 취업실태에 따라 계획적으로 교육훈련을 실시하기 위해 노력한다.

4) 고령자의 단시간노동의 실시

고령자의 높은 취업의욕, 능력 등을 감안하여 유효하게 활용하도록 한다. 사용자는 단시간 노동을 희망하는 고령자에 대하여 적절한 고용기회를 제공하도록 노력한다.

5) 정규근로자로 응모기회 부여

정규노동자로 고용을 희망하는 파트타임 근로자에 대하여, 사용자가 파트타임 노동자가 종사하고 있는 업무와 동종의 업무에 종사하는 근로자를 모집하는 경우, 외부로부터의 모집에 우선하여 응모기회를 우선적으로 부여하도록 노력한다.

---

40) 梶原豊, 앞의 책, p.226.

제 7 장 경비위해요소 분석과 위기관리

제 1 절 경비위해요소의 개념과 종류

민간경비의 운영을 필요로 할 경우에는 민간경비의 조직과 인력, 그리고 예산이 면밀하게 사전에 조사 · 분석 · 설계되고 투입되어야 한다. 민간경비의 실시과정은 ① 경비진단(조사 · 분석), ② 경비계획의 수립(설계), ③ 조직화, ④ 경비의 실행, ⑤ 성과평가의 순서를 갖는다. 이러한 민간경비의 실시과정은 어느 한 시점에서 발생하여 종결되는 단편적 활동이 아니며, 다시 처음으로 환류되는 연속성을 갖는다.

민간경비의 실시과정의 첫 단계인 경비진단활동은 구체적인 경비활동을 시행하기 전에 경비대상에 대하여 어떠한 유형의 위해가 존재하는지를 살피고, 이러한 위해에 대하여 어떠한 대응조치를 취해야 하는지를 분석하는 과정이다. 이러한 경비진단활동은 경비위해(요소) 분석을 그 내용으로 하는데, 여기에서 경비위해요소란 경비대상의 안전성을 위협하는 제반요소를 말한다. 민간경비의 실시를 필요로 하는 제반 위해의 종류와 이러한 경비위해요소에 대응하기 위한 조직화 등 경비체제를 살펴보면 다음과 같다.

1 위해의 종류

1) 자연적 위해

자연적 위해는 태풍, 지진, 홍수, 폭염, 폭설 등과 같이 인위적인 외부동기가 작용하지 않고, 특정한 시간과 장소의 특성에서 비롯된 자연현상에 의해 야기되는 각종 자연재해 등의 위해를 말한다.

2) 인위적 위해

절도, 강도, 사기, 횡령, 방화에 의한 화재, 교통사고 등 인간의 고의나 과실과 결부된 작위 또는 부작위에 의해 발생하는 각종 위해를 말한다.

3) 특정한 위해

인간의 고의나 과실 유무에 따른 위해의 구분과 달리, 특정한 시설물 또는 국가나 지역적 특성에 따라 다양하게 나타나는 유형의 위해를 말한다. 원자력발전소의 방사능 누출 위해, 가스저장소의 가스폭발 위해, 화학공장에서의 화재나 화학약품 누출 위해, 백화점에서의 날치기 범죄, 회사에서의 내부 절도에 의한 잠재적 손실 등의 위해가 있다.

2 경비위해요소의 조사주체

경비위해요소의 조사는 경비책임자에게 있어 가장 먼저 고려해야 할 과정이라고 할 수 있다. 경비위해의 조사자는 그 분야에 대한 전문지식을 갖추고 적절한 훈련을 받았어야 하며, 해당 시설물과 조사진행과정에 대한 사전지식이 있어야 한다. 경비위해요소의 조사는 조사주체에 따라 ① 내부적 담당자에 의한 조사, ② 경비전문가에 의한 조사가 있다.[1)]

1) 내부적 담당자에 의한 조사

내부적 담당자에 의해 조사를 실시하면 내부업무 구조에 대한 사전지식이 높고, 과거의 경비위해요소에 의한 경험적 사실에 대하여 숙지하고 있으며, 경비부서의 입장에

---

1) 서진석, 『민간경비론』, 인천: 진영사, 2018, p.141.

서 타 부서와의 협조체제 구축이 용이하다는 장점이 있다. 이에 비해 조직 내부의 인적 네트워크로 인한 사적인 관계를 완전하게 배제할 수 없기 때문에 평가기준이 주관적일 수 있고, 경비위해요소의 분석 및 평가기준이 경비전문가에 의한 조사에 비해 전문적이지 못할 우려가 있다는 단점이 있다.

2) 경비전문가에 의한 조사

경비전문가에 의한 조사는 조사가 보다 전문적이고 내부적 담당자에 의한 조사에 비해 객관적이라고 할 수 있다. 따라서 현재의 경비위해요소에 대한 분석이 보다 정확하게 나타날 가능성이 높다는 장점이 있다. 다만, 외부 경비전문가에 의한 조사는 조사기간의 제약에 따라 경비대상에 대한 완전한 숙지가 어렵거나 경비대상과 이해관계를 가진 내부자들이 비협조적일 경우에는 경비위해조사의 내용이 왜곡되는 등 부실한 조사결과를 가져올 수 있다는 단점도 있다.

3 경비의 종류

이렇게 다양한 경비위해요소에 대응하는 경비조직이나 대응방법에 따라 경비대응체계를 구분하면 다음과 같다.

1) 1차적 경비

1차적 경비는 경비원을 배치하는 것과 같이 단일한 경비체계에 의존하는 것을 말한다.

2) 단편적 경비

단편적 경비는 손실이 발생할 때마다 필요한 부분에 대증적으로만 대처하는 경비형태이다. 선제적이고 포괄적인 차원에서의 중장기적 계획이나 거시적 계획이 없다는 점에서 취약하다는 단점이 있다.

3) 반응적 경비

반응적 경비는 특정한 손실이 발생하는 사건에만 대응하는 것을 말한다.

4) 종합적 경비

특정한 위해요소에 관계없이 인력경비와 기계경비를 혼합한 종합적 경비의 형태와 같이 위해의 재발방지를 위해 종합적인 대책을 마련하여 대응하는 것을 말한다.

제2절

경비위해요소의 분석

경비위해요소 분석은 경비활동의 전제가 되는 것으로 경비활동 대상에 대해 위협이 되는 위험요소들을 대상별로 유형화하여 그 내용과 성격을 파악하는 경비진단활동의 일환이다. 이러한 경비위해요소 분석의 목적은 잠재되어 있는 위험을 예방하거나 억제하여 최적의 방어책을 세우기 위해서이다. 따라서 경비활동의 대상에 대하여 어떠한 유형의 위해가 존재하는지, 이러한 예상되는 위해에 대하여 어떠한 일련의 경비조치를 취해야 하는지를 세부대상별로 분석하는 과정이다. 따라서 경비위해요소의 분석은 해당 경비대상시설마다의 환경과 상황에 맞도록 적정한 위험요소와 위험도를 평가하여야 한다. 모든 경비대상시설에 대하여 표준화된 시스템을 적용하는 것은 경비대상시설이 가지고 있는 개별적 경비활동의 특성을 간과한 것으로 바람직하지 않다.

1 경비위해요소의 인식과 사정(査定)

이러한 제반 위해에 효과적으로 대응하기 위해서 가장 선행되어야 하는 것이 존재하거나 예상되는 위험요소를 인식하는 것이다. 이것은 경비대상에 대한 경비상의 취약성을 파악하는 것을 말한다. 경비대상에 존재하는 경비위해요소에 대한 인식에 기초하여 경비위해요소의 사정(査定)이 이루어진다. 이것은 경비대상시설이 가지고 있는 경비목적상의 취약성을 확인하는 절차이다. 각종 재해의 빈도와 잠재성은 어느 정도이고, 그로 인한 손실의 가능성과 예상되는 피해의 수준은 어디까지인지를 파악하는 것이다.

경비위해요소의 인식은 경비위해요소 분석에 있어서 가장 선행되어야 하는 절차이다. 이와 같이 경비위해요소의 인식을 통하여 위험요소가 확인되면 각각의 위험요소와 상황에 따라 효과적인 수단을 선택하여 최적의 대응이 될 수 있도록 하여야 한다.

2 경비위해요소의 위험도 서열화: 경비위험도 평가

경비위해요소 분석의 두 번째 과정에서는 경비위해요소의 인식과 사정(查定)을 통해 파악한 결과를 바탕으로 손실에 대한 잠재적 빈도 등 경비위해요소의 위험도를 기준으로 서열화하는 것이다.

또한 동시에 다양한 위해가 발생하여 복수의 위험요소에 대응하여야 할 필요가 있다고 판단한 경우에는 각각의 위험요소 분류(척도화)를 통하여 경비대상이 갖고 있는 위험의 정도와 발생 가능성이 큰 순서에 따라 위험의 서열화가 이루어지도록 할 필요가 있다. 이러한 경비위해요소의 경비위험도 평가 작업을 통하여 그 예상손실이 많은 경비대상에 대하여는 그에 부합하는 경비조직과 경비예산 등 대응체계와 수준을 결정해야 한다. 위험의 서열화를 위해서는 자산평가와 위협의 평가가 선행된나.

1) 자산평가(Asset Assessment)

예상되는 위험요소들에 대하여 고려하기 전에 보호되고 있는 자산이 무엇인지에 대한 분명한 이해가 중요하다. 예를 들어, 보호되고 있는 사업이 '어떤 종류의' 사업인지 '무엇을 취급'하는 회사인지 등, 자산평가에 있어서는 '회사 자체에 대한 이해'와 같이 보다 구체적인 자산 평가가 필수적으로 요구된다. 보호되고 있는 자산이 '사람(운동선수, 연예인, 및 사회 저명인사)'처럼 단순한 것일 수 도 있고, 고가의 보석, 정보통신 장비, 회사의 컴퓨터에 저장된 기밀정보 등과 같이 보다 복잡한 것일 수도 있다.

2) 위협평가(Threat Evaluation)

자산평가와 마찬가지로 위협요소와 취약요소에 대한 평가도 중요하다. 예를 들어, 사업에 있어서는 많은 위협이 상존하는데, 이들 위협은 회사 보안과 관련된 매우 중요한 문제들이나. 각각의 회사들은 회사들 나름대로의 문제점들과 위협요소들을 가지고 있다. 한 예로, 유통업체 회사들은 중화학 공업 회사들보다 화재의 위험이나 위협으로부터 상대적으로 안전한 위치에 놓여 있다. 반대로 유통업체 회사들은 심각한 도난의 위협에 항상 직면해 있는 것이다.

문제는 특정한 위협이 언제나 분명하게 식별할 수 있는 것은 아니라는 점이다. 출입을 통제하기 위해 문(문의 소재도 나무 혹은 금속인지 여부), 자물쇠, 혹은 출입구 등을 확인하는 것은 상식적으로 보이지만, 제품성능 자체가 떨어지는 하급 재료들을 사용하여 만든 각종 문, 문틀 및 담장 등을 통한 접근은 보안적으로 중요한 고려의 대상이 되지 못하고 간과하는 경우가 많다.

다시 말해, 경비위험도 평가 단계에서는 경비위해요소 사정을 통한 경비위해요소의 인식과 위험도 서열을 정한 후에, 이에 따른 경비실시의 우선순위를 정하고 각각의 위해에 대하여 특정손실이 발생했다고 가정할 경우에 예상되는 경비대상에 미치는 영향력(예상손실)을 평가하게 된다. 따라서 예상손실에 대한 규모와 잠재적 빈도를 조사하는 것은 이러한 경비위험도 평가에서 중요한 요소가 된다.

3 경비위해요소 종합 평가 및 대안 제시: 비용-효과 분석

이와 같은 경비위험도 평가 절차를 마친 후에는 이에 부합하는 경비수준을 결정하는 절차가 필요하다. 경비위해요소를 종합적으로 평가하고 대안으로 적정한 경비의 실시를 위한 과정이다. 여기에는 대개 경제적으로 합리적이고 전체적으로 균형 잡힌 결정을 위해 투입비용 대비 산출효과를 비교·분석하는 작업이 포함된다. 보안관리자는 시설이 가지고 있는 취약요소에 대해 평가·분석할 수 있는 능력을 가지고 있어야 한다. 전체적인 평가·분석은 포괄적이며 정확한 분석을 의미하며 동시에 효과적으로 약점을 극복할 수 있는 방향으로 이끌어져야 한다. '취약요소 분석'은 '보안조사' 혹은 '감사'라고 부르기도 하며 정기적으로 반복하여 실시해야 한다.

특히, 여러 정책대안 가운데 가장 효과적인 대안을 찾기 위해 각 대안이 초래할 비용과 산출효과를 비교·분석하는 이러한 경비의 비용-효과 분석(cost-effectiveness analysis)에서는 투입할 수 있는 경비실시 비용에 비해, 이러한 경비의 실시로 기대할 수 있는 경비효과를 현재의 민간경비 수요자의 재정상태를 감안하여 수치로 비교·분석하게 된다. 이러한 계량적 접근으로 통해 경비실시의 효용성에 대한 실질적이고 합리적인 판단기준을 제공할 수 있게 된다.

이러한 종합 평가에서는 비용-효과 분석은 경제적인 측면에서의 문제해결을 위한 판단기준을 제시하는 것일 뿐 반드시 의사결정의 전부가 되지는 않는다. 민간경비의 실시를 필요로 하는 주체의 경영이념과 가치 및 시장 전체의 흐름에서 도출되는 현실적 필요성 등 경제적 측면 이외의 여러 가지 고려요소들이 대안 마련에 반영될 필요가 있기 때문이다.

제 3 절

위기관리와 보안조사

위기관리에서 가장 유용한 도구는 보안조사이다. 보안조사는 위험분석의 한 부분으로 진행되는데, 위험요소들에 대해 정확히 파악한 후 발견된 취약요소들의 현재 상황과 보완책 및 이에 필요한 예산의 산정을 통해 관리대책을 확립하기 위한 절차이다. 이러한 보안조사는 위험과 피해를 사전에 봉쇄하거나 최소화하기 위하여 실시된다.

1 보안조사의 주체

보안조사에 대한 의지와 실천은 최고경영자로부터 시작되어야 하며 최고경영자에게 이에 대한 강력하고 분명한 신념과 열정을 요구한다. 이러한 확고한 결정은 회사 전체의 모든 직원들로부터 보안조사에 대한 중요성에 관해 공감과 적극적인 협조를 얻어내는 데 결정적인 요소이다. 보안조사는 업무 중 사무실에서 벌어지는 일상의 반복되는 업무 절차와 과정뿐만 아니라, 현장 및 그것들을 둘러싸고 있는 모든 대상에 대해서도 심도 깊은 조사를 요구한다.

보안조사는 전문성과 경험을 겸비한 전문가에 의해 진행되어야 한다. 내부 전문가는 물론 몇몇 특별히 고용된 외부 전문가들은 기존의 단조롭고 편협한 시각에서 벗어나 다양한 문제점과 위험 및 취약요소에 대하여 객관적인 시각을 가지고 문제에 접근할 수 있기 때문에 현존하는 문제들에 대하여 더 완성도 있는 평가를 할 수 있다.

그러나 외부로부터 초빙된 전문가는 내부의 특별한 사정에 대해 잘 알지 못하고 현실으로 파악된 문제점을 중심으로 접근하므로 실제적인 반영에 한계가 있을 수 있다. 따라서 전문성과 객관적 시각으로 무장한 외부 전문가와 문제대상시설의 역사와 특정한 문제점들에 대해 해박한 정보와 지식을 가지고 있는 내부 전문가의 적절한 구성으로 보안조사팀이 구성된다면 조사 신뢰도에 커다란 긍정적 영향을 미칠 수가 있다.

2 보안조사의 내용

보안조사는 경비대상시설에 대한 철저한 물리적 조사이며 동시에 모든 가동체계들과 진행과정들에 대한 완전한 검사이다. 이러한 조사는 전체적인 객관성을 가지고 보호시설에 대한 분석을 통해 현재의 보안상태를 파악하여 시설의 취약지점을 발견하는 것이 핵심이다. 그 후 최상의 상태로 시설을 유지하기 위해 필요한 보안수준을 결정하여 마침내 통합적인 보안 프로그램의 확립으로 이끄는 것이다. 또한 이러한 조치는 법적 소송을 미연에 방지할 수 있는 하나의 대책이 되기도 한다.

1) 시설조사

시설조사는 다음과 같은 본질적인 질문을 통하여 시설과 그 주변을 종합적으로 고려할 수 있도록 취약점을 찾아간다.

(1) 시설 내부로의 출입통제 및 관리

출입이 허용된 직원인지 여부를 확인하는 방법으로는 무엇이 있나? 직원으로 고용되는 과정은 절차적 통제요소를 갖추고 있나? 고객, 판매원, 택배 등 방문객에 대한 출입통제 및 관리 절차는 적정한가? 승용차는 어떻게 주차 관리되나? 우편물 보관함은 어떻게 관리되나? 개별 출입에 필요한 확인서들은 로비를 지나기 전에 확인되나? 미화원들의 신분은 확인되고 있는가? 열쇠 및 출입카드들에 대한 책임은 누가 지나? 건물에 유지 보수작업을 누가 담당하나? 그들이 떠날 때 그들의 소지품은 확인되나? 늦은 밤 혹은 주말에 가구 또는 필요한 장비들이 시설 내부로 운반될 때 어떤 형태의 보안업무가 제공되나? 건물에서 가장 붐비는 시간과 장소는 어디인가?

(2) 컴퓨터 시스템 및 네트워크

컴퓨터 기능이 마비되었을 때 회사가 받게 되는 손실은 무엇인가? 컴퓨터 시스템 및 네트워크가 화재, 물리적 충격, 해커공격 등 위협요소들로부터 안전하게 보호될 수 있는가? 컴퓨터 백업 시스템이 있는가? 컴퓨터 파일들이 적절히 저장되고 있나? 컴퓨터 시스템이 허가받지 않은 사람들의 접근 시도로부터 어떻게 보호되는가? 바이러스의 공격으로부터 시스템을 보호할 수 있는 시스템이 가동되고 있는가?

(3) 공동 공간, 제품 및 장비 보관 장소

업무시간 외의 시간에도 출입자들이 올바르게 관리되고 있나? 엘리베이터 버튼들은 매뉴얼에 의하여 관리되고 있나? 건물로비는 근무시간 외의 시간에 건물 외부로부터 접근이 통제되며 동시에 출입이 허용되지 않도록 모두 봉쇄되는가? 건물 내부의 화장실은 공공에 개방되는가? 장비보관실은 항상 잠겨 있나? 건물 전체에서 마스터키는 사용되는가? 마스터키를 보관하고 유지하는 사람은 누구인가? 화재, 절도, 도난 및 불법적인 침입 등을 대비하는 경보장치는 무엇인가? 컴퓨터실 등 고가의 장비와 물품을 보관하는 장소에는 적절한 침입방지 센서가 장치되어 있나?

(4) 옥상과 주차장

옥상으로의 접근을 차단하기 위한 수단에는 무엇이 있는가? 직원들의 차량은 도난 및 파손으로부터 안전하게 보호되고 있는가? 주차장은 허가되지 않은 차량들의 통행으로부터 발생할 수 있는 다양한 사건·사고로부터 안전을 유지하기 위해 공장 혹은 사무실로부터 분리되어 있는가? 주요 관찰 지점들이 올바르게 관리되고 있나?

(5) 시설 주변 및 인접건물

울타리, 출입구, 배수로 및 하수구 등은 누군가가 자신의 몸을 숨길 수 있는 장소로 활용할 수 있는가? 시설의 경계에 해당하는 울타리 혹은 담장 밑 부분에 차량을 주차할 수 있도록 하고 있는가? 인접건물들의 창문 혹은 옥상을 통해 해당 시설물들로 이동이 가능한 매개 공간이 있는가? 이러한 공간들은 잘 통제되고 있는가?

(6) 열쇠 및 통제

열쇠는 안전하게 보관되나? 열쇠를 분실했을 때 새로운 열쇠로 대체되고 분실 및 재발급 사실이 기록되나? 열쇠 혹은 잠금장치들이 사용목적에 적합한가? 모든 열쇠의 개수는 확인되고 있나? 출입허가를 받지 못한 사람들의 접근을 통제하는 보안관리 업무가 정상적으로 이루어지고 있나? 첨단 기술을 장착한 잠금장치들로의 교체가 지속적으로 이루어지고 있나?

(7) 화재

건물 전체에 충분한 숫자의 소화전이 있는가? 소화전은 적절한 장소에 위치하고 있나? 소화기의 수와 용도는 정확히 파악되고 있나? 또한 적절히 관리되고 있나? 소방관들에 의한 정기적인 소방교육을 받고 있나? 건물 내에 자동 스프링클러와 경보장치가 작동되고 있나? 시설 내에 적절한 방화벽들이 있나? 방화문의 내열성은 어떠한가? 소화에 필요한 방화물질들은 적절하게 저장되어 있나? 관할 소방서에서 파견된 소방교관을 통해 화재예방 및 대피를 위한 정기적인 교육이 실시되고 있나?

(8) 전체적 관찰

전체적 관찰은 보안조사에 있어 매우 중요한 부분으로 절대로 간과되어서는 안 될 요소이다. 이것은 숨어 있어 발견하기 어려운 취약지점들과 약점들을 전체적인 관점에서 발견하는 것으로서 최적의 보안환경을 실현하기 위한 작업이다.

위의 모든 질문 리스트들은 시설에 대한 포괄적 조사를 위해 반드시 확인이 필요한 예시적 질문들이다. 위의 예시적 질문들은 각각의 부분에 대한 일반적인 검토가 필요한 사항들을 나열한 것으로서 필요한 전체를 의미하는 것이 아니며 반드시 보강되고 발전되어야 한다.

2) 부서별 조사

부서별 조사는 조직에서 각각의 부서들이 조직 특유의 잠재적 손실 위협에 의해 서로 구별되기 때문에 차별적인 평가를 받아야 한다는 점에서 강조된다.

부서별 평가는 완성된 보안조사에서 최종적인 조언과 실행방향에 대해 더욱더 확고한 자신감을 가져다주게 된다.

부서별 조사에서는 다음과 같은 본질적 질문에 대한 답을 찾아가야 한다.

① 대상부서에서는 기밀기록들을 유지 및 보유하고 있나?

② 대상부서에서는 다량의 현금 혹은 현금으로 교환 가능한 제품들을 보유하고 있나?

③ 그동안 도난당한 도구, 상품, 보급품에는 무엇이 있나?

④ 외부로부터 목표가 될 만한 보석, 약물, 고가의 제품들을 가지고 있나?

⑤ 부서 내부로부터 혹은 인근지점의 화재로부터 특별한 위험이 있다면 무엇인가?

이러한 질문들은 개별 부서가 지니고 있는 특정 위험사항들에 대해 초점을 맞추어 놓은 것으로서 조사의 실제 진행에서 중요한 참고사항이 될 것이다. 특정한 위험들이 두드러지게 나타나는 곳에 위험요소들을 제거할 수 있는 처방들이 제시될 수 있도록 각별한 주의가 있어야만 한다.

특히, 보안조사에서 사무실 내부에서 직원들에 의한 절도사건이 주요 사안으로 문제가 되었을 때에는 그러한 절도사건이 또다시 발생할 것인가의 반복적 가능성에 초점을 맞추기보다는, 사무실 내부에서의 주요한 위협요인에 대하여 다양한 가능성과 요인을 분석하여 해결을 위한 대안을 제시하는 것이다.

3) 인력 및 자금관리 부서에 대한 조사

조직에서 각각의 부서들은 조직 특유의 잠재적 손실 위협에 의해 각기 다른 평가를 받아야 한다. 보안상의 특정한 많은 문제들은 인력 및 자금 관리부서와 연관된 경우가 많다. 개인 신상에 관한 정보의 중요성은 최근 몇 년 간 정보보호에서 우선순위로 자리잡고 있다. 따라서 개인 신상에 관한 정보를 견고히 유지하기 위해 보안관리자들은 다음의 사항들에 관해 주의 깊은 관심을 가져야 한다.

(1) 인력관리 부서

인력관리 부서는 직원들 개인에 대한 신상과 정보를 안정되게 유지하기 위해 근무시간이 지난 시간에도 다른 건물 및 부서와 적절한 분리 및 안전장치들을 가동하고 있어야 한다. 이를 위해 사무실 열쇠 및 중요 서류의 관리상태가 주기적으로 확인되어야 한다. 인력관리 부서로의 접근통제 역시 중요하다. 회사직원들의 신상정보가 담겨진 하드카피 원본은 근무시간 외의 시간에도 보안상 안전하게 보호되어야 한다. 신규직원을 고용하는 절차는 물론 입사지원자들에 대한 심사 절차도 면밀한 검토가 필요하다. 새롭게 선발된 직원들은 보안의 중요성에 대하여 교육을 받아야 한다.

인력을 관리하는 부서의 보안은 그 대상이 서류이든 전산상의 파일이든 보안유지가 극도로 중요하다. 일반적으로 파일에는 최고경영자에서부터 신입사원에 이르기까지 모든 직원들의 신상에 관한 정보와 회사의 어제와 오늘에 이르는 모든 정보가 담겨져 있다. 이러한 정보들은 극도의 보안성 및 기밀성을 요구하므로 이에 걸맞은 보안대책을 강구해야 한다.

(2) 회계관리 부서

회계관리 부서는 회사 전체의 자금을 총괄하는 부서로서 일반적으로 범죄로 인한 손실에 가장 취약한 부서이다. 회사의 핵심적 보호체계가 작동되더라도 이러한 보호체계는 시스템상의 오류나 혹은 치명적인 약점이 없는지 정기적으로 재평가되어야 한다. 동시에 보안성과 효율성을 증가시키는 데 더욱더 초점을 맞추어야 한다. 회계담당 직원, 외상 매출금, 외상 매입금, 급료 지불명부, 회사의 공식 지정계좌 등의 관리 필요성은 아무리 강조해도 지나치지 않다.

(3) 구매관리 부서

구매관리 부서에는 많은 유혹과 부정이 난무할 수 있다. 현금은 물론, 고가의 선물, 사치스러운 유흥 및 호화로운 휴가 등이 선물(present)이라는 이름으로 종종 제공된다. 이 모든 행위들이 회사와 직접적인 관계가 있는 고객들에 대한 감사와 호의라는 이름으로 구매담당 부서에 의해 실행되는지 살펴야 한다. 손실관리(risk management)의 측면에서 구매담당 부서의 직원들이 회사의 공금을 개인적인 용도 혹은 불법적인 목적으로 사용하지 않는지를 주기적으로 재평가하는 등의 주의 깊은 관심을 가져야 한다.

이를 위해서 물품 및 선물 구입에서 이중으로 결제되는 것을 방지하기 위한 절차를 마련하여야 하고, 거짓 청구서를 구별하는 방법 및 절차를 가동하여야 한다. 효과적이고 경제적인 구매를 위해 일정 구매액수에 대해서는 경쟁입찰 절차를 반드시 거치도록 하여야 한다. 주문을 위한 서류 등 형식적 요건을 마련하고 지불승인을 위한 절차적 요건 역시 구비되어야 한다. 종종 구매관리 부서에는 고철, 폐휴지 및 재활용이 가능한 물품들을 처리하는 책임이 주어지기도 하는데, 얼마만큼의 폐물품들이 실려 나가는지에 대한 확인은 물론, 이러한 폐물품들의 처리를 맡은 실무 담당자에 대한 확인 및 점검, 그리고 낡은 가구 혹은 물품들의 처리과정과 내용물에 대한 기록보전 절차도 필요하다.

3 위험관리의 원칙

일단 '위험 가능성' 및 '임계 상황'에 대한 분석이 마무리되고 나면, 보안적 위해요소들을 명확히 확인하고, 이에 대한 '우선순위'를 정확히 자리매김하여야 한다. 이러한 결과를 바탕으로 회사의 보안책임자(CSO)와 최고경영자(CEO)는 어떤 방식으로 문제들을 해결해 갈 것인지를 결정하게 된다.

여기에는 몇 가지 위기관리 대안들이 있는데, 위험의 회피, 위험의 감소, 위험의 분산, 위험의 전가, 그리고 위험의 주기적 검토 등이 있다.

1) 위험의 회피

위험의 회피(risk avoidance)는 위험요소를 사전에 제거하여 문제를 없애는 것이다. 이는 책임을 맡은 부분에서의 위험을 다른 곳으로 전이(轉移)시키는 것으로 성취될 수 있다. 예를 들어, 반도체를 생산하는 M이라는 회사의 공장이 보안상의 결함을 발견하고 동종의 반도체를 생산하는 다른 회사에 반도체 생산라인을 매각하는 경우를 말한다. M사에서 발견된 보안상의 결함을 해결하기 위하여 요구되는 지속적인 '보안상 주의'와 '금전적 비용'보다 매각 결정이 경제적으로 이익이 된다고 판단했기 때문일 수 있다. 이로 인해 M사가 가지는 '위험'은 회피되었다고 말할 수 있다.

2) 위험의 감소

위험의 감소(risk reduction)는 보안적 관점에서의 문제점들과 안전상의 잠재적 불안요소들을 줄여나가는 것이다. 예를 들어, 보안관리자는 '보안조사' 및 '취약지점 분석'의 결과를 토대로 회사 내의 예산관리 부서에 출입자들의 신원확인을 한 결과, 출입통제수단 및 경보장치 등이 제대로 갖추어져 있지 않은 것을 발견하게 되었고, 이로 인해 현금손실 가능성이 매우 크다는 결론을 도출하게 된 경우를 가정해 보자.

회사는 이러한 결론을 토대로 정확한 신원확인을 위한 출입통제 수단 및 규칙을 도입하고 동시에 안전성을 높일 수 있는 경보장치 등이 설치한다면 그만큼 위험도를 낮출 수 있게 된다. 위험요소들은 절대로 완전히, 그리고 영구적으로 소멸되지 않는다는 관점에서 끊임없이 발생하는 각양각색의 위험에 대하여 면밀하고 꾸준하게 위험을 줄여나가는 것은 가장 현실적인 방법이라고 하겠다.

3) 위험의 분산

위험의 분산(risk spreading)은 업무에서 수반되는 여러 가지 '절차' 및 '진행'을 분산시켜 한 장소에서 일어난 '보안상' 혹은 '안전상'의 문제점들로 인하여 조직 전반적인 손실로 확산되는 것을 방지하는 것이다. 예를 들어, 위험의 회피에서 예를 들었던 반도체를 생산하는 M사가 공장에서의 보안상 결함을 발견하고, 다른 나라에 있는 반도체 생산라인을 가진 자회사에 본사를 대신하여 반도체를 생산하게 하였다면 이는 위험의 분산에 해당하는 예가 될 것이다.

4) 위험의 전가

위험의 전가(risk transfer)는 보험 가입 등의 수단을 통해 회사가 지니고 있는 위험을 조직 외부로 옮기는 것이다. 대표적인 위험전가 수단으로는 보험이 있다. 보험에 의한 위험의 전가는 위험 혹은 손상의 위협으로부터 회사를 보호하는 하나의 수단으로 여겨져 왔다. 많은 보안관리자들이 보험에 대해 가지고 있는 잘못된 생각은 보이지 않는 손실에 대한 가장 효과적인 수단이 '보험'이라고 생각하는 것이다. 아직도 많은 보안관리자들과 회사의 경영자들은 '보험'을 포괄적 보안 프로그램의 대체수단으로 여기며, 손실과 위협으로부터 회사의 '자산'과 '인명'을 보호해줄 수 있는 만능열쇠로 여기고 있다는 것이다. 이러한 태도에서 두 가지의 오해가 있다.

첫째, 거의 모든 손해보험회사들은 그들이 잠재적 위험에 대해 책임을 맡아 보험을 인수하기 전에 적절한 '안전' 및 '보안조치'의 이행을 요구한다. 일정 한도 내에서의 적절한 조치가 시행되지 않았을 경우 보험 심사자들은 보험의 인수를 거부하든가, 아니면 보험에 가입하려 하는 회사에게 높은 위험의 정도와 불안요소(시설 및 자산의 일부 혹은 전체)에 대해 설명하면서 최고 한도의 보험료를 요구할 것이다. 분명한 것은 '보험'은 '안전'과 '보안 프로그램'을 대체할 수 없다는 것이다. 이들 3요소는 모두 '삼위일체'로서 함께 가야만 한다.

둘째, 잠재적 손실과 위험요소들을 가지고 있는 모든 시설 및 자산이 보험에 가입되어 혜택을 볼 수 있게 된다는 것은 사실상 불가능하다는 점이다. '보험증권'에는 배상의 범위(보험금을 받기 위해 충족하여야 하는 요구조건), 보험금의 지불을 막는 다양한 배제조항, 공제조항, 자체 보험 보유 및 보험회사가 보험금이 지불되기 이전에 보험가입자로 하여금 손실의 일부분에 대하여 책임을 맡도록 하기 위해 요구하는 일정한 대기기간들이 있다. 또한 보험회사가 지불하는 보상액의 제한범위가 명확히 나타나 있다. 따라서 보험은 모든 손실을 감당하지 못한다.

다만, '위험의 전가'를 통해 위험성의 분산을 도울 뿐이다. 회사에 있어서 손실은 눈에 보이는 물리적 손실뿐만 아니라, 회사의 도덕성 상실, 소비자 신뢰의 상실 및 경쟁력 높은 시장에서의 '우월적 지위 상실' 등이 있다. 이 모든 각각의 상실들은 매우 중요한 것들이다. 당장 회사의 운명은 좌지우지하지는 않는다 할지라도 회사의 사회적 이미지 및 브랜드 이미지에 엄청난 타격을 주게 되고 경우에 따라서는 회복이 불가능할 수도 있다. 분명한 것은 '보험'은 '포괄적 보안 프로그램'을 더욱더 확고하게 할 많은 유익한 도구들 중 하나일 수는 있어도 보안 프로그램을 대신할 수 있는 '대체적 도구'가 될 수는 없다는 것이다.

많은 경우 일정 정도 이상의 과도한 '자산보험회사'에 대한 의존 때문에 최고경영자 및 보안관리자들은 합리적인 보안 절차들을 정착시키고 이를 발전시키는 데 대한 관심과 열정을 상실하는 경향이 있다. 보험에 대한 과도한 신뢰는 범죄 가해자들에 대항하여 회사가 마땅히 취해야 할 능동적이고 적극적인 보안조치를 감소시킬 수 있다. 실제로 이런 것들에 의한 의도되지 않은 결과는 자칫 보안사고의 확산에 기름을 붓는 역효과를 가져올 수 있다.

다만, 보험은 위험에 대한 '객관적' 혹은 '자기 진단'에 있어서 궁극적 손실에 대한 계획으로 고려될 수 있다. 보험을 통한 혜택은 위험들을 최소화하기 위한 모든 '안전'과 '보안상의 절차'에서 가치 있는 도움이 된다.

5) 위험의 주기적 검토

주기적 검토(periodic review)는 비록 '보안 계획'이 수립된 이후에도 중요한 점은 위험과 취약요소들을 파악하고 적절한 처방을 내놓을 수 있는 '조사의 과정들'을 지속적으로 실행해야 한다는 것을 의미한다. 효과적인 보안계획이 수립되기 위해서는 '계획' 자체가 생동감이 넘쳐야만 한다. 일정하면서도 규칙적인 조사만이 회사 혹은 조직의 보안상태에 대한 현재적 평가를 위한 근본적인 해답 및 대안을 제공할 수 있다. 외관상 하찮은 문제들로 여겨질지라도 전체적으로는 실로 엄청난 영향과 효과를 가져올 수 있다.

제 8 장 외곽경비 및 내부경비

제 1 절

외곽경비의 의의와 유형

1 외곽경비의 의의와 중요성

외곽경비란 경비대상시설의 외주를 경계하고 대비하는 일이다. 외곽은 경비대상시설과 외부의 경계지역에 위치해 있으며 경비의 최일선이 시작되는 곳이다. 경계지역은 경비대상시설의 위치나 특성에 따라 다양하게 형성된다. 예를 들면, 도시의 빌딩은 그 건물 자체가 방어벽 역할을 한다. 공장의 경우는 자체에서 소유하고 있는 외곽의 대지가 경계가 된다.

2 외곽경비의 유형

1) 장벽

장벽은 자연 장벽과 구조물 장벽으로 나눌 수 있다. 자연 장벽이나 구조물 장벽은 모두 경계를 한정하고 외부침입을 지연시키거나 제지하는 역할을 한다.

(1) 자연 장벽

자연 장벽은 외부침입을 막는데 도움이 되는 지형적인 특징을 가지고 있다. 이러한 자연 장벽에는 강, 절벽, 계곡, 늪, 정글, 울창한 숲 등이 있다.

높은 절벽이나 깊고 험한 계곡 같은 '지리적 특성' 자체가 외부침입을 완전히 제지할 수 없다. 즉, 자연 장벽은 과학적 첨단장비로 무장한 침입자를 원천적으로 막을 수 없다. 따라서 이 장벽들이 효과적인 기능을 수행하기 위해서는 반드시 보안장치를 추가할 필요가 있다. 대부분의 자연 장벽은 한계를 가지고 있으므로 구조물 장벽을 보완해야 한다.

(2) 구조물 장벽

구조물 장벽이란 무단침입을 제지하고 통제하기 위해 영구적 또는 임시적으로 설치한 장치를 말한다. 구조물 장벽의 종류는 담장, 벽, 문, 쇠창살, 노상 장애물 등의 구조물이 있다.

구조물 장벽도 외부침입을 제지하거나 통제하는 데 한계가 있다. 즉, 울타리의 경우는 위로 기어 올라갈 수 있고 담장은 위로 올라탈 수 있으며, 잠겨진 문이나 창살로 막힌 창문은 단호한 공격에 의해 침입이 허용될 수 있다.

① 철조망 울타리[1)]

울타리(fence)는 가장 일반적으로 설치되는 구조물 장벽의 하나이다. 재질에 따라 철조망 울타리, 나무 울타리 등이 있지만, 흔히 시설을 보호하기 위한 방범용으로 철조망이 가장 많이 사용된다.

철조망의 가장 기본적인 형태는 체인링크(chain link)이다. 그리고 체인링크에 기어오르는 침입을 저지하기 위해 유자철선(barbed wire) 또는 콘서티나 철사(concertina barbed wire)를 결합한 울타리가 있다.

㉮ 체인링크

체인링크(chain link)는 철사를 다이아몬드형으로 엮어 콘크리트나 돌담과 비슷한 보안 기능을 하면서도 설치가 용이하고 유지비용이 저렴한 장점이 있다. 체인링크의 높이는 상단이 적어도 180cm 정도에 하단 부분이 지면으로부터 5cm 이상 떨어져서는 안 된다. 울타리 하단부분을 견고하게 설치하여 밑으로 기어서 들어 오거나 울타리를 들어 올려서 침입하는 것을 봉쇄해야 한다. 만약 울타리가 설치된 지면이 모래이거나 지반이

---

1) 철조망이란 접근이나 침입을 저지하기 위해 가시철사를 그물처럼 얼기설기 엮어 친 울타리를 말한다. 따라서 철조망 자체에 울타리의 의미가 포함되기도 하고 또는 '철조망 울타리'라고도 한다.

약한 곳이면 견고한 울타리를 위해 각 기둥들을 깊게 단단히 고정시켜야 한다.

㉯ 가시철사

가시철사(barbed wire)는 가시가 달린 철조망, 즉 유자철선(有刺鐵線)을 말한다. 체인링크와 마찬가지로 적어도 높이 180cm 정도에, 견고성이 더해지기 위해 추가적으로 상단보호대가 동반되어야 한다. 여기에 사용되는 기둥들은 모두 금속(metal)이어야 하고 각각의 기둥들의 폭은 180cm 이상 벌어져서는 안 된다. 철조망에는 가시철사와 콘서티나 철사가 주로 사용되고 군부대에서 많이 사용된다.

㉰ 콘서티나 철사

콘서티나 철사(concertina barbed wire)는 육각형 모양의 코일 가시철선으로서(가시철사를 6각형 모양으로 만든 철사) 여러 개의 코일들(coils)을 함께 사용할 수 있다. 비록 최근에 콘서티나 철사가 기존의 전통적인 가시철사(barbed wire)를 대체하는 견고한 장벽이 되었지만 빈번하게 사용되지는 않는다. 이것은 신속히 설치할 수 있는 장점 때문에 주로 군대에서 사용되고 발전되어 왔다.

대부분 울타리는 장벽이라기보다는 상당 부분 심리적 저지 및 분명한 경계를 표시하는 수단으로 사용되고 있다.[2] 따라서 침입을 의도하지 않은 자들을 막을 수는 있지만, 침입을 시도하는 자를 원천적으로 봉쇄할 수 는 없다. 다만, 이들을 지체시킬 수 있을 뿐이다.

울타리의 견고함을 유지 및 향상시키기 위해 추가적인 보완적 수단과 보조적 장치들을 함께 사용하지 않으면 외부침입을 막기 어렵다. 따라서 오늘날 외곽감지시스템을 설치하여 외부침입 시 정보를 감지하여 관제센터를 통해 감시하고 있다.

흔히 사용되고 있는 각 유형별 외곽감지시스템의 특징은 〈표 8-1〉과 같다.

---

2) 이것을 '지각적 장벽'으로 표현하기도 한다. 즉, 외부 사람들이 단지 '울타리가 쳐져 있구나', '관계자 외에는 들어오지 말라는 의미구나' 하는 정도로 인식을 하게 하는 수준을 말한다. 최선우, 『민간경비론』, 인천: 진영사, 2019, p.415.

표 8-1 외곽감지시스템 비교

구분	요소	내용
적외선변화 감지시스템	동작원리	투광기에서 수광기로 투광한 근적외선이 차단되면 감지
	감지지역구분	감지기의 감지거리(30m, 50m, 70m, 100m, 150m, 200m)
	환경영향 가능성	• 안개, 눈, 소낙비, 또는 빛 투광을 방해하는 부유물에 의한 오작동 • 지형침하나 설치 pole의 흔들림에 의한 오작동 • 투광기와 수광기 사이의 수목이나 잡초에 의한 오작동
	유지보수	투 · 수광기의 각도 조정
펜스충격 감지시스템	동작원리	울타리를 침입할 때 발생되는 진동, 충격감지
	감지지역구분	감지기별 또는 block별
	환경영향 가능성	• 바람에 의한 충격으로 오작동 • 지형 변화로 펜스 밑으로 침입 시 무감지 • 통행차량에 의한 오동작
	유지보수	감도 조정
전자계 감지시스템	동작원리	일정하게 형성된 전기장이나 자기장에 침입자가 침입하면 변화되는 전자계감지
	감지지역구분	block별(100m, 200m)
	환경영향 가능성	• 안개, 눈, 비, 낙뢰, 징진기 등에 의한 오동작 • 굴곡지에서의 기능저하와 울타리 자재에 의한 오작동 • 주변의 수목, 동물, 통행차량, 통행인 등에 의한 오동작
	유지보수	기상변화에 따른 감도 조정
장력변화 감지시스템	동작원리	일정하게 형성된 철선이나 광케이블의 장력변화(절단이나 벌리는 형태) 감지
	감지지역구분	block별(100m, 200m, 300m)
	환경영향 가능성	• 기온변화, 눈 · 비에 의한 오동작 • 굴곡이 심한 지역의 기반공사 비용이 과다하고 연약한 지반에 취약
	유지보수	장력 조정
광케이블 감지시스템	동작원리	펜스에 설치된 광케이블의 충격과 절단감지
	감지지역구분	10m 단위의 지역구분
	환경영향 가능성	• 낙뢰에 의한 오작동 • 펜스 밑이나 위로 침입하는 경우에 대한 대책 필요
	유지보수	환경영향 조정

자료: 안창훈 · 이강열 · 최주호(2005: 202).

② 담장

담장(walls)이란 경비구역을 둘러막기 위하여 흙, 돌, 벽돌 따위로 쌓아 올린 것을 말한다. 철조망 등은 장식효과가 거의 없기 때문에 미적 감각을 높이고, 시설물 내의 활동을 은폐하기 위해 담장을 설치한다.

2) 출입구 관리

출입구(gate)의 개방은 잠재적 보안위협이 된다. 따라서 출입구가 많으면 많을수록 그곳을 출입하는 사람과 차량을 감시 또는 통제하기 위해서 더 많은 경비요원과 장비들이 필요하다. 따라서 출입구의 개방은 경비대상시설의 필요에 따라 최소한으로 유지할 필요가 있다. 그리고 출입과 관련된 보편적인 규칙을 정하고 이 규정을 준수해야 한다.

출입구의 개폐통제는 경비대상시설의 상황이나 필요성에 따라 결정하여야 한다. 즉, 효과적인 통행 및 물류의 흐름유지, 회사의 비즈니스적 효율성, 안전 및 보안유지 등을 종합적으로 감안하여 결정된다.

(1) 폐쇄된 출입구 관리

만약 경비대상시설의 사정에 따라 폐쇄한 출입구는 봉쇄해야 한다. 그리고 일정 기간 폐쇄하거나 또는 비상시에만 사용하는 출입구는 단단하게 잠금장치를 하고, 그 사실을 외견상 쉽게 확인할 수 있게 공고하여야 한다.

(2) 사람과 차량의 출입구

출입구(personnel gate)는 단일 라인 출입구(single-line entry)로 한다. 출입자의 통제 기능을 수행하기 위해서는 출입구의 폭이 너무 넓어서는 안 된다.

이와 반대로 차량전용 출입구(vehicle gate)는 그 시설의 본래 목적과 취지에 적합한 용도의 차량이 통행할 수 있도록 충분한 넓어야 한다. 차량전용 출입구는 일반적으로 양쪽 통행이 가능하도록 양방향 차선을 가지고 있는 것이 보통이나 경우에 따라서 특정한 시간에는 양방향 차선을 단일 차선으로 변경할 수 도 있다.

보안계획을 수립할 때에는 차량전용 출입구를 통과하게 될 차량 종류를 고려해야 한다. 즉, 일반 승용차의 출입과 대형 컨테이너 트럭의 출입은 차이가 있기 때문이다.

(3) 기타 출입구 통제

모든 시설들에는 시설 내로 침입할 수 있는 다양하게 많은 출입구들을 가지고 있다. 이러한 출입구들은 보안계획 수립과정부터 상대적으로 소홀히 관리되는 경향이 있다. 그러나 많은 경우 이 출입구들은 감시나 통제없이 시설 내부로의 진입이 가능하기 때문에 그 현황을 반드시 파악해야 한다.

이러한 출입구나 장벽의 종류는 하수구, 배수관, 지하수로, 유틸리티 터널, 공기흡입 파이프, 화물용 엘리베이터, 맨홀 뚜껑 등이다.

3) 경계지역의 관리

(1) 클리어 존 관리

클리어 존(clear zone)이란 가시지대(可視地帶)라고 부르기도 하며 장벽을 기준으로 장벽의 안쪽 지대와 바깥쪽 지대를 모두 일컫는 용어이다. 따라서 외곽으로부터 장벽에 이르는 지점과 장벽에서부터 내부에 이르는 구간에서 발생하는 어떤 침입을 즉각적으로 알아차릴 수 있도록 모든 장애물을 제거하고 투명하게 유지해야 한다.

장벽의 바깥쪽 지대는 타인의 사유지이므로 이 지역에 대한 통제나 질서유지는 사실상 어렵기 때문에 여기에 산재한 것(차량, 공사자재, 오물더미 등)을 제거하기는 쉽지 않을 것이다. 그러나 경계구역의 바깥쪽이라고 하더라도 감시하는 데 시야를 방해하고 은닉을 도울 수 있는 것은 주변에 도움을 요청해 가능한 한 제거하여야 한다.

(2) 클리어 존의 확인 · 점검

클리어 존이 최대한 활용되기 위해서는 이에 대한 확인 절차가 마련되어야 한다. 경계구역 주변의 장벽 등에 결함이 발견된 경우는 아무리 작은 것이라도 반드시 보고하고 동시에 반드시 완벽히 보수되어야 한다. 이러한 조사는 규칙적으로 시행되어야 하며 침입 징후나 정보가 있는 경우에는 더욱 강도 높은 조사가 이뤄져야 한다.

확인 또는 소치할 사항은 아래과 같다.

① 출입구의 자물쇠 또는 경첩 등은 침입자에 의해 훼손되었는지 점검해야 한다.

② 울타리는 인위적 · 강제적 침입이 있었는지 주의깊게 관찰한다.

③ 담장은 그 위로 올라가려는 시도가 있었는지 흔적을 조사해야 한다.

④ 침입에 이용될 수 있는 도구(사다리, 밧줄, 드럼통, 팔레트 등)는 모두 치워야 한다.

4) 경계지역의 조명

(1) 조명의 종류

모든 상황에 적합한 특성을 고루 갖춘 조명은 아직까지 존재하지 않는다. 시장에 다양한 특색을 갖춘 많은 조명장비들이 나와 있지만 일반적으로 보안조명의 용도로 사용되는 기본조명의 종류는 가로등, 투광조명등, 프레이넬 렌즈, 탐조등이 있다.

① 가로등

원래 가로등(streetlights)은 밤거리를 밝히기 위해 설치한 조명시설을 말한다. 이것은 특정 지역에 조명을 집중시키기보다는 경비지역 전체를 골고루 비추는 데 이용된다.[3)]

가로등은 대칭적인 방법과 비대칭적인 방법으로 설치된다. 대칭적인 방법으로 설치된 가로등은 특정 지역에 집중적으로 '빛'을 발산할 필요가 없이 광범위한 지역에 '빛'을 발산해야 할 때 사용된다. 비대칭적인 방법으로 설치된 가로등은 '빛'이 필요한 방향으로 반사를 통해서 '빛'을 유도한다. 주요 지점으로부터 어느 정도의 거리까지 램프가 설치되어 있어야 하는 경우에 주로 설치된다.

한편, 비대칭적인 가로등은 대칭적 가로등과 같은 밝은 조명이 요구되지 않는 경비구역에서 다소 떨어진 장소에 사용된다.

② 투광조명등

투광조명등(floodlights)은 빛을 모아 일정한 방향으로 비추는 등을 말한다. 즉, 광선(beam)을 형성하여 어느 특정한 장소로 빛을 집중하거나 방향을 향하게 할 수 있도록 제작된다.

투광등은 내부에서 외부를 관찰할 수 있게 하고, 반면 외부에서는 내부를 관찰할 수 없도록 하기 때문에 빛에 의한 일종의 장벽을 형성해주어 자주 사용된다.[4)] 따라서 강력한 빛으로 인한 엄청난 눈부심이 침입자의 침입을 제지할 수 있지만, 반면에 일반 통행자나 교통에 불편을 줄 수 있다.

투광조명등은 '빛'의 발산 시 그 폭은 일반적으로 넓은, 중간, 그리고 좁음으로 나누어진다.

---

3) 최선우, 앞의 책, p.417.

4) 위의 책.

③ 프레이넬 렌즈

프레이넬 렌즈(fresnel lenses)는 넓은 폭의 빛을 내는 조명장치로서 경계구역에 접근하는 것을 막기 위해 주로 빛을 길고 수평으로 확장하는 데 사용된다.

투광조명등이나 서치라이트가 집중되어 원형 빛을 발하는 것과는 다르게, 프레이넬 렌즈는 수평으로 약 180° 정도, 수직으로 18°~30° 정도로 폭이 좁은 광선을 발산한다.

이 장비들은 특별히 침입자들에게 눈부심을 유발하기에 유용하지만, 시설들은 상대적으로 다소 어두운 상황에 놓이게 된다는 단점이 있다. 보통 300~500와트 정도의 범위에서 사용된다.

④ 탐조등

탐조등(searchlight)은 잠재적으로 위험한 장소 또는 사고가 일어날 만한 지역을 관찰하는 데 사용된다. 고도로 초점이 맞추어진 백열등 램프를 사용하며, 휴대와 고정이 가능하다.

(2) 조명의 설치기준

① 조명장치는 울타리 내부에 최적화된 고도에 설치하여 경비대상시설의 경계 내부지역뿐 아니라 외부지역까지 비출 수 있어야 한다.

② 조명장치의 위치는 경계근무하는 경비원들의 시야에 눈부심이 발생하지 않도록 하며 그림자가 생기는 지역이 없도록 한다. 반면에, 경계지역에 접근하는 침입자에게는 눈부심이 발생하도록 위치를 선정한다.[5)]

③ 경비대상시설물이 경계선에 가깝거나 건물 자체가 경계선의 일부인 경우에는 건물 자체에 조명을 설치할 수 있다. 이 경우 이 건물의 출입구는 다른 조명에 의해 생기는 그림자를 제거하기 위해 개별적으로 조명을 설치해야 한다.

④ 모든 출입구와 주요 통로에 충분한 조명이 설치되어야 한다.

⑤ 보행자 및 차량 출입구는 보안요원들이 신원확인, 반입·출 물건 확인 등의 보안업무를 수행하는 데 필요한 적정한 소도를 가진 조명이 필요하다.[6)]

⑥ 경계구역에 침입을 효과적으로 제지하기 위해서는 체계적인 조명설치 계획이 있

---

5) Robert J. Fischer, Edward Halibozek, & Gion Green(2012), *Introduction to Security*, 9th ed., MA: Butterworth-Heinemann, p.18.

6) 보행자 출입구는 출입구 양쪽 모두 약 7m 정도까지 조명을 비추어 주어야 하고, 차량전용 출입구는 보행자 출입구의 두 배 정도가 되어야 한다.

어야 한다.

⑦ 경계구역 내의 소홀하기 쉬운 창고, 주차장 등에 적당한 밝기의 조명이 필요하다.

⑧ 통행로 등에 설치된 합리적인 조명은 보안프로그램의 필수적인 요소이다.

⑨ 조명의 기능, 설계 및 합리적인 설치 방식은 보안상의 목적에 부합해야 한다.

제 2 절

경비대상시설 내 · 외부 통제장치

1 잠금장치

잠금장치(자물쇠)는 이집트에서 4,000여 년 이전부터 사용해 왔으며, 그 이후로도 중요한 보안장치 역할을 담당하였다. 자물쇠는 사실 가장 오래되고 널리 사용되는 가격도 저렴한 수단이다. 자물쇠를 통해서 지역, 건물, 방 혹은 사물함의 접근을 물리적으로 통제할 수 있다.[7]

1) 잠금장치의 의의

잠금장치는 문 등을 잠그는 장치이다. 전통적인 잠금장치는 본체와 열쇠로 구성되어 있으나 오늘날 기술의 발달로 다양한 종류의 잠금장치가 개발되었다.

2) 잠금장치의 종류

(1) 열쇠형 잠금장치

열쇠형 잠금장치는 가장 일반적으로 사용되고 있으며, 자물쇠의 가격이 싸고 작동방법이 용이한 것이 장점이다. 그러나 간단하게 복제하거나 유사열쇠로 해제(picking)하기 쉬운 단점이 있다. 최근에는 이를 보완하여 방범성능이 높은 것이 개발되고 있다.

열쇠형 잠금장치는 열쇠의 형태에 따라 돌기형(warded), 판날름쇠(disk tumbler), 핀날름쇠(pin tumbler) 등이 있다.

---

7) 이민식 외 역, 『민간보안론』, 서울: 박영사, 2013, p.196.

① **돌기형 자물쇠**

열쇠의 전형적인 형태는 돌기형 열쇠이므로 모든 열쇠는 돌기형에서 유래되었다고 볼 수 있다. 단순한 돌기(突起)에 홈도 거의 없는 돌기형 자물쇠(warded locks)는 구조가 매우 간단하여 쉽게 열리므로 예방 기능은 거의 없다.

② **판날름쇠 자물쇠**

판날름쇠 자물쇠(disc tumbler locks)는 돌기형 자물쇠보다 발달한 것으로 열쇠의 홈이 한쪽 면에만 있다. 따라서 돌기형 자물쇠보다는 효과적이지만 안전성이 높지는 않다.

③ **핀날름쇠 자물쇠**

핀날름쇠 자물쇠(pin tumbler locks)는 열쇠의 양쪽에 홈이 불규칙하게 파여 있는 형태이다. 따라서 판날름쇠 자물쇠보다 복잡하기 때문에 안전성이 더 높다. 일반산업 분야를 비롯해서 주택에서도 많이 사용되고 있다.

④ **패드록**

패드록(padlock)은 일명 맹꽁이 자물쇠라 부른다. 이것은 반타원형의 고리와 몸통의 두 부분으로 되어 있으며, 열쇠로 열면 고리의 한쪽 다리가 몸통에서 떨어져 나온다. 즉, 시설물 자체에 부착된 잠금장치가 아니라 시설물에 탈부탁이 가능한 형태의 자물쇠이다. 출입문에 자체적으로 부착되어 있지 않고 분리되어 휴대 및 이동이 가능하다면, 열쇠를 사용하든 또는 비밀번호 버튼을 누르든 간에 패드록이라고 부를 수 있을 것이다.[8]

(2) 숫자조합형 자물쇠

숫자조합형 자물쇠(combination locks)는 자물쇠에 달린 숫자조합을 맞추면 잠금장치가 열리는 방식이다. 잠금장치 해제를 위해 상당한 기술이 요구되므로 외부의 침입이나 절도방지를 위해 효과적인 잠금장치이다. 그러나 숫자판의 마모나 지문을 감식하여 비밀번호가 판독되기도 한다.

예를 들면, 금고의 다이얼은 숫자조합형의 응용형태이다. 그리고 숫자조합형 자물쇠는 기계적인 방법이나 전자적인 방법으로 작동한다.

8) 최선우, 앞의 책, p.429.

(3) 카드작동형 자물쇠

카드작동형 자물쇠(card-operated Locks)는 열쇠 대신 카드를 꽂으면 잠금장치가 열리는 방식이다. 이것은 잠금되어 있는 자물쇠를 전기나 전자기 방식으로 여는 구조이다.

(4) 생체인식 자물쇠

생체인식 자물쇠는 각종 바이오센서를 사용하여 인체의 고유한 패턴을 등록한 후 인증확인을 거쳐 잠금장치가 작동하는 것이다.

생체인식은 ① 머리부분의 얼굴, 홍채, 귀, 망막, ② 손부분의 지문, 장문, 정맥, 손모양, 신체부분의 체취, DNA를 인증확인하는 방법이 있다.

2 감지기

감지기 또는 경보장치는 방범용과 방재용으로 나눌 수 있다. 방범용 감지기는 외부 침입 시에 발생하는 빛, 온도, 진동, 자력 등의 변화량을 검출하여 확인 가능하도록 전자신호로 출력하는 장치이다. 그리고 방재용 감지기는 대표적으로 화재발생 시 열과 연기를 감지하는 화재 감지기와 가스 누설을 감지하는 가스누설 감지기, 그리고 기타 누수·누전 등에 대한 감지기가 있다.[9]

1) 방범용 감지기

(1) 자석감지기

자석감지기(magnetic sensor)는 영구자석과 리드(reed) 스위치로 구성되어 있다. 자석감지기는 동작전원이 필요 없고 구조가 간단하여 쉽게 설치할 수 있어 1차 감지기로 많이 사용되고 있다. 이것은 외부에서 가장 침입하기 쉬운 출입문이나 창문에 주로 설치하며, 리드 스위치는 문틀에, 영구자석은 문짝에 설치하여 자력의 변화를 이용하는 감지기를 말하며 문을 열면 감지가 되는 형태이다. 자석감지기는 소형이며, 가격이 저렴하고 전원이 필요없어 설치가 간편하다. 리드 스위치의 접점은 내식성, 내마모성이 뛰어나 기계적 수명은 거의 영구적이며, 외부환경에 의한 영향을 덜 받는 특징이 있어 오보가 발생하지 않는다.[10]

---

9) 위의 책.

(2) 열선감지기

열선감지기(passive infrared radiation sensor)는 수동적인 적외선 감지기로서 침입자의 체온에서 방사하는 원적외선의 변화량을 감지하는 방식이며 실내의 공간 감지에 사용되는 감지기이다.[11]

이것은 인체의 표면에서 방출되는 열 가운데 적외선을 감지하는 센서이다. 즉, 감지지역의 주변 온도와 침입자의 체온 차이에 의해 온도변화가 생기는 경우 이상(異常)상태로 감지한다. 따라서 이와 같은 적외선 에너지 변화를 전기적인 에너지로 변환하여 경보신호를 발생한다.

열선센서는 주위 환경변화에 민감하지만 침입자를 거의 빈틈없이 감지할 수 있으므로 벽이나 천장에 부착하여 내부 공간감지를 위해 가장 많이 사용되고 있다.[12] 다만, 온도의 변화에 민감하기 때문에 여러 가지 오작동이 발생할 수 있다. 따라서 자연발생적인 온도변화나 여름철의 배경온도 상승에 따른 문제, 그리고 동물 등에 의해 발생하는 문제에 대한 대책이 필요하다.[13]

(3) 적외선감지기

적외선감지기(infrared sensor)는 투광기(投光器)와 수광기(受光器)로 구성된다. 투광기는 불가시광선인 적외선을 투광(投光)하고 외부 침입자 등이 있는 경우 수광이 차단되면 감지하는 센서이다. 적외선의 종류는 근적외선, 중간적외선, 원적외선이 있는데, 이 중에서 근적외선이 적외선 감지기에 가장 적합한 빛이다. 그것은 근적외선이 광전효과를 일으키는 작용이 우수하고 가시광선보다 파장이 길어 대기 중의 안개나 먼지 등에 의한 감쇠가 적고, 가시광 대역에서 벗어나 있기 때문에 어두운 밤에도 사람의 눈에 보이지 않는 특징을 가지고 있기 때문이다.[14]

(4) 초음파감지기

초음파감지기(ultrasonic sensor)는 초음파를 방사하여 그 반사파가 침입자 등에 의해

---

10) 안창훈 · 이강열 · 최주호, 『시큐리티 시스템 개론』, 서울: 인포더, 2005, pp.55-56.
11) 위의 책, p.68.
12) 정태황, 『기계경비론』, 서울: 백산출판사, 2001, p.106.
13) 안창훈 · 이강열 · 최주호, 앞의 책, p.71.
14) 위의 책, p.59.

변화하는 것으로 이상을 감지하는 센서이다. 즉, 송신기로부터 송출한 초음파가 이동물체에 반사되어 되돌아올 때, 송출 시의 초음파 주파수가 그 이동 물체의 속도에 따라 변화해서 수신기에 들어온다. 수신기에서는 그 변화를 검지해서 신호출력이 발생하는 것으로 이 주파수가 변화하는 현상을 도플러 효과라 한다. 따라서 초음파 센서는 도플러 효과를 이용한 감지기이다.[15]

(5) 마이크로웨이브감지기

마이크로웨이브감지기(microwave sensor)는 마이크로파를 발신해 침입자의 움직임과 물체의 이동을 도플러 효과에 의해 감지하는 방식이다. 이것은 송신기와 수신기가 한 군데 있는 일체형과 나눠진 분리형이 있다.[16] 마이크로웨이브감지기는 초음파감지기와 같이 건물 내에 복수의 감지기를 사용하면 상호간섭에 의해 오작동될 수가 있다. 또한 초음파감지기에 비해 바람·빛 등 주위의 환경변화를 받지 않는 장점은 있으나 진동에 약하고 기타 여러 문제로 인해 일반적으로 내부공간 감지는 열선감지기를 많이 사용한다.

(6) 진동감지기

진동감지기(vibration sensor)는 설정치 이상으로 진폭의 크기와 진동의 속도가 발생하면 감지하는 방식이다. 자석감지기와 같이 동작전원이 필요없고 가격이 저렴하며 설치하기가 용이하다. 벽·천장 등에 설치하여 겹쳐진 진동판이 진동, 충격 등을 감지하는 기계식타입과 압전(壓電)효과[17]로 검출하는 유형이 있다. 외부의 통행인에 의해 진동이 발생하는 곳에는 설치하지 않으며, 주로 경비구역 내의 실내에 설치한다.

(7) 셔터감지기

셔터감지기는 셔터, 대형문 등의 개폐, 즉 셔터를 올리고 들어오는 침입자를 감지하는 센서이다. 셔터 센서는 적외선식, 마그네트식, 기계식의 세 가지 유형이 있다.

---

15) 위의 책, p.85.

16) 위의 책, p.87.

17) 압전효과(piezoelectric effect)는 물체에 힘을 가하면 신축된 순간에 전압이 발생하는 성질과 거꾸로 물체에 전압을 가하면 신축하는 것, 즉 압전성이 나타나는 현상이다.

(8) 유리파손감지기

유리창을 깨고 도둑이 침입하는 경우가 많다. 유리파손감지기(glass break sensor)는 유리파손을 감지하는 센서이다. 이것은 유리창에 직접 부착하여 파손 시의 고유진동을 감지하는 부착형 유리파손감지기와 유리가 깨질 때 유리 특유의 파괴음에서 나오는 주파수를 감지하는 음향감지기가 있다.

2) 방재용 센서

방재용 센서는 화재발생 시 열과 연기를 감지하는 화재감지기와 가스누설을 감지하는 가스누설감지기가 있다.

(1) 열감지기

① 차동식(差動式) 스포트형

센서 내에 감열실이라고 부르는 공간을 두고, 그 내부의 공기가 화재 등에 의해 급속하게 팽창할 때, 감열실의 격차와 격벽(隔壁)과 격벽상의 접점이 닫쳐 이상을 감지한다.

② 정온식(定溫式) 스포트형

팽창계수가 다른 2종의 금속을 붙인 바이메탈이라고 부르는 금속판을 이용하여, 이것이 열에 의해 팽창이나 굽을 때 접점이 닫치도록 설계된 센서이다.

③ 보상식 스포트형

차동식과 정온식을 조합한 것으로 각각의 단점을 보완한 것이다. 내부에는 바이메탈과 감열실의 양자를 가지고 있다. 이것은 주위온도가 일정온도 상승률과 일정온도 이상이 되면 감지하는 방식이다.

(2) 연기감지기

화재 시에 발생하는 연기를 감지하는 방식으로 이온화식과 광전식 등 두 종류가 있다.

① 이온화식

이온화식은 감지기 내로 들어오는 연기로부터 방사성물질의 이온전류를 읽어 화재를 감지하는 센서이다.

② 광전식(光電式)

광전식은 감지기 내에 들어가는 연기의 입자에 의해 감광(減光)하는 빛을 읽어 화재를 감지하는 센서이다.

(3) 불꽃감지기

불꽃감지기는 불꽃으로부터 방사되는 적외선이나 자외선의 변화가 일정량 이상이 될 때에 작동한다.

(4) 가스누출감지기

가스누출감지기는 반도체(산화아연) 또는 가열한 백금을 가지고, 이것에 가스분자가 흡착하거나 연소한 경우 변화하는 전기저항을 검출하는 것이다. 가스누출을 감지하는 센서로 LPG용과 도시가스용이 있다.

3 화상감시 시스템

1) CCTV의 의미

위험한 상황이 발생했을 때 그 현장을 직접 보고 확인한 후 조치를 취하는 것이 가장 이상적이지만, 시간과 장소의 제약으로 쉽지 않은 일이다. 따라서 현장을 직접 목격하지는 못하지만 영상을 통하여 원격지의 상황을 확인하는 장치가 화상감시 시스템인 CCTV(Closed Circuit Television)이다. 영상정보를 불특정 다수에게 전달하는 개회로(open curcuit)인 가정에서 보는 TV 방송과 달리 CCTV는 영상정보를 특정 대상에 특정 목적으로 전달하는 폐회로 TV 시스템이다.

개인정보보호법에서는 CCTV를 '영상정보처리기기'라 하며, 그것은 일정한 공간에 지속적으로 설치되어 사람 또는 사물의 영상 등을 촬영하거나 이를 유·무선망을 통하여 전송하는 장치를 말한다. 구체적으로는 폐쇄회로 텔레비전과 네트워크 카메라가 포함된다. 폐쇄회로 텔레비전에 포함되는 것은 두 가지이다. 하나는 일정한 공간에 지속적으로 설치된 카메라를 통하여 영상 등을 촬영하거나 촬영한 영상정보를 유무선 폐쇄회로 등의 전송로를 통하여 특정 장소에 전송하는 장치이다. 또 하나는 위와 같이 촬영되거나 전송된 영상정보를 녹화·기록할 수 있도록 하는 장치를 말한다. 네트워크 카메라는 일정한 공간에 지속적으로 설치된 기기로 촬영한 영상정보를 그 기기를 설치·관리하는 자가 유무선 인터넷을 통하여 어느 곳에서나 수집·저장 등의 처리를 할 수 있도록 하는 장치이다.

2) CCTV의 기능과 이용 분야

CCTV 시스템의 기능은 ① 원거리 관찰, ② 보이지 않는 영역 관찰, ③ 다수인에 의한 동시 관찰, ④ 지속적이고 집중적인 관찰, ⑤ 환경이 열악하거나 근접이 불가능한 장소의 관찰 등이다.

CCTV의 이용 분야는 방범용, 공업용, 교육용, 의료용, 화상전화용 등이 있다.[18]

3) CCTV 시스템의 기본구성

(1) 촬상부(영상입력부)

촬상부는 피사체를 촬영해서 전기적 신호로 변환하는 것이다. 카메라를 주체로 하는 것으로 감시목적에 따라 선택해야 할 카메라, 렌즈, 필터의 종류 등이 결정된다.

(2) 전송부

전송부는 촬상부에서 출력된 전기적 신호를 양질의 영상신호로 수상부에 전달하기 위한 부분이다.

(3) 수상부(영상처리부)

카메라로 전송된 영상신호를 수신해서 이를 재생하는 부분으로 단순한 화상재생뿐만 아니라 각종 제어, 녹화 등 여러 형태의 시스템으로 구성된다.[19]

4) CCTV 시스템 설계

CCTV를 설치하는 주목적은 방범효과를 제고하고 업무효율성을 높이는 것이다. 따라서 사건이나 사고 등이 발생한 경우 이를 녹화하여 사고원인을 규명하고 평소 확실하게 감시를 할 수 있도록 설계되어야 한다.

설계의 주안점은 아래와 같다.[20]

18) 위의 책, p.114.
19) 위의 책, p.123.

(1) 무엇을 감시할 것인가?

감시대상, 감시범위

(2) 어디에 설치할 것인가?

옥내, 옥외, 특수환경의 장소, 법적 문제가 없는 장소

(3) 설치장소의 조도는 어느 정도인가?

보조조명의 필요성, 보조조명이 없는 상태의 조도

(4) 카메라 하우징의 부착방법은?

천장, 벽면, 옥외벽면, 기둥

(5) 설치장소의 거리는 어느 정도인가?

카메라와 모니터 사이의 거리, 전송매체

(6) 운영주체는 누구인가?

개인, 단체, 법인

(7) 언제, 어떻게 관리하는가?

상시 또는 이상 발생 시 감시, 로컬감시 또는 원격감시, 1 : 1 집중감시 또는 분산감시, 감시와 동시에 녹화 여부, 모니터 감시방법 선정

5) CCTV와 개인정보보호법

CCTV 등의 설치로 인하여 무분별하게 개인정보가 수집되고 남용되어 인권침해의 여지가 많아지자 법적 규제가 요청되었다.

우리나라의 개인정보보호법은 2011년 3월 29일 제정되었다. 그 제정배경은 정보사회가 고도화되면서 사회 모든 영역에 걸쳐 개인정보의 수집과 이용이 보편화되었지만 이에 대한 규제는 없었다. 즉, 개인정보보호원칙과 개인정보 처리기준이 마련되지 못해 개인정보보호의 사각지대가 발생할 뿐만 아니라, 개인정보의 유출・오용・남용 등 개

20) 위의 책, pp.130-131.

인정보 침해 사례가 발생한 것이다. 따라서 국민의 프라이버시 침해는 물론 명의도용, 전화사기 등 정신적·금전적 피해를 초래하고 있어 국제수준에 부합하는 개인정보 처리원칙 등을 규정하고, 개인정보 침해로 인한 국민의 피해 구제를 강화하여 국민의 사생활의 비밀을 보호하며, 개인정보에 대한 권리와 이익을 보장하기 위해서이다.

개인정보보호법 제25조에 따라 ① 법령에서 구체적으로 허용하고 있는 경우, ② 범죄의 예방 및 수사를 위하여 필요한 경우, ③ 시설안전 및 화재예방을 위하여 필요한 경우, ④ 교통단속을 위하여 필요한 경우, ⑤ 교통정보의 수집·분석 및 제공을 위하여 필요한 경우를 제외하고는 공개된 장소에 영상정보처리기기를 설치·운영하여서는 안 된다.

따라서 누구든지 불특정 다수가 이용하는 목욕실, 화장실, 발한실(發汗室), 탈의실 등 개인의 사생활을 현저히 침해할 우려가 있는 장소의 내부를 볼 수 있도록 영상정보처리기기를 설치·운영할 수 없도록 하였다.

영상정보처리기기 운영자는 영상정보처리기기의 설치 목적과 다른 목적으로 영상정보처리기기를 임의로 조작하거나 다른 곳을 비춰서는 아니 되며, 녹음 기능은 사용할 수 없다. 그리고 개인정보가 분실·도난·유출·위조·변조 또는 훼손되지 아니하도록 안전성 확보에 필요한 조치를 하여야 한다.

그리고 영상정보처리기기 운영자는 영상정보처리기기가 설치·운영되고 있음을 정보주체가 쉽게 알아볼 수 있도록 안내판을 설치하여야 한다. 다만, 건물 안에 여러 개의 영상정보처리기기를 설치하는 경우에는 출입구 등 잘 보이는 곳에 해당 시설 또는 장소 전체가 영상정보처리기기 설치지역임을 표시하는 안내판을 설치할 수 있다.

제 9 장 화재와 대응전략

제 1 절 화재의 의의와 종류

1 화재의 의의

불은 일상생활 전반에 걸쳐서 다양하게 사용되는 필수 불가결한 존재이지만 잘못 사용될 경우 인간의 생명과 재산에 심각한 피해를 초래하고 평화로운 삶에 위협을 가하는 공포의 대상이 되기도 한다. 오늘날 경제발전과 더불어 난방 및 취사연료의 형태가 전기, 가스, 유류 등으로 변화되었고, 에너지의 다양화와 각종 위험물질의 증가에 따른 화재발생은 날로 증가되고 있는 실정이며, 최근 발생한 화재를 원인별로 보면, 전기, 담배, 방화, 불장난, 불티, 가스, 유류 등이 주요 원인으로 되어 있다.[1)]

화재는 불을 사용하는 인간의 목적에 반해 발생하여 인간에게 신체상 또는 재산상의 피해를 가져오는 사건이나 사고를 말한다. 즉, 우리가 가스불을 이용해 음식을 만드는 것은 식생활을 위한 것이 목적이지만 이러한 목적과는 다르게 부주의 하게 사용하여 불이 나서 피해를 입었다면 그것은 화재가 되는 것이다.

화재란 사람의 의도에 반하거나 방화 등 고의에 의해 발생하는 연소현상으로 소화시설 등을 이용하여 소화할 필요가 있는 것을 말한다.

1) http://www.kfsi.or.kr

이러한 화재의 개념을 나누어 설명하면 다음과 같다.[2]

첫째, 사람의 생각에 반해 또는 방화 등 범죄행위에 의해 발생한다.

둘째, 방치하면 사회 공공안전에 위험이나 경제적 손실을 가져오기 때문에 소화의 필요가 있는 연소현상이다.

셋째, 소화하기 위해 소화기구, 소방펌프, 옥내소화전 또는 이것들과 같은 효과가 있는 것을 사용할 필요가 있는 연소현상이다.

2 화재의 종류

원인별 화재의 종류는 전기화재, 담뱃불화재, 방화, 불장난화재, 가스화재, 유류화재, 불티화재 등으로 나눌 수 있다. 이를 구체적으로 살펴보면 다음과 같다.[3]

1) 전기화재

일상생활에 있어 없어서는 안 될 전기는 우리나라 화재발생 원인 중 수위를 점하고 있다. 흔히 전기화재는 전기기구, 전기설비, 전압기, 변압기 등에 의하여 발생하는 화재를 말한다.

전기화재는 낡은 전기기구나 부실공사로 인해 발생도 하지만 대부분은 전기용품에 대한 지식이나 상식부족 또는 사용하는 사람의 부주의나 방심으로 인하여 전기기구의 과열 및 탄화상태를 가져와 발생하는 것으로 날로 증가하고 있는 실정이다.[4]

(1) 전선의 합선 또는 단락에 의한 발화

전선이나 전기기구의 절연체가 파괴되거나 두 가닥의 전선이 어떤 원인에 의해 서로 접촉하면서 순간적으로 큰 전류와 많은 열을 발생하게 된다.

(2) 누전에 의한 발화

전선이나 전기기구 등이 낡아 절연불량 등의 원인으로 전류가 건물 내의 금속체를 통하여 흐르게 되어 이로 인한 저항열에 의해서 발열을 일으키게 된다.

2) (社)全國警備業協會, 『常駐警備の教本(2級)』, 東京: 全國警備業協會, 1998, p.81.
3) http://www.kfsi.or.kr
4) http://www.kfsi.or.kr

(3) 과전류(과부하)에 의한 발화

전선의 허용 전류를 초과한 전류를 과전류라 하며 에어콘, 전기다리미, 전자레인지, 동력 등을 동시에 사용할 시 적정용량을 초과하여 불이 붙는 경우이다.

(4) 기타 원인에 의한 발화

규격미달의 전선 또는 전기기계기구 등의 과열, 배선 및 전기기계기구 등의 절연불량 상태, 또는 정전기로부터의 불꽃이 일어나 발화하는 경우이다.

2) 담뱃불 화재

담뱃불 화재는 담뱃불로 인한 화재를 말한다. 담뱃불 화재는 전체 화재의 약 12.2%를 차지하고 있다. 담뱃불의 온도는 약 섭씨 500℃이고 피우고 있을 때에는 약 섭씨 800℃나 되는 열을 지니고 있다.

3) 방화

강력범죄인 동시에 공공안전에 관한 범죄인 방화(放火)는 최근 들어 계속적으로 증가하고 있는 실정이다.

더욱이 방화에 의한 화재는 의도적으로 발생하기 때문에 초기진압이 어려워 많은 재산과 인명피해를 가져오는 화재이다.

4) 불장난화재

어린이는 놀기를 좋아하며 호기심이 많아 하고 싶은 일이 있으면 서슴없이 행하는 습성이 있다.

따라서 어린이들은 성냥, 라이터, 촛불, 모닥불, 폭죽놀이 등 손에 닿기 쉬운 것이면 무엇이던 가지고 불장난을 하게 되므로, 어린이들에 대한 어른들의 각별한 주의가 필요하다.

5) 가스화재

현대 생활에 있어 가스는 사용하기에 편리할 뿐더러 열량이 높고 공해가 적어 가정이나 직장 등에서 주에너지로 사용되고 있으나 잘못 다루면 가스중독 또는 폭발을 동반한 대형화재를 유발시킨다. 따라서 가스배관과 연소기 등에 대한 정기점검을 철저히 실시하고 가스사용 안전수칙을 준수하여야 한다.

(1) 액화석유가스

액화석유가스(Liquefied Petroleum Gas: LPG)는 프로판과 부탄이 주성분으로 공기보다 1.5~2배 정도 무거워 누설되면 낮은 곳에 체류하게 된다. 주로 용기에 충전하여 사용하며 수도권 이외 지역의 도시가스로도 공급되며, 화학공업의 원료로도 사용된다. 순수한 LPG는 아무런 냄새나 색깔이 없으나 가정이나 영업소에서 사용하는 LPG는 누설을 쉽게 감지하기 위하여 마늘썩는 냄새가 나는 부취제가 섞여 있다.

(2) 액화천연가스

액화천연가스(Liquefied Natural Gas: LNG)는 메탄이 주성분으로 공기보다 0.65배 가벼워 누설되면 높은 곳에서부터 체류하게 된다. 액체온도가 -162℃ 이하로 냉열산업에 이용하고, 기화시켜서 전국적으로 청정연료인 도시가스는 LPG, LNG, 납사 등을 주원료로 혼합가스를 만들어 파이프라인을 통하여 계획도시의 수요자에게 공급되는 가스연료로 현재 도시지역에서는 천연가스, 기타 지역에는 LPG에 공기를 혼합한 가스를 사용하고 있다.

6) 유류화재

유류화재는 휘발성 액체, 알코올, 기름 휘발유 등 인화성 액체에 의한 화재를 말한다.

유류는 인화성 물질로서 주로 석유류 등을 말하며, 우리 생활에 많은 도움을 주지만 화재위험이 높고 불이 붙으면 순식간에 확대되므로 그 취급에 세심한 주의를 기울여야 한다.

7) 불티화재

불티화재는 각종 작업 시에 발생하는 불티가 원인이 되어 발생하는 화재를 말한다. 용접, 모닥불, 소각장 등에서 불티는 예기치 않은 화재발생의 원인이 되며 발생원인에 있어서도 수위를 차지하고 있다. 따라서 작업 시에는 주위의 가연성 물질을 제거하도록 하고 소화기나 소화수를 비치하는 등 안전조치를 확인하고 작업해야 한다.

3 화재의 위험성과 경비요원의 역할

화재란 일단 발생하면 평생동안 모은 귀중한 재산을 순식간에 태워 버림은 물론 소중한 인명마저 앗아가는 무서운 재난 중의 하나이다. 일반적으로 이러한 화재의 무서움은 인식하면서도 그것을 예방하고 경계하는 면에서는 적극적이지 못하며, 소방업무를 시민들의 일상생활과는 전혀 무관한 기술적인 전문업무로 생각하는 경향이 많다. 그러나 현대 생활에 있어 불의 사용량 증가와 더불어 화재발생 가능성은 대단히 높다.[5]

경비대상시설에서의 도난, 화재 그 밖의 혼잡 등으로 인한 위험발생을 방지하는 시설경비업무에 있어서 화재는 단일요인으로서는 가장 위협이 되는 것 가운데 하나라고 할 수 있다. 따라서 민간경비 관련자들은 잠재적인 화재문제에 대해서 항상 주의깊은 관심을 가질 필요가 있다. 그리고 화재대응 역시 범죄예방과 마찬가지로 화재가 발생하기 전에 철저히 예방하는 것이 무엇보다도 중요하다.[6]

시설경비를 비롯한 민간경비 관련자들은 화재의 발생원인, 소화활동 시 주의사항, 화재발생 시 대처요령, 소방장비 활용방법, 소방기관 등에 연락방법 등을 숙지하여 화재로 인한 피해와 손실을 최소화하여야 한다.

제2절

소화의 원리와 소화활동

1 연소의 요소

물질을 연소(燃燒)하는 것은 화학반응의 일종으로 빛과 열을 수반하는 산화반응을 말한다. 즉, 물질이 다른 곳에서 점화에너지를 받아 산소와 화합하여 산화반응을 일으켜 점화에너지 이상의 열에너지를 발생하여 다른 물질로 변화하는 것이다.

이와 같이 연소가 일어나기 위해서는 가연물, 산소공급원, 점화에너지의 세 가지 요소가 필요하며 일반적으로 이들을 연소의 3요소라 하며, 여기에 순조로운 연쇄반응을

5) http://www.kfsi.or.kr
6) 최선우, 『민간경비론』, 제5판, 서울: 진영사, 2019, p.500.

포함하여 연소의 4요소라 한다.

물질이 연소하기 위해서는 이 세 가지 요소가 동시에 존재하지 않으면 안 되며, 하나라도 결여되면 연소는 계속되지 않는다. 화재를 소화하기 위해서는 연소의 3요소의 전부 또는 일부를 없애야 하는데, 소화설비 등은 이 원칙을 응용한 것이다.

2 소화의 원리

화재를 소화하기 위해서는 연소의 네 가지 요소 가운데 하나 이상을 제거하면 연소현상은 제어되는 것이다.

표 9-1 제거요소별 소화법

제거요소	가연물	산소공급원	점화에너지	연쇄반응
소화법	제거소화	질식소화	냉각소화	억제소화

연소의 네 가지 요소에 대응한 소화방법은 다음과 같다.

1) 제거소화법

가연물(타는 물건)을 제거하는 방법으로 가연물과 화원을 격리시키면 연소가 중단되는 것이다. 일반적으로는 화재의 주위에 있는 아직 타지 않은 물건을 제거하는 방법이다. 가스화재에서 밸브를 잠금으로써 연소를 중지시키는 방법, 삼림화재 등에서 불이 번지는 것을 막기 위해 주위의 아직 타지 않은 나무를 제거하는 것이 제거소화법의 예이다.

2) 질식소화법

연소의 물질 조건 중 하나인 산소의 공급을 차단하여 소화하는 방법이다. 불타고 있는 물건에 모래나 모포 등을 덮어서 공기를 차단하여 산소의 공급을 끊는 방법, 연소가 진행되고 있는 구획을 밀폐하여 소화하는 방법 등이 질식소화의 예이다.

3) 냉각소화법

연소 진행상태에서 열을 빼앗아 온도를 떨어뜨림으로써 불을 끄는 방법이다. 즉, 열원을 없애 발화점 이하로 온도를 내리는 것이다. 일반적으로는 물을 뿌려서 열원을 빼앗는 것이 가능하다. 물은 비등점이 100도이기 때문에 아무리 열을 흡수하여도 100도 이상의 고온은 되지 않으며, 증발이 시작되면 기화열로서 대량의 열(539cal/g)을 완전히 뺏는 성질도 있어 냉각소화법에는 최적의 물질이다.[7)]

그러나 물은 유류화재(특히, 경질유)에서 연소면을 확대시키고, 전기화재에서는 전기전도체이므로 감전을 유발할 수 있으며 칼륨, 나트륨 카바이드 등의 물질과는 격렬하게 반응하므로 주의해야 한다.

4) 억제소화

화염이 발생하는 연소반응을 주도하는 라디칼(radical)을 제거하여 연소반응을 중단시키는 방법이다. 앞에 열거한 제거소화, 질식소화, 냉각소화는 모두 물리적 작용에 의한 소화법이지만 억제소화는 화학적 작용에 의한 소화법이다.

5) 희석소화

가연성 기체가 연소하기 위해서는 연소범위 내의 공기 등과 일정 비율로 형성되어 있어야 하고 그에 상응한 점화원이 존재해야 하므로, 연소성이 있는 가스의 혼합비를 연소범위 이하로 희석하게 되면 쉽게 소화가 가능하다. 이와 같이 기체나 액체 또는 고체에서 나오는 분해가스의 농도를 엷게 하여 소화하는 방법을 희석소화라고 한다.

6) 부촉매소화

연쇄반응을 차단하여 소화하는 방법이 부촉매소화법이다. 연쇄반응은 가연물과 산소, 점화원의 세 가지 조건이 완전히 충족되어 연소현상이 발생한 다음 연속적인 화학반응에 의해 화재가 지속적으로 연소확대되는 것으로, 이 연쇄반응을 억제하기 위해서 화학반응이 잘 일어나지 않도록 하는 것이다.

부촉매소화약제로는 할로겐화합물이 가장 뛰어난 이유는 수소원자와 친화력이 강한 할로겐원소가 함유된 소화약제이기 때문이다.

---

7) (社)全國警備業協會, 『警備員教育教本: 基本教育編』, 東京: 全國警備業協會, 2006, p.229.

3 소화기 사용법 및 관리요령

1) 소화기의 중요성

화재는 무엇보다 그 발생 초기에 진압을 하는 것이 가장 중요하며, 화재를 초기에 진압할 수 있는 기구가 소화기이다. 또한 소화기는 화재발생 시 건물 내에 있는 사람이 가장 손쉽게 사용할 수 있는 소방기구 중의 하나로써 화재를 초기에 진압하는 데 중요한 역할을 담당한다.[8)]

화재가 발생한 경우에는 최초 5분이 성패를 결정한다고 말한다. 플래시오버(flash-over)가 일어나면 이미 소화기 등은 도움이 되지 않는다. 일반적인 실내에서 초기진화의 효과가 일어날 수 있는 화재의 정도는 벽에 붙은 포스터나 창의 커튼이 타고 있을 때이며, 벽재(壁材)에 불이 붙어 있을 때, 천장이 타기 시작할 때 등은 이미 초기소화의 효과를 얻을 수 없다.[9)]

따라서 경비원은 이것을 숙지하여 효과가 없는 초기진화를 계속하면서 신고를 지연하거나 자신이 위험에 빠지지 않도록 주의해야 한다.

2) 소화기의 종류[10)]

(1) 분말소화기

현재 우리나라에서 가장 많이 보급되어 있는 소화기로 인산암모늄이 주성분이며, 방사된 약제는 연소면의 피복에 의한 질식, 억제작용에 의해 일반화재, 전기화재 등 모든 화재에 효과적이나 소화약제는 다른 종류의 분말소화약제와는 화학성질이 다르므로 혼합되지 않도록 해야 한다.

(2) 이산화탄소 소화기

이산화탄소는 고압으로 압축되어 액상으로 용기에 충전되어 있으며, 고압가스 용기를 사용하기 때문에 중량이 무겁고 고압가스의 취급이 용이하지 못하다는 단점이 있으나 소화약제에 의한 오손이 적고 전기절연성도 크기 때문에 전기화재에 많이 사용된다.

---

8) http://www.kfsi.or.kr
9) (社)全國警備業協會,『警備員敎育敎本: 基本敎育編』, 앞의 책, p.233.
10) http://www.kfsi.or.kr

(3) 할론소화기

할론가스를 채워 사용하며, 무색투명한 방사성이 있는 증발성 액체로 방사된 약제는 기화하여 질식 및 억제작용에 의해 유류화재에 적합하다. 또한 약제는 전기의 부도체이므로 전기화재에도 적응한다. 소화효과가 크며 인체에는 큰 피해를 주지 않으나, 다만 밀폐된 곳에서 장시간 사용하는 것은 위험하다.

3) 소화기 사용법 및 관리요령

소화기는 화재가 발생할 경우 단 한번 사용하게 되는 것이므로, 그 중요성을 잊어버리고 방치해 두는 일이 많으나 만일의 경우를 대비하여 항상 소화기를 양호하게 관리하여 사용에 지장이 없도록 해야 한다.

소화기 사용법은 다음과 같다.[11)]

① 당황하지 말고 침착하게 화원이 있는 곳으로 소화기를 이동한다.

② 소화기의 안전핀을 뽑는다.

③ 바람을 등지고 화점을 향하여 호스를 빼들고 손잡이를 힘껏 움켜쥔다.

④ 불길 주위에서부터 빗자루로 쓸 듯이 골고루 방사한다.

소화기 관리요령은 다음과 같다.[12)]

① 소화기 관리는 눈에 잘 띄는 곳에 설치하되 통행에 지장을 주지 않아야 한다.

② 습기가 적어 건조하며 서늘한 곳에 두도록 해야 한다.

③ 유사시에 대비하여 수시로 점검하여, 파손, 부식 등을 확인한다.

④ 한 번 사용한 소화기는 다시 사용할 수 있도록 허가업체에서 약제를 재충약한다.

4 소화활동 시의 주의사항

1) 연기와 그 이동속도

화재가 발생하면 연기가 가득찬다. 화재에 의한 연기에는 눈이나 코의 점막을 자극하는 성분이 포함되어 있는 경우가 많으며, 눈을 뜨지 못하거나 호흡이 불가능한 경우

---

11) 정상, “화재대처법”, 한국경비협회, 『일반경비』, 서울: 한국경비협회, 2008, p.281.

12) http://www.kfsi.or.kr

도 많다.

연기가 이동하는 속도는 수평방향으로 1초에 약 1~2m 정도로 보통 사람이 걷는 속도와 같으나 화재현장의 독특한 분위기와 다수가 대피하는 경우에는 혼잡이나 패닉 때문에 통상적인 속도로 걸을 수 없다는 점을 유의해야 한다.

연기의 수직방향으로 상승하는 속도는 1초에 약 3~5m 정도이다. 계단 등을 사람이 달려 오르는 속도보다 현저히 빠르다. 고온의 연기와 동시에 열기도 이동하고 있어 피난할 때에 윗방향으로 대피하는 것은 대단히 위험하다. 또한 일반적으로 천장에 가까운 부분에 고온의 연기나 유독가스가 체류하기 쉬우므로, 화재현장에서는 가능한 한 자세를 낮추어 행동해야 한다.[13]

2) 유독가스의 발생

최근 화학제품의 보급이 확산됨에 따라 화재 시에는 엄청난 유독가스가 발생하고 있다. 화학제품이 탈 때는 보통 목재류가 탈 때보다 10~25배 이상의 연기가 발생한다.[14]

화재현장에서는 연소하고 있는 물질에 의해 시안화수소, 아황산가스, 알데히드 등의 많은 유독가스가 발생한다. 유독가스는 물론이지만 독성이 그렇게 높지 않아도 그 가스가 충만하게 되면 산소의 농도가 감소하게 되어 결과적으로 산소결여상태에 빠지게 된다.[15]

화재현장에서 반드시 발생하는 것은 일산화탄소와 이산화탄소(탄산가스)이다. 특히, 일산화탄소는 사람의 혈액중에 산소를 나르는 기능을 가진 헤모그로빈과 결합하기 쉽고, 헤모그로빈과 산소가 결합한 속도의 200~300배의 속도로 결합하여 전신에 산소부족을 일으켜 생명의 위험을 가져온다.

3) 플래시오버현상[16]

플래시오버(flashover)는 화재로 발생한 열이 건물 내에 축적되어, 천장, 측벽, 방, 내용물 등 가연물의 가열로 연소하기 쉬운 상태가 되어, 방 전체가 한번에 불타는 현상이다.

---

13) (社)全國警備業協會, 『警備員教育教本: 基本教育編』, 앞의 책, p.230.
14) http://www.kfsia.or.kr
15) (社)全國警備業協會, 『常駐警備の教本(2級)』, p.84.
16) (社)全國警備業協會, 『警備員教育教本: 基本教育編』, 앞의 책, p.231.

플래시오버되는 순간은 통상 천장에 착화할 때 또는 천장이 불연재인 경우에는 화재실 부근의 온도나 화재로 열방사강도가 급격히 상승한 때이다.

플래시오버가 생성하기까지의 시간은 방의 형태와 내장재 및 방의 개방상황이나 공기조화설비의 유무 등에 따라 다르지만 대략 발화후 3~10분이다.

플래시오버상태가 되면 이미 초기소화활동이 곤란하며 극히 위험이 수반되므로 소방대원의 활동에 맡겨야 한다.

4) 대피경로의 확보

소화활동을 할 때는 냉정한 자세로 가장 효과적인 소화방법을 사용하여 소화하는 동시에 항상 대피경로를 확보해야 한다.

특히, 연기의 움직임에 주의하고, 전방의 화점(火點)에 의식이 집중된 나머지 배후에 불이나 연기가 돌아들어오는 것을 몰라서는 안 된다.

제3절 화재예방

1 화재예방의 의의

화재예방이란 화재의 위험으로부터 사람의 생명·신체 및 재산을 보호하기 위하여 화재발생을 사전에 제거하거나 방지하기 위한 모든 활동을 말한다.17)

많은 화재로 인한 인명과 재산 피해를 줄이기 위해서는 체계적이고 일관된 화재예방 정책 추진이 필요하나 그동안 화재 예방과 관련된 제도와 법률 규정이 소방기본법과 화재예방, 소방시설 설치·유지 및 안전관리에 관한 법률에 분산되어 있었다. 그리고 잦은 법령개정으로 법체계가 복잡하여 국민이 이해하기 어려울 뿐만 아니라 법 제도적으로 화재 예방과 안전관리가 체계적이고 일관되지 않은 문제가 있었다. 따라서 화재 예방과 안전관리에 관련된 법률 규정을 하나로 통합하여 국민이 이해하기 쉽고, 화재 예방에 관하여 일관되고 체계적인 정책을 추진할 수 있도록 화재의 예방 및 안전관리

17) 화재의 예방 및 안전관리에 관한 법률 제2조.

에 관한 법률을 2021년 11월 30일(2022년 12월 1일 시행) 제정하였다.

2 화재예방조치

1) 화재예방정책의 수립 및 시행

화재예방정책과 관련하여 화재의 예방 및 안전관리에 관한 법률에 따라 국가, 소방청장, 지방자치단체, 관계인에게 임무가 부여되어 있다.

① 국가는 화재로부터 국민의 생명과 재산을 보호할 수 있도록 화재의 예방 및 안전관리에 관한 정책을 수립·시행하여야 한다(제3조).

② 소방청장은 화재예방정책을 체계적·효율적으로 추진하고 이에 필요한 기반 확충을 위하여 화재의 예방 및 안전관리에 관한 기본계획을 5년마다 수립·시행하여야 한다(제4조).

③ 지방자치단체는 국가의 화재예방정책에 맞추어 지역의 실정에 부합하는 화재예방정책을 수립·시행하여야 한다(제3조 제2항).

④ 관계인은 국가와 지방자치단체의 화재예방정책에 적극적으로 협조하여야 한다(제3조 제3항).

2) 화재의 예방조치

(1) 화재예방강화지구의 의의

화재예방강화지구란 시·도지사가 화재발생 우려가 크거나 화재가 발생할 경우 피해가 클 것으로 예상되는 지역에 대하여 화재의 예방 및 안전관리를 강화하기 위해 지정·관리하는 지역을 말한다.

(2) 화재예방강화지구의 금지행위

누구든지 화재예방강화지구 등에서는 ① 모닥불, 흡연 등 화기의 취급, ② 풍등 등 소형열기구 날리기, ③ 용접·용단 등 불꽃을 발생시키는 행위 등을 해서는 안 된다(제17조 제1항).

소방관서장은 화재발생 위험이 크거나 소화 활동에 지장을 줄 수 있다고 인정되는 행위나 물건에 대하여 행위 당사자나 그 물건의 소유자, 관리자 또는 점유자에게 ① 금지행위의 금지 또는 제한, ② 목재, 플라스틱 등 가연성이 큰 물건의 제거, 이격, 적재 금지 등, ③ 소방차량의 통행이나 소화 활동에 지장을 줄 수 있는 물건의 이동을 명할 수 있다.

3 화재예방 전략

장소별 화재예방 전략은 다음과 같다.[18]

1) 주택 · 아파트 화재

주택 · 아파트는 사람들의 주 생활공간이지만 소방행정력이 미치지 못하는 관계로 화재발생 위험요소가 가장 많은 곳이다. 주택화재의 주요 원인은 전기로 인한 화재가 가장 많고 불장난, 방화, 가스 등의 순서이다.

따라서 예방요령은 다음과 같다.

① 모든 화기는 사용 시 취급상의 안전수칙을 반드시 준수하도록 한다.

② 전열기구 사용 시에는 하나의 콘센트에 여러 개의 전기기구 플러그를 접속시켜 사용하지 않도록 한다.

③ 외출할 때에는 집 안팎을 반드시 점검하며, 동일유형의 다세대 주택에서는 반상회 등을 통하여 주민 스스로가 화재에 대비한다.

④ 성냥이나 라이터, 양초 등은 어린이들의 손이 닿지 않는 곳에 보관하고 어린이들에게 불에 대한 무서움을 일깨워준다.

⑤ 난로 곁에는 가연성 물질을 치우고 세탁물 등을 널어놓지 않는다.

⑥ 잠자리에 들기 전에는 전기, 가스, 석유, 전기기구 등의 안전을 확인하는 습관을 생활화하고 휴지통에는 불씨가 남아 있는 담배꽁초 등을 버리지 않는다.

⑦ 식용유를 사용하는 튀김냄비 등을 불에 올려놓은 채 주방을 장시간 떠나지 않도록 한다.

⑧ 가정에 적합한 소화기를 비치하고 그 사용법을 익혀둔다.

---

18) http://www.kfsia.or.kr

2) 차량화재

차량의 보유가 급속하게 증가하므로써 차량으로 인한 화재가 계속적으로 증가하여 주택화재 다음으로 많은 화재발생률을 기록하고 있다.

자동차 화재의 특징은 유류를 사용하고 통풍이 좋기 때문에 순식간에 확대되어 인명피해의 위험이 높다는 점이다. 자동차 화재의 발생형태는 일시에 폭발하는 경우와 불길이 보이면서 서서히 타오르는 두 가지 형태로 나타난다. 엔진에서 새어나온 가솔린이 전기배선의 합선이나 피복이 벗겨진 곳에서 일어난 스파크에 의해 화재가 발생하거나 점화계통의 스파크로 인해 일어나는 경우가 많다.

차량화재의 예방요령은 다음과 같다.

① 평상시 배선의 상태, 연료계통, 점화장치의 일일점검을 철저히 한다.

② 주행 중 차내에서 흡연을 삼가고 담배꽁초를 밖으로 버리지 않는다(뒤 화물차량의 적재물 화재 원인).

③ 어린이들의 불장난 화재를 예방하기 위해서 차내에 라이터나 성냥을 방치하지 않도록 한다.

④ 야간 주차 시에는 주차장에 안전하게 주차하여 사전에 차량방화를 예방한다.

⑤ 만일의 사태에 대비하여 모든 차량에 자동차용 소화기를 비치하고 그 사용법을 익혀둔다.

3) 공장 · 작업장 화재

경제발전과 산업사회의 발달에 따른 대단위 공장의 증가는 화재발생 우려를 가중시키고 있다. 특히, 공장에서 발생한 화재는 대형화재로 번질 가능성이 높고, 실제로 대형화재가 많이 발생하여 재산피해가 다른 장소에서의 피해보다 훨씬 높다.

그리고 공장화재는 화재로 인한 직접적인 손실, 즉 물적 손실은 물론 생산중단으로 인한 간접적인 손실은 실로 측정하기가 어렵다. 지금까지 발생한 공장화재의 원인별 분석은 전기로 인한 화재가 가장 많고 유류, 가스, 담배 등이 주요 원인이 되고 있다.

공장 · 작업장 화재의 예방요령은 다음과 같다.

① 자체소방활동을 원활히 수행할 수 있도록 자체소방조직을 편성하고, 유사시 각자 맡은 바 임무를 철저히 수행할 수 있도록 정기적인 교육과 훈련을 실시한다.

② 공장이나 창고 등에 제품을 적재할 때에는 정리정돈을 철저히 하고, 발화위험물

질은 따로 분리하여 정리한다.

③ 공장이나 작업장에서 화재위험지역으로 판단되는 곳은 '화기금지' 구역으로 설정하고, 방화에 대한 철저한 확인 감독을 실시한다.

④ 공장규모에 맞는 소방시설을 철저히 완비하고, 그 사용에 관한 교육과 훈련을 실시한다.

⑤ 화재 시 화재 확대의 최소화를 위하여 내부시설의 단열내장재 처리와 방화구획의 설정 및 방화문을 설치한다.

⑥ 담뱃불로 인한 화재의 예방을 위해서 종업원들의 흡연장소를 안전한 곳에 설치한다.

4) 시장(점포)화재

시장은 불특정 다수인이 출입하고 대량의 상품들이 진열・전시되기 때문에 화재의 위험성이 높다. 따라서 소방관서에 화재취약대상으로 특별관리되고 있다.

시장화재의 특징은 일단 발화하게 되면 밀집된 점포와 대량으로 적재된 상품 등으로 인하여 급격하게 연소가 확대될 뿐만 아니라 석유화학제품은 짙은 연기와 유독가스를 발생시켜 진압이 어려워 대형화재로 확대된다.

시장화재의 발생요인은 무질서하게 연결해서 사용하는 전기배선, 즉 전기로 인한 화재가 가장 많고 수없이 드나드는 상인이나 손님들이 버린 담뱃불, 겨울철 난방을 위해서 사용하는 난로 등이 주요 원인이다.

시장(점포)화재의 예방요령은 다음과 같다.

① 소방시설을 완비하고 자체 점검을 철저히 하며, 소방시설 사용요령 등에 관한 교육과 훈련을 정기적으로 실시한다.

② 전기시설을 함부로 설치하거나 무질서한 전기배선을 하지 않는다.

③ 중앙공급식 난방을 설치하여 겨울철에 이동식 석유난로를 사용하지 않도록 한다.

④ 화재 시 연소 확대를 방지하기 위하여 내장재는 단열재를 사용하고, 방화구획, 자동방화셔터 등을 설치한다.

⑤ 상품은 정리정돈을 철저히 하고 손님들의 담뱃불에 주의를 기울인다.

⑥ 화재 시 소방차의 진입을 원활히 하기 위해 소방차의 진입로에 상품을 진열하거나 좌판을 설치하지 않도록 한다.

⑦ 화재가 발생하지 않도록 예방대책을 강구하고 철저히 관리한다.

⑧ 대규모 시장건물에는 스프링클러 설비 등 반드시 적합한 자동소화설비를 충분히 설치해야 한다.

5) 고층건물 화재

고층건물은 사무실 용도뿐만 아니라 식당을 비롯하여 각종 점포, 쇼핑센터 등 복합적으로 구성되어 있고, 내부의 유동인구가 수만명이 넘는 경우도 있다. 그만큼 화재의 위험에 노출되어 있는 상태이며 일단 화재가 발생하면 막대한 재산과 인명피해가 뒤따르는 것이 보통이다. 이러한 화재는 사무실용 건물보다도 호텔이나 복합건물 등에서 많이 발생하고 있으며, 고층건물 화재 시 소방차의 고가사다리가 미치지 못하는 고층건물이 많고 건물이 밀집되어 있어 헬기조차도 접근하기 어려워 화재 시 구조작업의 문제점으로 나타나고 있다.

고층건물 화재의 예방요령은 다음과 같다.

① 고층건물에는 화재에 대한 신속한 감지를 위하여 건물 전체에 자동화재탐지설비를 설치하여 집중적인 감시를 한다.

② 화재발생 가능성이나 발화 시 유독가스로 인한 인명피해를 최소화하기 위하여 건물내장재를 불연화하고, 연소가 용이한 수납물을 적재하지 않는다.

③ 화재 시 계단 및 기타 수직개구부는 연소 확대의 통로가 될 뿐만 아니라 연소를 돕는 작용을 하므로, 모든 계단은 층별 발화구획이 되도록 피난계단 또는 특별피난계단 구조로 하고, 냉난방덕트 등에는 방화댐퍼와 같은 유효한 방화설비를 설치한다.

④ 화재의 성장을 한정된 범위로 억제하기 위하여 층별・면적별 방화구획을 설정하고 또한 방연구획도 병행하도록 한다.

⑤ 고층건물이나 백화점 등의 대규모 건축물을 계획할 경우에는 반드시 구조계획서 및 방재계획서를 작성 비치하도록 한다

⑥ 화기를 사용하는 기구나 시설에 대해서는 사용상의 안전수칙을 철저하게 주지시켜야 한다.

제 4 절

화재발생 시 대응전략

1 화재의 발견

화재현장 또는 구조 · 구급이 필요한 사고현장을 발견한 사람은 그 현장의 상황을 소방본부 · 소방서 또는 관계행정기관에 지체없이 알려야 한다.[19] 따라서 민간경비 관련자는 경비대상시설에 화재가 발생한 경우 즉각 알려야 할 뿐 아니라 대피를 유도해야 한다.

즉, 관계인은 소방대상물에 화재, 재난 · 재해 그 밖의 위급한 상황이 발생한 경우에는 소방대가 현장에 도착할 때까지 경보를 울리거나 대피를 유도하는 등의 방법으로 사람을 구출하는 조치 또는 불을 끄거나 불이 번지지 아니하도록 필요한 조치를 하여야 한다.[20] 특히, 경비원은 경비대상시설의 재산과 인명을 보호하는 업무를 수행하고 있으므로 항상 피난유도에 관한 준비와 대비를 해야 한다.

민간경비 관련자가 화재를 발견할 때의 대처요령은 다음과 같다.

1) 화재를 직접 발견한 경우

화재가 발생하면 최초 발견자는 '불이야!'라고 큰소리로 주위의 사람들에게 화재가 발생했다는 사실을 알려 협력을 구하는 동시에, 즉시 소화기, 모래, 옥내소화전 등을 이용하여 소화작업에 임해야 한다.

이때 주의해야 할 사항은 불 끄는 일에만 정신이 팔려 연기에 질식하거나 불길에 갇히는 일이 없도록 하고, 소화약제는 화염이나 연기에 방사하는 것이 아니라 화원에 방사해야 한다.[21]

그리고 무엇보다도 중요한 것은 소방서에 신고하는 것으로, 초기소화가 불가능하다고 판단되면 지체없이 소방관서에 신고를 하고 대피해야 하는데, 이때는 연소속도를 늦추기 위하여 반드시 출입문을 닫고 대피하여야 한다. 화재발생 시 취해야 할 행동은 다

19) 소방기본법 제19조 제1항.
20) 소방기본법 제20조.
21) http://www.kfsi.or.kr

음과 같다.[22)]

① '불이야!'라고 큰소리로 화재의 발생을 주위의 사람들에게 알려 협력을 구한다.

② 비상경보장치 또는 자동화재경보장치의 발신기를 누른다.

③ 비상전화, 내선전화 등으로 방재센터 등에 화재발생을 알린다.

④ 단독 근무 등의 경우는 즉시 119에 신고한다.

⑤ 화재 상황에 따라 별도 정해진 활동(초기소화, 피난유도 등)을 한다.

2) 자동화재감지장치에 의해 화재를 감지한 경우

자동화재감지장치를 통하여 화재를 감지한 경우에는 우선 경계구역 일람도를 보고 화재경보구역에 출동하여 화재발생 여부를 확인한다. 현장에서 화재발생이 확인되면 상황에 따라 조기진화, 119에 신고 등의 조치를 취한다.

2 유의사항

1) 자동화재 경보 작동 시의 유의사항

자동화재 경보 작동 시에는 표시내용을 확인하고 즉시 지휘자(책임자)에게 보고하며, 표시내용을 실내 근무자에게 큰소리로 알린다. 스프링클러 설비 등이 거의 동시에 작동 표시가 되고, 경보작동 전후로 신고가 접수된 경우는 화재발생에 적절한 대처를 한다.

2) 현장출동 시의 유의사항

화재를 확인하기 위해 현장에 출동하는 경우는 다음의 사항을 유의해야 한다.

상관의 지시에 따라 출동하는 경우는 내용을 복창한 후 소화기, 회중전등, 필요한 열쇠, 휴대전화 등을 휴대한 후 출동한다.

엘리베이터를 사용하는 경우는 화재표시층(화재추정 층)의 한 층 밑에 멈춰두고 피난계단을 이용하여 걸어 올라간다.

비상용 엘리베이터를 사용할 때는 열쇠를 꽂아 놓은 채로 둔다.

22) (社)全國警備業協會, 『警備員教育教本: 基本教育編』, 앞의 책, p.119.

3) 현장확인 시의 유의사항

현장방문으로 화재발생을 확인한 경우에는 앞에 기술한 '직접 발견한 경우'와 같이 대처한다.

현장을 방문하여 확인할 때는 천장 뒤, 파이프 스페이스 등 구석진 부분도 빠뜨리지 않아야 하며, 확인하는 데 시간이 필요한 경우는 방재센터 등에 중간보고를 한다.

화재장소가 폐쇄되어 연기가 나오고 있을 때는 문을 단번에 열어서는 안 되며, 응원이 필요하면 즉시 방재센터 등에 요청한다.

화재정보가 방재센터 등에 들어 올 때는 반복하여 그 정보를 현장 확인자에게 연락한다.

4) 방송 시 유의사항

비상방송을 할 경우는 다음의 사항을 유의해야 한다.

선택 방송이 가능한 경우에는 최초 발화한 층 및 그 바로 위층에 우선 방송하며, 이후 순차적으로 시간차를 두고 위층에, 이어서 아래층에 방송한다.

건물 전체에 동시에 방송하는 경우는 분명하고 침착한 명령조로 2회 반복하며 방송하는 부서나 사람의 이름을 반드시 넣는다.[23)]

5) 방화구획의 구성(안전방호조치) 시 유의사항

화재가 발화한 층의 방화문, 방화셔터는 다른 층에 우선하여 폐쇄하며, 자동방화문이라도 필요하면 수동으로 폐쇄한다.

쪽문이 없는 방화셔터는 연기의 유입을 막기 위해 중간까지 내리고, 피난 종료 후 폐쇄한다. 피난 경로상의 방화문의 폐쇄는 피난유도의 상황을 보면서 한다.

6) 정보전달과 관련된 유의사항

활동하는 데 참고가 되는 정보(가장 중요한 것은 인명에 관계되는 것)를 입수한 때는 적극적으로 전달해야 한다.

---

23) (社)全國警備業協會, 『常駐警備の教本(2級)』, 앞의 책, p.120.

3 피난유도

1) 피난유도의 중요성

화재가 발생한 경우 그 시설 등의 관리자나 책임자 혹은 현장 부근에 있는 관계자의 피난유도의 조치의 적절성 여부에 따라 그 화재 피해의 정도에 큰 영향을 미친다.

예를 들면, 불특정 다수인이 출입하는 대형할인매장이나 고층복합건물 등에 화재가 발생한 경우 건물구조를 알지 못하는 사람들은 당황하거나 겁을 먹어 무분별한 행위[24]를 함으로써 피해가 늘어나는 경우가 많다. 따라서 그 건물구조에 익숙한 사람이 피난을 유도해야 한다.

민간경비 관계자는 평소 대상시설에서 예상할 수 있는 사태의 발생을 상정하여 그것에 대해 어떠한 순서와 방법에 의해 피난유도의 조치를 실시할 것인가, 또한 경찰 및 소방기관 등이 현장에 도착하기까지 해야 할 일은 무엇인가 등에 대하여 충분한 지식을 가지고 훈련을 반복하여 화재발생 시 발생할 수 있는 혼란과 실패를 일으키지 않도록 노력해야 한다.

2) 피난유도의 시기와 피난순위

화재발생 시 가장 주의해야 할 것은 유독가스와 연기로 인한 질식이다. 통계에 의하면 화재로 인한 사망 중 60% 이상이 화염이 사람의 몸에 채 닿기도 전에 가스와 연기로 인한 질식사망이고 약 20% 정도만이 소사하는 것으로 나타났으며, 이 밖에 충분히 피난할 방법이 있는 데도 불구하고 당황하거나 공포에 질려 창문으로 뛰어내리거나 다른 건물로 건너뛰다가 사망하는 경우가 상당히 많은 것으로 나타났다.[25] 이러한 점에

---

24) 패닉이라고 하는 말이 화재 등의 비상재해 시 군중의 공포와 혼란상태를 표현하는 것으로 자주 사용된다. 많은 사람이 있는 장소에서 화재발생은 갑자기 거기에 있는 사람들 전부가 생명의 위험을 느껴 바로 패닉을 일으키게 된다. 이 군중의 공포와 혼란의 출현은 군중심리에 의해 일어나며 군중심리에 의해 한층 소상되는 것이다. 화재 시에 흔히 있는 특유의 군중행동은 ① 연기의 흐름, 악취, 정전, 소음 등에 의해 패닉에 빠져든다. ② 피난로나 피난방법을 알지 못하여 불안감에 시달린다. ③ 혼란상태의 원인 등에 대하여 야단스런 불만을 표현하는 행동을 취한다. ④ 죽음의 공포에 의해 한없는 불안에 사로잡혀 이성을 잃고 본능적으로 탈출을 시도하는 행동을 한다. ⑤ 자기의 현재 입장을 최악이라고 직감하고 원시적 행동이 나온다. ⑥ 현장에서 타인의 언동을 맹신하여 행동하는 상태가 되어 있다. (社)全國警備業協會, 『常駐警備の教本(2級)』, 앞의 책, p.123.

25) http://www.kfsi.or.kr

표 9-2 피난유도시기의 판단기준

화재상황 \ 발화층	발화층이 지상 2층 이상의 경우	발화층이 1층(피난층) 또는 지층의 경우
화재라고 판명된 시점	발화층・바로 위층의 자를 피난시킨다.	발화층・바로 위층 및 지층의 사람 전부를 피난시킨다.
소화기로 소화할 수 없는 경우 또는 옥내 소화전에서 소화활동하고 있는 경우	발화층 이상의 상층의 사람을 피난시킨다.	전관을 피난시킨다.
옥내소화전에서 소화할 수 없는 경우	하층을 포함한 전관을 피난시킨다.	전관을 피난시킨다.
소화할 수 있을지, 없을지 불명확한 경우는 소화할 수 없는 것으로 판단하여 대처한다.		

자료: (社)全國警備業協會(1998: 124).

유의하여 피난을 유도해야 한다.

빌딩화재에서 피난하는 경우, 발화층과 그 바로 위층을 최우선으로 한다. 유도는 일시적으로 화점(火點)의 아래층에서 행하고 최종적으로는 지상까지 행한다. 이때 엘리베이터를 사용해서는 안 된다.

화재층을 기준으로 화재층, 상층, 하층의 3층으로 구분한다. 피난할 시는 원칙적으로 화재층・상층・하층의 순으로 피난한다. 그 이유는 다음과 같다.[26]

① 화재로 발생한 연기는 우선 화재층에 확산되며, 뒤이어 틈새로 상층으로 향한다. 하층으로는 연기의 온도가 상온(常溫)까지 저하하지 않으면 내려가지 않는다.

② 화재층의 계단 문이 열려 연기가 자유로 유출되는 상태가 되어 있으면, 계단은 사용할 수 없게 되며, 상층 사람의 피난이 불가능하게 된다. 그 때문에 화재층의 사람을 빨리 피난시켜 화재층의 계단 문을 폐쇄할 필요가 있다.

3) 피난유도의 원칙[27]

① 피난의 지시는 비상방송설비, 확성기, 메가폰 등을 사용하여 많은 사람에게 동시에 확실히 전달하도록 한다.

② 유도원은 통로의 각 계단입구 등 피난하는 사람이 방향을 잃기 쉬운 장소에서 유도한다.

③ 초고층 빌딩 등 특수한 경우를 제외하고 엘리베이터는 사용하지 않는다.

26) (社)全國警備業協會, 『常駐警備の教本(2級)』, 앞의 책, p.125.

27) (社)全國警備業協會, 『警備員教育教本: 基本教育編』, 앞의 책, p.226.

④ 비상계단 등 안전하게 많은 사람이 확실히 피난할 수 있는 경로를 우선 이용하고 완강기 등 피난기구는 다른 피난 수단이 없는 경우에 사용한다.

⑤ 피난자가 다수인 경우에는 사람들을 분산하여 혼란을 방지하고 위험장소에 있는 자가 조기에 피난할 수 있도록 한다.

⑥ 연기가 상승하는 속도는 사람이 계단을 오르는 속도보다 빠르므로 반드시 지상으로 유도하는 것을 원칙으로 하고, 그것이 불가능한 경우에만 옥상이나 구조 가능한 베란다 등으로 유도한다.

⑦ 한 번 피난한 자는 다시 되돌아가지 않도록 한다.

⑧ 유도원이 대피할 때는 뒤쳐진 자의 유무를 확인하고, 최종 대피자는 방화문 등을 닫고 대피한다.

4) 소방대에 인계 및 협조

경비원은 소방대가 도착하면 소방활동이나 피난유도활동이 효과적으로 이뤄지도록 협력해야 한다. 우선, 소방대가 구내 진입이 용이하도록 출입문을 개방하고 진입로 등에 소방활동에 지장이 되는 물건을 치운다. 그리고 소방대가 연소장소로 신속히 이동하도록 유도하며 소방대에 적극적으로 정보를 제공한다. 제공해야 할 정보는 대피가 지연된 자 및 부상자의 유무, 연소층 및 연소 상황, 각종 설비 등의 작동상황, 위험물 및 소화활동에 장해가 되는 물질의 유무 등이다.

제 10 장 범죄예방과 CPTED 전략

제 1 절 범죄예방

1 범죄예방의 의의

범죄는 「형법」에 의해서 규정되고 형사사법기관에 의해 제재되는 행위이다. 이는 형식적 범죄개념으로 「형법」에서 범죄로 규정하고 국가가 형벌을 부과하도록 한 행위가 범죄로 정의된다. 이처럼 법적 개념의 범죄는 구성요건해당성, 위법성, 책임성을 모두 충족해야 범죄로 성립한다.[1] 예방은 질병이나 재해 따위가 일어나기 전에 미리 대처하여 막는 일[2]을 의미한다. 이 둘의 의미를 고려했을 때 범죄예방은 사후대응이 아닌 사전대응의 일환으로서 범죄가 발생하는 데 필요한 상황 혹은 범죄를 유발하는 요인들을 미리 제거하거나 억제함으로써 범죄가 일어나지 않게 하는 일련의 조치들을 의미한다. 이에 관하여 매년 수법과 심각성 등에 따라 다양한 범죄들이 발생하고 있고 그 예방책 또한 지속적으로 맞춰서 발전하고 있다.

실제로 카메라 기술이 정밀하고 간소화되면서 불법촬영 범죄와 같은 범죄가 증가하기도 하며, 새로운 사회공간으로서의 누리소통망(Social Network Service: SNS)을 악용한 성착취 및 동영상 유포문제 또한 새로운 범죄유형으로서 공론화되기도 한다. 이에

1) 이재상, 『형법총론』, 서울: 박영사, 제11판, 2022, p.65.
2) 국립국어원, 『표준국어대사전』, 2022.

따라 기술적 측면에서는 인공지능(Artificial Intelligence: AI) 기술을 이용한 디지털 성범죄예방, 정보통신(Information & Communication Technology: ICT) 기술을 활용한 보이스피싱(voice phishing) 범죄예방, 빅데이터를 통한 범죄발생 예측 등 다양한 분야에서 범죄예방 기술 및 전략을 수립하고 있다. 또한 행정적 차원에서도 2022년 법무부에서는 2023년 범죄예방 및 피해지원 예산을 200억원 증액하는 등 행정적으로 범죄예방에 많은 관심을 기울이고 있다.

2 주요 범죄예방이론

1) 구조모델이론

범죄예방의 구조모델이론은 총 3차로 구분된 질병예방의 의료모델에서 그 기원을 두고 있다.[3] 질병예방의 차원에서 1차 예방은 질병 자체의 발병 감소를 위해 일반인들을 대상으로 하는 광범위한 조치들을 의미한다.[4] 2차 예방은 이미 발병한 질병을 대상으로 초기에 진단과 개입을 위해 취해지는 행동들을 의미한다. 3차 예방은 질병이 발생한 후 확산과 재발 방지를 위해 집중적으로 개입하여 치료하는 것을 의미한다. 이러한 의료모델을 기반으로 하여 브랜팅햄과 파우스트(P. J. Brantingham & F. L. Faust)는 범죄예방의 구조모델 체계를 만들었으며, 해당 구조모델이론을 살펴보면 다음과 같다.[5]

1차 예방은 기본적으로 모든 시민을 대상으로 실시하며 범죄의 근원에 초점을 둔 단계로서 범죄행동의 심층적 원인을 근본적으로 제거하고자 한다.[6] 즉, 처음부터 범행의 출현을 막는 것으로서 범죄발생 원인에 영향을 미치는 다양한 분야의 정책들을 통한 범죄예방을 의미한다. 1차 예방 방안으로서 사회 전반에 관련된 실업문제, 교육문제, 사회화, 주거환경 등에서의 사회의 결함과 결핍구조의 개선이 거론된다. 특히, 1차 예방에 관한 경찰활동으로서 지역사회 경찰활동과 문제지향적 경찰활동(problem-oriented policing)이 강조된다. 지역사회 경찰활동은 지역사회에서 경찰과 시민이 파트너십 구

---

3) C. R. Jeffery, *Crime Prevention Through Environmental Design*, Thousand Oaks, CA: Sage Publications, Inc., 1977, p.351.

4) H. Gottesfeld, *The Critical Issues of Community Mental Health*, New York: Behavioral Publications, 1972.

5) P. J. Brantingham & F. L. Faust, "A Conceptual Model of Crime Prevention", *Crime & Delinquency*, Vol. 22, No. 3, 1976, pp.284-296.

6) 임준태, 『범죄예방론』, 서울: 대영문화사, 2021, p.67.

축을 통한 범죄발생의 가능성을 감소시킬 수 있다는 점, 그리고 문제지향적 경찰활동은 해당 지역사회의 범죄 및 일탈 발생의 근본적 문제를 해결한다는 점에서 1차 예방에서 활용할 수 있는 경찰전략이라고 할 수 있다.[7)]

2차 예방은 범죄유형별 잠재적 범죄자와 기회범을 대상으로 실시하며 범행을 하기 전에 이를 중점적으로 저지하고자 한다. 즉, 잠재적 범죄자의 범행실행 욕구나 범죄발생에 결정적인 영향을 초래할 수 있는 상황에 집중적으로 대응하여 욕구를 감소시키거나 상황을 제거하는 것을 의미한다.[8)] 2차 예방방안으로서 범죄자의 범행기회구조를 변경시키는 것, 범죄 발각 위험성을 높이는 것, 범죄를 통한 기대이익을 줄이는 것 등이 강조된다. 구체적으로 고가품에 대한 보안장치, CPTED 전략, 비상벨 설치, 호신술 훈련 등이 2차 예방의 전략으로 볼 수 있다. 경찰활동에 관한 2차 예방의 전략은 잠재적 범죄자의 다이버전 가능성 심사, 이웃감시체계 확립이 강조된다. 잠재적 범죄자의 다이버전 가능성을 미리 진단하고, 이에 대비하는 활동들은 형사사법기구가 범죄발생의 가능성을 감소시킬 수 있는 방법이다. 또한 이웃감시체계 확립을 통해 경찰과 지역주민이 협력하여 효과적으로, 그리고 효율적으로 지역사회에서 범죄의 발생 기회 및 구조를 변경하고 제거할 수 있는 전략이다. 마지막으로, 가두범죄에 대해서 2차 예방에서는 경찰의 가시성을 상시적으로 제공하기 위한 측면에서 정복경찰관의 순찰 증가 또한 강조되고 있다.[9)]

3차 예방은 재범자, 범죄성이 강한 범죄자를 대상으로 실시하며 이들의 범죄억제 및 재범방지를 목표로 하고 있다. 즉, 범죄자의 처벌, 처우, 그리고 재분류 문제와 관련된 예방 전략들을 의미한다. 3차 예방방안으로서 특별예방적 제재를 통해 범죄자 개인의 범죄성을 약화시키는 조치들이 강조된다. 구체적으로 경찰을 포함한 형사사법기구의 활동에 관해서 재소자에 대한 교육, 재사회화, 보안처분, 개별적 위하 등이 3차 예방에 속하는 전략들로 볼 수 있다. 또한 피해자에 대한 회복적 사법은 3차 예방의 측면에 포함될 수 있으며, 재차 피해를 입지 않도록 하는 피해자 지원 및 치료 프로그램이 대표적인 피해자 지향적 3차 예방 영역에 포함된다고 볼 수 있다.

---

7) 이기헌 · 임영철 · 기광도, "미국경찰의 범죄예방활동에 관한 연구", 『연구총서 94-18』, 한국형사정책연구원, 1994.

8) 최인섭 · 진수명, "보호관찰제도의 성인범 확대실시를 위한 예비연구", 『연구보고서 95-32』, 한국형사정책연구원, 1997.

9) K. J. Peak & R. W. Glensor, *Community Policing and Problem Solving: Strategies and Practices*, Upper Saddle River, NJ: Prentice-Hall, Inc., 2002.

2) 일상활동이론

일상활동이론은 시간적 흐름을 고려한 범죄율의 변화를 설명하기 위해서 등장한 이론으로서 범죄를 유발하는 데 적합한 생활유형을 가진 사람이 그렇지 않은 사람보다 범죄를 당할 가능성이 더 높다고 설명한다. 구체적으로 장소와 시간에 관련된 세 가지 요소가 부합하면 범죄발생 가능성이 매우 높다고 설명한다.[10] 일상활동이론에서는 핵심적인 세 가지 요소로 잠재적 범죄자(motivated offender), 보호 및 경비의 부재(absence of capable guardian), 매력적인 표적(suitable target)을 제시한다. 이 세 가지 요소가 해당이 되는 상황이 온다면 범죄발생 가능성이 높다고 설명한다. 즉, 보호의 부재 속에 있는 매력적인 표적이 잠재적인 범죄자와 함께 어떤 장소와 시간에 함께 존재할 때 범죄가 발생할 가능성이 존재한다고 코헨과 펠슨(L. E. Cohen & M. Felson)은 주장했다.

첫 번째 요소인 잠재적 범죄자는 상황에 대한 범죄 여부를 판단할 때 범죄실행 가능성이 높은 사람들로서 대표적인 예시로 10대 비행청소년, 실업상태의 성인과 같이 범죄를 저지를 동기가 높은 사람들이 이에 포함된다. 이러한 잠재적 범죄들이 집중되는 지역은 범죄다발구역(hot-spot)이 될 가능성이 높다. 이러한 잠재적인 범죄자에게 보호의 부재 상태인 매력적인 표적물이 있다면 범죄발생 가능성이 존재한다.

두 번째 요소인 보호 및 경비의 부재는 범죄발생을 억제시킬만한 유능한 경비체계(경비원 혹은 경비시스템)가 갖추어지지 않은 상태를 의미한다. 이러한 체계들은 공식적 혹은 비공식적으로 존재할 수 있다. 대표적으로 비공식적 경비체계로는 지나다니는 행인들의 시선들이 잠재적 범죄자들에게 보호 및 경비로 작용할 수 있으며, 공식적 경비체계로는 경찰과 경비원의 순찰 또는 CCTV의 감시 등이 범죄발생을 억제시킬 수 있다.[11]

세 번째 요소인 매력적인 표적은 펠슨과 클라크(L. E. Felson & R. V. Clarke)에 의해 매력적인 표적이 가진 네 가지 성격으로 설명할 수 있다. 매력적인 표적은 사람이 될 수도 있고 사물이 될 수도 있다. 매력적인 표적은 가치(value)가 있고 부동성(inertia)이며, 가시적(visibility)이고 접근이 용이(accessible)하다고 설명했다. 구체적으로 가치가 높은 표적일수록, 쉽게 취득이 가능할 표적일수록, 더 눈에 잘 띄는 표적일수록, 쉽게

10) L. E. Cohen & M. Felson, "Social Change and Crime Rate Trends: a Routine Activity Approach", *American Sociologial Review*, Vol. 44, No. 4, 1979, pp.588-608.

11) P. B. Ainsworth, *Offender Profiling and Crime Analysis*, Portland, Oregon: Willan Publishing, 2001.

다가갈 수 있는 표적일수록 더 매력적인 표적으로 설명될 수 있다.[12)]

일상활동이론은 앞에서 언급한 세 가지 요소로 범죄발생 가능성을 예측하며, 이를 예방하기 위해서는 세 가지 요소 중 하나의 요소를 없앤다면 범죄가 발생하지 않을 수도 있다고 설명했다. 이러한 점을 고려하여 일상활동이론에서 제시하는 범죄예방의 경향은 잠재적 범죄자 요소를 변화시키기는 방향보다는 보호 및 경비의 부재요소와 매력적인 표적물 요소를 변화시키는 방향을 제시했다.

먼저 보호 및 경비의 강화를 위해서는 이웃감시체계(neighbourhood watch system) 확립, 경찰의 순찰강화, 사설 보안요원 배치 등을 통해 보호와 경비의 부재요소를 해결할 수 있다. 잠재적인 범죄자가 존재하더라도 많은 감시와 경비 속에서는 매력적인 표적물에 다가가기 쉽지 않기 때문에 범죄발생을 억제할 수 있다. 다른 한편으로는 매력적인 표적물 요소를 제거하기 위해서는 개인 잠금장치 확충, 호신술 훈련, 인적이 많은 곳으로의 통행 등의 방식으로 표적물을 강화(target-hardening)할 수 있다.[13)] 매력적인 표적물이더라도 이를 취득하기 위한 범죄자의 노력과 비용이 증가한다면 동일하게 범죄발생 가능성을 억제할 수 있을 것이다.

3) 상황적 범죄예방이론

상황적 범죄예방이론(situational crime prevention theory)은 범죄자 개인이 아닌 범죄가 발생할 수 있는 상황에 초점을 두고 범죄를 예방하고자 한다. 상황적 범죄예방이론의 기저에는 합리적 선택이론(rational choice theory)이 있으며, 이는 인간이 합리적이고 이성적인 존재로서 범죄 또한 이성적인 인간이 스스로 이득과 손실을 따져서 행동한 결과물이라고 보는 관점이다. 그렇기에 상황적 범죄예방이론에서는 통제의 부재를 범죄발생의 핵심적인 원인으로서 가정하고 통제기제를 어떻게 설정하고 강화하며 확충시켜야 하는지를 강조하고 있다.

또한 앞에서 살펴본 일상활동이론에서의 세 가지 요소와 구조모델이론에서의 2차 예방이 상황적 범죄예방이론과 일정부분 결부되어 있다. 구체적으로 일상활동이론에서의 보호 및 경비의 부재요소는 범죄가 일어날 가능성이 높고 범죄대상(물)이 취약한 상황

12) D. J. Paulsen & M. B. Robinson, *Spatial Aspects of Crime: Theory and Practice*, Boston, Massachusetts: Pearson, 2004.

13) F. Adler, G. O. Mueller, & W. S. Laufer, *Criminology and the Criminal Justice System*, New York, NY: McGraw-Hill, 2007.

이라고 표현할 수 있다. 또한 구조모델이론에서의 2차 예방에서의 핵심은 범행의 기회구조를 변경시키는 것이 핵심인데, 이 또한 범행 상황(장소와 시간)을 통제하고 제한하는 것과 관련이 깊다.[14)]

상황적 범죄예방 전략은 제퍼리(C. R. Jeffery)의 CPTED(Crime Prevention Through Environmental Design) 전략과 뉴먼(O. Newman)의 방어공간(defensible space) 개념[15)]을 기초에 두고 일반화되기 시작하였으며, 그 기본은 특별한 범죄형태를 억제하기 위해 주변 상황을 관리하고 개선하여 범죄기회를 감소시키고 범인검거의 위험을 증가시키는 것이 핵심이라고 볼 수 있다. 범죄학자 클라크와 호멜(R. V. Clarke & R. Homel)에 따르면 범죄예방 전술들은 공통적으로 '범행에 요구되는 비용과 노력 증가시키기', '범행 실패 및 검거 위험 증가시키기', '범죄를 통한 이익 감소시키기', '범행에 대한 죄의식 유발시키기'와 같은 네 가지 분류에 속한다고 설명했다.[16)] 구체적으로 상황적 범죄예방이론에서 주장하는 다양한 범죄예방 전략들은 <표 10-1>과 같다.

표 10-1 상황적 범죄예방이론 전략

인식된 노력을 증가시키기	인식된 위험을 증가시키기	예견된 보상을 감소시키기	죄의식/부끄러움 유발시키기
1. 목표물 강화	5. 출입차단막	9. 목표물 제거	13. 규칙 제정
2. 접근통제	6. 공식적 감시	10. 재물 등록	14. 도덕적 비난 강화
3. 범죄자 우회시키기	7. 고용인의 감시	11. 매력성 감소	15. 조장자 통제
4. 편의시설 통제	8. 자연적 감시	12. 이익 배제	16. 편의성 강화

자료: Clarke & Homel(1997: 17-27).

3 민간경비와 범죄예방

범죄예방에 관여하는 기관은 경찰과 같은 공경비에 해당하는 형사사법기관들뿐만 아니라 현대에 와서는 민간경비도 범죄예방에 기여하고 있다. 민간경비는 공적 차원이 아닌 민간 차원에서 이루어지는 안전 내지 보호활동이라고 할 수 있다.[17)] 범죄라는 현

14) Steven P. Lab, *Crime Prevention: Approaches, Practices, and Evaluations*, 10th ed., New York: Routledge, 2019

15) O. Newman, *Defensible Space: Crime Prevention through Urban Design*, New York: Macmillan, 1972.

16) L. J. Siegel, *Criminology: Theories, Patterns, and Typologies*, Boston, MA: Cengage Learing, 2016.

행법에 규정된 형벌법규의 위반행위에 의해 야기된 인적·물적 피해사태에 대응하고 예방하기 위해 민간경비 차원에서도 범죄예방 전략들이 다양하게 발전하고 있다.

민간경비의 차원에서도 CPTED 전략과 같이 장소와 시간에 물리적 통제를 가하는 것이 효과적인 범죄예방 전략을 수립하는 데 중요하다. 구체적인 방법 중에 하나로서 물리적 통제를 통해 범죄발생 위험을 감소시키고자 하며, '허가받지 않은 접근통제', '허가받지 않은 접근을 하고자 하는 시도 억제', '허가받지 않은 접근의 시도 지연', '범죄자와 비범죄자의 위협 감지'의 네 가지 유형의 통제가 존재한다.

보다 더 구체적으로 표적의 보안강화를 위한 수단으로서 가장 기초적 보안장치로 자물쇠,[18] 근접식 스마트카드, 생체인식 등의 보안장치가 사용되고 있다. 또한 범인검거 가능성 증가를 위한 보안 조명도 대략적으로 지속적 조명, 예비조명, 이동식 조명, 긴급조명으로 분류되어 활용되고 있다. 또한 경보시스템은 지역, 개인, 중앙본부, 경찰과 연결되는 다양한 경로의 경보시스템이 사용되고 있으며, 감시시스템은 개인보안의 차원에서는 CCTV, 기업보안의 차원에서는 인터넷프로토콜(IP) 시스템이 대중적으로 활용되고 있다.[19]

마지막으로, 민간경비의 차원에서도 공경비인 경찰과 동일하게 순찰 전략을 범죄예방에 적극적으로 활용하고 있다. 순찰은 범인검거 가능성 증가 및 범행 노력 및 비용 증가를 야기하는 가장 대표적인 범죄예방 전략으로 시간에 따라, 수단에 따라, 노선에 따라 다양하게 활용 가능하다. 구체적인 순찰의 분류는 〈표 10-2〉와 같다.

표 10-2 순찰의 분류

분류기준 / 종류	시간에 따라	수단에 따라	노선에 따라
순찰 분류	• 주간 순찰 • 야간 순찰	• 도보 순찰 • 자전거 순찰 • 차량 순찰	• 정선 순찰 • 난선 순찰 • 요점 순찰 • 구역 순찰

17) 최선우, 『민간경비론』, 제6판, 2021, 서울: 진영사.

18) 자물쇠도 열쇠형 자물쇠, 패드록(padlock) 자물쇠, 조합형 자물쇠, 카드형 자물쇠 등 다양한 종류의 자물쇠가 존재한다.

19) Kären Matison Hess, & Henry M. Wroblesk, *Introduction to Private Security*, St. Paul, MN: West Publishing Company, 1996, pp.97-99.

제 2 절

CPTED 전략

1 CPTED의 의의와 목적

CPTED란 Crime Prevention Through Environmental Design을 줄인 말로서, 환경설계를 통한 범죄예방을 의미한다. 구체적으로 국외에서는 CPTED를 "적절한 설계와 건축환경의 효과적인 활용을 통해 범죄와 범죄두려움을 감소시켜 삶의 질을 향상시키는 것"[20]을 의미한다. 우리나라에서는 "도시환경을 범죄에 대비할 수 있도록 적절한 건축설계나 도시계획 등을 통하여 방어적으로 설계(defensible space)함으로써 범죄발생의 기회를 줄이고, 시민들이 범죄에 대한 두려움을 덜 느끼고 안전감을 유지하도록 하여 궁극적으로 삶의 질을 향상시키는 종합적인 범죄예방 전략"[21]을 의미한다.

환경설계를 통한 범죄예방 전략은 북미에서는 주로 CPTED라는 용어로 사용되고 있고, CPTED에 관하여 북미보다 더 오랜 역사를 가진 서유럽에서는 DOC(Designing Out Crime)라는 용어를 통해 환경설계를 통한 범죄예방 전략을 일컫고 있다. 또한 서유럽국가 중에서도 영국에서는 DOC에서 더 나아가 방범기능 설계(Designing Against Crime: DAC)라는 용어를 통해 환경설계를 통한 범죄예방 전략을 발전시켜 나가고 있다. 이러한 전략에 대해서는 유럽 CPTED협회(International CPTED Association) 회장 수메런(Paul van Soomeren) 교수는 DOC는 최소의 사회경제적 비용을 강조하여 효과성을 높이는 것에 주안점을 두고 있음을 강조했다.[22] 또한 DAC에 대해서는 디자인 설계에 있어서 범죄문제를 반영하여 범죄발생을 줄이거나 근절하도록 노력하는 '사회적으로 책임성 있는 디자인(Socially Responsible Design)'이라는 윤리적인 사고에서 발생했다는 것이 긍정적인 평가를 받고 있다.[23]

---

20) Timothy D. Crowe, *Crime Prevention Through Environmental Design: Applications of Architectural Design and Space Management Concepts*, 2nd ed., Woburn, Massachusetts: Butterworth-Heinemann, 2000.

21) 최응렬, 『환경설계를 통한 범죄예방』, 서울: 한국학술정보, 2006.

22) 박현호, 『범죄예방환경설계: CPTED와 범죄과학』, 서울: 박영사, 2022, p.27.

23) Lorraine Gamman & Tim Pascoe, Design Out Crime? Using Practice-based Models of the Design Process, *Crime Prevention and Community Safety*, Vol. 6, No. 4, 2004, pp.37-56.

즉, CPTED, DOC, DAC 모두 환경이 인간행위에 상당한 영향을 미칠 수 있다는 환경개연론[24]을 기반으로 물리적 환경설계를 통한 범죄감소를 목적으로 한다. 이를 통해 각국마다 다르게 형성되어 발전하고 있는 환경설계를 통한 범죄예방 전략들은 범죄 근절을 통한 삶의 질 향상을 궁극적 목표로 삼는다.

2 CPTED의 원리

모파트(R. E. Moffat)에 의하면 CPTED는 다섯 가지 기본원리를 가져야 한다.[25] 첫 번째 원리는 감시(surveillance)강화의 원리이다. 이 원리는 잠재적 피해자를 범죄로부터 보호하기 위해 범죄 구성요소인 범죄가해자, 범죄피해자, 환경들 간의 관련성을 분석하여 인간과 기계에 의한 가시권역을 넓히는 것을 목표로 한다. 감시강화는 자연적 감시강화와 기계적 감시강화로 나뉜다. 자연적 감시강화는 일반인들과 잠재적 범죄자들의 행위가 가시권범위 안에 있을 수 있도록 유도하는 것이다.[26] 구체적으로 건물 주변에 존재하는 시야 방해요소를 제거하여 감시의 사각지대를 극대화하고 야간에는 조명을 설치하여 적절한 조도를 유지하는 것 등이 자연적 감시강화의 예로 볼 수 있다.

그림 10-1 감시강화가 잘된 아파트 단지의 모습

자료: 경찰청 생활안전과(2005).

24) John Douglas Porteous, *Environment & Behavior: Planning and Everyday Urban Life*, Reading, Massachusetts: Addison-Wesley Publishingcation Company, 1977, p.176.

25) R. E. Moffat, "Crime Prevention Through Environmental Design: A Management Perspective", *Canadian Journal of Criminology*, Vol. 5, No. 1, 1983, pp.19-31

26) 이경훈 · 강석진, 『사례로 이해하는 실무자를 위한 범죄예방디자인: 도시를 안전하게 만드는 20가지 아이디어』, 서울: 기문당, 2015.

기계적 감시강화는 주로 방범용 CCTV(Closed-Circuit Television) 설치를 통해 이루어진다. 이외에도 범죄에 취약한 야간 골목길에는 안전거울을 통해 시야를 확보하는 것도 기계적 감시강화의 예에 해당한다.[27]

두 번째 원리는 접근통제(access control)의 원리이다. 접근통제의 원리는 사람들을 조경, 문, 보행로 등을 이용해 일정한 공간으로 유도함과 동시에 범죄목표물에 관한 접근을 차단하고 잠재적 범죄행위의 발각 가능성을 증가시키는 것을 목표로 한다.[28] 접근통제를 효과적으로 강화하기 위해서는 순찰 증가와 기계적 경비 등 시스템적인 대책과 공간계획이 자연스럽게 조화되어 사람들의 행위를 통제하는 방안이 강조된다. 기존의 여러 연구들[29]이 전반적으로 특정 공간에 대한 가로와 출입구가 많을수록 침투성, 연결성, 접근성이 높기 때문에 침입절도 등의 범죄피해를 더 많이 당한다는 상식을 확인시켜주고 있기 때문에 이러한 접근가능성을 환경설계를 통해 차단 및 억제하고자 하는 접근통제 원리는 CPTED의 핵심이다.[30]

세 번째 원리는 영역성(territoriality) 강화의 원리이다. 공간과 영역의 위계는 사적 공간(private space), 준공적 공간(semi-public space), 공적 공간(public space)으로 분류할 수 있다.[31] CPTED에서 강조하는 영역은 사적 영역을 뚜렷하게 다른 영역들과 분리하는 것이다. 뚜렷한 영역성 강화를 위해서는 울타리 설치, 바닥재의 차별화, 마당의 잔디 심기 등의 방법을 통해 자신의 사적 공간을 뚜렷하게 표시함으로써 범죄를 포함한 반사회적 행동에 대해 직접적·간접적 통제를 가할 수 있다. 이러한 통제는 잠재적 범죄자에게 심리적 비용을 증가시키고, 명백한 영역의 표시로 인한 변명의 여지 또한 제거 가능하다.

네 번째 원리는 활동성 증대(activity support)의 원리이다. 이 원리는 첫 번째 원리로 언급되었던 감시강화의 원리와 밀접한 관계가 있다. 구체적으로 사람들을 거리로 유도해 자연적 감시의 가능성을 증가시켜 잠재적 범죄자에게 범행기회를 감소시키는 것이

---

27) 이수진, "광역시방자치단체의 CPTED 관련 조례의 문제점 및 개선방안", 석사학위논문, 동국대학교 경찰사법대학원, 2022.

28) 박현호, 앞의 책, p.37.

29) X. Yang, Exploring the Influence of Environmental Features on Residential Burglary Using Spatial-temporal Pattern Analysis, *Unpublished Doctoral Thesis*, University of Florida, 2006.

30) Ted Kitchen & Richard H. Schneider, *Crime Prevention and the Built Environment*, London: Routledge, 2007.

31) Karen Ann Malone, "Children, Youth and Sustainable Cities", *Local Environment*, Vol. 6, No. 1, 2001, pp.5-12.

목적이다. 거리의 눈(eyes on the street)에 의해 잠재적 범죄자에게는 다른 모든 사람들이 감시자의 역할이 될 수 있기 때문에 사람들이 거리의 공간과 시설을 활발하게 이용할 수 있도록 관련 편의시설, 여가문화시설, 휴게시설들을 지속적으로 지원하고 유지시키는 것이 중요하다.[32)]

다섯 번째 원리는 유지 및 관리(maintainance and management)의 원리이다. 앞선 CPTED의 원리들에서 사용된 시설들이 그 기능을 유지할 수 있도록 지속적으로 관리해 주는 것이 이 원리의 목적이다. CCTV가 파손되면 기계적 감시가 불가능하고 울타리가 파손되었을 경우는 영역성이 애매모호해질 수 있다. 또한 사람들이 사용하는 문화시설과 휴게시설에 고장이 났을 경우 거리의 눈은 감소할 수 있다. 그렇기에 앞의 모든 원리들이 각기 중요한 역할을 할지라도 유지 및 관리의 원리가 지켜지지 않는다면 CPTED의 긍정적 효과는 지속적이지 못할 것이다.[33)] CPTED의 기본원리를 도식화하면 [그림 10-2]와 같다.

그림 10-2 CPTED의 기본원리의 일부 도식화

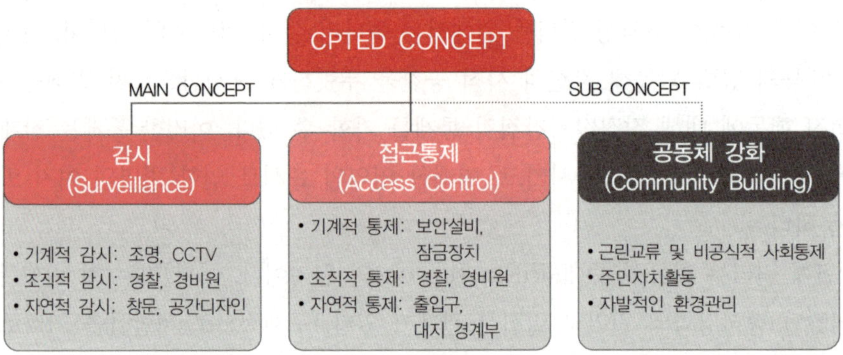

자료: 범죄예방디자인 연구정보센터.

32) 안나연 · 최유진, "협력적 거버넌스 모형을 통한 셉테드(CPTED) 사례분석", 『한국셉테드학회지』, 제12권 제3호, 2021, pp.89-126.

33) 박광현, "환경설계를 통한 범죄예방 및 개선방안", 『디지털콘텐츠학회논문지』, 제18권 제4호, 2017, pp.733-738.

3 1세대 CPTED와 2세대 CPTED

CPTED 전략은 환경설계를 통해 범죄예방을 도모함으로써 범죄 근절 및 삶의 질 개선을 목표로 한다. CPTED 전략은 세부적으로 1세대 CPTED 전략과 2세대 CPTED 전략으로 나누어 볼 수 있다. 1세대 CPTED 전략은 물리적 환경의 변화 및 개선을 중심으로 범죄를 예방하고자 하는 반면, 2세대 CPTED 전략은 집합효율성(collective efficacy)과 같은 사회적·문화적 개념을 중심으로 범죄를 예방하고자 한다. 예를 들어, 1세대 CPTED 전략은 CCTV, 잠금장치, 울타리, 출입차단기 등의 물리적인 장치를 통해 잠재적 범죄자들의 기회를 억제하는 반면, 2세대 CPTED 전략은 지역의 사회정체성 확보, 공동체 의식 및 사회적 유대 증진 등을 통해 잠재적 범죄자의 범행기회를 감소시키고자 한다.

이와 비슷한 맥락으로 상황적 범죄예방(situational prevention strategies)과 지역공동체 범죄예방(community prevention strategies)이 존재한다.[34] 상황적 범죄예방은 미시적 차원에서 범죄기회를 감소시키기 위해서 주변 환경을 설계함으로써 범행을 위한 노력과 비용을 증가시킴으로써 범죄예방을 하고자 하는 전략이다. 구체적으로 상황적 범죄예방 전략들은 노력증가, 위험증가, 보상감소, 자극감소, 변명제거와 같은 다섯 가지 전략의 세부화를 통해 범죄발생을 감소시킨다. 이러한 전략들은 물리적이고 상대적으로 미시적 차원에서 실행된다는 점에서 1세대 CPTED 전략과 유사하다고 볼 수 있다.[35]

지역공동체 범죄예방은 해당 지역사회의 비공식적 유대와 공동체 의식을 강화하여 해당 지역의 사회통제수준을 증가시키고, 이를 통해 범죄를 예방하고자 하는 전략이다. 구체적으로 이웃감시, 경찰과 지역사회의 유대 강화 및 공조, 청소년에 대한 집중적 지도 등이 지역공동체 범죄예방 전략에 해당한다. 이러한 전략들은 지역사회의 불안감 감소, 지역 유대감 형성, 그리고 최종적으로는 해당 지역의 근본적인 문제를 해결하는 방향까지 나아가 삶의 질을 높일 수 있는 거시적 차원의 전략이라고 할 수 있다.[36] 이

---

34) 김정림·임형진, "지역사회 범죄예방과 상황적 범죄예방의 효과성 비교", 『한국범죄학』, 제14권 제1호, 2020, pp.57-75.

35) A. Petrosino & R. F. Boruch, "Evidence-based Crime Policy", in B. C. Welsh & D. P. Farrington(eds.), *The Oxford Handbook of Crime and Criminal Justice*, New York, NY: Oxford University Press, 2011, pp.60-92.

36) 강맹진, "미국 지역사회경찰활동의 국내 적용: 캘리포니아주 산마테오 카운티 보안관실과 경찰을 중심으로", 『한국경찰학회보』, 제15권 제4호, 2013, pp.3-30.

그림 10-3 1세대 CPTED와 2세대 CPTED

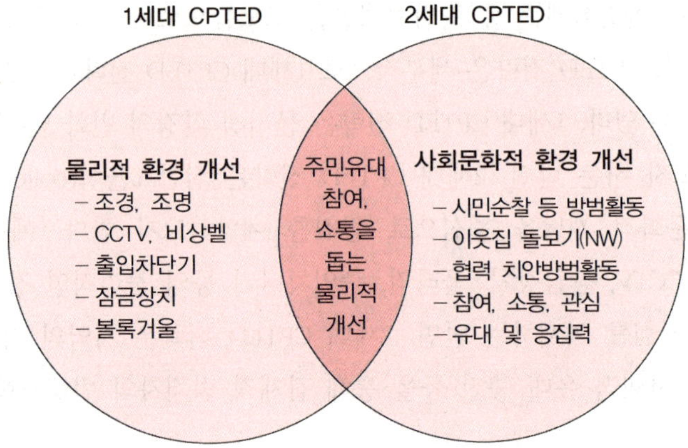

자료: 박현호(2022: 42).

러한 전략은 사회적, 문화적, 그리고 거시적 차원에서 실행된다는 점에서 2세대 CPTED 전략과 근접하다고 볼 수 있다.

1세대 CPTED 전략과 2세대 CPTED 전략이 조화롭게 제 기능을 발휘하기 위해서는 [그림 10-3]에서와 같이 지역사회 행정기관의 관심과 이에 상응하는 해당 지역주민들의 관심과 참여가 어우러져야 한다. 물리적 환경의 개선(1세대 CPTED)와 지역공동체 프로그램(2세대 CPTED)이 조화를 이루고, 여기에 지역주민의 관심과 노력이 더해지면 CPTED 전략을 통하여 효과적으로 범죄를 예방할 수 있다.

민·간·경·비·론

제 11 장 정보보호와 컴퓨터 범죄

제 1 절 정보보호

1 정보보호의 개념 및 목표

현대 사회를 흔히 정보화 사회라고 한다. 이는 곧 개인이나 기업, 국가가 정보의 홍수 속에서 자신이 필요로 하는 정보를 얼마나 효율적으로 수집 · 이용하느냐에 그 성패가 좌우된다고 할 것이다. 그러나 아무리 많은 정보를 확보하고 있다고 하더라도 그 정보를 보호하지 못한다면, 즉 개인의 사생활정보, 기업의 영업비밀이나 국가기밀 등의 정보가 유출된다면 그 피해는 막대할 것이므로 정보보호의 필요성이 대두된다. 여기서의 정보보호란 정보자산을 공개나 유출, 변조나 파괴 등 다양한 위협으로부터 보호하여 정보의 기밀성, 무결성, 가용성을 확보하는 것이다. 따라서 정보보호를 통해 달성하고자 하는 목표는 기밀성(confidentiality), 무결성(integrity), 가용성(availability)이라고 할 것이다.

기밀성은 전달되는 정보가 인가된 사용자에 의해서만 접근이 가능해야 한다는 것으로, 비인가된 접근이나 지능적 차단으로부터 중요 정보를 보호하는 것이다. 무결성은 한번 생성된 정보는 원칙적으로 수정되어서는 안 되며, 원래의 그 상태로 유지되어야 하며, 만약 수정이 필요할 경우 허가받은 사람에 의해서 허용된 절차에 따라 수정되어야 한다는 것이다. 즉, 정보와 정보처리 방법의 완전성과 정확성을 유지하도록 하는 것이다. 가용성은 정보시스템이 적절한 방법으로 동작되어야 하며 정당한 권한이 주어진 사용자에게 정보서비스가 거부되어서는 안 된다는 것으로, 정보와 정보시스템의 사용을 허가받은 사람이 언제든지 사용할 수 있도록 보장해야 한다.

2 정보보호의 기본원칙

경제협력개발기구(OECD)는 2002년 정보시스템 및 네트워크보호와 관련된 기본원칙으로 정보시스템 소유자, 공급자, 사용자 및 기타 관련자 간의 책임을 명확하게 해야 한다는 책임성(accountability)의 원칙, 정보시스템 소유자, 공급자, 사용자 및 기타 관련자는 시스템에 대한 위험요소의 존재를 인식하고 이에 대한 대책을 파악할 수 있어야 한다는 인식성(awareness)의 원칙, 정보시스템과 정보시스템의 보안은 타인의 권리와 합법적 이익이 존중・보호될 수 있도록 사용・운영되어야 한다는 윤리성(ethics)의 원칙, 정보시스템의 보안을 위한 방법, 실행, 절차는 기술적・행정적・상업적・법제도적인 관점 등 가능한 모든 사항을 고려하여야 한다는 다중협력성(multidisciplinary)의 원칙, 정보시스템의 보안수준, 비용, 방법, 실행, 절차 등은 시스템에 의해 보호받는 대상의 가치와 잠재적인 손실의 심각성 등을 고려하여 적합하고 균형 있게 이루어져야 한다는 균형성・비례성(proportionality)의 원칙, 최적의 정보시스템의 보안을 이루기 위해서는 보안시스템의 방법, 실행, 절차 등이 상호 조정・통합되고, 조직의 다른 부서의 업무 관련 방법, 실행, 절차와도 상호 조정・통합될 수 있도록 해야 한다는 통합성(integration)의 원칙, 공공 분야와 민간 분야는 시의적절하게 상호동등한 입장에서 조정되어 정보시스템의 보안에 대한 예방활동 및 사후대응활동이 이루어지도록 해야 한다는 적시성(timeliness)의 원칙, 정보시스템의 보안은 시간이 경과함에 따라 변화하기 때문에 주기적으로 재평가되어야 한다는 재평가(reassessment)의 원칙, 정보시스템보안은 정보의 합법적 사용 및 전달과 상호조화를 이루도록 해야 한다는 민주주의(democracy)의 원칙 등을 제시하였다.

또한 경제협력개발기구(OECD)는 1980년 9월 23일 "개인정보의 국제유통과 사생활보호에 관한 지침(Guidlines on the Protection of Privacy and Trans border Flows of Personal Information)"을 가맹국에 대한 권고안으로 채택하였다. 이 권고안에는 개인정보의 보호에 대하여 다음과 같은 여덟 개의 원칙을 제시하고 있다.

첫째, 수집제한의 원칙(Collection Limitation Principle)은 개인정보의 수집에는 제한을 두어야 하며, 적법하고 공정한 수단에 의하여, 그리고 적당한 경우에는 정보주체에게 알리거나 동의를 얻어 정보를 수집하여야 한다는 원칙을 의미한다. 둘째, 정보정확성의 원칙(Data Quality Principle)은 개인정보 자료 자체에 대한 원칙으로 개인정보는 사용목적과 범위가 부합되어야 하며, 정확하고 완전하게, 그리고 가장 최신의 상태로 유지되어야 한다는 원칙이다. 셋째, 목적명확성의 원칙(Purpose Quality Principle)은 개인정보를 수집할 때에는 목적이 명확해야 하고, 이를 이용할 경우에도 처음의 목적과 모순되지 않아야 한다는 원칙이다. 넷째, 이용제한의 원칙(Use Limitation Principle)은 개인정보는 명확화된 목적 이외의 용도로 공개되거나 이용되어서는 안 된다는 원칙을 말한다. 다섯째, 안전보호의 원칙(Security safeguards Principle)은 개인정보가 분실, 불법적인 접근, 파괴, 정보수정 및 공개와 같은 위험에 대비하여 합리적인 안전보호조치가 취해져야 한다는 원칙이다. 여섯째, 공개의 원칙(Openness Principle)은 개인정보에 대한 개발, 운영 및 정책에 대해서는 공개되어야 한다는 원칙이다. 일곱째, 개인참가의 원칙(Individual Participation Principle)은 개인정보를 제공한 개인은 자신과 관련된 정보의 존재확인, 알람요구, 이의제기 및 정정 · 보완 · 삭제의 청구권을 가진다는 원칙이다. 여덟째, 책임의 원칙(Accountability Principle)은 개인정보관리자는 위에서 언급한 원칙들이 지켜지도록 책임을 부담하여야 한다는 원칙이다.[1]

3 개인정보의 기술적 · 관리적 보호조치

정보보호는 기술적인 대책만으로는 성공적인 수행이 어렵다. 슈나이어(Bruce Schneier)가 지적한 바와 같이 "정보보호를 기술적인 대책에만 의존하는 사람은 보안을 모르는 사람이거나 정보보호 기술을 모르는 사람"이라는 것이다. 즉, 성공적인 정보보호는 기술적인 대책과 관리적인 대책 등 다원적인 협동과 노력에 의해서 달성 가능한 것이다.[2] 특히, 정보사회의 고도화와 개인정보의 경제적 가치 증대로 사회 모든 영역에 걸쳐 개인정보의 수집과 이용이 보편화되고 있음에 따라 개인정보의 유출 · 오용 · 남용 등 개인정보 침해 사례가 지속적으로 발생하고 있으므로, 정보통신서비스 제공자 등[3]

1) 전지연, 『사이버 보안론』, 서울: 박영사, 2021, p.186.
2) 최선우, 『민간경비론』, 인천: 진영사, 2015, p.491.
3) '정보통신서비스 제공자'란 『전기통신사업법』에 따른 전기통신사업사와 영리를 목적으로 전기통신사업사의 전기통신역무를 이용하여 정보를 제공하거나 정보의 제공을 매개하는 자를 말하며, '정보통신서비스 제공자 등'이란 정보통신서비스 제공자와 그로부터 이용자의 개인정보를 제공받

은 이용자의 개인정보를 처리함에 있어서 개인정보의 안전성 확보를 위하여 기술적 · 관리적 보호조치를 취하여야 한다. 「개인정보의 기술적 · 관리적 보호조치 기준」의 주요 내용은 다음과 같다.

1) 개인정보의 기술적 안전조치

(1) 시스템 접근권한 관리

정보통신서비스 제공자 등은 개인정보처리시스템에 대한 접근권한을 서비스 제공을 위하여 필요한 개인정보 보호책임자[4] 또는 개인정보취급자[5]에게만 부여하며, 개인정보취급자가 정보통신망을 통해 외부에서 개인정보처리시스템에 접속이 필요한 경우에는 안전한 인증 수단을 적용하여야 한다(동기준 제4조 참조).

(2) 시스템 접속기록 확인 · 점검

정보통신서비스 제공자 등은 개인정보취급자가 개인정보처리시스템에 접속한 기록을 월 1회 이상 정기적으로 확인 · 감독하여야 하며, 시스템 이상 유무의 확인 등을 위해 최소 1년 이상 접속기록을 보존 · 관리하여야 한다(동기준 제5조 참조).

(3) 개인정보 암호화 및 악성프로그램 방지

정보통신서비스 제공자 등은 비밀번호는 복호화되지 아니하도록 일방향 암호화하여 저장하며, 악성 프로그램 등을 방지 · 치료할 수 있는 백신 소프트웨어 등의 보안 프로그램을 설치 · 운영하여야 한다(동기준 제6조 · 제7조 참조).

2) 개인정보의 관리적 안전조치

정보통신서비스 제공자 등은 개인정보보호를 위해 필요한 사항을 정하여 개인정보보호 조직을 구성 · 운영하여야 하며, 교육목적 및 대상, 교육 내용, 교육 일정 및 방법 등을 정하여 개인정보 보호책임자 및 개인정보취급자를 대상으로 사업규모, 개인정보 보유 수 등을 고려하여 필요한 교육을 정기적으로 실시하여야 한다(동기준 제3조 참조).

은 자를 말한다.

4) '개인정보 보호책임자'란 이용자의 개인정보보호 업무를 총괄하거나 업무처리를 최종 결정하는 임직원을 말한다.

5) '개인정보취급자'란 이용자의 개인정보를 수집, 보관, 처리, 이용, 제공, 관리 또는 파기 등의 업무를 하는 자를 말한다.

3) 개인정보의 물리적 안전조치

정보통신서비스 제공자 등은 전산실, 자료보관실 등 개인정보를 보관하고 있는 물리적 보관 장소에 대한 출입통제 절차를 수립·운영하여야 하며, 개인정보가 포함된 서류, 보조저장매체 등을 잠금장치가 있는 안전한 장소에 보관하여야 한다(동기준 제8조 참조).

정보통신서비스 제공자 등은 개인정보처리시스템에서 개인정보의 출력 시(인쇄, 화면표시, 파일생성 등) 용도를 특정하여야 하며, 용도에 따라 출력 항목을 최소화한다(동기준 제9조 참조).

제2절

컴퓨터 범죄

1 컴퓨터 범죄의 개념 및 특성

과학기술의 발전과 정보화 사회의 진전에 따라 컴퓨터 범죄는 날로 증가하는 추세에 있다. 그러나 컴퓨터 범죄는 종래의 전통적 범죄와는 그 유형을 달리하므로 새로운 범죄개념을 정립할 필요가 있다. 즉, 컴퓨터 범죄란 컴퓨터 시스템이나 망을 이용해서 범하는 범죄나 하드웨어, 소프트웨어 또는 컴퓨터 내에 있는 데이터를 불법적으로 사용하거나 변경, 파괴함으로써 범하는 범죄라고 할 수 있다.

한편, 컴퓨터 범죄의 경우 범죄행위 측면, 범죄행위자 측면, 그리고 범죄동기 측면으로 구분하여 각각의 특성을 설명할 수 있다.

범죄행위 측면에서 컴퓨터 범죄의 특성으로는 첫째, 범행의 연속성(영속성)을 들 수 있다. 즉, 컴퓨터 부정조작에 의한 경우 행위자가 조작방법을 터득한 이상 임의로 쉽게 사용할 수 있기 때문에 조작행위가 빈번할 수 있다는 것이다. 둘째, 범행의 자동성·반복성을 들 수 있다. 즉, 바이러스를 침투시키거나 프로그램을 부정조작해 놓으면 자동적·반복적으로 컴퓨터 시스템에 문제를 일으킨다는 것이다. 셋째, 범행의 광역성(광범위성)을 들 수 있다. 즉, 대량의 데이터를 처리하므로 범죄의 영향이 광범위하게 미칠 경우가 많다는 것이다. 넷째, 범행의 발각·증명 곤란성을 들 수 있다. 즉, 컴퓨터 부정이용을 정당한 이용으로 위장하는 경우가 많고 발각이나 사후증명을 피하기 위한 수법이 지속적으로 발전되고 있어 범행 발견과 검증이 곤란하다는 것이다. 다섯째, 범행의 고의입증 곤란성을 들 수 있다. 즉, 컴퓨터 범죄의 경우 행위자가 실수라고 변명한다면 고의입증이 어렵다는 것이다. 여섯째, 증거인멸의 용이성을 들 수 있다. 즉, 컴퓨터 범죄의 경우 데이터를 삭제함으로써 증거인멸이 쉽다는 것이다.

범죄행위자 측면에서의 컴퓨터 범죄의 특성으로는 관련 전문지식을 가진 자들에 의한 경우와 내부인의 소행인 경우가 많다는 것이다. 또한 컴퓨터 범죄자들은 연령층이 비교적 젊으며, 초범자인 경우가 많을 뿐만 아니라 일반적으로 죄의식도 희박하다는 특성이 있다.

범죄동기 측면에서 컴퓨터 범죄의 특성으로는 단순한 유희나 향락추구, 원한이나 불만에 의한 보복, 정치적 목적, 산업 경쟁, 호기심 충족 또는 실력과시 등의 동기에서 범죄를 범한다는 특성이 있다. 다만, 과거에는 호기심 충족이나 실력과시를 위한 동기에서 범죄를 범하는 경우가 많았으나, 현재는 대형 사이트를 해킹하여 수천만 건의 회원정보를 불법 취득한 후 유통하거나 피해기업을 협박하는 등 금전적 이득 목적이나 정부기관·단체를 타킷으로 한 정보 탈취 목적으로 범죄를 범하는 경우가 빈번하게 발생하고 있다.

2 컴퓨터 범죄의 유형과 수법

컴퓨터 범죄의 유형은 범죄객체에 의한 분류, 범죄수법에 의한 분류 등 다양한 방법으로 분류할 수 있으나, 일반적으로 데이터의 처리·보존 기능을 기준으로 컴퓨터 부정조작(자료의 부정조작), 컴퓨터 스파이(자료의 부정입수 및 누설), 컴퓨터 부정사용(컴퓨터 무권한사용), 컴퓨터 파괴[컴퓨터 사보타주(sabotage)]로 구분할 수 있다.

1) 컴퓨터 부정조작

컴퓨터 부정조작(자료의 부정조작)이란 컴퓨터의 처리결과 혹은 출력인쇄를 변경시키거나 자신이나 제3자의 재산적 이익을 얻도록 컴퓨터 시스템 자료처리 영역의 정상적인 운영을 방해하는 행위를 말한다. 이러한 행위에 대하여는 「형법」상 공전자기록위작·변작죄,[6] 사전자기록 위작·변작죄,[7] 컴퓨터등 사용사기죄[8] 등이 적용될 수 있을 것이다.

한편, 컴퓨터 부정조작이 컴퓨터 흐름의 어떤 단계에서 행해지는가에 따라 입력조작, 프로그램조작, 콘솔조작, 출력조작으로 세분할 수 있다. 입력조작은 불법적인 목적을 달성하기 위해 입력될 자료를 조작하여 컴퓨터로 하여금 거짓처리 결과를 만들어내게 하는 행위를, 프로그램조작은 프로그램을 구성하는 개개의 명령을 변경 혹은 삭제하거나 새로운 명령을 삽입하여 기존의 프로그램을 변경하는 행위를, 콘솔조작은 컴퓨터의 시동・정지, 운전상태 감시, 정보처리 내용과 방법의 변경・수정의 경우에 사용되는 콘솔을 거짓으로 조작하여 컴퓨터의 자료처리 과정에서 프로그램의 지시나 처리될 기억정보를 변경시키는 행위를, 출력조작은 특별한 컴퓨터 지식 없이도 할 수 있는 방법으로서 올바르게 출력된 출력인쇄를 사후에 변조하는 행위를 각각 말한다.

컴퓨터 부정조작의 수법으로는 데이터 디들링, 프로그램의 조작(트로이 목마, 슈퍼재핑, 트랩 도어, 로직 붐, 시뮬레이션 모델링), 살라미 기법 등이 있다.[9]

(1) 데이터 디들링(Date Diddling)

데이터 디들링은 컴퓨터 데이터를 입력 또는 변환하는 시점에서 최종적인 입력 순간에 자료를 절취 또는 변경, 추가하는 행위를 말한다. 이는 입력된 자료를 변환하거나 허위자료를 입력하여 주로 금융거래에서 악용하는 수법이며, '자료의 부정변개'라고도 한다.

(2) 트로이 목마(Trojan Horse)

트로이 목마는 그리스 신화에서 유래된 명칭으로, 컴퓨터에 숨어 있다가 사용자의 정보를 몰래 유출하는 악성코드의 일종이며, 실제로는 파일삭제 등 악의적인 목적을 가지고 있지만, 좋은 것처럼 가장하는 프로그램이다. 이는 프로그램 내에 범죄자만 아는 명령문을 삽입하여 범죄에 이용하는 것으로, 프로그램 본래의 목적을 실행하면서도 일부에서는 부정한 결과가 나오도록 은밀히 프로그램을 조작하는 방법이다.

---

6) 사무처리를 그르치게 할 목적으로 공무원 또는 공무소의 전자기록을 위작 또는 변작한 자는 10년 이하의 징역에 처한다(제227조의2).

7) 사무처리를 그르치게 할 목적으로 권리・의무 또는 사실증명에 관한 타인의 전자기록을 위작 또는 변작한 자는 5년 이하의 징역 또는 1천만원 이하의 벌금에 처한다(제232조의2).

8) 컴퓨터등 정보처리장치에 허위의 정보 또는 부정한 명령을 입력하거나 권한 없이 정보를 입력・변경하여 정보처리를 하게 함으로써 재산상의 이익을 취득한 자는 10년 이하의 징역 또는 2천만원 이하의 벌금에 처한다(제347조의2).

9) 최영호, 『컴퓨터와 범죄현상』, 서울: 컴퓨터출판, 1995, p.36.

(3) 슈퍼 재핑(Super Zapping)

컴퓨터의 작동이 정지된 상태를 복구할 수 없을 때 비상용으로 쓰는 프로그램이 수퍼잽 프로그램이다. 따라서 슈퍼 재핑은 컴퓨터의 고장을 수리하는 것처럼 하면서 그 안에 수록되어 있는 자료를 부정조작하거나 입수하는 수법이며, '운영자 가장수법'이라고도 한다.

(4) 트랩 도어(Trap Door)

대규모의 응용 프로그램이나 운영체계(OS) 개발에서는 코드 도중에 트랩 도어라는 중단 부분을 설정하여 쉽게 보수할 수 있게 하는데, 최종 단계에서 삭제되어야 하는 트랩 도어가 남아 있는 경우 이를 악용하는 수법이며, '함정문 수법'이라도 한다.

(5) 로직 봄(Logic Bomb)

어떤 조건을 넣어주고 그 조건이 충족될 때마다 자동으로 불법행위가 이루어지도록 하는 것으로, 컴퓨터의 일정한 사항이 작동 시마다 부정행위가 일어날 수 있도록 프로그램을 조작하는 수법이며, '논리폭탄'이라고도 한다.

(6) 시뮬레이션 모델링(Simulation & Modeling)

컴퓨터를 정상적인 시험이나 시뮬레이션을 하는 것처럼 하면서 실제로는 컴퓨터를 범행도구로 이용하여 부정한 행위를 하는 수법이며, '시험가동 · 모델로 위장수법'이라고도 한다.

(7) 살라미 기법(Salami Techniques)

살라미 기법은 아주 커서 조금씩 얇게 잘라 먹는 이탈리아식 소시지의 하나인 살라미에 비유하여 이르는 말이다. 즉, 살라미 기법이란 관심을 두지 않는 작은 이익들을 긁어모으는 수법을 말한다. 이는 금융기관의 컴퓨터시스템에서 이자계산이나 배당금 분배시 떼어버리는 단수 이하의 적은 금액을 특정 계좌에 자동적으로 입금되도록 프로그램을 조작하는 수법이며, '부분잠식수법'이라고도 한다.

2) 컴퓨터 스파이

컴퓨터 스파이(자료의 부정입수 및 취득)란 컴퓨터 시스템의 자료를 권한 없이 획득하거나 불법이용 또는 누설하여 타인에게 경제적 손해를 야기하는 행위를 말한다. 이러한 행위에 대하여는 「형법」상 비밀침해죄[10] 등이 적용될 수 있을 것이다. 컴퓨터 스파이의 수법은 다음과 같다.

(1) 자료누출수법(Data Leakage)

자료누출수법이란 시스템에서 데이터 또는 그 카피를 훔치는 행위 전반을 말한다.

전자적 기록을 행위자가 지배하는 저장장치로 복사하거나 통신망을 통하여 전송하는 방법이 보통이지만, 범행을 은폐하기 위하여 정상적인 출력물에 행위자가 의도하는 자료를 함께 출력한다거나, 여기저기 분산하여 행위자의 전체적인 의도를 간파하지 못하게 하는 방법, 전자적 기록을 암호화하여 취득하는 방법 등도 있다.[11]

(2) 스캐빈징(Scavenging)

스캐빈징은 '쓰레기 주워 모으기'라고도 한다. 즉, 컴퓨터 작업 수행 후 주변에서 정보를 획득하는 방법으로, 쓰레기통이나 주위에 버려진 명세서 또는 복사물을 찾아 습득하거나 컴퓨터 기억장치에 남아 있는 것을 찾아내서 획득하는 방법이다.

(3) 비동기성 공격(Asynchronous Attacks)

컴퓨터의 중앙처리장치(CPU) 속도와 입출력장치 속도가 다른 점을 이용해 멀티 프로그래밍을 할 때 체크 포인트를 써서 자료를 입수하는 방법을 말한다.

(4) 와이어 태핑(Wire Tapping)

와이어 태핑은 '선로도청방법'이라고도 한다. 이는 네트워크를 거쳐서 송수신하고 있는 데이터를 부정한 방법으로 엿듣는 것을 말한다.

3) 컴퓨터 부정사용

컴퓨터 부정사용(컴퓨터 무권한사용)이란 타인의 컴퓨터를 일정한 시간 동안 사신을 위하여 작동시키는 것을 말한다. 사용 권한이 전혀 없는 사람이 사용하는 경우는 물론

10) 봉함 기타 비밀장치한 전자기록을 기술적 수단을 이용하여 그 내용을 알아낸 자는 3년 이하의 징역이나 금고 또는 500만원 이하의 벌금에 처한다(제316조 제2항).

11) 최영호, 앞의 책, p.44.

일정 범위에서 사용 권한은 있지만 그 범위를 일탈하여 사용하는 경우를 포함한다. 이러한 행위에 대하여 「형법」상 직접적인 처벌규정은 두고 있지 않다. 컴퓨터 부정사용의 수법은 다음과 같다.

(1) 업혀가기

업혀가기(piggybacking)란 허가된 사용자만 컴퓨터를 사용할 수 있는 지역에 허가된 사용자가 출입할 때 함께 들어가 컴퓨터를 무단 사용하는 경우나 정당한 사용자가 컴퓨터 사용을 일시 중단한 경우에 이에 끼어들어 정당한 사용자처럼 컴퓨터를 사용하는 것을 말한다.

(2) 가면쓰기

가면쓰기(impersonation)란 음성 또는 지문인식 등을 전제로 컴퓨터의 사용이 허가되는 경우에 음성 또는 지문을 복제하여 정당한 사용자인 것처럼 컴퓨터를 사용하는 방법, 즉 유적격자를 가장하여 컴퓨터를 부정사용하는 방법을 말한다.

4) 컴퓨터 파괴

컴퓨터 파괴[컴퓨터 사보타주(sabotage)]란 컴퓨터 자체, 프로그램, 컴퓨터 내부와 외부에 기억되어 있는 자료를 개체로 하는 파괴행위를 말한다. 이러한 행위에 대하여는 「형법」상 컴퓨터등에 의한 업무방해죄,[12] 전자기록손괴죄[13] 등이 적용될 수 있을 것이다. 컴퓨터 파괴의 수법은 다음과 같다.

(1) 바이러스와 웜

바이러스(virus)는 컴퓨터 프로그램이나 실행 가능한 부분을 복제·변형시킴으로써 시스템에 장애를 주는 프로그램이며, 웜(worm)은 다른 파일에 기생하지 않고 독립적으로 자신을 복제하여 확산함으로써 전파 속도가 매우 빠른 특징을 가지는 악성코드 유형으로서, 주로 메일이나 네트워크 공유폴더 등을 통해 전파되어 시스템과 네트워크에

---

12) 컴퓨터등 정보처리장치 또는 전자기록을 손괴하거나 정보처리장치에 허위의 정보 또는 부정한 명령을 입력하거나 기타 방법으로 정보처리에 장애를 발생하게 하여 사람의 업무를 방해한 자는 5년 이하의 징역 또는 1천 500만원 이하의 벌금에 처한다(제314조 제2항).

13) 타인의 전자기록을 손괴 또는 은닉 기타 방법으로 기 효용을 해한 자는 3년 이하의 징역 또는 700만원 이하의 벌금에 처한다(제366조).

부하를 높이는 증상을 보인다.

(2) 전자기폭탄과 온라인폭탄

전자기폭탄은 고출력 에너지로 순간적인 마이크로웨이브파를 발생시켜 컴퓨터 내의 전자 및 전기회로를 파괴하는 수법이며, 온라인폭탄은 데이터 량이 큰 메일 수백만 통을 동시에 보내 대형 컴퓨터 시스템을 다운시키는 수법이다.

(3) 서비스거부

서비스거부(Denial of Service: DoS)는 시스템에 과도한 부하를 일으켜 데이터나 자원을 정당한 사용자가 적절한 대기시간 내에 사용하는 것을 방해하는 수법이다. 즉, 서비스거부 공격이란 악의적으로 특정 시스템의 서버에 수많은 접속을 시도하여 다른 이용자가 정상적으로 이를 사용하지 못하도록 하는 수법을 말한다.

3 사이버금융범죄

1) 피싱

피싱(phishing)이란 개인정보(private data)와 낚시(fishing)의 합성어로 낚시하듯이 개인정보를 몰래 빼내는 것을 말한다. 피싱의 범죄수법은 금융기관을 가장한 이메일을 발송하고, 이메일에서 안내하는 인터넷 주소를 클릭하게 하여 가짜 은행사이트로 접속을 유도한 후, 보안카드번호 전부 입력 요구 등의 방법으로 금융정보를 탈취하여, 피해자 계좌에서 범행계좌로 이체하는 수법을 사용한다.

피싱을 예방하기 위해서는 이메일 프로그램 또는 이메일 제공서비스의 다양한 차단 기능을 살펴보고 활용하며, 출처가 불분명한 이메일은 열지 말고 삭제한다. 인터넷 게시판 등에 이메일 주소를 남길 때 신중히 하며, 인터넷 서비스 가입 시 광고메일 수신 여부를 반드시 확인하며, 은행 · 신용카드 등 금융기관 사이트는 즐겨찾기를 이용하거나 주소를 정확하게 입력하고 이용한다.

2) 파밍

파밍(pharming)은 악성코드에 감염된 사용자 PC를 조작하여 금융정보를 빼내는 수법이다. 즉, 합법적으로 소유하고 있던 사용자의 도메인을 탈취하거나 도메인 네임 시스템(DNS) 이름을 속여 사용자들이 진짜 사이트로 오인하도록 유도하여 개인정보를 훔치는 새로운 수법이다.

구체적인 범죄수법으로는, 사용자 PC를 악성코드에 감염시킨 후, 정상 홈페이지에 접속하여도 피싱(가짜) 사이트로 유도되게 함으로써 금융정보를 탈취하여 범행계좌로 이체하는 수법을 사용한다.

파밍을 예방하기 위해서는 사이트 주소가 정상인지 확인하고, 보안카드번호 전부는 절대 입력하지 않아야 하며, 공인인증서 · 보안카드 사진 등을 컴퓨터나 이메일에 저장하지 않으며, 스마트폰 문자메세지에 포함된 인터넷 주소를 클릭하지 않는다. 또한 무료 다운로드 사이트의 이용을 자제하고, 출처가 정확하지 않은 파일이나 이메일은 즉시 삭제하며, 윈도우, 백신프로그램 등을 최신 상태로 유지하도록 하며, OTP(일회성 비밀번호생성기), 보안토큰(비밀번호 복사방지) 등을 사용하기를 권장하며, 공인인증서 PC 지정 등 전자금융 사기 예방서비스에 가입한다. 만약, 파밍이 의심될 때에는 신속히 경찰청 112 센터나 금융기관 콜센터를 통해 지급정지를 요청한다.

3) 스미싱

스미싱(smishing)이란 문자메시지(SMS)와 피싱(phishing)의 합성어로 문자메시지를 응용한 연결 수단을 이용하여 피싱하는 신종 금융범죄수법이다. 최근에는 피해자 스마트폰에 저장된 주소록 연락처, 사진(주민등록증 · 보안카드 사본), 공인인증서, 개인정보 등까지 탈취하므로 더 큰 금융범죄로 이어질 수 있다.

스미싱의 범죄수법은 '무료쿠폰 제공, 돌잔치 초대장, 모바일 청첩장' 등을 내용으로 하는 문자메시지 내의 인터넷 주소를 클릭하면, 악성코드가 스마트폰에 설치되어 피해자가 모르는 사이에 소액결제 피해가 발생하거나 개인 금융정보를 탈취하는 수법을 사용한다.

스미싱을 예방하기 위해서는 모바일 백신을 설치하고 실시간 감시 기능을 설정하며, 스마트폰 운영체제를 최신 버전으로 업데이트한다. 문자메시지 내에 포함된 인터넷 주소(URL)를 클릭하지 않으며, 루팅[14] · 탈옥[15] 등 스마트폰 기본 운영체제를 변경하지

14) 루팅은 안도로이드 운영체제의 최고 권한 계정인 루트 권한을 획득하는 것을 말하며, 성능향상 등의 장점도 있으나, 시스템 오류 및 보안에 취약해져 악성코드가 유입되는 등 단점도 상존한다.
15) 탈옥은 애플기기의 운영체제인 iOS에 규정된 제한을 풀어 여러 방면으로 사용이 가능하도록 하

않으며, 비밀번호가 설정되지 않은 무선 공유기(WiFi)에 접속하지 않는다. 가능하면 스미싱 차단앱을 설치하는 것이 좋으며, 앱 다운로드 시에는 공식 애플리케이션 마켓을 이용하도록 한다.

4) 메모리 해킹

메모리 해킹(memory hacking)이란 피해자 PC 메모리에 상주한 데이터를 위·변조하는 해킹 기법으로 악성코드로 인하여 정상 은행사이트에서 보안 프로그램을 무력하게 만들어서 예금을 부당 인출하는 수법을 말한다.

범죄수법은 크게 세 가지가 있다. 첫째, 피해자 PC 악성코드 감염, 정상적인 인터넷뱅킹 절차(보안카드 앞·뒤 2자리) 이행 후 이체 클릭, 오류 발생 반복(이체정보 미전송), 일정시간 경과 후 범죄자가 동일한 보안카드 번호 입력, 범행계좌로 이체하는 수법이다. 둘째, 피해자 PC 악성코드 감염, 정상적인 계좌이체 종료 후, 보안강화 팝업창이 뜨면서 보안카드번호 앞·뒤 2자리 입력 요구, 일정시간 경과 후 범행계좌로 이체하는 수법이다. 셋째, 피해자 PC 악성코드 설치, 데이터를 절취·변조하는 수법으로 피해자가 입력한 정보와 다른 은행 계좌로 예금을 인출하는 수법이다.

메모리 해킹의 예방수칙으로는, 윈도우나 백신프로그램을 최신 상태로 업데이트하고, 실시간 감시 상태를 유지해야 하며, 영화·음란물 등 무료 다운로드 사이트 이용을 자제하고, 출처가 확인되지 않은 파일이나 이메일은 열람하지 말고 즉시 삭제하도록 한다. 또한 컴퓨터, 이메일 등에 공인인증서, 보안카드 사진, 비밀번호는 저장하지 말고, OTP(일회성 비밀번호생성기), 보안토큰(비밀번호 복사방지) 등을 사용하며, 전자금융사기 예방서비스에 가입하도록 한다.

5) 랜섬웨어

랜섬웨어(Ransome Ware)란 Ransome(몸값)과 Ware(제품)의 합성어로서 악성코드의 일종으로 인터넷 사용자의 컴퓨터에 잠입해 내부 문서 등 중요 파일을 암호화해 열지 못하도록 만들고 해독용 열쇠 프로그램을 전송해 준다며 금품을 요구하는 행위이다.

랜섬웨어를 예방하기 위해서는 사진·동영상과 같은 개인 자료와 업무용 파일은 PC와 분리된 저장소에 정기적으로 백업하거나 클라우드 서버에 업로드하여야 한다. 이메

는 것을 말한다.

일에 첨부된 파일은 지인이 보냈거나 단순 문서 파일이어도 실행을 자제하고 요청한 자료가 아니면 유선 등으로 발신자와 확인 후 실행한다. 메신저·문자 링크 클릭 및 토렌트 등을 통한 파일 다운 시 주의를 요하며, 백신 소프트웨어를 설치하고, 항상 최신 버전을 유지하도록 한다. 또한 운영체제 및 익스플로러·플래시 등 주요 프로그램도 최신 업데이트를 유지하고, 보안이 취약한 웹사이트 방문 시 특히 주의를 요한다.

만약, 랜섬웨어에 감염되었다면 외장하드나 공유폴더도 함께 암호화되므로 신속히 연결을 차단하고, 인터넷선과 PC 전원도 차단한다. PC의 하드 디스크를 분리하여 암호화가 되지 않은 파일은 백업하고, 증거 보존 상태에서 신속하게 경찰에 신고한다. 증거조사 후 하드 디스크는 분리하여 전문 보안업체를 통해 치료를 요청하며, 감염된 PC는 포맷 후 백신 등 주요 프로그램을 최신 버전으로 설치 후 사용하도록 한다.

4 컴퓨터 범죄의 예방대책

컴퓨터를 활용하여 업무를 수행함에 있어 항상 잠재된 위험요소가 존재한다. 즉, 컴퓨터를 통한 사기·횡령, 프로그램 작성상의 부정, 조작자의 실수, 비밀정보의 절취, 프로그램에 대한 침투, 입력상 에러 및 프로그램 자체의 에러 등 위험요소가 잠재되어 있다. 따라서 이에 대한 예방대책이 필요하다.

1) 물리적 대책

(1) 건물보호

우선, 컴퓨터실의 위치를 선정할 경우 화재, 홍수, 폭발의 위험과 외부침입자에 의한 위험으로부터 안정성을 고려하여 적정한 장소로 선정하여야 한다. 그리고 컴퓨터실의 벽면이나 바닥을 강화콘크리트 등으로 보호하고 화재에 대비하여 불연재를 사용하여야 하며, 각 출입구마다 화재 관련 법규와 안전검사 절차를 거친 방화문이 설치되어야 한다.

컴퓨실 내에는 화재방재장치를 설치하여야 하며 예비전력장치도 구비하여야 한다. 특히, 컴퓨터실의 화재감지는 초기 단계에서 감지할 수 있는 이온감지기를 사용하고 화재발생 시에는 스프링클러보다는 이산화탄소나 할론가스를 이용한 소화장비가 바람직하다.

(2) 출입통제

컴퓨터실 및 파일 보관장소 등에 대한 출입은 허가받은 자만이 접근할 수 있도록 엄격히 통제해야 한다. 즉, 컴퓨터실 및 파일 보관장소 등은 허가된 사람에 의해서만 출입이 가능하도록 하고, 접근권한의 갱신은 정기적으로 검토될 필요가 있다. 또한 출입 기록제도를 시행하고 지정된 비밀번호는 정기적으로 변경하는 것이 좋다.

2) 관리적 대책

컴퓨터 범죄의 관리상 안전대책은 사후 구제방법보다는 사전 예방대책이 우선적으로 수립되어야 하며, 전체적인 시각에서 장기적으로 추진되어야 한다. 아울러 근무자들에 대하여 정기적으로 배경조사를 실시하며, 각종 회의를 통하여 컴퓨터 안전관리의 중요성을 인식시키도록 한다. 구체적인 관리적 대책은 다음과 같다.

첫째, 직무권한을 명확히 하고 분리한다. 회사 내부의 컴퓨터 기술자, 사용자, 프로그래머의 기능을 각각 분리한다. 따라서 프로그래머(programmer)와 오퍼레이터(operator)의 상호 업무분리 원칙을 준수하여야 한다. 즉, 프로그래머는 기기조작을 하지 않고 오퍼레이터는 프로그래밍을 하지 않는다는 원칙을 철저히 준수하여야 한다.

둘째, 패스워드 관리를 철저히 한다. 패스워드(password)가 타인에게 알려지면 서비스가 불법으로 이용되거나 데이터가 파괴될 우려가 있으므로 주의해서 관리되어야 하며, 타인이 쉽게 생각할 수 있는 것을 피해 의미 없는 문자의 조합으로 지정하고 수시로 변경하는 것이 필요하다.

셋째, 엑세스 제도를 도입한다. 정보보안 정책에 따라 사용자, 프로그램, 프로세서, 시스템 등을 허가된 주체만이 정보시스템 자원에 접근할 수 있도록 제한한다. 특히, 중요 데이터의 경우에는 패스워드 등을 부여하여 특정 직급 이상만 접근할 수 있도록 한다.

넷째, 스케줄러에 의한 점검을 한다. 스케줄러는 프로그래머에게 건네진 프로그램 테이프와 디스크의 내용에 대하여 부정의 여지가 있는지 면밀히 점검하여야 한다.

다섯째, 레이블링을 관리한다. 중요한 자료가 수록된 파일 등에는 별명을 부여하여 관리한다.

여섯째, 감사증거기록 삭제를 방지한다. 콘솔시트에는 컴퓨터 시스템의 사용일자와 취급자의 성명, 프로그램 명칭 등이 기록되므로 임의로 파괴해 버릴 수 없는 체제를 도입함으로써, 부당사용 후 흔적을 없애는 사태를 방지한다.

일곱째, 프로그램 개발을 통제한다. 프로그램 개발 시 감사팀의 심의를 거치거나 프로그램 작성 전에 견제 기능을 가진 특수 프로그램을 삽입하도록 설계하도록 한다.

여덟째, 기록문서화를 철저히 한다. 컴퓨터 기록을 문서화할 경우 기업의 업무처리 절차와 컴퓨터 프로그램의 내용이 상치되지 않도록 한다.

3) 기술적 대책

네트워크 취약성으로 발생하는 문제는 기술적 통제 절차의 개선으로 해결해야 한다. 구체적인 기술적 대책으로는 데이터를 암호화하여 허가받지 않은 접근을 차단하여 정보의 보안성을 확보하여야 한다. 또한 정보의 악의적인 흐름이나 침투 등을 방지하고, 비인가자나 불법침입자로 인한 정보의 손실 · 변조 · 파괴 등의 피해를 보호하거나 최소화시키는 안전장치인 방화벽을 설치하며, 윈도우에서 보안상으로 문제가 되는 취약점을 해결해 주는 프로그램인 윈도우 패치를 설치한다.

4) 법적 및 형사정책적 대책

컴퓨터 범죄를 처벌하기 위한 관계 법령을 개정 및 제정하고, 컴퓨터 스파이에 대한 처벌을 강화하며, 전산자원에 대한 관리자의 보호조치의무 규정 등을 신설한다. 또한 형사정책적 대책으로 컴퓨터 범죄 전담수사관의 수사능력을 배양시켜야 하며, 컴퓨터 범죄 연구기관을 설치하여야 하며, 국제적 협조체제와 대처방안이 모색되어야 한다.

제 12 장 시설경비업무[1)]

제 1 절 시설경비의 의의와 원칙

1 의의와 중요성

시설경비업무란 경비대상시설에서의 도난·화재 그 밖에 혼잡 등으로 인한 위험발생을 방지하는 업무이다.[2)] 즉, 타인의 의뢰를 받아 빌딩, 사무소, 대형 판매시설, 호텔, 병원, 은행, 미술관, 박물관, 공장, 창고, 백화점, 시장, 흥행장 등의 시설에서 도난, 화재 등의 각종 사고발생을 경계하고 방지하는 업무이다.

시설경비업무는 경비대상시설의 평온을 유지하여 고객이 업무를 원활하게 운영할 수 있도록 기여한다. 뿐만 아니라 시설경비업무를 실시함으로써 당해 지역사회의 안전과 질서유지에도 크게 공헌하는 것이다.

또한 시설경비는 시설 자체뿐 아니라 시설과 관련된 인적·물적 보안유지 및 정보보호까지 담당하게 되는 토털 시큐리티라는 점에서 시설경비의 중요성이 더욱 부각되고 있다.

1) 안황권, 『시설경비론』, 인천: 신영사, 2009를 수정·가필한 것이다.
2) 경비업법 제2조 제1호.

2 시설경비의 원칙[3)]

경비대상시설의 종류나 성격에 따라 경비방법이 달라진다. 시설의 특징이나 구조, 계단의 구조, 비상구, 종업원의 수, 외래 출입자의 수, 사업 내용 등에 따라 각각 시설의 사고발생의 정도, 비율, 위험도가 달라진다. 그래서 경비를 할 때는 시설의 내용을 파악할 필요가 있다. 시설경비는 원칙적으로 첫째, 사고의 발생예측, 둘째로 사고발생에 대한 경비계획 수립, 셋째, 경비실시, 넷째, 결과에 대한 평가를 하는 단계가 있다.

1) 위험도의 원칙

시설경비는 위험도에 따라 달라진다는 원칙이다. 즉, 시설경비는 경비원이 경비하고 있는 경비대상시설이나 물건의 위험도에 따라 다르다는 것이다.

예를 들면, 화재발생의 위험도는 백화점, 사무실, 공장 등이 당연히 각각 다르다. 도난사고도 백화점, 대형서점 등에서 많이 발생한 반면, 사무실, 공장 등은 거의 없는 편이다.

2) 취약성의 원칙

시설경비는 취약성에 의해 달라진다는 원칙이다. 경비원이 경비대상시설을 경비하는 경우 화재나 도난의 발생 위험이 예측되는데, 그것이 언제 어디에서 발생할지는 판명할 수 없다.[4)] 예를 들면, 종이가 회의실에서 연소될 경우, 회의실에 배치되어 있는 많은 가연물에 불이 옮겨 붙을 수 있는 가능성이 있다면 화재발생을 염려해야 할 것이다. 이것은 종이의 연소라는 사실과 근처에 다량의 가연물들이 배치되어 있다는 사실, 이 두 가지가 이중으로 겹쳐 발생하게 된다.

각 경비대상시설에 대해 이러한 취약점을 예측할 수 있으나, 그 장소의 특성, 내용이 모두 다르므로 시설경비의 방법은 그 고유의 취약도에 따라 달라진다.

3) 확률성의 원칙

시설경비는 이른바 확률의 문제라고 부르기도 한다. 10년을 매일같이 경비대상시설을 성실하게 순찰해 왔더라도 한 순간의 태만으로 사고가 발생했다면 결과적으로 그 임무는 실패가 되는 것이다. 예를 들면, 화재발생의 원인을 예방하지 못한다면 과거의

3) 畑茂, 『施設警備』, 東京: 東京法令出版, 1985, p.10.
4) 위의 책, p.12.

경비실적은 단숨에 사라지고 많은 비난을 받게될 것이다. 반대로 매번 태만한 경비업무를 실시하는데도 근무 중 아무런 사고가 없다면 결과적으로 이 경비요원은 훌륭하게 근무를 서고 있다고 평가 받을 것이다. 그러나 천 번의 근무 중 한 번의 실수로 인해 화재가 일어난 것을 999번의 화재 미발생 확률을 생각하고 태만하게 근무하는 것은 부적절한 근무 자세이다.

3 시설경비의 종류

시설경비는 경비대상시설의 목적, 종류, 계약의 내용 등에 따라 다르지만, 일반적인 근무형태는 다음과 같다.

시설경비업무라고 해도 구체적인 실시형태는 대상시설의 종류 등에 따라 다르다.

경비원의 근무형태에 따라 시설경비업무를 분류하면 상주경비, 순찰경비, 보안경비가 있다.

1) 상주경비

상주경비는 빌딩, 사무실, 공장 등의 경비대상시설 내에 필요한 경비원을 24시간 상주시켜 출입관리업무, 순찰업무, 감시업무를 통해 도난, 화재 등의 사고발생을 경계하고 방지하는 경비방법이다.

상주경비업무는 경비대상의 확대와 함께 업무형태 · 내용 등 그 범위가 확대되고 있으며, 다양한 경비업무가 포함되어 있다. 상주경비의 대상은 사무실, 복합빌딩, 백화점, 금융기관, 의료기관, 학교, 공장, 창고, 호텔, 지하상가 등 광범위한 시설이며, 이 시설들은 각각 완전히 다른 특성을 가지고 있어 경비내용도 이에 따라 천차만별이다.

업무내용도 방범업무뿐 아니라 화재와 관련된 업무로 소화 · 경보 · 방화설비 등의 점검, 화기 취급, 가스유출 확인 등을 실시하고 있다. 또한 상주경비업무 중 주차장 관리업무로서 차의 도난방지나 교통유도, 요금징수, 차량 출입관리업무, 행사장 등의 혼잡정리업무가 포함된다.5)

이와 같이 상주경비는 경비대상시설에 따라서 실시형태가 다양하기 때문에 그 업무를 수행하기 위해서는 관계 법령, 경비기술을 습득하여 시설관리 운영의 전반에 대해

5) (社)全國警備業協會, 『常駐警備の教本(2級)』, 東京: 全國警備業協會, 1998, pp.2-3.

잘 이해하고 임무를 수행해야 한다. 또 그런 경우에 예기치 못한 사태에도 신속히 대응할 수 있다.

2) 순찰경비

순찰업무는 경비대상시설의 도난, 화재 등에 의한 피해를 미연에 방지하고 피해를 최소화하기 위하여, 경비대상시설을 순회하는 경비방법이다.

일반적으로 경비대상시설에 상주하면서 순찰활동을 통해 도난, 화재를 방지하고 있는데, 이것은 상주경비를 구성하는 일부 활동이다. 여기서는 상주하지 않고 순찰을 중심으로 하는 경비형태를 말한다. 순찰에 관한 양자의 기본적인 요령은 대동소이하다.

3) 보안경비

보안경비는 백화점, 대형 할인마트 등에서 절도를 방지하거나, 경계를 하는 경비방법이다. 경비원은 일반적으로 사복으로 근무하며, 여자경비원이 많이 배치된다.

백화점, 대형 할인마트 등에서 절도 등 점포 내 범죄를 방지하기 위해 점포 내를 경계하여 질서를 지켜, 안전하고 건전한 환경을 확보하는 것을 목적으로 하는 업무이다.[6]

백화점과 대형 할인점 등에서는 고객이 진열된 상품을 선택하여 카운터까지 가져와 대금을 지불하는 방식을 취하기 때문에, 매장이 넓어 진열대 주변까지 감시하기 어려운 점이 있다. 많은 점포들은 보안과를 두고 자체경비를 하고 있지만 경비업자는 이들과 협력하여 절도 방지를 도모하고 있다.

제 2 절

출입관리업무

1 출입관리업무의 목적과 기본

1) 출입관리업무의 목적

출입관리(access control)업무는 경비대상시설에 출입하는 사람, 물건, 차량 등을 관

6) (社)全國警備業協會, 『保安警備業務の手引』, 東京: 全國警備業協會, 2006, p.1.

리함으로써 시설 내에서의 범죄, 사고 등의 발생을 방지하는 업무이다.

경비대상시설의 규모에 따라 차이가 있지만, 대부분 많은 사람과 차량 및 물건이 끊임없이 출입하고 있어 이에 대한 관리가 필요한 것이다. 즉, 이들의 출입을 체크하여 누가, 언제, 어디에 출입하는지를 관리하여 시설 내 각종 정보의 누설이나 위험물 등의 반입으로 인한 범죄나 사고 등의 발생을 방지하는 것이다.

따라서 우선 입장하려는 사람이 있는 경우, 그 사람에게 입장할 자격과 필요성이 있는지를 확인해야 한다. 그러나 한편 출입관리업무에 종사하는 경비원은 당해 시설의 대외 접점이므로, 경비원의 태도와 언어는 곧 그 회사나 시설의 대외 이미지로 연결된다. 따라서 외부사람들에게 당해 시설에 대한 인상이나 평가에 영향을 미치는 것을 고려하여 엄정한 규정의 집행과 함께 사용하는 언어, 태도, 예절 등이 상대방의 기분을 상하지 않도록 주의할 필요가 있다.[7)]

2) 출입관리업무의 기본원칙

출입관리의 기본원칙은 출입자격과 출입의 필요성 확인, 적정한 경비업무수행, 대외 접점으로서 엄정한 규정이행과 예절, 업무처리의 집중, 사고시 정확한 판단력과 기민한 행동으로 대처하는 것 등이다. 이를 구체적으로 살펴보면 다음과 같다.[8)]

첫째, 출입관리의 기본은 출입자격과 출입의 필요성을 확인하는 것이다. 입장할 자격은 있어도 필요성이 없는 경우, 또는 필요성은 있어도 자격이 없는 경우는 입장을 허용해서는 안 된다. 특히, 외래객에 대해서는 그 자격과 필요성을 객관적으로 확인한 후 적절하게 대응할 필요가 있다.

출입을 입장하려고 하는 자가 있는 경우, 그 사람에게 입장할 자격이 있는지 신분증명서를 확인해야 한다. 또한 당해 시설(계약처)의 관계자라고 해도 출입금지구역, 지정시간출입 외에는 출입할 수 없으므로 특별출입허가서가 있는지 확인해야 한다.

일반적으로 출입자격과 필요성이 있는 사람은 〈표 12-1〉과 같다.

---

7) (社)全國警備業協會, 『常駐警備の教本(2級)』, 앞의 책, p.64.
8) (社)全國警備業協會, 『警備員指導教育責任者 講習教本(Ⅱ), 1號 業務』, 東京: 全國警備業協會, 2007, p.22.

표 12-1 경비대상시설의 출입자격과 필요성	
자격	필요성
① 경비대상시설 내에 근무하는 종사자 (정식사원, 임시사원) ② 시설 보수 등 작업을 하는 외부업자의 직원 등 외래방문객 ③ 경비대상시설 종사자의 면회자 ④ 경찰관 등 공무를 위한 방문자 ⑤ 기타 출입이 허가된 자	① 근무시간대 출입하는 자 ② 시간 외 출입허가를 받은 자 ③ 긴급 시 입장 허가하도록 연락을 받은 자 ④ 긴급 시 입장을 허가하는 것이 타당한 자 ⑤ 기타 정당한 필요성이 인정된 자

둘째, 과거 사고발생 등의 정보나 경비대상시설의 사람, 물건, 차량 등의 출입빈도의 차이를 근거로 계약처의 관리책임자와 충분히 상의하여 조정함으로써 적정한 경비업무를 경비계획서에 따라 수행해야 한다.

셋째, 출입관리업무에 종사하는 경비원은 자기 자신이 당해 시설의 대외접점에 있으므로, 그 대응 여부가 곧 당해 시설에 대한 외부 사람들의 인상이나 평가에 영향을 미치는 것을 고려하여 규정사항의 엄정한 이행과 동시에 말씨나 태도, 예절에 특히 주의해야 한다.

또한 경비원이 매일 성의를 가지고 확실하게 경비업무를 실시하는 것은 계약처의 안전확보 의식의 고양으로 이어져 계약처에 대해 협력을 요청하기가 쉽다.

넷째, 출입관리업무를 하는 경비원은 확인 시에 다양한 요인에 의해 경계심이 희박해지지 않도록 집중하는 것이 중요하다. 심리적·물리적으로 사각이 발생하지 않도록 유의해야 한다.

다섯째, 출입관리업무의 수행 중에 만일의 사고 등이 발생한 경우에는 정확한 판단력과 기민한 행동으로 대처하여 피해를 최소한도에 그치도록 해야 한다.

2 출입관리의 형태

1) 사람에 대한 출입관리

사람에 대해 출입관리를 하는 목적은 경비대상시설 내에 수상한 자가 침입하는 것을 방지하기 위해서이다.

경비대상시설의 종류는 천차만별이므로 어떠한 범위에서 사람의 입장을 허가할 것인가, 어떠한 방법으로 정당한 입장 자와 수상한 입장 자를 구분할 것인가는 대상시설의 성격에 따라 다르기 때문에 입장을 허가할 사람의 범위와 식별방법에 대해서는 계약처와 충분히 상의해야 한다. 그리고 경비원은 그 내용을 충분히 숙지한 후 사람에 대한 출입관리업무를 수행해야 한다.[9)]

(1) 대상시설 관계자의 출입관리

출입자가 많은 사무실빌딩, 백화점, 병원, 공장 등의 시설에서는 경비원이 출입하는 모든 사람을 기억하는 것은 불가능하다. 또한 경비업무를 수행하는 데 경비원의 기억에 의지하여 실시하는 것은 좋은 방법이 아니다. 이것은 소규모 시설 등에서 출입하는 사람의 수가 한정되어 있는 경우에도 기억에 의지하는 방법은, 특히 경비원의 교체 등이 있는 경우에는 의미가 없다.[10)]

일반적으로 출입자를 확인하는 가장 객관적이고 정확한 것은 신분증명서를 확인하는 방법이다. 따라서 출입관리 담당자는 신분증명서를 잘 숙시하고 그것을 체크하는 요령을 습득할 필요가 있다.

'안 가지고 왔다'고 하는 자가 있는 경우에는 위장입장의 의도가 있을 수 있으므로, 설령 면식이 있는 사람이라고 해도 외래방문자에 준하는 방법으로 그 자격과 필요성을 체크해야 한다. 모든 사람에 대해 신분증을 보여주도록 요청하고 그 기재사항을 확인하는 것은 어려운 일이다. 따라서 신분증을 목에 걸거나 패용하는 경우에 이를 살피는 요령을 습득해야 한다.[11)]

(2) 일시 출입자의 출입관리

경비대상시설에 방문한 업자, 내방객 등 외래객에 대해서는 다음과 같은 방법에 따라 관리함으로써 수상한 자의 침입을 방지할 수 있다.[12)]

첫째, 방문객에게 방문증을 발행하는 방법이다. 방문증을 경비실에 준비하여 방문객이 있을 때마다 발행하는 방법이다.

방문객은 출입증을 패용한 후 용건 있는 부서를 방문하고, 용건을 마치면 담당자의

9) (社)全國警備業協會, 『警備員教育教本, 施設警備業務編』, 東京: 全國警備業協會, 2006, p.94.
10) (社)全國警備業協會, 『警備員指導教育責任者 講習教本(Ⅱ), 1號 業務』, 앞의 책, p.23.
11) 위의 책, pp.23-24.
12) (社)全國警備業協會, 『常駐警備の教本(2級)』, 앞의 책, p.67.

확인도장을 받아 퇴장 시에 경비실에 반납하는 방법이다.

이 방식은 방문객의 방문시간, 방문처, 퇴장시간 등을 파악할 수 있다. 또한 그것을 대조함으로써 방문목적 이외의 시설 내에서 행동을 체크할 수 있다.

둘째, 출입관리부에 기재하는 방법이다. 출입관리부에 기재하는 방법은 임시출입자에 대해 미리 접수처 등에 준비한 출입관리부에 이름, 소속회사명, 전화번호, 방문처, 용건, 출입시간 등의 기재를 요구하는 방법이다.

이 방법의 장점은 신상을 기재할 때 방문객을 관찰할 수 있고, 본인의 자필기록이 남는 것이다. 따라서 시설 내에 사고나 사건이 발생할 때에는 단서를 제공하는 자료가 된다.

단서가 되는 것은 특정 인물의 방문빈도, 방문 시에 시설 내의 행동범위, 시설 내의 특정 인물과 연결, 사건·사고와의 시간적 관련 등이다.

셋째, 동행하여 감시하는 방법이다. 이것은 중요한 구역, 중요한 업무, 중요한 인물 등을 방호하기 위한 출입관리방법이다.

출입관리를 하는 경비원이 방문객의 방문처를 동행하여 방문처의 담당자에게 인계한다. 용건이 종료한 후에는 경비원이 연락을 받아 방문처로부터 퇴장장소까지 동행하는 절차이다.

동행에 의한 감시를 하는 경우에는 상시 경비원이 동행하기 때문에 출입관리부에 기재할 뿐 내방객 패스 등은 발행하지 않는다.

넷째, 카드교환방식이다. 이것은 경비대상시설에 대한 출입이나 시설 내 특정 구역을 출입할 때는 특수패스, 자기카드 등의 카드를 사용하게 하여 출입관리를 하는 방법이다.

경비원이 특수패스나 자기카드 등을 일괄 관리하고, 계약처에서 제시한 입장자격자 명부에 따라 해당자의 신분증명서와 교환하여 그때마다 본인의 패스 또는 카드를 주고 수취한 신분증명서를 보관한다. 용건이 종료한 후에는 패스나 카드 등과 본인의 신분증명서를 교환하는 방식이다.

이 방식은 특수패스나 자기카드의 구역 외로 가지고 나가거나 일상적인 휴대로 인한 분실을 방지할 수 있다.

다섯째, 개인인증 또는 자동인식기기에 의한 방법이다. 폐쇄적 장소, 즉 중요한 시설, 금고실, 약품창고, 연구소 시설, 정보를 관리하는 방이나 고객을 관리하는 장소 등에서는 거의 관계자 이외의 입실을 금지하거나 '누가', '언제', '어디서', '어느 정도 체류'하다

가 퇴실하였는가가 기록 · 관리되어 정보의 유출을 피할 수 있다.[13)]

여섯째, 기타 경비대상시설의 특성에 따라 다양한 출입관리의 방법이 사용되고 있다. 방문객에게는 반드시 접수처에 들리게 하여 접수처에서 용건처 담당자에게 전화 등으로 조회하여 당해 담당자의 허가를 얻어 입장을 하는 방법이 있다.

2) 물건에 대한 출입관리

물건에 대한 출입관리는 상품, 주요 물건, 기자재, 신상품 등 기업 비밀에 속하는 것 등을 시설 외로 부정하게 반출하는 것을 방지하거나 시설 내로 위험물 등을 부정하게 반입하는 것을 방지하는 것이 목적이다. 특히, 중요시설에서는 위험물 · 폭발물 등의 반입을 방지하기 위해 각종 검사기기를 사용하여 경계를 강화하고 있다.[14)]

물건의 출입관리에서 비교적 많이 실시하고 있는 방법은 다음과 같다.[15)]

첫째, 장표(표시)의 확인이다. 장표란 포장지, 거래도장, 판매확인도장 등을 말한다. 백화점, 대형서점 등에서 구입한 상품 이외의 상품 등을 부정하게 가지고 나가는 것을 방지하기 위한 관리방식이다. 가지고 나가는 물건을 포장지, 판매도장 등의 조회 또는 대금지불 영수증 등으로 부정 반출하는 것을 확인하는 것이다.

둘째, 물품반출허가서의 발행이다. 가지고 나가려고 하는 물품이 정식 절차를 거쳤다는 것을 증명하는 서류를 확인하는 방법이다. 예를 들면, 개인용 물품은 종업원의 감독자, 회사물품은 출하부서의 책임자 등이 발행하는 것이 일반적이다.

이 물품반출허가가 없으면 어떠한 물품도 반출할 수 없으며, 출입관리를 실시하는 경비원은 '물품반출허가서'에 기재된 물품과 가지고 나가려고 하는 물건을 대조하여 일치하는 경우에 한해 반출을 허가한다.

셋째, 물품반입증명서의 발행이다. 물품반입증명서는 시설 내의 상품, 자재 등과 입장자가 가지고 들어오는 물품과의 혼동을 피하기 위해 물건을 가지고 들어올 때 발행하며, 입장자가 가지고 들어온 물품 등의 내용을 미리 증명해 두는 것이다.

출입관리를 실시하는 경비원은 입장자에 대해 접수처 등에서 '물품반입증명서'에 필요사항을 기입, 확인한 후 그 물품의 반입을 허가하고, 나중에 가지고 나갈 때에 가지고 들어온 물품인가를 확인한 뒤 허가하는 수순이다.

---

13) (社)全國警備業協會, 『警備員指導教育責任者 講習教本(Ⅱ), 1號 業務』, 앞의 책, p.28.
14) (社)全國警備業協會, 『施設警備業務の手引(初級)』, 東京: 全國警備業協會, 2006, p.77
15) (社)全國警備業協會, 『常駐警備の教本(2級)』, 앞의 책, pp.71-72.

넷째, 소지품의 검사이다. 물건의 출입관리란 출입하는 사람의 소지품을 검사하는 것이다. 이것은 어디까지나 상대방의 임의의 협력에 따라 하는 것이며, 경비원이 상대방의 의사에 반하여 강제로 할 수는 없다.

상대방이 검사를 거부하는 경우에는 그 출입을 거부하고 필요에 따라서 시설관리자에게 연락하여 조치를 취하도록 한다.

사전에 계약처와 사이에 소지품검사 방법에 대하여 필요한 규칙 등을 정하여 두고 출입하는 사람에 대하여 그 규칙 등을 게시하는 조치를 강구할 필요가 있다.

또한 분명히 범죄를 범하고 있다고 인정된 자에 대해서는 경찰에 신고하는 것이 필요한 경우도 있다.

다섯째, 기기에 의한 검사이다. 특정 구역이나 장소, 중요한 시설 등에서 위험물 등의 반입방지 또는 반출금지를 도모하기 위해 특수기기를 사용하여 검사하는 방법이다.[16] 이 방법을 통하여 주로 상품 등의 부정반출금지를 검사, 우편물검사, 화물검사, 위험물 반입검사 등을 한다.

기기에 의한 검사방법은 다음과 같다.[17]

① 중요한 시설 등에서 사용하는 특수검사기기는 ⓐ 금속탐지기(고정, 휴대), ⓑ X선 투시장치, ⓒ 감마선 검사장치, ⓓ 자기파 검사기기, ⓔ 방사선 검사기기, ⓕ 폭발물 자동검사장치, ⓖ 액체물 검사장치 등이다.

이러한 특수기기를 사용하면 화학물질, 생물물질, 핵물질, 액체, 세라믹스, 비금속제의 위험물 등까지 인식, 식별이 가능하다.

② 관리품, 상품 등의 부정반출방지에 사용하는 기기 등은 ⓐ 게이트방식 센서, ⓑ 천장안테나방식 센서, ⓒ 매트 안테나방식 센서 등이다.

이 방식은 상품을 인식하기 위해 미리 진열한 상품 등에 직접 태그를 하거나 상품 등이 외부 또는 특정 구역으로부터 가지고 나가려고 하는 경우 센서가 감지하여 부정한 반출을 확인하는 방법이다.

③ 물품, 상품 등에 부착되어 있는 태그의 종류는 ⓐ 자기방식태그, ⓑ 전파방식태그, ⓒ 자명방식태그 등이 있다.

그리고 이들 태그는 상품제조시에 미리 부착하는 방법과 나중에 상품에 부착하는 방법이 있다. 최근 태그는 계속 소형화되고 있다.

---

16) (社)全國警備業協會, 『警備員指導教育責任者 講習教本(Ⅱ), 1號 業務』, 앞의 책, p.31.

17) 위의 책, pp.31-32.

3) 차량에 대한 출입관리

차량에 대한 출입관리는 차량을 타고 출입하는 사람과 물건에 대한 관리이다. 통상 대상시설에 출입하는 차량을 사전에 등록하는 방법에 의해 관리, 행동범위, 제한시간, 주차장소 지정을 한다. 등록차량은 업무용 차량, 배송용 차량, 직원 개인차량으로 구분하며, 등록할 수 없는 외부차량과 함께 다음과 같이 관리한다.

효율적으로 출입관리하는 경우나 공장・창고 등의 대형시설에서의 차량출입장, 사원 등의 입퇴장이 빈번한 장소에서는 출입관리에 게이트시스템(기계식이나 ID카드에 의한 인증방식 등)을 사용하며, 관리실 내에서 방범카메라 등과 병용하여 기록관리 등도 동시에 하면서 원격감시 관리를 하는 방식이다.[18]

또한 특수검사기기를 사용하여 차량에 대한 검사, 위험물 등의 부정한 반입, 또는 반출방지 등에 대해서도 차량마다 일괄 검사하는 방법도 있다.

차량의 출입관리를 위한 방법을 살펴보면 다음과 같다.[19]

우선, 등록이 허가된 모든 차량은 등록을 하여 업무형태에 따라 출입관리를 한다. 등록할 수 없는 외래차량에 대해서는 필요에 따라 등록하거나 외래차량 패스를 발행하고 각 운전석의 앞에 게시하도록 한다.

(1) 등록차량의 관리

등록차량은 조업시간에는 프리패스하고 시간외에는 외래차량과 똑같이 관리하는 것이 일반적이다. 다만, 그 스티커의 경우는 기간이 지난 것인지 체크한다.

(2) 외래차량의 관리

등록되지 않은 차량이 입장하는 경우에는 방문용건, 방문처 등을 확인하고 외래차량 패스를 발행한다. 그때 차량번호, 승차인원 등 필수사항을 차량출입관리부에 기입한다. 외래차량이 퇴장할 때에는 패스의 반환을 요구하고, 퇴장시간을 차량출입관리부에 기입한다.

---

18) (社)全國警備業協會, 『常駐警備の教本(2級)』, 앞의 책, p.72

19) (社)全國警備業協會, 『警備員指導教育責任者 講習教本(Ⅱ), 1號 業務』, 앞의 책, p.32-33.

(3) 일반적 유의사항

차량의 출입관리를 실시할 때의 일반적 유의사항은 다음과 같다.

① 주차장소 지정에 대해서는 높이, 폭의 제한에 특히 주의한다.

② 기계식 주차장의 각 설비를 조작할 때는 정해진 수순을 엄수하고 안전확인을 한다.

요금징수업무를 수반한 경우는 규정에 따라 정확하고 신속하게 처리하고 현금관리는 엄정하게 해야 한다. 또한 용건이 없는 자가 장내에 들어오거나 배회하는 것을 경계하고 도난사고를 방지한다.

비치되어 있는 각종 소화설비의 조작요령을 숙지할 필요가 있다.

(4) 특수검사기기에 의한 차량관리

중요한 시설 등에 있는 위험물 등의 반입방지에 대한 차량검사 또는 항구 등에서 대형콘테이너 차량의 출입관리에 대해서는 신속하고 효율적으로, 그리고 안전하게 검사할 필요가 있다. 그러나 차량 및 적재물, 내용물의 확인을 안전하게 눈으로 하는 것은 물리적으로 곤란하기 때문에 X-ray 등을 사용한 특수검사장치를 사용하여 차량의 출입관리를 실시해야 한다.

제 3 절

순찰경비업무

1 순찰경비업무의 의의와 유형

1) 순찰경비업무의 의의

최근 건물이 고층화, 거대화되면서 출입자관리가 아무리 정확하다해도 건물에 따라서는 외래객의 출입을 완전히 개방함에 따라 도난 등의 사고발생이 우려되고, 아울러 화재나 각종 재해의 발생이 우려되므로 순찰근무의 중요성이 증가하고 있다.

순찰경비업무는 경비원이 경비계획서 등에 따라 오감을 작동하여 경비대상시설을 순회하면서, 대상시설에서 도난 · 화재 등의 위험발생을 방지하는 업무이다.

출입자관리를 '점의 경비'라고 한다면 순찰경비는 '선 또는 면의 경비'라고 할 수 있다. 따라서 순찰의 목적은 경비원이 경비계획, 경비실시요령에 따라 지정 구역 내를 돌면서 경비대상시설의 도난, 화재 등의 발생을 경계 · 방지하고, 만일 피해가 발생한 경우는 그것을 최소화하는 업무이다.[20]

순찰경비는 대상시설에 경비원을 상주시키지 않고, 경비원이 경비대상시설을 도보 또는 차량 등으로 순회하면서 안전을 점검하는 경비방법과 상주하면서 여러 가지 방법으로 순찰활동을 하는 방법이 있다.

2) 순찰의 유형

순찰의 기본형태는 그 방법과 내용에 따라 다음과 같이 구분할 수 있다.

(1) 순찰시각에 의한 구분

이 분류는 순찰의 시간대(시각)를 기준으로 정시순찰과 임시(수시)순찰로 구분한다.

정시순찰은 근무기준표에 따라 미리 정해진 시각에 정기적으로 하는 순찰을 말한다. 이 경우 경비원이 순찰시계를 휴대하고 순찰경로상의 주요장소에 설치한 단말기에 순찰체크기를 사용하여 순찰을 하기도 한다.

임시(수시)순찰은 정시순찰 이외에 수시로 하는 순찰을 말한다. 특히, 태풍 시, 특별행사 시, 공사 시에는 그 상황에 따라 적시에 하는 순찰이 수시순찰이다. 그리고 발화점검, 잠금확인 · 점검 및 개폐 관리업무 등을 정시에 순찰을 겸하여 하는 경우가 있다.

양자가 적절히 조화를 이룰 때 순찰효과가 높고, 그 정형화 · 경직화를 막을 수 있다.

(2) 순찰경로에 의한 구분

이 분류는 순찰경로를 기준으로 정선순찰과 난선순찰로 구분한다.

정선순찰은 미리 지정된 경로를 따라 하는 순찰을 말한다. 반면에, 난선순찰은 경로를 미리 지정하지 않고, 순찰할 때마다 경비원의 판단에 따라 자유스럽게 경로를 선택하는 순찰을 말한다.

---

20) 警備防災委員會施設警備研究會, 『施設警備の研究と實務』, 東京: 社團法人 全國ビルメンテナンス協會, 1975, p.179.

예를 들면, 경비대상시설 내에는 많은 경비상 주요장소가 있다. 이러한 주요장소를 연결한 경로를 순찰경로로 하고 그 선에 따라 순찰하는 것이 정선순찰이다. 그러나 정선순찰 방법만으로는 오히려 다른 장소를 소홀히 하거나 혹은 순찰의 정형화와 경직화를 초래할 우려가 있으므로, 경로를 적절하게 선정하여 실시하는 순찰을 난선순찰이라고 한다. 양자를 적절하게 혼합하여 실시하는 것이 효과적인 순찰이 될 것이다.[21)]

(3) 순찰인 수에 의한 구분

이 분류는 순찰인원을 기준으로 단독순찰과 복수순찰로 구분한다.

단독순찰은 경비원 1명이 단독으로 하는 순찰을 말한다. 반면에, 복수순찰은 경비원 2명 이상이 하는 순찰을 말한다.

(4) 순찰수단에 의한 구분

이 분류는 순찰수단(방법)을 기준으로 도보순찰과 차량순찰로 구분한다.

도보순찰은 걸어서 하는 순찰을 말한다. 반면에, 차량순찰은 자동차 등을 사용하는 순찰을 말한다.

(5) 순찰지역에 의한 구분

이 분류는 순찰지역이 내 · 외부인지를 기준으로 실내순찰과 외주순찰로 구분한다.

실내순찰은 순찰경로가 경비대상시설의 내부로 한정되는 순찰을 말한다. 그리고 외주순찰은 순찰경로가 경비대상시설의 외부(실외)로 한정되어 있는 순찰을 말한다.

(6) 기타 구분

경비현장에는 다양한 명칭으로 불리는 순찰이 있다. 즉, 세밀순찰, 통상순찰, 조조순찰, 최종순찰, 잔류자 확인순찰 등이다.

3) 효과적인 순찰방법

순찰업무의 효과를 높이기 위해서는 경비대상시설의 실태를 잘 파악하는 동시에 일상 근무를 통하여 알거나 얻은 각종 정보를 바탕으로 효과적인 시간대 · 경로 · 방법을 선택하는 것이 중요하다.

---

21) 위의 책, p.179.

효과적인 순찰을 위한 방법은 다음과 같다.[22)]

① 정선순찰과 난선순찰을 적절하게 혼합하여 실시하여야 한다. 난선순찰은 감시, 점검업무가 한쪽으로 편중되어 중요사항을 빠트릴 우려가 있기 때문에 이를 고려해야 한다.

② 시간대를 택해 정시순찰, 임시순찰과 정선순찰, 난선순찰을 조합하여 실시한다.

③ 1인이 하는 단독순찰과 2인 이상이 1조가 되는 복수순찰을 상황에 따라 실시한다.

4) 순찰의 원칙

순찰의 원칙을 4단계로 나누어 보면 다음과 같다.[23)]

첫째, 뒤처리가 미흡한 점의 발견과 처리이다. 순찰하면서 뒤처리가 미흡한 곳을 조기에 발견하는 것이 필요하다. 부실한 뒤처리가 겹치면 머지않아 사고가 나기 쉬우므로 재빨리 이러한 문제들을 발견하여 그때마다 고치는 것은 물론이고, 일정한 기간마다 관찰하여 문제점을 탐구하고 대응수단을 강구하여 보다 안선한 환경을 만들어야 한다. 따라서 순찰자는 체크리스트 등을 가지고 관계 장소를 잘 체크하고 만약 문제점을 발견하면 즉시 올바로 정정하는 것이 중요하다. 즉, 창문, 수도, 가스 등을 잠그는 것을 잊거나 부실하게 처리한 경우에는 즉시 시정해야 한다.

둘째, 기록과 보고이다. 뒤처리가 미흡한 것을 순찰 중 발견한 경우는 체크리스트 등에 기록, 보고하여 문제점을 분명히 지적한 동시에 근무처 경비원에게 잘 주지시킨다. 그리고 통계자료로 활용하도록 한다.

셋째, 통계와 발표이다. 미흡한 점은 그때마다 처리할 뿐 아니라 그것을 기록하여 통계적으로 관찰하여 문제점을 종합적으로 발견하여 대책을 강구하는 것이 중요하다. 따라서 이 결과는 각 경비원에게 잘 주지시키고, 계약처 관계자 등에게 보고하여 종합 대책을 세우도록 한다.

넷째, 감수대책이다. 3단계의 결과 개개의 순찰자가 보다 주의를 기울이는 것은 물론이고, 계약처에서도 기업 내 관계자 등에게 적합한 지도를 하고 종합적인 감수대책을 세워 안전한 환경이 순환적으로 이뤄지도록 한다.

---

22) (社)全國警備業協會, 『警備員指導教育責任者 講習教本(Ⅱ), 1號 業務』, 앞의 책, p.42.

23) 警備防災委員會施設警備研究會, 앞의 책, pp.180-181.

2 순찰 시 착안사항

순찰할 때의 착안점은 그 목적, 시간 등에 따라 다르다. 따라서 일반적이고 공통적인 착안점을 기술하면 다음과 같다.

1) 일반적 유의사항

순찰업무를 효과적으로 실시하기 위해서는 경비대상시설의 실태파악과 경비대상시설의 직원과 우호적인 인간관계의 유지가 중요하다. 또한 순찰할 때는 세심한 주의력과 경계심을 가지고 근무하는 것이 중요하다.

일반적인 유의사항은 사전준비, 순찰 출발 전, 순찰실시 중, 순찰 종료 후의 4단계로 나누어 살펴볼 수 있다.

(1) 사전준비[24)]

① 경비대상시설에서 경비상의 중점장소, 순찰 시의 점검사항, 순찰의 경로, 순찰요령 등을 확인하고, 순찰의 목적의식을 명확하게 한다.

② 방범・방재용 설비(경보장치, 피난설비, 소화설비 등)의 위치를 확인하여 두는 동시에 취급방법 등을 숙지한다.

③ 방범 차원에서 주의해야 할 건물의 구조 및 과거에 발생한 범죄의 경향과 종별을 미리 연구한다.

④ 순찰실시 중의 착안사항에 대하여 충분히 이해하고 습득한다. 특히, 과거의 대표적인 사고 사례를 검토하여, 동일 환경의 장소를 점검할 때의 착안점으로 한다.

(2) 순찰 출발 전[25)]

① 순찰근무 출발 전에 순찰 코스를 재확인하여, 전회의 순찰 근무자로부터 인계사항을 잘 이해한다.

② 열쇠, 회중전등, 순찰체크기, 필기용구 등의 장비를 점검하여 둔다.

③ 잔업계, 작업계 등을 확인하여 파악해 둔다.

---

24) (社)全國警備業協會, 『警備員指導敎育責任者 講習敎本(Ⅱ), 1號 業務』, 앞의 책, p.44.

25) 위의 책, p.44.

(3) 순찰실시 중[26)]

① 순찰은 정해진 대로 정확하게 하고, 그 목적 달성을 위해 노력한다.

② 소정의 시간에 순찰하고, 이상한 소리·냄새 등을 감지하면서 그 원인을 최후까지 확실히 알아내는 열의를 가진다.

③ 옥외의 순찰은 밝은 전등이나 밝은 달빛 속에서 보행을 가능한 한 피하고, 수상한 징후, 수상한 자의 움직움을 느끼면, 그늘진 곳에 몸을 감추고 그 실태를 확인하려고 노력한다.

④ 건물의 코너를 도는 경우는, 돌기 전에 수초 간 정지하고 귀를 기울여 안전을 확인한 후 도는 등의 안전행동을 취한다.

⑤ 순찰 중에는 자신의 발소리, 문을 개폐할 때의 소리에도 주의한다. 또한 불필요한 라이트의 점등을 피하고 순찰의 행동을 모르도록 한다.

⑥ 문을 열어 건물 내에 들어 갈 때는, 문을 열어 내부의 냄새, 사람의 인기척 등을 살핀 후 들어가는 등의 위해예방에 주의한다.

⑦ 잠금 장소를 열 때는 그 후 확실하게 잠근다. 또한 잠가져 있는 장소는 확실히 점등을 한다.

⑧ 취급한 사항이나 그 조치, 특이사항은 그때마다 반드시 메모를 한다.

(4) 순찰 종료 후[27)]

① 순찰 중 보고 들은 사항, 취급한 사항, 조치사항, 기타 특이사항에 대하여 근무책임자에게 보고하는 동시에, 다음 순찰자에게 확실하게 인계하여 순찰 시 착안점이 되도록 한다.

② 순찰 중에 발견한 개선점 등에 대해서는 반드시 보고서에 기재하여 제출한다.

③ 순찰결과의 기록을 통계처리하고 경비대상시설에 존재하는 문제점을 종합적인 관점에서 판질하고 연구한다. 이 연구결과는 각 경비원에게 주지시키는 동시에 기회를 가져 계약처 관계자 등에게도 보고하고 현상을 개신하기 위한 자료로 활용한다.

---

26) 위의 책, pp.44-45.

27) 위의 책, p.45.

2) 도난 · 화재 · 시설의 점검

(1) 도난예방 점검[28)]

① 건물 출입구, 문, 창, 비상구, 셔터 등의 잠금상태를 확인한다.

② 각 사무실, 화장실의 창, 문 등의 잠금상태를 확인한다.

③ 중요구역, 기밀장소의 잠금상태를 확인한다.

④ 화장실, 창고, 계단밑, 옥상, 천장 속 등 잠복 가능한 장소를 점검한다.

⑤ 건축현장, 공사장 부지 내의 자재 등 잠복에 이용될 우려가 있는 장소를 점검한다.

⑥ 방범기기 · 설비의 외관상 이상 여부를 확인한다.

⑦ 외부 주변 펜스, 문 등에 손상이나 파손이 없는지 확인한다.

⑧ 외부로부터 침입에 이용될 우려가 있는 사다리 · 건축 비계 등을 제거한다.

⑨ 외부로부터 침입에 이용될 수 우려가 있는 건물구조, 인접가옥, 빌딩, 전주, 울타리, 수목 등에 대한 방범점검을 한다.

⑩ 만취자, 부랑자 등의 유무를 확인한다.

(2) 화재예방 점검[29)]

① 금연구역에서의 흡연, 보행 중 흡연자, 담배꽁초를 버리는 자에게 주의를 준다.

② 냉온방기구(석유, 가스, 전기 등)의 안전한 사용과 뒤처리 점검을 한다.

③ 화기사용 장소에 전기, 가스, 연료유 등의 스위치 등을 점검한다.

④ 전기기구의 스위치 차단 및 전등, OA기기, 각종 배선류의 고장 또는 과열유무를 점검한다.

⑤ 각 작업장의 마무리, 열기구의 뒤처리 등을 점검한다.

⑥ 소화기 등의 소화설비 · 경보설비 · 피난설비 등의 외관을 점검한다.

⑦ 화기사용 상황의 확인 및 마무리 상황을 확실하게 점검한다.

(3) 시설상의 착안[30)]

① 자물쇠, 문 등에 손상을 확인한다.

---

28) 警備防災委員會施設警備硏究會, 앞의 책, p.182.

29) 위의 책, pp.182-184.

30) 위의 책, p.184.

② 벽, 바닥, 계단 등의 손상이나 낙서 등 보기 흉한 곳을 점검한다.

③ 안내판, 표시판, 안전표식 등의 부적절한 것을 점검한다.

④ 엘리베이터, 에스컬레이터가 정상적으로 운행하는지 확인한다.

⑤ 누수나 물이 넘치는 곳은 없는지 점검한다.

⑥ 불필요한 점등상태를 확인하여 소등한다.

3) 수상한 자 · 물건 · 차량에 대한 경계

수상한 자, 수상한 물건, 수상한 차량을 한마디로 특정하는 것은 어려운 일이다. 그러나 시설관리규정 등을 철저히 지키면 시설이용자 또는 관계자인지 아닌지 여부의 식별은 가능하다. 경비대상시설의 환경상태를 정비하는 것으로 정상적인 상태가 파악될 수 없다면 구체적으로 무엇이 이상하고 무엇이 수상한가라는 판단은 가능하다. 또한 비품 등의 정상적 상태를 파악함으로써 수상한 물건을 특정하는 것도 어느 정도 가능하다.

테러대책에서는 테러방지 관점에서 수상한 자, 수상한 물건 발견의 착안점을 기술하지만, 여기서는 일반적으로 수상한 사람, 수상한 물건에 대한 경계의 착안점을 열거하면 다음과 같다.

(1) 수상한 자에 대한 경계의 착안점[31]

① 출입금지된 구역에서 특정 입장자 또는 이용자의 식별표시(직원 또는 내방객 패스)가 없는 자

② 이용시간 외 출입금지 또는 제한구역 내에 허가 없이 출입하는 자

③ 지정된 출입구 이외로 침입하려고 하는 자

④ 소지품검사를 거부하는 자 혹은 시설 내의 출입을 거부하는 데도 불구하고 무리하게 들어오려고 하는 자, 장시간 내부를 살피고 있는 자 등의 거동이 수상한 자, 옷에 피나 이물질이 묻어 있는 자, 이상한 냄새를 풍어놓는 자 등도 수상한 자로 경계해야 한다.

수상한 자를 대응할 때는 부주의하게 접근하면 칼 등을 들고 대들 우려가 있다. 수상

31) (社)全國警備業協會, 『警備員指導教育責任者 講習教本(Ⅱ), 1號 業務』, 앞의 책, p.46.

한 자와 대치할 때는 상대방 인원, 흉기의 유무 등을 파악하고 안전에 유의하면서 상대의 동향을 주목하여 부상사고를 방지한다.

(2) 수상한 물건에 대한 경계의 착안점[32)]

① 눈에 익지 않아 무엇인지 판별할 수 없는 물건
② 무엇인지 판별할 수 없는 것, 수상한 소리나 이상한 냄새가 나는 물건
③ 발송인이 불명인 우편물 등
④ 장시간 방치되어 있는 물건이나 주인이 없는 물건
⑤ 누군가가 반환한 분실 또는 도난물품
⑥ 부자연스런 설치물
⑦ 잠겨 있어야 할 장소가 잠겨 있지 않거나 또는 파괴되어 있고, 그 속에 낯선 물건이 놓여 있는 것

수상한 물건을 쉽게 발견하기 위해서는 평소 대상시설의 설비관리, 비품관리, 기타 물건의 정리정돈을 하고, 불필요한 물건 또는 수상한 물건을 식별할 수 있도록 여분의 것을 두지 않는 등 환경정리가 필요하다. 또한 발화물이나 폭발물을 둘만한 장소의 잠금장치나 점검도 중요하다.

수상한 물건을 발견한 경우의 대처요령은 다음과 같다.

① 무엇인지 분명한 경우는 일시보관 또는 일정한 조치를 한다.
② 관리자 또는 소유자가 판명된 경우는 계약처 담당자 등에게 연락하여 신속히 회수, 철거한다.
③ 소유자가 불분명한 경우는 습득물과 마찬가지로 조치한다.
④ 폭발물로 의심이 가는 물건을 발견한 경우 또는 제3자 등으로부터 연락을 받은 경우는 접촉하거나 건드리지 않도록 부근의 출입을 금지시키고, 즉시 계약처 담당자에게 연락을 하는 동시에 경찰기관 등에 신고한다.

(3) 수상한 차량[33)]

다음과 같은 차량은 수상한 차량으로 볼 수 있다.

---

32) 위의 책.
33) 위의 책, p.47.

① 차유리, 문의 열쇠 등이 파손되어 있는 차량
② 차체가 파손되어 있거나 피가 묻어 있거나 차내가 현저하게 어지럽혀져 있는 차량
③ 전조등 등을 점멸하거나 경적을 이상하게 연속 울리고 있는 차량
④ 부자연스런 적재물이 있는 차량
⑤ 무모하고 위험한 운전 등 부자연스런 차량

이러한 차량을 발견한 경우는 다음과 같은 대응이 필요하다.
① 차종, 차량번호, 색 등의 특징을 기록하여 둔다.
② 정지를 요구한 경우, 정지하지 않을 시를 생각하여 안전한 장소에 위치한다.
③ 차량이 완전히 정지한 후에 접근한다.
④ 정지해도 부주의하게 차량의 전후를 가로지르거나 진로를 막아서지 않는다.
⑤ 운전자에 대한 대응은 수상한 자에 대한 대응요령과 같다.

4) 경비원이 상주하지 않는 경비대상시설의 순찰 시 유의사항

경비원이 상주하지 않는 시설에 차량 등을 사용하여 순찰하는 경우는 건물 내부를 순찰할 때의 유의사항 및 착안점에 따르며, 그 외 다음과 같은 점에 유의한다.
① 차량은 목표로 하는 경비대상시설의 앞에서 정차시켜 엔진을 멈추고 전조등을 소등한다.
② 퇴장할 때는 소등을 하고, 문의 잠금상태를 확인한다.
③ 매일 순찰코스를 변경하고, 점검시간을 불규칙적으로 하는 것이 좋다.

5) 순찰 시 부상사고 방지

순찰 시 부상사고의 원인에는 시설 등의 미흡, 경비원의 부주의, 제3자의 가해행위 등을 들 수 있다.

(1) 장해물의 확인

경비원이 통과하는 공간에 장해물이 없는지 확인하고, 어떤 경우에는 그것을 피하여 순찰한다.

(2) 자신의 체력확인

연령과 함께 누구라도 체력이나 반사신경이 쇠퇴하므로 그것을 자각하고 자신의 체력을 과신하지 말고, 항상 안전을 우선 고려하여 행동한다.

(3) 주위의 상황파악

바닥의 일부가 요철되어 있거나 수평인 바닥이 조금 내려앉아 있어 균형이 무너져 무릎 등에 무리한 부담을 주면 통증의 원인이 된다. 이와 같은 사고는 주위의 상황판단을 잘못할 수 있으므로 정확한 상황파악을 위해 노력한다.

제4절

혼잡경비업무

1 혼잡경비업무의 의의와 중요성

1) 의의

일본의 경비업법에는 네 개의 경비업종 중 혼잡경비업무[34]가 포함되어 있으며, 주된 내용은 혼잡경비와 교통유도경비업무이다. 그러나 한국 경비업법의 경비업종에는 혼잡경비업무가 규정되어 있지 않다. 그러나 시설경비업무에 경비대상시설에서의 도난・화재 그 밖의 혼잡 등으로 인한 위험발생을 방지하는 업무라고 규정하고 있어 시설경비업무가 혼잡경비업무를 포함하고 있는 것이다.

이런 점에서 혼잡경비업무는 두 가지 형태로 나누어 볼 수 있다.

하나는 경비대상시설 주변에 모인 일반 군중에 의하여 발생되는 혼란상태를 사전에 예방하고 사고발생을 경계하고 방지함으로써, 그 장소에 집합하는 불특정 다수의 사람들의 안전과 질서를 유지하는 혼잡경비업무이다.

또 하나는 많은 군중이 집합하는 행사 주최자의 의뢰를 받아 질서를 유지하고 사고

34) 일본 경비업법 제2조에 명시된 정확한 표현으로는 雜踏警備(잡답경비)이며 이것은 혼잡경비와 교통유도경비로 나누고 있다. 雜踏(잡답)은 혼잡을 뜻한다.

발생을 경계하고 미연에 방지하며, 위험한 사태가 발생한 경우에는 신속히 조치하여 확대되는 것을 방지하는 경비활동이다.

2) 혼잡경비의 중요성

사람이 많이 모인 장소에서는 처음에는 평온하다가 어떤 계기에 의하여 군중들이 흥분하거나 급박한 혼란상태로 돌입되는 경우가 있다. 즉, 행사장에 갑자기 기상이변이 생기거나 관중들이 행사내용에 대하여 지나친 열광으로 과도히 흥분하거나 시설물의 붕괴 등으로 인하여 사고가 발생하는 경우를 들 수 있다.35)

많은 군중이 모이는 행사에서 한번 사고가 일어나면 큰 피해로 이어질 가능성이 많고, 그 사회적 영향력도 매우 크다. 따라서 혼잡경비업무에 종사하는 민간경비 관련자는 혼잡의 특성, 군중의 성격, 군중심리의 특성을 이해해야 한다. 아울러 행사장에서 군중을 정리, 유도, 안내 등을 할 수 있는 기술을 배우고 대상이 되는 사람들의 협력을 얻어 자신을 가지고 적정하게 업무를 수행하는 것이 중요하다.

2 혼잡경비업무의 대상

1) 경비대상이 되는 사람

경비대상이 되는 사람은 경비업무를 의뢰받은 장소의 혼잡상태에 있는 다수의 군중이다.

행사개최자(의뢰자)가 많은 군중의 참가가 예상되는 행사개최를 예정하고 개최구역에서 혼잡사고 등의 방지를 목적으로 경비업자에게 의뢰하여 경비원을 배치하는 것이다. 경비대상은 처음부터 목적을 가진 참가자뿐 아니라 우연히 합류하거나 또는 지나가는 사람의 경우도 안전을 확보하기 위해서는 경비업무의 대상이 된다.36)

2) 경비대상이 되는 장소 · 시설

혼잡경비업무의 대상이 되는 장소, 시설은 다음과 같다.

① 국가나 지방자치단체가 개최하는 이벤트 행사장, 박람회장 및 도로 등 주변

---

35) 한종욱, 『경찰경비론』, 용인: 경찰대학, 2001, p.167.

36) (社)全國警備業協會, 『雜踏警備業務の手引』, 東京: 全國警備業協會, 2006, p.4.

② 흥행을 위한 가수들의 콘서트 장소 및 주변 등
③ 경륜장, 경마장, 경정장, 자동차경주장 등의 공영경기장 및 주변
④ 마라톤, 퍼레이드, 기념행사 등이 개최되는 장소(도로, 공원 등) 및 주변
⑤ 야구, 축구 등 운동경기장 및 주변
⑥ 꽃구경, 불꽃놀이 등의 행사장 및 주변
⑦ 연합기도회, 등불행렬 등의 종교적 행사장 및 주변
⑧ 기타 다수의 사람이 집합한 가운데 개최되는 행사장 및 주변

3 혼잡경비업무의 내용

1) 군중을 대상으로 하는 경비의 기본

혼잡경비업무를 원활하게 수행하기 위해서는 불특정 다수의 군중이 안심하고 행동할 수 있도록 만전의 경비체제를 확립하는 동시에 군중에 대해 불필요한 불쾌감을 주지 않도록 하는 것이 무엇보다 중요하다. '경비업무는 예절'이라고 말할 정도로 경비원의 태도는 겸손하고 예의바른 말을 해야 하지만, 혼잡경비업무에서는 특히 군중의 협력이 필요하므로 경비원 한 사람 한 사람이 항상 예의 있는 언동을 하도록 노력해야 한다.

안전과 질서를 어지럽히는 행위를 발견한 경우에도 위압적인 태도나 강제적인 수단은 상대를 반항적인 태도로 대하게 해 결과적으로 협력을 얻을 수 없게 된다.

또한 개인적인 사고에 따라 타인의 행동을 규제하는 것이 아니므로, 군중에게 조직적으로 활동이 이뤄지고 있는 인상을 주는 것이 중요하다. 그리고 경비관계자는 질서정연한 행동과 규율 있는 동작으로 군중을 이해하고 협력을 얻도록 한다.[37]

2) 경비실시요령

혼잡경비 현장에서 민간경비 관련자는 주최자, 경찰, 소방기관 등과 유기적으로 협력 및 연락하고, 관련 시설·기자재를 활용해야 한다. 또한 참가자에게 안내를 철저히 하는 동시에 경비대 등 조직구성원으로서 경비활동을 철저히 하고, 참가자의 행동을 질서 있게 유지하는 것이 중요하다.

---

37) (社)全國警備業協會, 『警備員指導教育責任者 講習教本(Ⅱ), 2號 業務』, 앞의 책, p.39.

제5절

보고 및 연락

1 보고의 의의와 요령

1) 보고의 의의

경비원이 업무를 수행할 때 경비원 상호 간에는 물론 경비원과 경비업자 간, 경비원과 계약자 간, 경비업자와 계약자 간 등 여러 가지 형태로 보고가 이뤄지고 있다. 필요한 보고사항의 대부분은 관계규칙 등에 정해져 있지만, 상황에 따라 경비원 자신의 판단이 요구되는 경우도 적지 않다.[38]

경비원의 보고는 단지 형식적인 것이 아니라 대단히 중요한 업무 중 하나이다. 사건이나 사고가 발생한 경우는 물론이고, 그런 우려가 있는 경우에 피해의 확대를 방지하기 위해서 또는 그런 사태를 회피하기 위해 정확한 정보를 전달하기 위해서 보고가 필요하다. 일이 없는 경우에도 이상이 없다는 것을 보고할 필요가 있다.[39]

경비대상물건에 사고 등의 피해가 발생한 경우, 그 발생 시부터 현재까지의 경위 및 피해상황 등을 보고하는 것은 당연하지만, 언제 시점까지 이상이 없는 상태였는가를 명확하게 하는 것은 사태의 파악 및 해결에 대단히 중요한 의미를 가지는 것이다.

따라서 민간경비 관계자는 보고의 의의를 잘 이해하여 정확하고 적절하게 보고하도록 그 요령을 습득할 필요가 있다.

2) 보고요령

정확하고 적절하게 보고를 하는 것은 생각보다 쉽지 않다. 특히 긴급 시에 적절한 보고는 피해상황을 좌우할 수 있으므로 평소 보고수단, 방법, 우선순위, 기타 필요한 사항을 숙지하여, 간난명료하고 적절한 보고를 하도록 노력한다.[40]

보고할 내용은 가능한 한 간략하게 요점만을 정리해야 한다. 또한 취급할 사항을 적정하게 처리하기 위해서 근무 중에 메모장을 이용하며, 보고서를 기재할 때에 활용하는

38) (社)全國警備業協會, 『常駐警備の教本(2級)』, 앞의 책, p.53.
39) (社)全國警備業協會, 『施設警備業務の手引, 初級』, 東京: 全國警備業協會, 2006, p.108.
40) (社)全國警備業協會, 『常駐警備の教本(2級)』, 앞의 책, pp.54-55.

것이 바람직하다.

간단명료하고 정확한 보고를 위해서 다음의 방법을 활용하는 것이 필요하다.[41)]

첫째, 6하 원칙을 활용한다. 보고는 받는 측에서 내용을 잘 이해하도록 해야 한다. 따라서 6하 원칙을 활용하는 것이 바람직하다.

둘째, 사실을 전한다. 보고자가 직접 보고 들은 사실을 정확하게 전하는 것이 중요하다. 제3자의 전달이나 현장을 관찰한 결과의 추측을 전하는 경우에는 사실과 추측 등을 명확하게 구분하여 보고해야 한다.

셋째, 적절한 수단과 시기를 선택한다. 보고수단으로는 구두, 전화, 무선, 서면 등 여러 가지 방법이 있지만, 보고할 내용에 따라서 적절한 수단과 시기를 선택해야 한다. 보고수단이나 6하원칙 등에 얽매여 보고시기를 놓쳐서는 안 된다.

넷째, 긴급을 요하는 경우에는 우선 제1 보고를 하고 순차적으로 자세한 보고를 해야 한다. 사건·사고의 직후에는 그 전모를 판명할 수 없는 경우가 많다. 따라서 일어난 일에 대해서 우선 제1 보고를 하고, 그 후 조사나 관찰에 의해 판명한 사항을 순차적으로 보고해야 한다.

2 연락의 의의와 요령

1) 연락의 의의와 중요성

경비업무는 의뢰인의 생명, 신체, 재산 등에 대한 침해의 발생을 경계하고 방지하는 업무이므로 사건·사고가 발생할 때에 경비원이 취할 수 있는 조치는 어디까지나 일반 시민이 자기를 지키기 위해 취할 수 있는 범위 내의 것으로 한정된다. 따라서 고객의 생명, 신체, 재산 등에 대하여 사건·사고가 발생한 경우에 최종적인 조치는 각종 강제적 권한을 행사할 수 있는 경찰기관 등에 맡겨야 한다.

또한 사건·사고가 발생한 경우에는 단지 경비업자와 위탁자 간의 문제에 그치지 않고, 사회공공의 안전이나 질서에 영향을 미칠 수 있다.

이와 같이 경찰기관 등과 적절한 연락체제를 유지하면서 사고 등이 발생할 때에 적절한 연락·신고를 하는 것은 계약에 의해 위탁자의 생명, 신체, 재산 등의 안전을 지키는 활동을 하는 경비업에 있어서 필요할 뿐 아니라 이와 같은 활동을 하는 사기업으

---

41) (社)全國警備業協會, 『施設警備業務の手引, 初級』, 앞의 책, p.109.

로서의 사회적 책임의 하나이다.[42]

2) 경찰기관에 연락요령

경비원은 업무의 성질상 사건・사고 등을 목격하는 경우가 많으므로 경찰기관 등에 연락 방법을 알아 두어야 한다. 특히, 첫 번째 연락의 적부(適否)는 그 사건・사고의 대응에 중대한 영향을 미치는 것이므로 유의할 필요가 있다.[43] 따라서 적절하게 연락할 수 있도록 평소에 숙지하는 것이 중요하다.

(1) 연락내용

경비원은 경비업무 실시 중에 사건・사고가 발생한 경우에는 경찰기관에 연락 등 필요한 조치를 취해야 한다.

경찰기관에 연락해야 할 내용은 다음과 같다.

① 사건・사고의 개요

② 발생한 일시, 장소

③ 피해상황(사상자의 수, 부상 정도 등)

④ 현장 소재지

⑤ 연락자의 성명, 전화번호

⑥ 범죄 등의 종류

⑦ 기타 필요한 사항

범인이 도주한 경우에는 다음 사항도 함께 연락해야 한다.

① 범인의 인상착의, 특징, 소지물품, 도주방향

② 차량색, 차량종류, 차량번호

그리고 상황의 추이에 따라서 필요한 사항이 있다면 추가연락을 하는 것이 바람직하다.

42) (社)全國警備業協會, 『常駐警備の教本(2級)』, 앞의 책, p.105.

43) (社)全國警備業協會, 『施設警備業務の手引, 初級』, 東京: 全國警備業協會, 2006, p.134.

(2) 연락 종류

경찰기관 등에 연락하는 종류는 세 가지가 있다.[44]

첫째, 경비원 자신이 사건이나 사고현장에서 직접 연락하는 경우이다. 연락은 현장에서 직접 하는 것이 신속하고 정확하기 때문에 가장 바람직하다. 이러한 점을 감안하여 연락은 조건이 허용하는 범위 내에서 현장에서 가까운 장소에서 하는 것이 바람직하다.

둘째, 목격자로부터 신고를 받아 연락하는 경우이다. 현장을 목격했거나 들은 자가 경비원에게 신고한 경우에는 상대의 입장에서 친절하게 접수하고 안정을 시킨 후 목격자 본인이 직접 연락할 수 있도록 편의를 도모한다. 이때 경비원은 목격자의 옆에서 그 연락내용을 듣게 되므로 장소 등에 대하여 명확하게 답하지 못할 때는 즉시 대신 답을 한다.

셋째, 제3자에게 의뢰하여 연락하는 경우이다. 제3자에게 연락을 의뢰할 때 가장 주의해야 할 것은 사건·사고 등의 상황을 파악하고 있는 경비원 자신에 의한 연락과 다르게, 제3자에 의한 연락은 현장 상황이 정확하게 전달되기 어려운 점이 있다. 따라서 필요사항을 경비원이 명기하여 제3자에게 의뢰하는 것이 바람직하다.

3) 소방기관에 연락요령

(1) 화재발생 시 연락내용

경비업무 실시 중에 화재가 발생한 경우 소방기관에 연락해야 할 사항은 다음과 같다.[45]

① 화재발생 시각
② 발생장소의 소재지, 명칭
③ 건물 등의 용도(백화점, 사무실 등)
④ 연소층, 연소 물건, 연소 정도
⑤ 대피가 늦어진 자의 유무
⑥ 부근에 있는 목표가 되는 건물 등
⑦ 기타 필요한 사항

44) (社)全國警備業協會, 『常駐警備の教本(2級)』, 앞의 책, p.106.
45) (社)全國警備業協會, 『施設警備業務の手引, 初級』, 앞의 책, pp.136-137.

(2) 연락상 주의사항[46]

화재가 발생한 경우는 가능한 한 빨리 올바르게 소방기관에 연락하는 것이 가장 중요하다. 그러나 실제로 다음과 같은 이유로 연락이 지연되어서는 안 된다.

① 계약처 담당자나 상사에게 화재보고 및 신고허가를 얻으려고 하는 동안 연락이 지연되어서는 안 된다.

② 화재발생장소나 정도 등이 불명확하기 때문에 이를 확인하려다 연락이 지연되어서는 안 된다.

(3) 구급차의 요청 등

구급차를 요청할 때는 ① 부상의 원인과 발병의 경과, ② 현장의 소재지, 목표, ③ 부상자 수, ④ 현재 환자의 용태 등을 알리고 요청해야 한다.

구급차를 이용해야 하는 경우는 ① 화재, 폭풍우, 지진 등의 재해에 의해 부상자가 있을 때, ② 교통사고, 운동경기 중의 사고 등 옥외나 다중이 출입하는 장소에서 부상자나 급한 환자가 있을 때이다.

구급차를 이용할 수 없는 사람은 ① 가벼운 병이나 상처로 긴급하게 이송할 필요가 없는 환자, ② 법정전염병 환자 및 정신장애자, ③ 상처 등이 없는 단순히 만취자 등이다.

(4) 연락할 때의 유의사항[47]

긴급사태가 발생한 때에 적절하게 연락했는지의 여부는 향후 사건・사고 등의 추이에 미치는 영향이 크다. 따라서 경비원은 평소에 일어날 수 있는 각종의 사태를 예상하여 어떠한 사태가 발생하여도 침착한 자세로 신속하고 정확하게 필요한 내용을 연락할 수 있도록 숙지해 두어야 한다.

특히, 다음의 사항을 유의해야 한다.

① 긴급연락은 신중한 나머지 지연되는 것보다는 졸속으로라도 빨리하여 시기를 놓치지 않도록 해야 한다.

② 긴급연락은 1회로 끝나는 것이 아니라 경찰관 등이 현장에 도착할 때까지 필요한 사항이 있을 때마다 수시로 추가 연락을 해야 한다.

---

46) (社)全國警備業協會, 『常駐警備の教本(2級)』, 앞의 책, p.108.

47) (社)全國警備業協會, 『常駐警備の教本(2級)』, 앞의 책, p.109.

③ 연락내용은 5W1H의 원칙에 따라 간결하고 명료하게 해야 한다.

즉, 누가(who), 언제(when), 어디서(where), 무엇을(what), 어떻게(how), 왜(why) 했는가를 연락해야 한다.

제 6 절

사고발생 시의 대처

1 현장보존

1) 현장보존의 의의

경비원은 업무의 특수성 때문에 범죄나 사고현장을 발견하거나 제3자로부터 범죄발생에 대하여 연락을 받는 경우가 많다. 이 경우 경비원은 신속히 112에 신고하는 동시에 현장의 그 상태 그대로 보존하여 출동한 경찰관에게 인계해야 한다.[48]

살인이나 상해, 강도 등의 사건현장뿐 아니라 교통사고, 화재 등의 사고현장도 보존하여야 한다. 현장에는 범죄수사나 사고의 원인조사에 필요한 증거나 자료가 많이 남아 있어, 그 보존의 여부가 향후 범인검거 등에 직접 영향을 미치는 것이므로 경비원은 우선 이것을 깊이 인식하여 현장보존을 위해 노력해야 한다.

경비원이 하는 현장보존이란 범죄나 사고현장을 그 상태대로 보존하여 경찰이나 소방의 채증활동 등에 협력하는 활동이다.[49]

현장에서는 시간이 경과함에 따라 자료가 없어지거나 파괴, 변질된다. 또한 현장의 관계자(피해자, 최초 발견자, 기타 출입자)들의 부주의로 현장이 변경 또는 파괴될 우려가 있으므로 충분히 유의하여 현장보존을 해야 한다.

현장보존을 할 때는 2차적인 사고발생에 주의하는 것이 중요하다. 현장에서 위험을 방지하는 등 필요한 조치를 강구하는 것이 우선이며, 현장보존은 어디까지나 2차적인 것이다.

---

48) (社)全國警備業協會, 『常駐警備の教本(2級)』, 앞의 책, p.111.
49) (社)全國警備業協會, 『警備員教育教本: 基本教育編』, 앞의 책, p.195.

2) 현장보존의 요령과 유의사항

(1) 현장보존의 범위

현장보존의 범위는 범죄 또는 사고가 발생한 지점뿐 아니라 범죄 또는 사고의 형태에 따라 관계자의 행동범위라고 생각되는 모든 장소가 대상이 된다. 따라서 경비원은 현장보존을 할 때에는 범죄 또는 사고가 발생한 지점이나 장소를 중심으로 그 주변의 가능한 한 넓은 범위까지 보존에 필요한 조치를 강구해야 한다.

현장보존의 범위는 범죄 또는 사고형태에 따라 다르지만, 상주경비에서 범죄가 발생한 경우는 일반적으로 다음과 같은 장소가 보존범위이다.[50]

① 범죄가 행해진 방

② 현장으로 통하는 옥내의 경로

③ 침입, 도주경로

(2) 보존범위의 확보

현장의 보존범위는 다음과 같은 점을 유의해서 정해야 한다.[51]

① 현장을 중심으로 가능한 한 넓은 범위를 보존범위로 정하여 확보한다.

② 보존해야 할 범위를 명확하게 하기 위해 로프 등으로 출입제한선을 설정한다.

③ 시설 내의 통로 등 통행을 금지할 수 없는 장소에 대해서는 가능한 한 통행을 제한한다.

④ 현장보존의 범위에 있는 모든 사람을 신속히 퇴장시킨다.

⑤ 소유자 등 관리권을 가진 자라고 해도 경찰관이 오기 전에 보존범위에 출입하는 것은 삼가야 한다.

⑥ 출입제한 전후에 현장에서 행동한 자의 성명, 시간, 기타 행동범위 등을 가능한 한 분명히 기록하여 둔다.

(3) 현장의 상황, 증거품 등에 대한 유의점

현장의 상황과 증거품에 등에 대해서는 다음과 같은 점을 유의해야 한다.[52]

① 현장의 모든 물건에 손을 대지 않는다.

---

50) (社)全國警備業協會, 『常駐警備の教本(2級)』, 앞의 책, p.112.
51) (社)全國警備業協會, 『警備員教育教本: 基本教育編』, 앞의 책, p.196.
52) (社)全國警備業協會, 『常駐警備の教本(2級)』, 앞의 책, p.113.

② 현장의 물건 위치를 변경하지 않는다.

③ 현장을 움직이지 않고 그대로 둔다.

④ 현장에 담배꽁초나 휴지를 버리지 않으며, 침을 뱉지 않는다.

⑤ 옥외에 족적, 핏자국, 타이어 자국 등이 있는데, 비가 와서 유실될 우려가 있을 때는 비닐 등으로 덮어 자국이 변형되지 않도록 한다.

(4) 발견자, 목격자의 확보

발견자, 목격자는 다음과 같이 확보해야 한다.[53]

① 발견자나 목격자는 중요한 참고인인 경우가 많으므로 남아 있도록 적극 요청한다. 만약 바쁜 일로 부득이 자리를 뜰 경우는 나중에 협력을 의뢰하기 위해 전화번호 등을 적어두는 것이 중요하다.

② 현장 부근 사람들의 대화나 동정에 주의를 기울여, 정보제공자로서 협력을 얻을 수 있다고 생각되는 사람의 성명, 주소를 기록하여 둔다.

(5) 가해자 등의 확보

사고 당사자인 가해자 및 피해자가 가벼운 상처를 입은 경우는 경찰관이 올 때까지 현장에 남도록 한다.

(6) 사상자의 조치

현장에 부상자가 있는 경우에는 그 조치를 우선한다. 특히, 중상자가 있는 경우에는 즉시 구급차를 수배하는 동시에 응급조치를 해야 한다. 경찰관보다 구급대가 먼저 도착한 경우에는 부상자가 쓰러져 있던 위치, 착용한 복장, 흉기 유무 등에 대해서 관찰한 후 도착한 경찰관에게 보고할 수 있도록 하는 것이 바람직하다.

현장 내에 사체가 있는 경우에는 실례하지 않도록 주의해야 한다. 생사의 판단은 구급대원이나 의료종사자에게 맡겨야 하며, 경비원은 소생할지도 모른다는 판단에 따라 구명활동을 해야 한다.[54]

사건·사고현장에 있는 사체는 경찰 감식활동의 대상이라는 것에 유의하여 그 위치나 착용한 복장 등을 변경해서는 안 되며, 호기심 어린 주위의 눈에 띄지 않도록 모포

---

53) 위의 책.

54) (社)全國警備業協會, 『警備員教育教本: 基本教育編』, 앞의 책, p.198.

나 시트로 덮어 두는 등 적절하게 조치할 필요가 있다.

그리고 구급차를 수배하는 동시에 사상자가 있는 경우에 경비원은 응급조치를 하면서 해야 할 사항은 다음과 같다.[55)]

① 부상자에게 의식이 있는 경우에는 가해자명, 부상 이유 및 상황을 물어서 기록한다.

② 사상자의 쓰러져 있는 위치와 방향 및 그 상태를 기록한다.

③ 사상자의 의복, 옷이 흐트러진 상태, 출혈, 핏자국상태를 기록한다.

④ 부근에 흉기가 있는 경우에는 그 위치와 상태를 기록한다.

(7) 현장에서 신중한 언동

현장에는 사람들이 모여들어 분위기가 소란스럽지만, 경비원은 냉정하게 행동하면서 주위의 분위기에 말려들지 않도록 한다. 또한 경비원은 범죄와 관련된 알고 있는 사항을 수사기관 이외의 제3자에게 누설해서는 안 된다.[56)]

(8) 정보의 메모

범죄나 사고발생현장에 있는 경비원이 제공하는 정보는 범인의 추궁이나 사고원인의 규명에 커다란 역할을 한다. 그러나 긴급사태에 직면할 때 인간의 기억은 애매해지는 경향이 있다. 따라서 경비원은 항상 필기도구를 휴대하여 현장에서 취득한 정보를 가능한 한 메모하여 경찰관 등에 연락할 때 도움이 되도록 한다.

3) 경찰관에 인계

경찰관이 도착하면 사건・사고의 발생 또는 자기가 확인한 사실을 있는 그대로 보고한다. 경찰활동에 필요하다고 생각되는 정보는 아무리 자세한 것이라도 적극적으로 제공해야 하지만 어디까지나 사실에 근거해야 하며, 억측에 의한 정보는 오히려 수사에 방해가 된다는 점에 주의해야 한다.

경비원이 출동한 경찰관에게 보고해야 할 내용은 다음과 같다.[57)]

① 경비대상시설의 명칭, 업종, 소재지, 책임자, 전화번호

---

55) (社)全國警備業協會, 『常駐警備の教本(2級)』, 앞의 책, p.116.
56) (社)全國警備業協會, 『常駐警備の教本(2級)』, 앞의 책, p.114.
57) (社)全國警備業協會, 『警備員教育教本: 基本教育編』, 앞의 책, pp.198-199.

② 경비원의 성명 및 경비업체명
③ 발견한 시간 및 내용
④ 연락, 신고받은 시간 및 그 내용
⑤ 제3자의 연락에 의해 사건을 알게 된 경우는 그 발견자의 성명, 주소 및 연락처 등
⑥ 현장보존의 조치를 하고 있는 범위와 그 방법
⑦ 현장보존을 한 시간
⑧ 현장보존을 위해 취한 조치와 행동의 범위
⑨ 현장보존의 실시 전에 현장에 있었던 자의 성명, 주소, 연락처 등
⑩ 현장보존의 실시 후에 현장에 출입하였던 자의 성명, 주소, 연락처 등
⑪ 현장 내에서 불가피하게 물건의 이동이 이뤄진 경우는 그 이유와 이동 전의 위치 및 상황
⑫ 관계자의 성명, 주소 및 연락처 등
⑬ 사건에 관련되었다고 생각되는 정보 및 그 제공자의 성명, 주소, 연락처 등

2 수상한 자 · 물건 발견 시 및 협박전화 대처

1) 수상한 자 발견 시의 대처요령

(1) 수상한 자의 의의

시설경비에서 수상한 자란 일반적으로 그 시설 내의 특정 구역에 출입이 허가되지 않은 자로서 출입했거나 출입하려고 하는 자를 말한다.

그러나 불특정 다수의 사람이 출입하는 시설의 경우에는 이와 같은 판단이 쉽지 않으므로 수상한 거동, 복장, 휴대품 등에 의해 판단하게 된다. 이 경우 수상한 자는 그 환경에 걸맞지 않는 자라고 할 수 있다.[58]

(2) 수상한 자에 대한 대응

시설 내에서 수상한 자를 발견한 경우는 시설관리권에 의거 의연한 자세로 기선을 제압하고 행선지, 용건 등에 대하여 질문을 할 필요가 있다. 이 경우 침착하고 냉정한 태도로 말씨의 사용에 주의하는 동시에 인권침해 등이 발생하지 않도록 해야 한다. 그

58) (社)全國警備業協會, 『常駐警備の教本(2級)』, 앞의 책, p.116.

리고 상대방의 대답이나 상황에 따라서 입장을 거부하거나 퇴거를 요구하는 등의 조치도 필요하다.[59]

(3) 수상한 자 대응 시 유의사항

수상한 자를 대응할 때는 다음의 사항에 유의해야 한다.[60]

① 상대의 안색, 눈동자의 움직임, 침착성 등에 주의하면서 눈을 떼지 않는다.

② 냉정한 태도, 온화한 말투를 유지하면서 상대의 도발에 흥분하지 않는다.

③ 항상 처음의 태도로 임하면서 상대방이 납득할 수 있도록 설명한다.

④ 가능한 한 복수로 대응하는 것이 바람직하다.

⑤ 긴급을 요하는 것은 신속히 경찰기관에 신고한다.

(4) 질문 시 사고방지

수상한 자에게 질문할 때는 다음의 점을 주의해야 한다.[61]

① 상대로부터 직접 위해를 당하지 않도록 적당한 간격을 둔다.

② 상대가 복수일 때는 질문하고 있는 상대 이외의 자로부터 공격에도 주의한다.

③ 시종 상대의 거동에 주의하고, 의연한 태도를 유지하여 상대에게 공격의 기회를 주지 않도록 한다.

④ 야간의 경우에는 가능한 한 어두운 장소는 피한다.

⑤ 상황에 따라서 단봉을 즉시 사용할 수 있도록 가까이 둔다.

(5) 수상한 차량 및 수상한 차량 대응[62]

수상한 차량이란 다음과 같은 차량을 말한다.

① 차량유리, 도어 열쇠 등이 파괴되어 있는 차량

② 차체가 파손되어 있거나 혈흔이 묻어 있거나 차량 안이 심하게 어지럽혀져 있는 차량

③ 전조등 등을 점멸 혹은 경적을 이상하게 연속 울리고 있는 차량

---

59) (社)全國警備業協會, 『施設警備業務の手引, 初級』, 앞의 책, pp.136-139.

60) 위의 책, p.139.

61) (社)全國警備業協會, 『常駐警備の教本(2級)』, 앞의 책, p.116.

62) 위의 책, p.117.

④ 부자연스런 적재물이 있는 차량
⑤ 지그재그 운전 등 부자연스런 차량

수상한 차량에 대해서는 다음과 같이 대응을 해야 한다.
① 차종, 차량번호, 차색 등의 특징을 기록한다.
② 정지를 요구한 경우, 정차하지 않을 시를 생각하여 안전한 장소에 위치한다.
③ 차량이 완전하게 정지한 후에 접근한다.
④ 정차해도 함부로 차량의 전후를 오고가거나 진로를 막아서지 않는다.
⑤ 운전자 등에 대한 대응은 앞에서 기술한 수상한 자에 대한 대응의 내용과 같다.

2) 수상한 물건의 발견 시 대처요령

(1) 수상한 물건의 의의

경비대상시설에서 수상한 물건이란 평소와 다른 상태로 남겨진 물건을 말한다. 일반적으로 관리·소유자가 불분명한 물건, 낯익지 않은 물건, 의심스러운 물건 등이 수상한 물건이다.

(2) 수상한 물건을 발견한 경우

수상한 물건을 조기에 발견하기 위해서는 시설 내의 평소 상태를 충분히 파악하는 동시에 내부의 정리, 정돈을 위해 노력해야 하며, 플로어, 복도 등에 불필요한 물건을 두지 않는 것이 중요하다. 그래야만 순찰 등을 통하여 수상한 물건을 쉽게 발견할 수 있다.[63]

① 수상한 물건

관리자, 소유자 등이 판명된 경우는 계약처 담당자 등에게 연락하여 신속히 회수, 철거를 요청한다.

관리자 또는 소유자 등이 불분명한 경우는 습득물과 같은 조치를 취하도록 한다.

② 폭발물로 의심되는 물건

폭발물로 의심되는 물건을 발견 또는 연락을 받은 경우는 시설이용자 등의 안전을

---

63) (社)全國警備業協會, 『常駐警備の教本(2級)』, 앞의 책, pp.117-118.

확보한 후, 폭발물에 대한 원칙인 '접촉하지 않는다', '움직이지 않는다', '가까이 가지 않는다'의 3원칙을 반드시 지키는 것이 중요하다. 아울러 부근에 출입을 금지하고 신속히 계약처 담당자에게 연락하는 동시에 경찰기관에 신고하여 처리를 맡기는 것이 기본적인 대응이다.

③ 폭발물에 대한 예방

시설경비에 종사하는 자에게 폭발물 탐지나 발견 시 처리가 중요하지만, 보다 중요한 것은 예방이다. 예방을 위해 평소에 다음과 같은 일을 철저히 처리하고, 경비의 틈이 생기지 않도록 주의한다.[64]

㉮ 엄정한 복장, 자세, 태도로 근무

㉯ 출입관리의 철저

㉰ 위험장소, 감시로부터 사각이 되는 장소 등에 CCTV 등 설치

㉱ 열쇠 관리의 철저

㉲ 평소에 별로 사용하지 않는 부분의 확인 및 잠금장치의 철저

3) 협박전화(폭파예고) 대처요령

국가중요시설(공항, 원자력시설 등), 불특정 다수가 출입하는 장소(백화점 등), 다중이 모이는 시설(콘서트, 이벤트 행사 등)에 폭파예고 등의 협박전화를 받는 경우가 있다. 이 경우 경비원은 침착하고 냉정하게 대처하여 필요한 사항을 청취한 후 즉시 상사, 계약처 담당자, 경찰기관 등에 상세히 알려야 한다. 적정하고 적절한 대응조치를 취하기 위해서는 평소에 실천적인 훈련이 필요하다.[65]

상대방과의 통화를 통하여 무언가 힌트를 얻도록 하는 것이 중요하다. 즉, 침착하게 주의를 기울여 들으면서 이야기를 중단시키지 않는다. 그리고 알아들을 수 있어도 잘 들리지 않는 척하며 상대방에게 말을 계속 시키고, 상대가 말이 없어도 자꾸 질문한다.

전화 통화를 통하여 파악해야 할 사항은 다음과 같다.[66]

① 정확한 수신일시

② 성별, 추정연령

---

64) 社)全國警備業協會, 『施設警備業務の手引, 上級』, 東京: 全國警備業協會, 2006, p.144.

65) 社)全國警備業協會, 『施設警備業務の手引, 初級』, 앞의 책, p.140.

66) (社)全國警備業協會, 『常駐警備の教本(2級)』, 앞의 책, p.119.

③ 사용전화의 종류
④ 목소리, 방언, 음성의 고저, 화법, 악센트, 말하는 방법, 배경음, 주위의 소음 등
⑤ 폭발물의 설치장소 · 형태, 폭파시각
⑥ 기타 특이사항

가능하면 신속히 시설 내의 검색을 개시한다. 다만, 이 경우 관계자 이외의 제3자에게는 불필요한 불안이나 혼란을 초래할 우려가 있으므로 분별없이 누설해서는 안 된다.

폭발물 등 수상한 물건을 발견한 때에는 경찰기관 등에 즉시 알리는 동시에 신속히 출입금지조치를 취하고 주변의 사람들을 대피시킨다.

3 현행범 체포

1) 현행범의 의의[67]

현행범이란 현재 범죄를 실행 중이거나 실행의 직후인 자를 말한다.[68] 범죄를 현재 실행하고 있는 자의 의미는 범죄의 실행행위에 착수하여 그것을 계속 수행하고 있거나 아직 종료에 이르지 않은 경우이다. 미수에 대하여 처벌규정이 없는 범죄에 대해서는 미수의 단계에서는 범죄의 실행행위 중이라고 인정되지 않는다.

범죄는 특정의 죄(예: 절도, 상해 등)를 말한다. 따라서 단지 '수상한 자'여서 어떠한 범죄를 범하고 있다는 의심만으로는 불충분하며, 이 경우 현행범이라고 할 수 없다.

범죄를 실행한 직후의 경우에 '직후의 범위'는 기계적으로 몇 시간이라고 정할 수 없으므로 구체적 상황에 따라 판단하게 된다.

2) 체포

체포란 사람의 신체를 직접 속박하여 자유를 구속하는 것을 말한다. 현행범은 현재 범죄를 실행 중이거나 또는 실행을 마친 것이 명확하게 인정되어, 그 자리에서 체포하지 않으면 피해의 확대 또는 증거의 인멸, 도주의 우려가 있기 때문에 체포영장청구 등의 절차를 요하지 않고 누구라도 체포할 수 있도록 한 것이다.

---

67) 위의 책, p.36.
68) 형사소송법 제211조 제1항.

체포할 때에는 당연히 어느 정도 실력행사가 허용되지만 그 실력행사에는 자연히 한계가 있으며, 범인의 거동 기타 그 현장의 구체적 상황에 따라 사회통념상 타당한 범위 내에서 이뤄져야 한다.

현행범인을 체포할 권한은 일반 사인에게도 부여되어 있지만 그것은 체포행위가 허용되어 있을 뿐이며, 취조, 신체수검, 소지품검사 등을 할 권한은 인정되지 않는다. 따라서 범인을 체포한 경우는 즉시 경찰관 등에게 인도해야 한다. 경찰관 등에 범인을 인도하는 방법으로는 112 등에 신고하여 체포현장에 직접 경찰관의 출동을 요청하든지 아니면 체포자가 직접 범인을 경찰서, 지구대 등에 데려가는 방법이 있다. 어느 방법이든 간에 체포자로서는 범인의 인도를 받은 경찰의 조치가 신속하고 적정하게 이뤄지도록 협력해야 한다.

제 13 장 호송경비업무

제 1 절 호송경비의 의의와 종류

1 의의와 중요성

호송경비업무란 운반 중에 있는 현금 · 유가증권 · 귀금속 · 상품 그 밖의 물건에 대하여 도난 · 화재 등 위험발생을 방지하는 업무이다.[1)]

호송경비는 편리성을 중시하는 다양한 금융거래 서비스의 수요 증가와 운반업무를 수반한 기업활동의 다양화 등에 따라 현저히 확장되고 있다. 또한 은행 간의 현금수송 업무 외에 야간의 매상 회수업무, 무인 ATM 등의 보급으로 호송경비업무가 활발하게 활용되고 있다. 나아가 귀금속이나 유명상품의 판매유통도 크게 변화함에 따라 귀중품 호송경비의 범주도 확대되고 있다.

이와 같이 유통구조의 변화에 따라 개개의 유통이 다른 유통에 크게 의존하고 있는 구조 속에서, 한 개의 유통이 다른 유통에 주는 영향은 매우 크다.[2)]

예를 들면 현금, 유가증권 등 귀중품 호송경비차량 1대가 사고 등으로 중단된 경우, 그것에 의존하는 유통은 중대한 장해를 가져온다. 유통은 이와 같이 현대 경영의 메커

---

1) 경비업법 제2조.
2) (社)全國警備業協會,『警備員指導敎育責任者講習敎本Ⅱ, 3號業務』, 東京: 全國警備業協會, 2006, p.106.

니즘 속에 포함되어 그것을 지탱하고 있는 것이다.

금융기관과 관련된 호송업무는 현금, 어음, 기일 내 처리를 필요로 하는 서류 및 방대한 컴퓨터의 온라인 자료 등인데, 이것들을 사고 없이 정상적으로 호송하는 것은 매우 중요한 일이다.

최근 범죄가 양적 · 질적으로 심각화하고 있는 가운데, 현금을 노리는 흉악한 범죄가 증가하고 있으며, 특히 현금수송차를 대상으로 한 강도사건이 증가하고 있으며, 그 수법도 교묘하여 호송경비업무가 더욱 중요한 실정이다. 따라서 우리 경비업법에서는 호송경비업무를 수행하기 위하여 관할 경찰서의 협조를 얻고자 하는 때에는 현금 등의 운반을 위한 출발 전일까지 출발지의 경찰서장에게 호송경비통지서(전자문서로 된 통지서 포함)를 제출하여야 한다.

2 호송경비업무의 종류

1) 현금수송업무

은행의 현금수송업무는 한국은행과 시중은행 간, 시중은행 본점과 지점 간에 이뤄지고 있다. 우선, 한국은행에 개설되어 있는 해당 은행 명의의 당좌계좌에서 필요한 금액을 현금(cash)으로 입금 또는 출금하는 방식으로 거래한다. 은행이 출자하여 설립한 한국금융안전(주)가 한국은행 자금부(현금금고)와 시중은행 자금부(현금금고) 간 수송업무를 수행한다.

또 은행본점 또는 지점에서 현금수송이 필요한 경우에는 한국금융안전(주)가 본점 자금부(현금금고)와 지점(현금금고) 간 수송을 담당하고 있다. 이와 같이 매일 확실하고 신속하게 호송업무가 처리됨으로써 사회 전체의 필요한 유통자금의 질서가 유지되어 경제기반이 유지되는 것이다.

2) 어음, 수표의 수송업무

온라인 거래가 아무리 활성화되더라도 각 은행의 어음과 수표 교환은 직접 하지 않을 수 없다. 이것은 엄격한 현물주의(제시증권)이기 때문에 매일 각 은행본점에 집중하여 일괄처리 후 어음 교환 시에 제시하는 것이 필요하다.

어음, 수표의 수송업무 중 단순 인쇄양식인 어음 · 수표책의 수송업무는 현금 수송업무와 방식이 같다.

유가증권으로서 어음 · 수표의 교환지출과 수입을 위한 수송업무는 한국은행과 시중은행 간, 시중은행 본점과 지점 간에 이뤄진다.

한국은행과 시중은행 간에 어음수표 실물을 각 은행 자금부와 한국은행 부속 금융결제원 간에는 한국금융안전(주)가 현금에 준하여 1일 1회 수송한다.

시중은행 본점과 지점 간에 지출업무는 지점에서 본점 어음교환소로 운송하며, 수입업무는 본점 어음교환소에서 지점으로 운송한다.

호송경비 차량운행의 지연은 어음 · 수표의 교환이 지연되는 원인이 되므로 반드시 운행시간표대로 실시되어야 한다.

3) ATM의 보충업무[3)]

은행 무인점포의 증설과 편의점 등에 ATM(automatic teller machine)의 설치 영향으로 입출금 등의 업무가 편리하게 되었다.

이에 따라 ATM 운용에 필요한 현금 또는 정액 자기앞수표 수송업무는 각 은행별로 민간경비업체를 이용하여 운영하고 있다.

ATM 현금수송업무는 민간경비업체가 현금 등의 수송에 따른 호송경비뿐만 아니라 ATM기 일부운영에 책임을 가지고 관여하고 있다.

ATM에 관련된 업무내용은 일부 기계경비업무와 연동되어 있는데, 주로 ① ATM의 현금 카세트의 보충과 회수, ② 시설개폐 시의 원격제어(셔터, 조명, 공조 등), ③ 이상감시(방범, 기계 등), ④ 트러블 대응 등이다.

4) 기타 귀중품 호송경비업무

귀중품 호송경비업무는 ① 미술품 및 문화재의 운반, ② 귀중품, 귀중한 동식물, 그 외 경제적 가치가 있는 것 등의 운반 등이다.

귀중품 호송경비의 형태는 경비업무만을 담당하는 것과 경비업자가 수송업무와 경비업무를 병행하여 수행하는 형태가 있다.

---

3) 위의 책, p.108.

3 호송경비차량

1) 호송경비차량의 의의와 특징

우리나라 경비업의 시설 등의 기준에 따르면 호송경비업무의 경우 자본금 1억원 이상, 경비인력 무술 유단자 5명 이상, 시설은 기준경비인력 수 이상의 사람을 동시에 교육할 수 있는 교육장과 호송용 차량 1대 이상, 현금호송백 1개 이상, 기준 경비인력 수분 이상의 제복과 장구를 갖추도록 되어 있다.[4)]

따라서 호송경비업무를 수행하기 위해서는 최소 1대 이상의 호송용차량을 갖추어야 한다. 그리고 호송용차량은 현금이나 그 밖에 귀중품의 운반에 필요한 견고성 및 안전성을 갖추고 무선통신시설 및 경보시설을 갖춘 자동차를 말한다. 현금호송백은 현금이나 그 밖에 귀중품을 운반하기 위한 이동용 호송장비로서 경보시설을 갖춘 것을 말한다.

따라서 호송용차량은 호송업무를 수행하기 위해서는 방범장치를 부착하고 전용무선 등 지휘본부와 통신수단을 탑재할 필요가 있다.

2) 호송경비차량의 방범설비

일반적으로 호송경비차량에는 다음과 같은 구조와 장치가 필요하다.

(1) 금고실과 운전석의 완전한 분리

금고실과 운전석의 간격이 없는 경우는 금고실에 무방비로 근접하여 쉽게 습격의 대상이 될 수 있다.

(2) 일정한 한도의 파괴력을 견딜 수 있는 금고실의 구조

귀중품을 적재한 금고실의 구조로서는 일정 한도의 파괴력에 견딜 수 있는 구조가 필요하다.

(3) 3명 이상의 승차가 가능한 정도의 대형화된 차량

호송하는 귀중품의 대형화, 다량화에 따라 차량의 대형화가 요구된다.

---

4) 경비업법 시행령 제3조 제2항 관련 별표 1.

또한 안전성면에서도 귀중품 호송경비업무를 실시하는 경우에 3명, 즉 운전자, 경비원 2명 이상으로 구성하여 역할을 분담하고 업무를 수행하여야 위험이 낮다. 대형차량의 경우 운전석과 금고실 간에 통신수단이 있다면 안전성은 보다 높아질 것이다.

(4) 관제시설에 연락하기 위한 휴대용 무선기, 휴대전화

관제시설에 연락을 취하기 위해 휴대용 무전기를 장치한 동시에 무전기의 난청지역 등을 보완하기 위해 휴대전화를 구비하는 것이 필요하다.

(5) 관제시설의 자동긴급신호 송출장치

차량의 경보장치가 작동한 경우 또는 긴급보턴이 눌러진 경우, 관제시설에 자동신호 또는 자동음성에 의해 이상을 알리는 장치를 구비하는 것이 필요하다.

(6) 관제시설에 자기 차량 위치 통보장치

GPS에 의해 차량의 위치가 파악될 수 있는 장치를 구비하는 것이 필요하다. 차량 위치 통보장치는 실시간 위치정보를 파악하는 방법, 호송차량으로부터 위치정보를 송신하는 방법, 긴급 시만 위치정보를 호송차량이 송신하는 방법 등이 있다.

(7) 엔진작동 불능장치의 설치

운전석에 있는 자가 습격받아 협박을 받는 경우에는 어떤 조작을 하면 엔진이 작동하지 않거나, 경보장치와 연동시켜 차를 이탈할 때 어떤 조작을 하여 차량을 경계상태로 하여 문을 열려고 하면 경보가 울리고 엔진이 작동하지 않게 되는 장치 등이 필요하다.

(8) 금고실의 파괴공작에 대응하는 경보장치

금고실의 파괴공작 및 습격에 대응하는 위협용 경보장치의 기능을 갖추는 것이 필요하다. 또는 차를 이탈할 때 어떤 조작을 하면 차량이 경계상태가 되어 문을 열려고 하면 버저(buzzer)가 계속 울리는 등의 경보장치가 필요하다.

(9) 각종 장치가 작동한 경우의 확인램프의 점멸장치와 위협용 경보버저

경보장치 등의 각종 장치가 작동한 경우에 호송경비차량의 비상점멸등을 점멸시키는 동시에 경적이 울려 경보장치가 작동한 것을 상대 및 주위에 알리는 장치가 필요하다.

제 2 절

호송할 때 등 비상조치요령

1 위해발생 시의 대응조치

1) 위해발생 시의 기본적 조치

(1) 인신의 안전보호

사고 시에는 인명 및 신체의 안전을 제일 우선시한다. 특히, 범인이 흉기류를 가지고 있을 때는 주의를 요한다.

(2) 관제시설 등에 연락 철저

신속하고 정확하게 관제시설에 연락을 한다.

(3) 차량용 방범장치의 확실한 세트와 작동

사고발생 시에는 신속하게 차량용 방범장치를 작동시킨다.

(4) 운반용기를 금고실에 신속하게 수납

귀중품을 내릴 때 습격한 경우, 운반용기를 금고실에 수납시킬 수 있는 경우는 신속하게 금고실에 반납하고 잠금장치를 한다.

(5) 경계봉의 적절한 사용

경비원이 소지하는 분사기와 경봉은 정당방위의 범위 내에서 적절하게 사용한다.

(6) 사고발생정보의 주변 고지

습격사고가 일어날 때는 큰소리, 확성기, 차량용 경보장치 등으로 주변에 이상이 발생한 것을 알리도록 한다.

2) 범인이 도주한 경우

(1) 범인에 대한 기억(기록)

습격범의 인상, 복장, 특징, 차량번호, 차종, 차색, 도주방향 등 사후 범인수사에 도움이 되도록 냉정하게 관찰하고 기억(기록)하여 둔다.

(2) 신고할 수 있는 경우는 다음 내용을 112에 신고한다.

① 회사명과 이름

② 습격이 발생한 시각, 발생장소 등 사건내용

③ 습격자의 특징, 흉기소지의 유무, 도주방향, 도주방법 등 사건수사에 도움이 되는 내용

(3) 상황을 관제센터에 연락하고 대체운송 수단을 수배한다.

(4) 발생현장은 경찰관이 도착할 때까지 가능한 한 현장보존에 힘쓴다.

3) 교통사고가 발생한 경우의 대응조치[5]

(1) 교통사고 발생 시의 기본적 조치

첫째, 사고 발생 시에 우선적으로 인명 및 신체의 안전을 제일로 우선시한다.

둘째, 관제시설 등에 신속하고 정확하게 연락을 취하여 보고한다.

셋째, 사고의 확대를 방지하기 위해 필요한 조치를 신속하게 취한다.

(2) 물건에 손해를 끼친 사고(경미한 경우)의 경우

첫째, 교통사고 발생 시는 경찰 및 관제시설에 연락한다.

둘째, 분명한 피해사고의 경우는 상대가 호송차량까지 오는 것을 기다리며, 경찰에 통보하여 의뢰한다. 주의할 점은 사고를 가장하여 습격하는 경우가 있으므로, 황급히 하차하지 않는다. 유리창은 대화가 가능할 정도로 조금 연다.

셋째, 교통사고의 처리는 원칙적으로 운전자가 대응한다.

넷째, 상대방의 이름, 주소 등을 운전면허증으로 확인한다.

다섯째, 현장보존이 필요한 경우는 다른 차량을 적절하게 유도하여 현장보전을 위해

---

5) (社)全國警備業協會, 앞의 책, p.125.

노력하는 동시에 주위를 경계한다. 또한 현장보존의 필요가 없는 경우는 안전한 장소로 대피하는 동시에 정지표시판을 세우는 등 후속 사고의 발생을 방지하는 조치를 취한다.

여섯째, 사고처리가 지연될 것으로 판단되는 경우는 신속하게 관제시설에 연락하여 대체수송 수단을 수배한다.

(3) 중대사고(인신사고의 경우)의 경우

첫째, 인신사고가 발생한 경우는 제일 빨리 경찰에 신고하는 동시에 구급차를 요청한다. 또한 관제시설에도 연락한다.

둘째, 부상자를 구호하는 동시에 응급조치를 실시한다.

셋째, 경비원이 연락할 수 없는 경우는 상대 또는 부근의 사람에게 신고를 요청한다.

넷째, 책임자가 도착한 때는 그 지시에 따른다.

4) 차량고장이 발생한 경우의 대응조치[6)]

첫째, 사고의 확대방지를 위해 다른 차량의 교통에 지장을 주지 않는 안전한 장소로 이동한다.

둘째, 고장상황 및 현재위치를 관제시설에 보고한다.

셋째, 응급수리로 고쳐질 수 있는 경우는 가장 가까운 수리공장 등에서 수리한다.

넷째, 운행을 예측할 수 없는 경우는 관제시설에 대체차량을 요청한다.

다섯째, 대체차량이 도착하기까지는 주위의 경계에 만전을 기해 정기적으로 현황을 연락하는 동시에 기록을 하여 둔다.

여섯째, 대체차량이 현장에 도착한 때는 도착했다고 관제시설에 연락한다. 고장차량과 대체차량과의 간격을 최단거리로 위치시켜 주위의 경계를 엄중하게 하면서 귀중품을 옮긴다. 이때도 경비원과 작업자의 임무구분을 명확히 할 필요가 있다.

일곱째, 귀중품을 옮기는 작업을 완료하고 출발할 때는 잠김 확인, 주변 잔류물을 재확인한 후 관제시설에 출발하는 것을 연락한다.

여덟째, 대체차량을 기다릴 시간 여유가 없을 정도로 긴급한 경우는 관제시설에 연락하고 그 지시에 따라 택시나 지하철을 이용하여 귀중품을 운반한다.

---

6) 위의 책, p.126.

2 화재발생 시의 대응조치[7)]

첫째, 경비업무용 차량을 도로 우측에 세워 정차시킨다.

둘째, 라디오를 통해 교통정보를 청취한다.

셋째, 관제시설에 교신할 수 있는 경우는 관제시설에 상황보고를 하는 동시에 그 지시에 따라 행동한다. 이때 가장 가까운 회사시설이나 공공시설(경찰서, 소방서 등)로 이동하여 대기하도록 지시받은 경우는 그것에 따른다.

넷째, 관제시설과 교신할 수 없는 경우는 라디오 등에서 얻은 교통정보 등과 주위의 상황에 따라 가장 가까운 회사시설 또는 공공시설(경찰서, 소방서 등)로 이동하여 대기한다.

다섯째, 호송차량을 두고 대피하는 경우는 긴급차량에 방해가 되지 않도록 가능한 한 도로 외에 주차한다. 또한 공공의 안전(피난도로의 확보 등)을 이유로 차량이동 조치가 있을 것을 예상하여 가능한 한 호송차량이 보이는 위치로 대피한다.

여섯째, 경찰관의 지시가 있는 경우는 그 지시에 따라 행동한다.

3 위해, 교통사고 발생 시의 관제시설에 연락[8)]

1) 사고의 구분[9)]

호송경비업무 중에 만날 수 있는 이상현상은 이상 시와 사고 시의 두 가지로 분류할 수 있다.

이상 시는 교통체증, 차량고장, 자연 및 사회환경의 원인 등에 의하여 호송차량에 비정상적인 상태가 발생할 수 있는 경우로 사고 시에 해당하지 않을 때를 말한다.

사고 시는 호송차량에 종사하는 경비원에게 이상이나 손상이 생긴 경우(차량고장은 제외)를 말한다.

7) 위의 책.
8) 위의 책, p.128.
9) 위의 책.

2) 연락요령의 기본

(1) 연락내용

사고발생 시 관제시설에 연락을 신속하고 정확하게 실시하기 위해서는 연락내용이 누락되지 않도록 사전에 연락메모 양식을 정하여 두는 것이 바람직하다.

(2) 임기응변 대응

사고상황에 따라서는 경비원 자신이 신고나 추가연락을 할 수 없는 경우는 메모를 하여 제3자에게 연락을 의뢰해야 한다.

(3) 연락수단의 선택

추가연락은 그 내용에 따라서 무선, 휴대전화 등을 사용한다.

3) 긴급 시 연락[10]

경찰기관 등의 조치가 긴급하게 필요한 경우의 연락계통은 다음과 같다.

현장의 경비원은 사고가 발생한 경우에는 즉시 현장에서 112번에 신고한 후, 관제시설에 제1보를 보고한다.

그 후 관제시설이 계약처 등 관련 부서와 연락하고, 현장에서는 112번 및 관제시설에 수시로 추가연락을 한다. 2명이 각각 휴대전화를 가지고 있는 경우는 각각 112번과 관제시설에 분담하여 신고하는 동시에 신고와 보고를 하는 것이 바람직하다.

4) 교통사고 발생 시의 연락내용

호송차량이 교통사고를 일으킨 경우는 관제시설에 우선 교통사고 발생을 연락한 후 계속 다음의 항목을 연락할 필요가 있다.

① 사고의 종별(가해, 피해, 자손, 상호)

② 발생시각, 발생장소

③ 부상자의 유무

④ 구급차 요청의 유무

⑤ 호송차량의 고장, 손상상태

---

10) 위의 책, p.131.

⑥ 호송업무의 임무속행 가능성

상황에 따라서 응원요원, 대체차량의 요청, 사고 차의 수리요청 등을 할 필요가 있다.

5) 위해사고 발생 시의 연락내용

귀중품 호송 중에 습격사고를 만난 경우는 관제시설에 우선 습격사고 발생을 연락한 후, 계속 다음 사항을 연락할 필요가 있다.

① 사고 종별(귀중품강탈, 차량탈취, 미연방지)

② 발생시각, 발생장소

③ 범인의 수, 성별

④ 범인의 특징(인상착의, 신장, 체격, 신체적 특징)

⑤ 도주차량 등의 특징(차종, 색, 차량번호)

⑥ 도주방향, 도주수단(도보, 자전거, 차량 등)

⑦ 사용된 흉기

⑧ 부상자 유무

⑨ 구급차 요청 유무

⑩ 경비수송차량의 고장, 손상상태

⑪ 호송경비업무의 임무수행 가능성

4 귀중품을 내릴 때의 경계[11)]

호송경비업무를 수행할 때 범죄발생 가능성이 가장 높은 경우는 계약처에 도착하여 귀중품을 내릴 때이다. 귀중품을 운반할 때 또는 내릴 때에는 경비원을 2명 이상 배치하는 것이 원칙이다.

경비원들은 상호역할을 분명히 정해야 한다. 즉, 운전자, 경비원 2명(통신담당, 경계담당) 등으로 역할을 정하여 3명 정도 배치하는 것이 바람직하다.

여기서는 2명을 배치한 경우를 예를 들면 다음과 같다.

11) 위의 책, p.115.

1) 경비요원의 역할

첫째, 운전자는 경비수송차량의 운전 및 도착 후의 검색, 경계를 한다.

둘째, 경비원은 무선연락, 전표에 의거 귀중품의 운반취급, 운반 중, 도착 후의 검색을 한다.

2) 도착 전의 준비

도착 5분 전에는 계약처와 정해진 연락방법을 이용하여 도착예정시각을 연락하고, 호송차량 도착 전에 주차장소의 확보 및 주변 부근의 이상 유무의 확인을 요청하고, 경비원과 계약처는 상호 주위의 안전을 확보할 필요가 있다.

특히, 계약처의 일반 방문객용 주차장에 주차하도록 되어 있는 경우는 만차일 가능성도 있으므로, 이와 같은 상황이 발생하여 주차장소 확보에 시간을 소비하는 것은 타당하지 않으므로, 필요에 따라서 차량 이동을 하도록 미리 요청하는 것이 필요하다.

3) 도착 시 주변의 검색

많은 범죄자는 반드시 사전답사를 하여 범행현장의 가까운 곳에 도주 시 사용할 자동차 등을 사전에 준비해두며, 몸을 숨길 수 있는 장소를 확보하고 있다. 따라서 도착 후에는 호송경비차량 및 계약처 출구로부터 범행 가능한 범위(30미터 정도)는 철저한 검색이 필요하다.

주변을 검색할 때 요점과 주의사항은 다음과 같다.

① 물건을 인도할 현장에 도착 전에 경비수송차량에서 주차장 주변을 경계하고, 수상한 차량 등이 있는지 여부를 살피면서 계약처로 향한다.

② 인도 현장에 도착하면 곧장 차에서 내리지 않고 차량 내에서 여기 저기 안전을 확인한 후 하차한다.

③ 경비원이 먼저 내려 주변에 이상이 없는 것을 확인한 후 운전자에게 하차의 신호를 하여 서로 정해진 범위를 검색한다. 경비원의 신호가 있을 때까지 운전자는 엔진을 끄지 않고 언제라도 빠져 나갈 수 있는 태세를 갖춘다.

4) 사각의 확인

범죄자는 사각에 숨어 범행의 타이밍을 노려 습격하려고 한다. 검색 시 사각의 확인은 범죄자가 숨어 있는가의 여부가 아니라, 사전 답사한 범죄자에 대해 인도현장에서 30미터 이내의 확인행위를 하여 범죄를 단념시킴으로써 미연에 방지하는 의미가 있다.

5) 경계위치와 상호 제휴

경비원의 경계위치는 주변의 검색 후 호송경비차량의 금고에서 경비원이 귀중품을 꺼내 계약자에게 물건을 운반할 때 틈을 노려 습격할 수 있으므로 모든 방향을 확인할 수 있는 위치가 좋다.

서로 협력하면서 안전을 확보하기 위해서는 금고실 개방 전, 계약처 출입문에서 귀중품을 가지고 나올 때 등 서로 주변을 재확인하면서 연대할 필요가 있다.

6) 전표에 의거 주고받을 때의 확인요령

계약처로부터 귀중품을 인도할 경우는 전표에 의거 비교 확인하고, 전표와 귀중품이 다른 경우에는 그 현장에서 담당자에게 확인하고 정정할 사항이 있으면 각 전표에 정정 날인을 하도록 한다.

7) 계약처 담당자의 신분확인과 등록

귀중품을 인도할 때 계약처 담당자의 신분확인은 반드시 실시해야 할 사항이지만, 일상 업무 중에서는 담당자가 서로 면식관계로 귀중품을 인도하는 것을 볼 수 있다. 그러나 귀중품 호송경비업무의 프로 경비원이라면 매일 얼굴을 보는 계약처 담당자라고 하더라도 신분확인을 해야 한다.

8) 특이정보 발견의 보고와 대응, 연락요령

경비원은 특이사항을 발견하고, 습격 등의 우려가 있다고 판단한 경우는 경계를 강화하는 동시에 관제시설에 즉시 보고한 후 지시에 따라 행동한다. 또한 상황이 긴급한 경우는 우선 112에 신고를 하고 이어서 관제시설에 연락을 해야 한다.

제 3 절

사전조사와 경비계획[12)]

1 사전조사

1) 사전조사의 의의와 중요성

호송경비업무를 안전하고 원활하게 실시하기 위해서는 안전주행을 저해하는 요인을 배제 또는 회피할 필요가 있다. 운반경로의 사전조사는 이러한 저해요인을 확인하고 대책을 강구하기 위해 정보수집활동으로서 실시한다.

사전조사는 적절한 경비계획서를 작성하는 전제가 되는 것이며, 사전조사에서 발생이 예상되는 문제가 드러남으로써 정확도가 높은 계획이 작성되며, 그 결과 만일에 이상사태가 발생하더라도 정확한 대응이 가능한 것이다.

2) 사전조사의 내용

운반경로의 사전조사는 다음과 같다.

(1) 도로관계

① 일반도로, 고속도로의 구분

② 국도, 지방도 등의 구분

③ 차선 수, 규제상황

④ 도로폭, 경사

⑤ 시가지도로, 산간지도로

⑥ 시계불량지점(급커브, 급경사 등)

⑦ 다리, 보도교 등

⑧ 도로표식 등

⑨ 합류지점, 분기지점

⑩ 터널

12) 위의 책, p.135.

(2) 교통특성

① 교통량(시간대, 계절, 행사 등에 따른 변화)

② 제한속도

③ 기후, 기상의 영향(집중호우 등 이상 기상 시에 교통규제 등)

④ 도로공사 장소

⑤ 추월금지구역

⑥ 대향차의 량

⑦ 우회로의 유무

⑧ 교통사고 다발지대와 사고발생원인

⑨ 교통체증 장소 및 체증시간대

(3) 도로 주변의 지형

① 양측의 지형, 특히 자연장해

② 이상 기후나 기상 등으로 장해발생이 예상되는 장소(하천범람, 눈사태)

(4) 보고장소

① 연락을 할 정해진 장소, 지점

② 주차장소(휴식지 등) 및 그 상황

③ 경비상의 중점장소

㉮ 고속도로의 인터체인지, 주차장, 서비스 에리어, 버스정류소

㉯ 주요 도로의 교차점

㉰ 고압선의 횡단지점

㉱ 철도 등의 건널목 횡단지점

㉲ 신호기의 설치장소

㉳ 육교나 보도교

(5) 통신상의 수순

① 관제시설과 이동국과의 통신 감도의 정도

② 관제시설과 불감지대를 보완하기 위해 임시로 설치한 이동국의 필요성과 설치 장소

(6) 기타 주의를 요하는 사항

① **경로지역의 특성**

㉮ 집중호우로 피해가 발생하기 쉬운 지역

㉯ 눈이 많은 지역과 그 시기

㉰ 안개가 발생하기 쉬운 지역과 그 시기

㉱ 동결도로의 구간과 그 시기

② **기타**

㉮ 운반경로 주변의 경찰서 및 소방서

㉯ 전체 경로의 거리 및 포인트 설정

㉰ 도로통행 시간 및 주행속도

3) 사전조사 실시상의 유의점

안전하고 원활한 호송을 하기 위해서는 호송경로로서 다음과 같은 도로는 피하는 것이 바람직하다.

① 상습체증 도로나 사고다발 도로

② 건널목이 있는 도로

③ 스쿨존

④ 보행자 전용도로

⑤ 좌회전을 많이 하는 도로

⑥ 교통량이 극단적으로 적은 도로

⑦ 감속하여 좌우로 꺾어야 하는 예각의 지점

또한 돌발적인 사건이나 사고 등에 대비하여 운반경로 주변에 있는 경찰서, 소방서, 병원 등의 소재지를 확인해둘 필요가 있다.

4) 조사일시 선정상의 유의점

조사일시를 선정할 때는 다음의 사항을 고려해야 한다.

① 맑은 주간에 시계가 좋은 날, 시산내를 신덱

② 2코스 이상을 조사한다.

③ 혼잡이 예상되는 날이나 시간대를 피한다.

사전조사의 결과를 근거로 실제 주행할 시간대에 시험 주행한다.

2 경비계획서

1) 경비계획서 작성의 의의

통상 경비계약을 체결하는 경우 계약처가 요구하는 경비내용에 따라 귀중품 호송경비업무에 관한 경비의 기본방침, 구체적인 경비실시방법 등 당해 경비업무의 내용을 상세히 정한 경비계획서를 계약서에 첨부하는 경우가 많다. 이것은 후에 양자 간에 분쟁이 생기지 않도록 미리 계약처와 경비업자와의 사이에 합의사항을 가능한 한 상세하게 결정해둘 필요가 있기 때문에 작성되는 것이다. 따라서 양자 간에 합의되어 작성된 경비계획서의 내용에 따르지 않고 경비업무가 수행되는 경우는 계약처가 피해를 입거나 또는 피해가 확대되는 경우, 경비업자는 그 피해에 관해 책무불이행에 따른 부담이 있으므로 경비계획서를 작성할 때는 경비계획서가 갖는 이와 같은 의미를 충분히 이해하고 가능한 한 상세하고 명확하게 내용을 기재할 필요가 있다.

2) 경비계획서 작성상의 필요사항과 가져갈 기자재

(1) 경비상 필요한 사항의 선정

적정한 경비계획서를 작성하기 위해서는 우선 계약처의 의향, 요망 등을 잘 이해하여 경비상 필요한 사항을 선정하는 것이 중요하다.

경비상 필요한 사항을 선정하기 위한 기초자료로서는 계약처와의 사전 상의, 호송경로의 사전답사결과 등이 있다.

경비상 선정을 요하는 사항은 다음과 같다.

① 계약처의 명칭

② 경비목적

③ 경비방법

④ 귀중품의 종류, 중량, 형태, 수량

⑤ 차량의 종류

⑥ 경비원 수

⑦ 시간과 코스

⑧ 연락체계

⑨ 귀중품의 취급방법

⑩ 휴대 기자재

⑪ 기록 및 연락방법

⑫ 그 외 계약처와 약속한 사항(황금연휴, 연말연시)

(2) 가져갈 기자재의 선정

가져갈 기자재는 경비목적, 경비방법 등에 따라 선정한다.

경비수송차량에 통상 구비되어 있는 기자재는 다음과 같다.

소화기, 차량용 무전기, 휴대용 무전기, 경봉, 유도등, 카메라, 방범버저(buzzer), 방패, 분사기 등이다.

(3) 경비원의 배치요령

귀중품을 인도하는 계약처마다 경비원의 배치, 경계위치에 대해서는 경비지령서에 기입하지 않고 경비원 배치도를 별지에 작성하는 것이 바람직하다.

경비원배치도에는 계약처마다의 경비원의 배치장소, 경계범위, 주의사항 등을 도상에 명확히 표시한다.

① 경비원 배치도의 개요

㉮ 출발, 경유, 도착의 각 장소를 중심으로 주변부를 평면도에 기입한다.

㉯ 보기 쉽도록 기호 등을 활용하며, 주의사항 등은 간결하고 명료하게 기입한다.

② 경비원 배치도의 기입항목

경비원 배치도의 기입항목은 다음과 같다.

㉮ 호송경비차량의 주차위치, ㉯ 호송경비차량의 도착 및 출발 방향, ㉰ 호송경비차량으로부터 인도한 지점까지의 경로, ㉱ 경비원의 배치위치, ㉲ 인도한 지점, ㉳ 경비상 및 차량사고방지, 특히 주의해야 할 사항 등이다.

3) 정보수집과 연락요령[13)]

(1) 정보의 의의

호송경비업무 중 경계를 하는 데 필요한 자료이다. 정보는 일반정보와 특이정보의 두 가지가 있다.

일반정보는 주로 기후, 기상, 도로, 교통 등에 관한 정보이다. 그리고 특이정보는 업무를 안전하게 수행하는 데 주의를 요하는 수상한 자 및 수상한 차량 등에 관한 정보이다.

(2) 안전호송에 필요한 일반정보[14)]

안전호송에 필요한 일반정보는 안전호송을 저해하는 사회적 · 자연적 조건을 사전에 분명히 하고, 그 호송 저해요인을 회피, 배제 또는 극복하기 위해 활용되는 것으로 호송경비업무를 실시하는 데 기초적인 지식이다.

이 정보는 호송경비업무의 전반에 걸쳐 전개되는 각종 상황이 항상 예측되는 것으로서 사전에 준비될 필요가 있다.

준비된 정보이외는 현지에서 스스로 확인하거나 또는 관계되는 기관에 조회하여 수집하도록 노력해야 한다.

① 정보의 종류

㉮ 출발 전 정보: 호송을 시작하기 앞서 운행관리실이 관계기관에 조회하여 취득한 정보이다.

㉯ 지역정보: 호송 차량행렬이 당해 운행관리실의 관할구역에 입성하기 이전에 당해 운행관리실이 관계기관에 조회하여 취득한 정보이다.

㉰ 직전 · 직후 정보: 전방 경비차 및 후방 경비차가 차량행렬의 전방 및 후방의 상황을 확인하여 취득한 정보이다.

② 정보의 내용

㉮ 교통사고의 상황

㉯ 도로공사장소의 상황

13) 위의 책, p.144.
14) 위의 책, p.172.

㉰ 교통규제 및 교통체증의 상황
㉱ 경로 부근의 화재상황
㉲ 도로에 방치되어 있는 장해물의 상황
㉳ 주차장소의 상황
㉴ 도로의 동결, 적설, 홍수로 잠김 등의 상황
㉵ 경로상의 안개, 비, 강풍 등의 상황
㉶ 터널 내의 상황
㉷ 기타 주행에 영향을 미치는 상황

③ 정보수집과 연락

㉮ 운행관리실: 운행관리실은 출발 전 정보(기후, 기상, 도로, 교통 기타 호송경비업무에 영향을 미치는 정보) 및 지역정보를 수집한다. 정보의 수집은 전화일기예보(131번), 도로교통정보센터, 관계 경찰서 등이다. 호송경비업무의 비밀을 유지하기 위해 그 이외의 수집은 특히 지시가 있는 경우를 제외하고는 하지 않는다.

㉯ 경비업무용차량: 경비업무용차량이 하는 정보활동은 호송경비업무 저해요인의 조기발견과 보고이다. 전방 경비차 및 후방 경비차가 차량행렬의 전방 및 후방의 상황을 충분히 파악할 필요가 있다.

4) 특이정보의 발견방법

전방 경비차 및 후방 경비차에 의한 정확한 특이정보의 수집과 호송차량에 대한 방해 등에 대비한 연락은 매우 중요한 임무이다. 또한 특이정보를 얼마나 빨리 발견하여 운행관리실이나 운행책임자에게 신속하고 정확하게 연락하느냐의 여부가 방해 등을 회피하는 결정적인 방법이다.

특이정보를 발견하기 위해서는 호송경비업무를 시작할 때부터 호송차량에 대한 습격 등에 대비하여 끊임없이 주위를 경계하는 것이 필요하다.

경계할 때 경비원은 상호 밀접하게 협력하여 경계에 공백이 없도록 유의할 필요가 있다.

5) 특이정보의 수집과 대응

특이정보란 사건의 전단계에 관련된 것이므로 경비원은 경계심을 가지고 끊임없이 특이정보를 입수하기 위해 노력해야 한다.

운반 중 또는 목적지에 도착할 즈음 특이정보를 인지할 때는 수상한 자의 인상, 특징, 사람 수, 수상한 차량의 번호, 특징을 기록하고 경계체계를 강화하는 동시에 운행관리실에 연락하고 그 지시에 따라 행동할 필요가 있다.

(1) 특이정보와 대응

① 통행을 방해하는 장해물이 있을 때는 안전한 위치로 후퇴하여 주위를 경계한다.

② 호송관계차량을 장시간 뒤따르고 있는 차량이 있다고 인지될 때는 적당한 위치에서 추월시키고 상황을 본다.

③ 전방, 후방, 측방으로부터 호송관계 차량에 일반차량 등이 의식적으로 충돌하였다고 생각될 때는 경적 등을 울려 주위의 주목을 끌어 피해방지에 노력한다.

④ 목적지에 가까워졌을 때 엔진을 끈 채 있는 차량이 있을 때는 호송관계 차량의 엔진을 정지시키지 않고 경계를 한다.

⑤ 목적지 가까이에 거동이 수상한 자가 있을 때는 부주의하게 하차하지 않고 그 동정에 주의한다.

⑥ 주위 상황이 평소 상황과 어딘지 모르게 다른 경우는 경계를 강화한다.

(2) 특이정보에 관한 지도상의 유의점: 4원칙의 철저[15)]

호송경비업무를 수행할 때에 반드시 준수해야 할 네 가지 원칙이 있다.

① 중지하지 않음: 호송 도중에 호송관계 차량을 정지시키려고 하는 수상한 자, 술취한 자가 있는 경우는 경계를 강화하고 가능한 한 호송관계 차량을 정차시키지 않고 그대로 진행한다. 부주의하게 하차하거나 창을 열어서는 안 된다.

② 태우지 않음: 호송관계 차량에는 관계자 이외에는 승차시켜서는 안 된다.

③ 떠나지 않음: 경계에 임하는 경비원은 근무 중, 임의로 경비업무용 차량이나 호송관계 차량으로부터 떠나서는 안 된다.

④ 창을 열지 않음: 호송경비업무 중에는 주행 중이나 정차 중에 원칙적으로 창을 열어서는 안 된다.

---

15) 위의 책, p.176.

(3) 판단력의 양성

특이정보에 대해서는 경계 중의 경비원 자신의 주관이 개입되어 중요사항을 못 보거나 대응을 그르쳐버릴 수 있는 위험성이 있다. 따라서 경비팀장은 부하에 대해 항상 정당한 감각으로 관찰하여 지도하는 것이 중요하다.

과거에 어떠한 일도 발생하지 않았다고 하여 안심하는 것은 위험하다.

(4) 호송코스마다의 지도

귀중품 호송경비업무의 운반코스는 위험이 적은 도로를 둘 이상 지정하고, 날짜에 따라 노선 및 시간을 변경하는 것이 바람직하다. 이 경우 코스가 변경되면 통상 체크포인트도 당연히 바뀌기 때문에 승차한 경비원과 사전 상의를 해둘 필요가 있다.

또한 비상의 경우에 대비하여 각 운반코스 연도의 경찰서, 지구대, 파출소 등의 위치를 파악하여 필요에 따라 신속한 조치가 취해지도록 지도하는 것이 중요하다.

6) 경찰관이 정차를 명한 경우의 대응[16)]

경찰관이 정차를 명하는 경우는 특이정보에 의한 정지, 교통검문, 사건발생 시의 검문 등이 있을 수 있다.

어느 것에 해당하는 경우에도 다음의 사항을 유의하여 대응할 필요가 있다.

(1) 연락

귀중품 호송경비업무 시 관제시설에 연락하여, 당해 호송경로를 관할하는 경찰기관 등에 상황확인을 하도록 한다. 그리고 도착예정시각의 지연이 예상되는 경우는 그 사실을 관제시설에 연락하여야 한다.

(2) 정차위치의 선정

경찰관의 지시에 따라 정차하는 경우는 주위의 교통상황을 확인하여 안전성과 경계를 유지할 수 있는 장소를 선정하여 정차한다. 다만, 경찰관이 정차위치를 지정한 경우는 그것에 따라야 한다.

---

16) 위의 책, p.177.

(3) 정차이유와 신분확인

정차이유가 판명되기까지 계속 경계를 해야 한다. 주의해야 할 사항은 다음과 같다.

① 대화가 가능할 정도로만 차 유리창을 내린다.

② 운전면허증의 제시를 요구하는 경우는 즉시 제시한다.

③ 정차를 명한 이유를 확인하고, 즉시 관제시설에 연락한다.

④ 하차할 것을 명한 경우는 경찰신분증의 제시를 요구하여, 신분을 확인하는 동시에 하차이유를 확인한다. 그리고 관제시설에 연락하여 지시를 받은 후 하차한다.

7) 호송 및 경로유지에 필요한 유의사항

(1) 호송에 필요한 유의사항

① 전방 경비차는 경로에 저해요인을 파악한 때는 항상 운반차량이 용이하게 피할 수 있도록 차 간 거리를 유지한다.

② 후방 경비차는 후방으로부터 운반저해요인을 파악하기 위해 노력하며, 운반관계 차량의 안전을 확보하기 위한 연락, 유도 등이 가능한 차간거리를 유지한다.

③ 전방 또는 후방의 수상한 차량에 주의하고 상황에 따라서는 경찰서, 지구대 등에 들려서 통보한다.

(2) 경로유지에 필요한 유의사항

경로유지는 항상 호송차량의 안전확보를 고려하는 것이 중요하다. 일반적으로 경로를 유지하기 위해서는 다음의 사항에 유의한다.

① 호송차량과 운반차량의 사이에 다른 차를 끼워 넣지 않는다. 특히, 교차점에서 끼어들지 않도록 주의한다.

② 우측이나 좌측으로 굽은 장소에 대해서는 운전차량의 운전자와 사전에 상의를 해둔다.

③ 특히, 장거리 수송의 경우는 다음의 사항을 주의한다.

㉮ 휴게소 등 서비스 지역에 들릴 때는 사전에 주차장소를 정해 둔다.

㉯ 관제시설과 빈번하게 연락을 한다. 상황에 따라서 도로정보를 관제시설에서 받아 최적의 운반경로를 선택한다.

㉰ 운전담당자의 연속운전시간이 2시간을 넘지 않는 등 안전운전에 특히 배려한다.

제 14 장 신변보호업무

제 1 절

신변보호의 개념과 중요성

1 신변보호의 개념

1) 광의적 개념

민간경비에서 신변보호업무는, 공경비(경찰력)에 대한 공백을 민간경비가 대신함으로써 갈수록 흉포화되어 가는 범죄 등으로부터 의뢰인의 신변을 안전하게 보호하여 사회활동 및 사생활 영역을 보호해주는 역할을 담당하는 것이다. 이때 안전이라는 것은 보안유지 또는 위험이나 손실로부터 보호받는 상태를 말한다. 그러나 대상에 따라서 시큐리티(Security)는 엄격히 구별된다.[1] 즉, 외부의 위협으로부터 국가를 보호한다는 의미로는 안보라는 표현을 사용하는 대신 국내 상황에서는 치안이라는 표현을 사용하며 개인 차원에서는 신변보호라고 한다. 이는 국내와 국외를 구분하거나 공적 또는 사적 객체에 대한 분류적 시각의 차이에서 익숙해진 탓도 있다.[2]

그러므로 어떤 종류의 위협이든 간에 위협으로부터 안전을 확보하고 유지함에 있어서 누구를 대상으로 하느냐의 문제는 매우 중요한 문제가 된다. 궁극적으로 보호해야

1) 김상진, "민간군사경비업의 도입과 발전과제", 박사학위논문, 경기대학교 대학원, 2008, p.1.
2) 김영호, "안보 패러다임의 변화와 한미동맹 재조정", 『세계정치: 세계정치와 동아시아의 안보구상』, 서울대학교 국제문제 연구소, 서울: 인간사랑, 2006.

할 대상에 따라서 적용되는 안전을 확보하기 위한 방법이나 환경이 완전히 구분되기 때문이다.

2) 협의적 개념

우리나라에서 신변보호를 경호라는 용어로 많이 사용하고 있는데, 이는 경계(警戒)하고 호위(護衛)한다는 의미에서 적용된 개념이다. 즉, 특정 개인(의뢰인)을 대상으로 신변의 안전을 도모하기 위한 호위활동을 의미하는 것이다.

경호임무를 수행하는 경호원이란 책임의식이 투철하여 경호대상자를 위해서는 희생을 감수하는 직업의식을 가져야 하는 것이다. 특히, 대통령 경호 등 공경호를 수행하는 경우에는 경호원으로서 임무수행 시 가장 귀중한 목숨을 담보로 임무를 수행하는 투철한 직업의식이 요구될 정도이다.

경호원은 임무수행 과정과 대상 및 목적에 따라서 신변보호의 개념을 설정할 수 있는데, 신변보호(경호)라 함은 경호대상자의 신변에 직접적 또는 간접적으로 가해질 수 있는 여러 가지 위해요소를 사전에 제거하거나 예방하는 활동을 말한다.[3] 즉, 범죄나 테러 등 인위적인 위해요소만이 아니라 화재 · 재난 · 교통사고 등 간접적인 위해요소까지도 모두 포함하게 되고, 이에 대한 모든 안전 대책은 신속 · 정확하게 조치가 가능하도록 숙지되어야 한다.[4] 특히, 인위적 위해요소로부터 우발상황이 발생할 시에는 위해자의 습격을 저지함과 동시에 의뢰인을 안전한 장소로 신속히 대피시킴으로써 신변의 안전을 확보하는 것이 최우선시된다. 이러한 점에서 신변보호업무는 방어적 성격이 강조되고 있다. 이러한 모든 안전유지활동을 경비업법에서는 신변보호로 규정하고 있으며, 일부 학자들은 경호라는 용어를 사용하고 있다.

2 신변보호업무의 중요성

국민의 안전을 책임져야 할 공경비는 인력, 장비, 예산부족 등에 의한 공백으로 인해 불안감은 증대하고 국민들의 안전욕구는 날로 높아지는 추세이다. 게다가 갈수록 팽배해지는 이기주의와 극단주의, 금권만능주의, 인간성 상실 등의 사회적 문제로 인하여

---

3) 경비업법 제2조.

4) (社)全國警備業協會, 『警備員指導教育責任者 講習教本Ⅱ, 4號業務』, 東京: 全國警備業協會, 2006, p.25.

상상할 수 없을 만큼 잔인하고 흉포한 범죄 및 테러 등이 끊임없이 발생하여 인간의 기본적인 안전추구가 더욱 강조되고 있다.

우리나라의 경우도 생명과 신체에 직접적인 위협을 주는 살인, 강도, 강간 등의 흉악범을 지칭하는 강력범이 계속 증가하여 신변의 위협과 불안을 느끼는 국민들에게 신변보호업무는 매우 중요한 산업으로 인식하고 있다.

제 2 절

신변보호업무의 유형과 특성

1 신변보호업무의 유형[5)]

신변보호업무는 의뢰인의 의뢰 동기, 경호대상자의 지명도 · 행동범위, 행사의 종류, 회의 규모 등에 맞는 경호방법을 선정 · 실시하여 의뢰인에 대한 위해발생을 미연에 방지하는 것이 중요하다. 업무의 유형에 따라 경호방법의 특징이 있으므로 다음과 같이 몇 가지 유형으로 구분하고자 한다.

1) 공 · 사저 등의 경호업무

경호대상자가 거주하는 공 · 사저(公 · 私邸) 또는 사무소 등의 주변, 문, 현관, 기타 요소에 입초(立哨), 동초(動哨), 순찰, 출입감시 등을 실시하고, 수상한 자의 접근 및 침입방지, 위험물의 조기발견 · 제거 등을 하여 경호대상자에 대한 위해발생을 미연에 방지하는 경호형태이다.

2) 숙소경호업무

의뢰인이 출장 중에 숙박하는 호텔 등 숙소에 머무는 동안 수상한 자 및 수상한 물건 등으로부터 위해 상황을 방지하기 위해서 필요한 조치를 해야 한다. 특히, 숙소에서 행선지로 이동하기 위해서 숙소 앞에서 출발하거나 도착할 경우, 승 · 하차 지점에 대한 경호활동이 가장 중요한 요소이므로 수상한 자가 경호대상자에게 접근한다거나 저

5) 위의 책, p.26.

격의 위험성에 대비하기 위해 주변 건물 등을 고려하여 승·하차 지점을 선택해서 경계활동을 해야 한다.

3) 행선지 경호업무

경호대상자가 행선지(들리는 장소 포함)에 도착하기 전에는 반드시 수상한 자 및 수상한 물건 등으로부터 발생할 수 있는 여러 가지 위해요소를 사전에 방지하기 위하여 사전 답사를 통한 선발경호활동이 이루어져야 한다. 또한 이동 간 주도로와 예비도로에 대한 설정, 그리고 최근거리 병원 등 예비적인 요소까지도 파악하여야 한다.

4) 연도경호업무

연도경호업무는 경호대상자가 이용하는 자동차, 열차, 선박, 항공기 등에 동승하여 주변 상황에 주의를 기울여 수상한 자가 의뢰인에게 접근하는 것을 방지함으로써 의뢰인을 안전하게 목적지까지 보호하면서 이동하는 경호형태를 말한다. 흔히 자동차가 주 이동수단이 되는데, 자동차를 통하여 의뢰인이 이동할 경우에는 여러 가지 상황이 발생될 수 있는 요소들을 사전에 대비하여 각종 사고 및 위해요소를 방지할 수 있도록 사전에 숙지하여야 한다. 자동차 행렬 시 가장 중요한 요소는 승·하차 지점에 대한 고려사항이고, 편성된 자동차 중에서 경호대상자의 차량과 동일한 차량을 선정하여 기만경호를 실시함으로써 위해기도자로부터 의뢰인의 안전 확보율을 높이도록 해야 한다. 또 선도 및 후미 차량 등을 통하여 차량행렬에 대한 사전 경계활동을 실시해야 한다.

2 신변보호업무의 특성

신변보호업무는 경호대상자의 신변에 가해질 수 있는 여러 가지 위해요소를 사전에 제거하거나 예방하는 업무 이외에 위해 상황 발생 시 위해 기도자를 제압하려는 목적보다는 방어가 우선적인 것이 특징이다. 아울러 상대성, 통제성의 특성을 가지고 있다.[6]

1) 상대성

일반적으로 신변보호활동은 정해진 틀에서 움직이는 호위활동으로 생각할 수 있으

6) (주)인프로스인터내셔널, http://blog.naver.com/ttl8209/10023999393, 검색일: 2009.1.12.

나, 사실 추구하는 목적이나 목표가 일정할 뿐 실질적인 경호활동은 주어진 상황에 따라서 달리 적용될 수 있다는 점에서 상대성을 지니고 있다. 또 공경호의 경우는 경호대상자가 거의 특정되어 있고 또 일정한 활동범주를 정해두고 그 안에서 경호활동이 이루어지므로 자체 규정을 통하여 일정한 범주를 설정할 수 있다. 그러나 민간경호의 경우는 경호대상자에 따라서 기업인·정치인·연예인 등 다양한 직업과 성향을 지니고 있으므로 경호환경을 제어하기가 어렵고 경호활동을 일정한 범주 내에서 시행하기가 어려운 점이 공·사 경호 간의 상대적 차이점이다.

2) 통제성

경호활동 과정에서 경호대상자를 보호하기 위해서는 잠재적인 위해요소 또는 접근이 인가되지 않은 사람이나 물건을 통제할 수밖에 없다. 따라서 의뢰인을 보호하는 경호활동 시 주변의 다른 사람들은 경호활동의 주의대상이 되면서 경호원들로부터 직·간접적인 통제를 받게 된다. 이러한 통제는 주변 사람들의 불만요인이 될 수 있다. 특히, 민간경호의 경우는 동세힐 수 있는 법적 근거나 권위가 미비하기 때문에 더욱 문제의 발생 가능성은 높은 것이다.

제 3 절

경호원의 자세와 신뢰관계

1 경호원의 자세

1) 임무의 중요성 인식

신변보호업무는 의뢰인인 경호대상자의 생명·신체에 대한 안전을 확보하기 위한 활동이기 때문에 그 임무는 중요하고 특수한 것이라는 것을 경호업무에 종사하는 경호원은 늘 인식하도록 해야 한다.

2) 사기와 주의력

신변보호업무에 종사하는 경호원은 그 임무의 중요성을 자각하고 경호업무를 할 때는 어떠한 사태에 직면하더라도 임무수행의 의욕을 잃지 않는 왕성한 사기와 아무리 작은 의심점도 간과하지 않는 주도면밀한 주의력을 가지고 경호업무에 임해야 한다.

3) 일치 협력

각 경호원의 임무는 다르지만, 그 모든 활동은 의뢰인의 신변안전을 확보하는 데 있으므로 그 목적 달성을 위해 소홀히 해서는 안 되며, 한 사람의 과실로 인해 전원의 노력이 물거품이 될 수 있다는 것을 명심해야 한다.

따라서 경호원은 경호업무를 할 때에는 상호 신뢰와 융화의 정신을 기조로 하여 일치 협력하여 임무를 수행해야 한다. 또한 경호원은 평소에 동일 업무에 종사하지 않는 자가 함께 경호업무에 종사하는 경우가 빈번하게 있을 수 있다. 이와 같은 경우에는 경호위치, 경계담당구역 등의 조정에 대해서는 사전에 충분한 협의를 해야 한다.

4) 위해 상황 발생 시 자세

위해 상황은 경호대상자가 위해자의 공격이나 교통사고 등으로 인하여 신체·생명 등에 손상이 발생할 우려가 있거나 발생된 상황을 말한다.

이와 같은 돌발 사안이 발생한 경우, 경호원은 민첩하고 과감하게 사안에 대처해야 한다. 그러나 인간은 이와 같은 상황에서 망연자실하거나 또는 당황하여 의뢰인의 신변에 미치는 위해를 제거하거나 최소한에 그치도록 필요한 조치를 취할 수 없는 경우가 있다. 따라서 침착하고 냉정하게 행동하고 상황을 오판하지 않도록 하여 의뢰인의 신변안전의 확보에 노력해야 한다.

따라서 경호원은 경호업무를 수행할 때는 자기의 담당구역에서 발생할 가능성이 있는 위험을 예상하고, 그것에 대처할 조치를 미리 고려해둘 필요가 있다. 나아가 경호원은 의뢰인의 신변안전을 확보할 때 최후의 방호벽라고 하는 자각과 몸을 던져서라도 임무를 수행할 기개를 가지고 사태에 대처해야 한다.

5) 복장 및 언행에 대한 마음가짐

일반적으로 경호원은 의뢰인을 비롯하여 사회의 고위층 사람들과 접촉할 기회가 많고, 더구나 많은 사람이 지켜보는 가운데 경호를 해야 하는 경우도 많다. 따라서 복장이나 언행에 특히 주의해야 한다.

나아가 경호원에게 요구되는 것은 다양하게 변화하는 경호현장의 분위기에 적응할 수 있는 복장이나 언행을 임기응변으로 변화시키는 것이 필요하다. 예를 들면, 의뢰인이 골프에 흥겨워하고 있는 경우에 정장차림의 경호원이 항상 바로 가까이에 위치하여 경호하고 있다면 어색한 분위기를 자아내어 모처럼의 흥겨움과 해방감도 의미를 잃게 될 것이다. 의뢰인의 행동을 제약하거나 혹은 경호원이 의뢰인의 행동을 감시하고 있는 것처럼 나쁜 인상을 주거나 나아가 위해자가 쉽게 경호원의 존재를 알고 그것을 악용할 소지가 있다. 오히려 이러한 경우에는 캐주얼한 복장을 착용하여 외견상으로는 골프를 즐기고 있는 모습으로 경호업무에 임하거나 또는 일반인과 마찬가지로 의사나 소파에 걸터앉되, 의뢰인과 그 주변에 주의를 기울여야 할 것이다.

이와 같은 현장의 분위기에 맞는 경호업무를 수행하는 것은 실제로 매우 어려우므로 경호업무의 기본을 이해하고 경호감각을 몸에 익히는 방법밖에 없다. 경호업자는 경호업무를 지시할 때 어디에서 어떠한 복장, 언행으로 경호업무에 임하는 것이 좋은가를 가능한 한 구체적으로 시시할 필요가 있다.

2 경호주체와 객체 간의 신뢰관계

경호원은 의뢰인과의 신뢰관계가 형성될 때 비로소 경호에 만전을 기할 수 있다는 것을 자각하고 평소에 의뢰인 및 그 가족이나 관계자와 원활한 의사소통을 하면서 신뢰를 얻기 위해 노력해야 한다. 그러기 위해서는 다음과 같은 점에 유의할 필요가 있다.

1) 비밀의 유지

경호원은 항상 의뢰인의 근접거리 또는 주변에서 경호를 담당하므로 자연히 의뢰인이나 가족, 관계자가 말하는 것을 듣는 경우가 많다. 이러한 대화 중에는 비밀유지 및 프라이버시에 관련된 것이 포함되어 있으므로 절대로 발설해서는 안 된다.

그리고 경호원 상호 간 연락 이외는 불필요한 대화를 삼가 하여 위험요소를 간과하지 않도록 경계해야 한다. 경호원 상호 간의 연락도 간결하게 하고 경우에 따라서는 암호를 사용하는 등 주위의 사람이 그 내용을 눈치 채지 않도록 할 필요가 있다. 실수로 경호원의 대화에서 의뢰인의 행동이나 행선지 등에 대한 정보가 누출되어서는 안 되기 때문이다.

2) 책임감

책임감은 의뢰인과 경호조직 간의 매우 중요한 조건이다. 책임이란 맡아서 해야 할 임무 또는 의무를 말하고, 법적 의미로는 행위의 결과에서 생겨나는 손실이나 제재를 한 몸에 떠맡는 것을 의미한다. 즉, '책임을 다한다'고 할 때는 전자의 의미이고, '책임을 진다'고 할 때는 후자의 의미이며, 경호원의 책임은 이 두 가지 뜻을 모두 포괄한다고 할 수 있다. 특히, 경호원은 그 책임을 다하는 데 있어서 위급하거나 고난이 따를수록 그 완수에 심혈을 기울여야 하며, 직무의 수행과정을 항상 반성하면서 책임감을 스스로 고취하여야 할 것이다. 특히, 자신이 담당하고 있는 책임 구역 내에서 발생되는 위해 상황은 반드시 자신이 책임을 지고 완수해야 하며, 타 방향 또는 지역에서 발생되는 위해 상황은 개입해서도 안 되고 자신의 책임구역을 이탈해서도 안 되기 때문에 더더욱 책임감에 대한 인식은 신변보호업무의 신뢰관계에서 중요한 요소이다.

3) 규율과 절도

의뢰인 및 그 가족, 관계자와의 의사소통을 지나치게 도모한 나머지 의뢰인에게 과잉서비스를 하거나 비굴한 태도를 취하지 않도록 해야 한다. 경호원은 소속 경호회사의 대표로 파견되어 의뢰인의 신변안전임무를 수행한다는 긍지를 가지고 임하는 것이 필요하다. 그 반면, 경호원으로서 경호업무만을 수행하면 족하고, 그 외는 알 필요가 없다는 태도는 의뢰인 및 그 가족이나 관계자로부터 깊은 신뢰를 얻기 어렵다. 양자의 균형을 유지하는 것은 매우 어려운 일이지만 개개 경호원의 탁월한 양식, 경험에 의하여 판단되어야 할 일이다.

4) 성실행동

성실이라는 뜻은 자신에 대하여 충실을 기하는 것이고, 스스로의 본성을 충실하게 실현하는 것을 의미한다. 따라서 경호원은 자신을 속이지 않는 동시에 의뢰인을 속이지 않는 사람이어야 하며, 성실한 마음에서 신의와 미덕이 의뢰인에게 전달될 수 있어야 한다. 만약, 경호원이 성실성을 잃어버리면, 이와 반대로 마음에 거짓과 불의와 부정한 마음이 들게 되면, 경호원 본연의 자세가 흐트러짐으로써 결국 신변보호임무에 큰 차질을 빚게 될 수 있기 때문이다. 따라서 경호원은 거짓이 없는 마음으로 인격을 형성하고 행동양식을 지켜야 한다. 또한 경호원에게 성실한 행동은 행동의 일관성, 다른 조직원으로부터의 호의와 평판, 강한 정의감을 가지고 있다는 믿음, 말과 행동의 일치성 등까지도 포함되는 중요한 요소이다.

즉, 경호원의 말과 행동의 일관성을 통해서 의뢰인은 성실성을 인지하게 될 뿐만 아니라, 앞으로의 행동을 예측하게 되는 것이다. 또한 이러한 성실성은 의뢰인이 경호원을 신뢰함에 따라 경호원으로 하여금 신변에 대한 불안감을 어느 정도 낮출 수 있는 심리적인 요소로도 작용할 수 있다.

5) 선의행동

민간경호에서 선의는 의뢰인의 서비스에 대한 관심의 표명이라고 할 수 있는데, 이는 다음의 세 가지 요소로 이루어진다.

첫째, 의뢰인의 요구와 관심사항을 염두에 두어야 한다. 둘째, 의뢰인의 이익을 보호하는 방향으로의 행동이다. 셋째, 자신의 이익을 위해서 의뢰인을 이용하지 않는 행동이다.

이러한 요소들은 의뢰인으로 하여금 경호원이 선의로서 행동한다고 느끼게 할 것이다.[7]

제 4 절

경호계획서 및 경호지령서

1 경호계획서[8]

1) 정의

경호계획서는 수집된 정보 및 자료를 충분히 검토한 후 주요 항목을 중심으로 작성한 것이다. 포함할 주요 내용은 경호대상자에 대한 특이사항, 신변보호의 목적, 신변보호업무의 시행 일정, 경호대상자의 행동 예정, 경호원의 성명 및 역할, 긴급 상황 시 연

7) 최명옥, "비서와 상사간 신뢰관계형성의 영향요인 및 결과에 관한 연구", 석사학위논문, 1999, 이화여자대학교 대학원, p.20.

8) (社)全國警備業協會, 앞의 책, p.89.

락방법, 사용할 기자재 등이다.

2) 작성 시 유의사항

① 경호대상자의 성명, 주소, 연락처를 명확하게 한다.
② 경호목적, 임무 내용 등을 분명히 한다.
③ 긴급연락처, 긴급연락망을 기재할 때 전화번호, 성명 등을 명확하게 한다.
④ 경호대상자의 행선지 주변의 관계 관공서(경찰, 병원 등)를 기재한다.
⑤ 경호대상자의 행동 예정을 기재한다.
⑥ 경호계획서는 회사 내에서도 극비로 취급하여 보안을 유지한다.

2 경호지령 및 개인임무[9)]

1) 의의

경호지령서는 현장에서 직접 업무를 수행할 때 경호원의 근무요령을 기재한 것이다. 경호지령서에는 경호계획을 기본으로 신변보호업무에 종사하는 경호원의 업무내용을 기재해야 한다. 포함할 주요 내용은 ① 경호대상자, ② 경호목적, ③ 경호일정, ④ 의뢰인의 행동예정, ⑤ 경호원의 성명 및 역할, ⑥ 긴급 시의 연락방법, ⑦ 사용할 기자재 등이다.

2) 작성 시 유의사항 및 주요 내용

(1) 작성 시 유의사항

① 경호대상자의 성명, 주소, 연락처를 명확하게 한다.
② 경호목적, 임무 내용 등을 분명히 한다.
③ 긴급연락처, 긴급연락망을 기재할 때 전화번호, 성명 등을 명확하게 한다.
④ 경호대상자의 행선지 주변의 관계 당국(경찰, 병원 등)을 기재한다.
⑤ 경호대상자의 행동 예정을 기재한다.
⑥ 경호지령은 회사 내에서도 극비로 취급하여 보안을 유지한다.

---

9) (社)全國警備業協會, 앞의 책, p.92.

(2) 주요 내용

경호지령서의 기재사항과 기재요령은 다음과 같다.

① 경호대상자: 대상자의 성명, 경호 현장(대상자의 사저·근무처 주소 등)

② 경호일정 및 담당 경호원: 경호계획과 똑같이 기재한다.

③ 긴급 시(사고발생 시) 처리요령: 긴급 사안에 대한 유의사항을 기재하고, 사안마다 처리요령을 별도로 첨부한다.

④ 실시요령, 경호방법 및 대응요령: 주된 업무와 그 실시요령, 경호방법 및 대응요령을 구체적으로 기재한다.

⑤ 실시상의 유의사항: 실시상 유의해야 할 사항을 조항별로 써서 기재한다.

⑥ 업무보고 및 연락: 업무상 필요한 보고·연락방법 및 보고·처리양식을 제시한다.

⑦ 복장 및 장비, 사용차량 등: 착용할 복장, 장비품 등을 정리한다. 차량을 사용할 경우는 차종, 차량번호도 기재한다.

(3) 첨부자료

① 긴급연락처

② 긴급 시 대응요령

③ 근무 기준표

④ 근무 가동표

⑤ 보고서 및 취급서식

제5절 신변보호방법

경호업무는 신변에 미치는 모든 위험으로부터 안전을 지키는 것이며, 경호원이 임무를 수행할 때는 임무의 중요성 및 특수성을 충분히 이해해야 한다. 따라서 신변보호업무를 실시할 때는 예상되는 사안 및 대처요령에 대한 사전 검토를 충분히 한 후, 자신감을 가지고 경호업무에 임하는 것이 중요하다.

신변보호업무에서는 사전조사에 의해서 수집된 정보에 따라 경호계획을 수립하게 되는데, 특히 경호방법이나 수단에 대해서는 의뢰인의 행동과 형태에 따라서 정해지는 것이 통상적이다. 또한 의뢰인에게 돌발적 또는 예측할 수 없는 행동을 억제하도록 요청하고 위해자 공격 시 위험성을 감소시키는 조치를 취할 경우도 있다.

1 경호임무 수행 원칙[10)]

1) 자기 담당구역의 책임원칙

경호원은 자신이 맡은 자기 담당구역 안에서 일어나는 어떠한 사태에 대해서도 자신만이 책임을 지고 해결해야 한다는 원칙으로서, 어떤 상황 하에서도 책임구역 내에서 발생되는 사건은 반드시 해결해야 한다는 것이다. 반면, 자기 담당구역이 아닌 타 지역에 대해서는 아무리 위급한 상황이 발생되더라도 자신의 책임구역을 이탈해서는 안 된다.

2) 위해자와 격리원칙

경호원은 경호대상자를 안전하게 보호하기 위해서 위해 상황 및 위해기도자로부터 떼어놓는다는 원칙이다. 따라서 목표물이 안전하게 보존되기 위해서는 행차코스는 원칙적으로 비공개되어야 하고, 의뢰인이 행차하기로 예정된 장소는 일반인들에게 알리지 않아야 하며, 대중에게 노출되는 보행행차는 가급적 피하거나 동일한 장소에 대한 이동 경로는 가급적 변경되어야 한다.

3) 유일통로의 접근원칙

이 원칙은 경호대상자와 접근할 수 있는 출입구 또는 통로는 하나만 필요하고 여러 개의 출입구와 통로는 폐쇄하는 것이다. 만약, 여러 개의 출입구와 통로가 있는 경우에는 위해기도자로부터 접근의 용이성을 마련해주는 취약성을 갖기 때문이다.

4) 자기희생의 원칙

경호원은 의뢰인의 신변을 안전하게 보호하기 위해서는 어떠한 희생의 대가가 따르

---

10) 이두석, 『경호학개론』, 개정5판, 인천: 진영사, 2017, pp.185-188.; 김두현, 『경호학개론』, 서울: 백산출판사, 2002, pp.57-59.

더라도 의뢰인의 신변을 안전하게 유지해야 한다는 것이다. 즉, 의뢰인이 위기에 처했을 때에는 육탄방어의 정신으로 보호할 수 있어야 한다는 원칙이다.

2 차량 승 · 하차 시 유의점

위해자가 위해를 시도하기 가장 좋은 때 중의 하나는 차량의 승 · 하차 시이다. 따라서 신변보호업무에서는 경호대상자의 승 · 하차 시에 대한 대비를 강구해야 한다. 피해를 없애기 위해서는 차량의 승 · 하차는 반드시 건물 출입구 쪽에 하는 것을 원칙으로 하고, 승차 시는 경호원의 선도에 따라 안전을 확인 후 건물 출입구 쪽의 차량 문으로 승차한다.

하차 시는 경호원이 먼저 하차하여 주위의 안전을 확인한 후 건물 출입구 쪽의 차량 문을 연 후 하차하는 방법을 취한다.

1) 차량 승차 시[11)]

① 주위의 안전을 확인한다.

② 오른손으로 도어 손잡이를 열고, 왼손으로 도어 상층부에 손을 대어 양손으로 연다.

③ 의뢰인이 승차할 때 지붕의 가장자리를 왼손으로 잡아, 머리가 닿지 않도록 배려한다.

④ 도어를 닫을 때, 의뢰인의 신체(손, 발, 팔) 등에 부딪히지 않도록 확인한 후 닫는다.

⑤ 도어를 닫을 때, 풍압을 완화시키기 위해 조수석의 창을 조금 열어둔다.

2) 차량 하차 시[12)]

(1) 경호원이 1명인 경우

① 경호 차량의 차중에서 주위를 경계한다.

② 수상한 자 이외 후방으로부터 보행자, 자전거, 오토바이, 차량 등의 안전을 확인한 후 조수석의 도어를 연다.

---

11) (社)全國警備業協會, 앞의 책, p.38.

12) 위의 책.

③ 재빨리 내려 경계하면서 신체를 차량외부 방향을 향하도록 하고, 양손으로 뒷문을 열도록 한다.

④ 의뢰인이 내릴 때에 머리가 부딪치지 않도록 왼손을 도어의 틀에 댄다.

⑤ 의뢰인이 차에서 내려, 걷기 시작하자마자 동시에 조수석 도어를 오른손, 뒷문은 왼손으로 닫는다. 이때 주위의 경계를 늦추어서는 안 된다.

⑥ 의뢰인의 우측 후방에 위치하여 대상자의 움직임에 맞춰 경호를 한다.

(2) 경호원이 2명인 경우

① 차량의 상석은 조수석 뒷자리이므로 의뢰인은 조수석 뒷자리에 승차하도록 하고, 경호원1은 운전석 뒷자리, 그리고 경호원2는 조수석에 탑승하도록 한다.

② 하차 시에는 경호원1이 먼저 내려 경계하면서 차량 후방으로부터 조수석 측 후방으로 돌아간다.

③ 경호원2는 주위 경계를 하면서 재빨리 내려, 뒷문을 열어준다.

④ 대상자가 내릴 때 머리가 닿지 않도록 경호원2는 왼손을 문틀에 갖다댄다.

⑤ 경호원2는 앞뒤의 문을 닫고 기본대형으로 대상자를 경호한다.

3 도보이동 시 경호대형

1) 2인 도보 대형

2인 도보 대형은 가장 어려우면서 경호원을 지치게 하는 대형으로서 의뢰인과의 거리유지는 물론 보폭조절, 방어적 위치 선정 등에 있어서도 난점이 많은 대형이다. 경호원은 이동 간 의뢰인을 중심으로 대각선상에 위치하도록 하며, 진행방향을 중심으로 좌・우측 인적・물적 위해요소에 대한 여부를 지속적으로 확인하면서 경계근무를 실시하게 된다.[13)]

2) 3인 도보 대형

3인 도보 대형은 경호 상황에 따라서 삼각형, 역삼각형, 쐐기형태를 유지하면서 경호대형을 갖출 수 있다. 삼각형 경호대형은 주로 군중이 밀접한 곳을 통과할 경우 대형의

13) 이상철, 『경호실무론』, 서울: 홍경, 2000, pp.119-120.

길이와 폭을 조정하면서 이동할 때 사용되고, 역삼각형 경호대형은 진행방향에 위해요소가 있을 것이라고 판단될 때 사용된다. 쐐기대형은 좌 · 우측 중 한쪽이 노출된다는 취약점이 있으므로 지리적, 물적 방벽이 한쪽을 차지하고 있을 경우, 반대방향에서만 경호원들이 자신의 신체를 이용하여 인적 방벽을 형성하도록 하되 개방형으로 진로를 확보하고, 주변 사람들로 하여금 의뢰인과의 신체적 접촉 및 위해요소를 신속히 대처하기 위해서 약 2.5m 이내의 범위에서 수행한다.

3) 4인 도보 대형

4인 도보 대형은 경호대형 중에서 가장 기본적인 가드형태이지만, 의뢰인의 행동을 다소 제한하고 있다는 특징이 있다. 그러나 경호적 입장에서는 매우 안정적인 대형이라 할 수 있으며, 주로 의뢰인이 혼잡한 장소를 이동할 때 또는 타인과의 접촉도가 높은 상황에서 많이 활용되는 도보형태이다. 도보형태로는 박스 대형, 마름모 대형, 사다리 대형, 4인 삼각대형, 쐐기 대형 등이 있다.

4) 5인 도보 대형

5인 도보 대형은 4인 도보 대형과 거의 동일한 상황에서 취해지는 형태로써, 주로 군중 속을 이동할 때에 가장 많이 이용된다. 이는 공격의 전조가 거의 파악될 수 없기 때문에 대형이 더욱 견고하게 형성되어야 할 필요가 있기 때문이다. 가장 많이 활용되는 장소로는 ① 가로, ② 비탈(고개), 계단, ③ 집회, ④ 레스토랑, ⑤ 엘리베이터, ⑥ 스포츠 등의 관전, ⑦ 기자회견 등이 있으며, 각 상황에 맞추어 가드체계를 유지할 수 있어야 한다.

5) 6인 도보 대형

6인 도보 대형은 군중이 흥분하여 의뢰인 주변에 매우 근접하게 접근할 우려가 있을 때 사용된다. 6명의 경호원이 군중과 부딪치는 흐름을 스크럼해가면서 가드에 임하는 것이므로, 최대한 군중의 신체일부가 의뢰인의 신변에 닿지 않도록 간격을 잘 유지해야 한다.

4 사저에 대한 경호 · 경비[14]

1) 우편물, 택배물품 등의 점검

의뢰인의 자택 등에 배송되는 우편물, 택배물품, 부정기 배달물품(화분 등)은 모두 경호원이 점검 조치한다. 발송인은 모두 기록하고 가족에게 짐작이 가지 않는 물품은 원칙적으로 수령하지 않거나 또는 반송 조치한다. 수상한 점이 있는 물품은 의뢰인 및 가족의 접촉을 차단하는 것이 중요하다. 또한 경계레벨에 따라서는 X-ray 투시장치 등을 사용하여 택배물품이나 우편물을 점검하는 것도 중요하다.

2) 주위의 순찰, 점검

경호원은 순찰, 점검을 실시하고 경비상의 변화를 파악한다. 순찰경비는 시설경비업무의 순찰요령과 마찬가지로 정시 · 임시순찰, 정선 · 난선순찰 등을 조합하여 효과적으로 실시하는 것이 중요하다.

또한 수상한 물건을 발견할 때는 '접촉하지 않고, 움직이게 하지 않고, 가까이 가지 않는다'는 폭발물 3대 원칙을 지키는 동시에, 조그만 진동이나 음원(音源)에서 기폭할 우려가 있는 폭발물도 있으므로, 의뢰인 및 관계자의 안전 확보를 위해 피난시키는 조치를 하는 동시에 신속히 경찰기관이나 관계자 등에 연락한다.

3) 경계상의 착안점

(1) 건물 외부 주변

① 외부로부터 내부로 들어오는 곳의 풀을 밟은 흔적과 쓰러진 방향을 확인한다.

② 수목이나 울타리에 매달린 수상한 물건, 폭발물 등이 없는가를 확인한다.

③ 평소와 다른 물건이 없는가를 관계자에게 확인한다.

(2) 건물 내부 주변

① 책상 밑, 천장 뒤 등에 부자연스런 소화기, 쇼핑백, 종이봉투, 작은 상자 등이 놓여 있는지 확인한다.

② 수목에 봉투 등 수상한 물건이 매달려 있는가를 확인한다.

---

14) (社)全國警備業協會, 앞의 책, p.48.

③ 부지 내에 수상한 발자국, 사람 그림자가 있는지 확인한다.

5 숙박처에 대한 경호 · 경비

1) 주변의 순찰, 점검

사지 주위의 순찰, 점검과 마찬가지로 숙박처에서도 그 건물이나 부지의 주위, 주변의 순찰, 점검을 실시해야 한다. 착안점 등은 사저의 순찰 시 점검과 마찬가지이다. 다만, 사저와 같이 평상시의 상태를 알기 어렵기 때문에 더욱 세밀한 관찰과 점검을 하도록 해야 한다.

2) 검색요령

검색은 수상한 사람 또는 물건을 찾는 작업을 말한다. 검색대상의 첫째는 사람의 눈으로 직접 볼 수 있는 모든 것이 포함된다. 둘째는 통상 직접 볼 수 없는 장소, 가려진 곳, 칸막이의 음지, 책상 · 의자 · 테이블 밑, 시목의 사이 등이 검색대상이다.

검색을 할 때는 검색대상을 빠뜨리지 않도록 순서에 따라 눈으로 보면서 점검한다. 그리고 잠복자가 있을 수도 있으므로 조심스럽게 발자국 소리가 나지 않도록 주의하여 순찰검색을 하며, 안전 확인 표시를 종이테이프 등으로 봉인하는 것이 필요하다.

검색 시에는 공구세트, 미러, 금속탐지기 등이 필요하다. 또한 통상 2인 1조로 실시하면서 실내에서는 중앙을 기준으로 나누어 각자의 구역을 담당한다. 검색은 하단범위부터 중단범위, 상단범위의 순으로 빠트리지 않고 꼼꼼하게 한다. 예를 들면, 전화기속, 에어콘, 전원콘센트, 전원스위치, 조명기구, 액자나 책상 위의 물건 등도 주의한다.

6 엘리베이터 탑승 시

엘리베이터를 탑승할 때도 차량의 승 · 하차 시와 마찬가지의 경계요령이 필요하다.

1) 엘리베이터를 탈 때

① 문이 열리자마자 경호원은 엘리베이터 내의 안전을 확인한다.

② 의뢰인이 우선 탑승하고, 경호원은 외부를 경계한다.

③ 경호원이 재빨리 탄 후 엘리베이터를 조작한다.

2) 엘리베이터를 내릴 때

① 문이 열리자마자 경호원은 외부의 안전을 확인한 후 먼저 내린다.

② 주위의 안전을 확인한 후 경호대상자를 내리게 한다.

7 차량이동 시 경호

1) 차량이동 중 경계

차량이동 중의 신변보호업무는 일반적으로 동승경호가 되며, 진행도로에 있어서 차량 상황, 특히 급속으로 접근하는 차량이나 추월하는 차량, 후미차량 및 반대차선의 차량의 동향에 주의를 계속 기울인다. 만일에 대비하여 이동경로상의 병원, 경찰서, 지구대의 소재도 미리 확인하여 둔다. 또한 비상시에 경호원은 경호 차량 운전자와 협력하여 신속하게 대피행동을 할 수 있도록 평소 긴밀한 의사소통을 해둘 필요가 있다.

2) 교통체증이 발생한 경우의 대처

교통체증이 발생한 경우는 교통정보센터 등에 조회하여 정보를 입수한다. 특히, 고속도로에서는 퇴로가 없어 우회가 어렵기 때문에 고속도로에 들어오기 전에 교통정보센터에 조회하여 교통지체현상이 없는지를 확인한다.

3) 교통사고 발생 시의 대처

경호원은 의뢰인의 상태를 확인하여, 부상한 경우에는 즉각 119에 통보하고 구급차로 병원에 동행한다. 또한 의뢰인의 신체에 이상이 없으나 차량은 사용할 수 없는 경우에는 택시 등 다른 교통수단을 이용하여 목적지로 이동한다. 사고처리는 전속 운전자에게 맡긴다.

8 경호대상자에게 협력요청[15)]

위해자의 공격계획 등을 어렵게 하기 위해서는 경호대상자의 행동패턴을 바꾸어주고, 위해자가 예측할 수 없는 행동을 취함으로써 공격의 위험성을 감소시켜야 한다.

이러한 조치는 경호대상자가 경호원을 신뢰할 때에 가능한 것이며, 또 양자의 사전에 면밀한 상의가 필요한 것이다.

경호대상자의 행동패턴을 변경하는 예는 다음과 같다.

1) 이동수단, 이동경로

경호대상자의 이동수단을 일정하게 하지 않는다. 예를 들면, 차량을 사용하는 경우 매일 같은 차종을 타지 않고 종종 차종을 변경하는 것이 필요하다. 또한 이동경로도 귀중품 호송경비업무와 마찬가지로 몇 개의 경로를 선정하여 두고, 자주 이동경로를 바꾸는 것이 효과적이다.

2) 식사 행동

인간은 익숙한 환경에 있을 때 정신적으로 안정을 얻을 수 있다. 그런데 매일 똑같은 시간에 똑 같은 가게에서 식사를 하는 습관적인 행동은 위해자의 공격계획을 용이하게 할 우려가 크다. 따라서 경호를 요하는 기간 중에는 똑같은 식당에서 식사하지 않는 것도 하나의 대책이다.

3) 출가 및 귀가 시

정해진 시간에 출가 또는 귀가하는 행동도 위해자의 공격계획을 쉽게 허용할 우려가 있다. 따라서 경호를 요하는 기간 중에는 일정한 시간에 출가나 귀가를 하지 않도록 한다.

4) 기타

경호대상자가 선호하는 스포츠센터, 판매점, 이·미용소 등도 경호를 요하는 기간 중에는 그 이용을 삼가도록 요청해야 한다.

---

15) (社)全國警備業協會, 앞의 책, p.59.

제 6 절

수상한 자 또는 수상한 차량의 조치[16)]

1 수상한 인물 · 차량의 의의

1) 수상한 인물

신변보호업무에서 수상한 인물이란 일반적으로 의뢰인에게 접근이 허가되지 않는 자이다. 그러나 행사장 등에서 불특정 다수가 존재하는 경우에는 이와 같은 기준에 따라서 판단할 수 없다. 따라서 수상한 거동, 복장, 휴대품 등으로 판단하게 된다. 이 경우, 수상한 인물이란 그 장소의 환경에 맞지 않는 자라고 할 수 있다.

구체적으로는 ① 경호 차량이나 경호원을 보고 급히 숨거나, 옆길로 새거나 또는 되돌아가는 자, ② 멈춰서거나 또는 지나가면서 경호원이나 의뢰인의 사저, 경호 차량의 상태를 엿보는 자, ③ 침착함이 없이 주위의 소리 등에 과민하게 반응하는 자, ④ 일정한 간격을 유지하면서 의뢰인의 뒤를 미행하듯이 걷고 있는 자 등이다.

2) 수상한 차량

수상한 차량은 수상한 인물과 마찬가지의 관점에서 파악하면 된다. 즉 거동, 장비, 외관 등에 의해 판단해야 한다. 구체적으로는 ① 무리하게 추월이나 끼어들기를 하려고 하는 차량, ② 추월할 때에 경호 차량과 나란히 달리면서 경호 차량 내의 모습을 훔쳐보는 차량, ③ 경호 차량을 추월한 후 앞서 갈 수 있는 상황임에도 불구하고 경호 차량의 바로 앞을 주행하고 있는 차량, ④ 부자연스럽게 적재물을 실은 차량, ⑤ 일정한 간격을 유지한 채 경호 차량의 뒤를 따르고 있는 차량 등이다.

2 수상한 행동

위의 수상한 인물, 차량에서 기술한 사람과 차량의 행동이 수상한 행동이다.

수상한 행동을 발견하느냐 못하느냐가 신변보호업무의 성패를 좌우한다고 해도 과

---

16) (社)全國警備業協會, 앞의 책, p.60.

언이 아니다. 따라서 신변보호업무에 종사하는 경호원은 정상행동과 수상한 행동의 미세한 차이를 놓치지 않도록 관찰력과 판단력을 몸에 익혀야 한다.

3 수상한 인물의 발견 시 대처방법

수상한 인물을 발견한 때는 경호책임자에게 보고하고 그 지시에 따라서 행동해야 한다. 그리고 의뢰인을 즉각 대피시킬 수 있는 체계를 갖추어야 한다. 경우에 따라서는 의뢰인을 되돌아오도록 하는 것도 고려해야 한다.

수상한 자와 우연히 마주칠 때, 그 동향에 주의하는 동시에 그 외 수상한 자가 없는지를 파악한다.

4 수상한 차량의 발견 시 대처방법

수상한 차량을 발견한 경우에는 수상한 인물을 발견한 때와 마찬가지로 그것을 경호책임자에게 보고하고 그 지시에 따라 행동을 해야 한다. 또한 경호 차량이 긴급히 대피할 수 있는 체계를 갖추어야 한다.

차량은 주행 중에 공격을 받는 경우는 적으며, 거의 정차 중에 습격을 받는 경우가 많다. 따라서 불필요한 정차는 하지 말고, 속도를 낮추거나 높여서 수상한 차량의 동향을 살피는 것이 필요하다.

제 7 절

대피에 관한 조치[17)]

1 우발 상황 발생 시

대피조치를 취하는 것은 의뢰인의 신체, 생명에 관계되는 사태가 발생한 경우이다. 경호원은 위해자의 공격이 예측되는 곳을 전제로 하여 배치하지만 위해자의 공격은 일

17) 위의 책, p.61.

정한 패턴을 가지지 않는다. 따라서 경호원은 항상 상황에 대한 임기응변의 마음가짐을 가지고 지속적인 교육 및 훈련을 통하여 준비하는 것이 중요하다.

2 현장대피의 중요성

위해 상황이 발생한 경우 경호원은 의뢰인의 신체 · 생명의 안전을 최우선시하면서 신속히 현장을 벗어나 안전한 장소로 유도하는 것이 중요하다.

따라서 경호원은 항상 위험이 잠재되어 있다는 전제 하에 행동하고, 위험의 조기발견을 위해 늘 경계심을 갖는다. 위해 상황이 발생한 경우에는 장비를 활용하는 동시에 사전에 파악하고 있는 이동경로상의 경찰서나 지구대 등을 활용한다.

3 구체적인 대피조치

위해 상황이 발생한 경우, 경호원은 경호대상자의 신체 안전을 지키는 것이 중요하다. 따라서 경호대상자를 위험으로부터 벗어날 수 있도록 대피시켜야 한다.

경호대상자를 대피시킬 때는 다음의 사항을 유의해야 한다.

1) 대피경로의 확인

경호계획 수립 시에 대피경로를 사전에 마련하는 것이 중요하다. 반드시 대피경로는 위해 상황 발생장소와 반대편으로 경호대상자를 대피시키도록 한다. 행사장 건물 내부일 경우에는 하나의 지점을 제외하고는 다른 통로들은 폐쇄시킴으로써 제2의 접근을 미연에 방지하는 것이 중요하다.

2) 위해자에 대한 조치

경호원의 사명은 경호대상자의 신변안전을 최우선시하는 것이며, 위해자의 현행범체포에 비중을 두어서는 안 된다. 경호대상자를 위해하는 사건이 발생한 경우, 위해자가 무기를 소지하고 있지 않는 것을 확인한 뒤에 위해자에게 몸으로 부딪쳐 그 공격을 저지하고, 경호대상자에게 대피할 시간과 대피경로를 확보해 주는 것이 중요하다.

3) 대피방법의 판단

대피수단(도보, 차량)이나 대피장소의 선택은 위해자와의 위치관계, 위해자의 수, 차량까지의 거리 · 방향 등을 감안하여 순간적으로 판단해야 한다. 경호원이 의뢰인에게 바짝 붙어 대피하는 경우는 경호원이 경호대상자와 위해자와의 사이에 위치하여, 위해자로부터 경호대상자를 지키는 것이 필요하다.

차량으로 대피하는 경우에는 경호원이 경호대상자를 뒤에서 눌러 차에 넣고 그대로 덮쳐서 함께 차량을 타고 신속히 출발한다.

4) 위해 상황 발생 시 경호운전

경호원이 차량의 운전자를 겸하는 경우도 있다. 도로교통법을 준수하면서 운전을 하는 것이 당연하지만, 긴급 상황일 경우에는 경호대상자를 안전하게 대피시키는 것이 우선되어야 한다. 그러나 사고를 내지 않고 안전하게 운전할 수 있도록 침착성을 잃지 않아야 한다. 평소 경호대상자가 이용하는 차량의 특성을 충분히 파악하여 안전하고 신속하게 발신하거나 회진하는 등의 운전기술을 익힐 필요가 있다.

제 8 절

보고 및 연락[18)]

1 보고와 연락체계의 의의 및 중요성

신변보호업무에서 보고와 연락체계는 위해 상황에 따른 사건 · 사고 등의 긴급사안이 발생할 때에는 물론 평상시에도 소홀히 할 수 없는 중요한 체계이다.

신변보호업무를 실시할 때는 사전에 관계기관 등과 세부적으로 조정을 하고, 경호본부를 중심으로 경찰, 소방기관 등의 공공기관은 물론 계약처, 경호대상자의 행선지, 신변보호업무에 직접 종사하는 모든 경호원에 이르기까지 적절한 보고와 연락체계를 확립해 두어야 한다.

18) (社)全國警備業協會, 앞의 책, p.72.

2 평상시의 보고와 연락

1) 경호본부(사내)에 보고와 연락

신변보호업무는 경호본부로부터 멀리 떨어진 곳에서, 때로는 이동을 하면서 적은 인원(때로는 단독)으로 실시하는 경우가 많다. 따라서 경호원 개개의 안전과 계약에 의거하여 경호업무가 원활하게 수행되고 있는가를 확인하는 의미에서 평상시의 보고와 연락은 대단히 중요하다.

경호본부는 지정시간에 보고가 없는 경우에는 업무수행 상황과 경호원 개개의 신체의 안전을 확인하기 위해 연락을 취해야 한다.

(1) 업무개시 · 종료 보고

업무개시 및 업무종료 보고는 경호업무의 시작 및 마치는 것을 알리는 보고이다. 이것은 계약에 따라 제공되는 업무수행 상황을 확인하기 위해서도 중요한 보고이다.

업무개시보고는 업무개시 전까지 종료하고, 업무종료보고는 업무종료 후 신속히 해야 한다. 구체적인 보고시간의 설정은 각 경호회사에서 정한다.

(2) 정시보고

정시보고는 지정된 일정한 시각에 하는 보고이며, 경호계획대로 경호업무가 진행되고 있는 것을 확인하는 중요한 보고이다.

보고시각의 설정은 현장의 상황, 주 · 야간별 등을 감안하여 2시간 또는 3시간마다 시간간격을 사전에 정해둘 필요가 있다.

(3) 정소(定所)보고

정소보고는 지정된 일정한 장소에서 하는 보고이며, 정시보고와 마찬가지로 경호계획대로 경호업무가 실시되고 있는가를 확인하기 위해서 하는 중요한 보고이다. 이동을 수반한 경호업무를 실시하는 경우에는 의뢰인 자택 출발 시, 행선지 도착 시, 주요 지점의 통과 시 등 특정 장소를 포인트로 지정하여 보고할 필요가 있다.

(4) 수시보고

수시보고는 수상한 자, 수상한 차량, 수상한 물건 등의 '수상한 징후'를 확인한 경우는 물론, 특이한 상황의 변화에 대해서 시기를 놓치지 않고 필요한 조치를 강구하는 동시에 그 상황에 대하여 크고 작은 것을 빠짐없이 경호본부에 보고하여야 한다.

경호본부는 보고된 정보에 대하여 적절한 판단을 하여, 필요하다고 인정된 경우는 본부에서 지원체계를 준비하는 등 필요한 조치를 강구하는 동시에 경찰기관 등에 연락을 한다.

2) 경찰기관 등에 연락

(1) 경호업무 개시 전의 연락

신변보호업무는 의뢰인이 지명도가 높은 인물인 경우도 많다. 따라서 만일 의뢰인에 대해 위해가 발생한 경우에는 사회공공의 안전이나 경제활동에 중대한 영향을 미칠 수 있다.

의뢰인이 지명도가 높은 인물인 경우에는 당해 경호업무 개시 전에 경찰기관 등에 경호계획서 등을 지참하는 동시에 경호수탁내용 등에 대하여 설명하고, 연락체계를 확립하여 두는 것이 중요하다. 또한 당해 경호업무 종료 후에는 경호업무 실시 상황에 대하여 보고할 필요가 있다.

(2) 경호업무 실시 중의 연락

의뢰인이 사회적으로 지명도가 높은 인물인 경우에는 경호업무 실시 중에 필요에 따라서 적절한 연락을 경찰기관 등에 하는 것이 의뢰인의 생명, 신체, 재산 등의 안전을 확보하는 데 도움이 된다. 따라서 경호업무 실시 중에 특이한 정보 등을 파악한 경우에는 즉시 경찰기관 등에 그것을 연락할 필요가 있다.

경찰기관 등에서는 경호업체가 연락한 정보내용에 대하여 전문적 지식과 경험에 따라 판단하고 필요하다고 생각되는 정보제공, 지시, 조언을 하는 동시에 사건·사고의 발생에 대비하여 필요한 체계를 확립해야 한다.

3) 계약처에 연락

계약처에 경호업무 실시 상황의 연락은 계약처 담당자와 사전 약속에 따라 기일을 정하여 연락해야 한다. 경호업무 실시 상황 전반에 대한 연락은 실시일마다 경호일지에 기재하고 계약담당자에게 제출하는 것이 일반적이다. 다만, 수상한 징후의 확인 등 특이한 정보에 대해서는 그때마다 연락을 해야 한다.

4) 관련 단체와의 연락체계

의뢰인의 행선지(행사장, 공연장, 출장지 등)에 대해서도 사전에 협의하고, 연락담당자, 전화번호(일반, 휴대)의 지정을 받아 예기치 못한 사태발생에 의한 도착시간의 지연, 기타 돌발적 사안이 발생한 경우의 연락체계를 확립해 두는 것이 중요하다. 또한 행선지 도착 전에는 행선지의 연락담당자와 연락을 취하여, 정세 변화, 수상한 징후의 유무 등에 대하여 확인해 두는 것도 필요하다.

3 긴급 시의 보고와 연락

1) 경찰기관 등에 연락

의뢰인에 대한 폭력적 가해행위, 기타 사건·사고 등 긴급사안의 발생 및 그러한 사안의 발생이 구체적으로 예상되는 경우에 의뢰인의 '신변안전 확보'를 최우선으로 한 신속한 피난, 이탈, 방호조치를 강구하는 동시에 경찰기관 등에 대하여 신속하고 적절한 통보를 하는 것은 의뢰인의 '신변의 안전을 확보'하고 사안의 미연에 방지와 발생한 피해의 확대방지 및 조기 진정을 도모하기 위해서도 중요하다.

일반적으로 경찰·소방 기관에 통보는 112번, 119번에 통보하는 것이지만, 상황에 따라서는 지정된 소속 경찰서 등의 연락담당자에게 직접 통보하는 경우도 있을 수 있으므로, 소속 경찰서나 소방서의 일반 공중회선의 전화번호를 파악해 두는 것이 중요하다.

또한 긴급사안이 발생할 때, 단독근무로 스스로 통보할 수 없는 상황이 있는 경우에는 통행인 등의 제3자에게 협력을 구하여 통보를 의뢰하는 것도 하나의 방법이다.

한편, 경찰기관 등으로부터 조회에 대응하기 위해 미리 자기회사 경호본부의 전화번호 및 신변보호업무에 직접 종사하는 경호원 개개의 긴급연락용 전화번호, 기타 필요사항을 경찰기관 등에 통지하여 두는 것도 필요하다.

2) 사내에 보고[19]

긴급 시에 사내보고는 경찰기관 등과의 통화와 마찬가지로 6하 원칙에 따라 실기(失機)를 하지 말고, 간단명료하게 행하는 것이 중요하다.

자사 경호본부는 즉각 사내에서 지원체계를 확립하는 등 필요한 조치를 강구하는 동시에 경찰기관 등에 연락을 하게 된다.

3) 계약처에 연락

계약 처에 긴급 시 연락은 계약처 담당자가 경호업무 실시현장에 있는 경우(회사, 사무소 등)는 구두, 내선전화 등으로 연락을 우선하는 것이 당연하다. 그러나 신변보호업무의 경우 계약처 담당자가 경호업무현장에서 멀리 떨어져 있는 경우도 많으므로 주야를 불문하고 언제든지 신속하고 정확하게 연락을 취할 수 있는 연락체계를 확립해 두어야 한다.

계약처의 연락담당자는 우선순위의 지정을 받아 이름, 직책, 전화번호(근무처, 자택, 휴대전화) 등의 필요사항을 기재한 일람표를 작성해 두는 것이 편리하다.

제 9 절

경호계획[20]

1 경호계획의 의의와 중요성

신변보호업무는 사람의 신체에 대한 위해발생을 그 신변에서 경계하고 방지하는 업무이다. 이 위해발생은 언제, 어디서 일어날지 예상할 수 없는 것이며, 경호원은 어떠한 상황을 만나도 경호대상자의 신체 안전을 확보해야 한다.

따라서 신변보호업무를 실시할 때는 경호대상자의 주변에 잠재된 위험성을 충분히 파악하여, 어떠한 사태가 발생하여도 대처할 수 있는 면밀한 경호계획을 세우는 것이 중요하다.

19) 위의 책, p.73.
20) 위의 책, p.81.

2 사전조사

1) 의의

경호대상이 되는 의뢰인은 정치인, 기업인, 연예인, 체육인 등 다양하기 때문에 의뢰인을 둘러싼 경호상의 문제점도 다양하다. 따라서 경호업무를 적절하게 실시하기 위해서는 의뢰인에게 적합한 경호계획이 수립되어야 한다. 이 경호계획을 수립할 때 중요한 것은 사전조사이다.

계약처에서의 현장청취(hearing)와 의뢰인의 현황을 파악하여 의뢰인을 둘러싼 경호상의 문제점을 명확히 하고 대안을 종합적으로 검토하여 경호계획을 수립하는 것이 필요하다.

2) 협의

계약처로부터 정식으로 경호업무를 의뢰받았을 때는 신속히 관계자 및 직접 참여할 경호원을 소집하여 경호업무 실시에 관한 협의를 하고, 경호업무의 목적, 실시상의 마음가짐, 방침, 요령, 이유 등을 구체적으로 지시한다.

3) 착안사항[21)]

신변보호업무를 할 때에는 경호업무를 할 장소 등을 사전에 현지답사하고, 상황 등을 정확하게 파악해 두어야 한다.

경호업무를 행할 장소에 대한 조사내용은 다음과 같다.

(1) 아파트

아파트의 경우는 의뢰인이 거주하는 층의 확인, 도로에서 아파트 입구까지의 거리, 거주 층의 엘리베이터로부터 현관까지의 거리, 양쪽 이웃집, 상하층의 거주자 상황 등을 확인한다.

(2) 단독주택

단독주택인 경우는 도로에서 현관까지의 거리, 하차위치에서 현관까지의 동선, 하차

21) 위의 책, p.84.

주변에 잠복장소 여부, 양쪽 이웃집, 앞집 거주자 상황 등을 확인한다.

(3) 거택 주변 도로

거택 앞의 도로 폭, 교통량, 보행자의 왕래, 주요 간선도로, 주변의 주정차 가능 장소, 일반통행, 막다른 도로 등을 확인한다.

(4) 숙박처

1층부터 지하층 확인, 하차위치부터 출입구까지 거리, 문의 형태(자동, 수동, 회전), 하차위치 주변에 잠복장소 여부, 주차장의 위치 및 주차형태(기계식 여부), 숙박층, 비상구, 방의 구조, 엘리베이터에서 방까지 거리, 비상구 위치 및 형태(나선형, 철골계단 등), 엘리베이터 위치, 개수, 정지층(짝·홀수용, 저·고층용), 사람용과 화물용 엘리베이터 위치 등을 확인하다.

(5) 강연장소

출발지에서 강연장소까지의 동선, 이용 도로(일반, 고속), 강연회장 명칭·주소·전화번호, 강연회장 평면도, 차량에서 대기실까지 동선, 대기실, 화장실, 비상구 등을 확인한다.

(6) 파티장소

출발지에서 파티장소까지의 동선, 이용 도로(일반, 고속), 파티장소 명칭·주소·명칭, 파티장소 평면도 등을 확인한다. 차량에서 파티장소까지 동선, 대기실, 화장실, 비상구 등을 확인한다.

(7) 옥내·외 경기장

출발지에서 경기장까지의 동선, 이용 도로(일반, 고속), 경기장 명칭·주소·전화번호, 경기장 평면도, 차량에서 좌석까지 동선, 대기실, 화장실, 비상구 등을 확인한다.

(8) 음식점

출발지에서 음식점까지의 동선, 이용 도로(일반, 고속), 음식점 명칭·주소·전화번호, 차량 대기장소 유무, 차량에서 좌석까지 동선, 화장실, 비상구 등을 확인한다.

(9) 공항

출발지에서 공항까지의 동선, 이용 도로(일반, 고속), 공항의 평면도, 차량에서 출발구까지 동선, 도착구부터 차량까지 동선, 화장실, 비상구 등을 확인한다.

(10) 역

출발지에서 역까지의 동선, 이용 도로(일반, 고속), 역의 평면도, 차량에서 개찰구·발차선까지 동선, 도착선부터 차량까지 동선, 좌석위치 등을 확인한다.

(11) 선박

출발지에서 선착장까지의 동선, 이용 도로(일반, 고속), 차량에서 선착장까지 동선, 도착장소로부터 차량까지 동선, 출입구, 좌석위치 등을 확인한다.

(12) 선거

의뢰인의 승차 차량, 유세장소, 유세중 이동 수단(차량, 지하철, 도보), 화장실 등을 확인한다.

3 정보수집[22)]

경호원은 항상 치안환경, 사회정세를 파악하여 경호대상자에게 위해를 가할 우려가 있는 자 및 단체 등에 관한 정보를 입수하기 위해 노력해야 한다. 그리고 계약처가 수집한 정보도 제공받아 그것을 면밀히 검토하고 반영해야 한다. 그러나 정보를 수집할 때에는 타인의 권리, 자유를 침해하지 않도록 충분히 배려해야 한다.

정보의 종류는 다음과 같다.

1) 경호대상자에 대한 일반정보

여기에는 가족구성, 의뢰인에 대한 사회 및 자기회사 평가와 입장, 취미와 특기 등의 정보가 포함된다.

22) 위의 책, p.87.

2) 경호대상자를 둘러싼 특이정보

여기에는 신상정보, 의뢰인이 경영하는 회사의 경영상태, 의뢰인을 둘러싼 수상한 자에 대한 정보 등이 포함된다.

3) 출발 전 정보

출발 전에 파악한 교통규제 및 교통정체 상황, 교통사고 상황, 도로 공사하는 곳의 상황, 도로의 동결, 적설, 침수 등의 상황, 기후 상황, 행선지의 지역 상황 등의 정보이다.

4) 선발경호원의 정보

선발경호원이 사전에 보고하는 현지 기후, 현지의 사람·차량의 상황, 수상한 징후에 대한 점검·보고, 차량정체, 사람의 혼잡 상황 등의 정보이다.

제 15 장 기계경비업무

제 1 절 의의와 구성요소

1 의의

기계경비란 경비대상시설에 설치한 기기에 의하여 감지·송신된 정보를 그 경비대상시설 외의 장소에 설치한 관제시설의 기기로 수신하여 도난·화재 등 위험발생을 방지하는 업무이다.[1] 즉, 외부에서 침입할 수 있는 곳에 각종 감지기를 설치하고 침입 시에 발생하는 빛, 온도, 자력, 압력 등의 변화량을 감지하여 원격지의 관제센터로 신호데이터를 송신하면 출동요원이 출동 대처하는 방식으로 24시간 똑같은 조건과 상태로 경계하는 시스템이다.[2] 따라서 경비활동의 주체인 사람과 이를 보조하는 경비기기를 수단으로 활용하기 때문에 경비업무를 효과적으로 수행할 수 있다.

2 특징

사람에 의해 직접적으로 경비활동이 이루어지는 인력경비와 대비되는 기계경비는 다음과 같은 특징을 가지고 있다.[3]

1) 경비업법 제2조.
2) 안창훈·이강열·최주호, 『시큐리티시스템개론』, 서울: 인포더, 2005, p.16.

첫째, 항상 경비원을 경비대상시설에 배치할 필요가 없기 때문에 소수의 경비원으로 다수의 경비대상시설을 경비할 수 있으므로 비용 대 효과가 우수하다.

둘째, 사람이 직접 감시하는 경우에는 빠트리기 쉬운 정보도 감지할 수 있다.

셋째, 기기를 사용하여 원격감시를 하기 때문에 사람이 직접 감시하는 경우와 같이 정확한 상황판단과 대응이 가능하지 않는 경우가 많다.

넷째, 정보의 정확도 및 내용이 기기의 성능 등에 크게 좌우된다.

다섯째, 정보를 수신한 후에 정확한 조치가 취해지지 않으면 경비효과는 기대할 수 없다.

기계경비업자, 기계경비지도사 등은 이상의 특징 중 불리한 것은 극복하고, 장점은 살려나가도록 노력해야 한다. 꾸준히 개선해야 할 점은 다음과 같다.[4]

① 기기의 개량

② 기기의 유지관리의 철저

③ 현장에 출동하는 경비원에 대한 시령의 개신

④ 경찰기관 등에 대한 신고의 개선

⑤ 경비원, 대기소 등 대응체제의 충실

⑥ 현장의 사실확인 등의 조치

⑦ 현장에 출동하는 경비원의 방어장비의 강화, 이동통신매체 등의 충실

3 기계경비의 구성요소

기계경비업무는 경비대상시설의 기계장치, 관제시설의 수신장치, 긴급대응으로 구성된다.[5]

1) 경비대상시설의 기계장치

대상시설에 설치된 센서 등이 이상을 감지하여 관제시설에 통신회선을 통하여 이상신호를 송신하는 컨트롤러(경보제어판 · 송신기)가 있다.

3) (社)全國警備業協會, 『警備員指導教育責任者 講習教本(Ⅱ), 1號 業務』, 東京: 全國警備業協會, 2007, p.146.

4) 위의 책.

5) (社)全國警備業協會, 『機械警備業務の手引』, 東京: 全國警備業協會, 2006, p.9.

대상시설에 설치된 기계장치의 기능은 다음과 같다.[6)]

(1) 침입, 화재, 설비이상 등의 이상 정보를 검출하는 센서

시설에 대한 불법침입, 화재수신판의 이상, 전기, 공조 등의 설비이상을 감지하는 센서를 설치한다.

화상신호를 디지털로 처리하여 불법침입을 검출하여 화상을 관제시설로 송출하는 센서도 있다. 이 센서의 경우는 민간경비요원이 긴급대처를 하고 시설의 이상을 점검하기 전에 이상 발생 후 즉시 관제시설에서 상황을 판단할 수 있다.

(2) 센서의 상태를 감시 · 표시하는 구분표시기

각종 센서의 상태를 감시하고, 이상표시를 발견한 고객 또는 출동 경비원 등이 가장 빨리 알도록 한 기기가 구분표시기이다.

센서의 상태를 감시 · 표시하는 기능에는 이상 및 경계 · 비경계중 표시의 다른 배선 절단, 합선을 검출하는 기능을 가진 것도 있다.

(3) 방범의 경비개시 · 해제를 하는 출입조작기

시설의 최종 출입구 부근에 설치되어 있는 출입조작기는 계약처 또는 대처한 경비원이 조작하고, 경비의 개시 · 해제를 하는 것이다. 안전성, 편리성을 높이기 위해 최근에는 열쇠 대신 IC 카드를 이용한 출입조작기가 증가하고 있다.

(4) 센서 등의 상태신호를 통신회선을 통하여 관제시설에 송신하는 컨트롤러

컨트롤러는 대상시설에 설치된 센서 등을 제어 · 관리하는 제어장치, 센서 등의 상태신호를 통신회선을 사용하여 관제시설에 송신하는 송신장치로 통상 정전의 백업 대책을 위한 배터리를 내장하고 있다. 최근에는 화상, 음성신호를 송신하거나 쌍방향 통신으로 관제시설로부터 제어신호로 고객의 센서 등을 제어하는 것도 가능하다.

2) 관제시설의 수신장치

대상시설에 설치된 컨트롤러로부터 송신된 각종 이상신호를 수신하여 표시하는 수신장치, 표시장치와 긴급 대처할 경비원에게 지시명령을 하는 지령장치가 있다.

---

6) 위의 책, pp.10-11.

즉, 관제시설에 설치한 기계장치의 기능으로써 대상시설로부터 송신된 도난 등의 이상신호를 통신회선을 통하여 수신·제어하는 수신장치와 표시·기록하는 표시장치, 경비원에게 긴급대처를 지령하는 전화기, 무선기, 기록장치 등의 지령장치가 있다.

대상시설로부터 침입의 이상(異常)화상신호를 관제시설에 송신하는 것으로, 관제시설의 지령담당자는 수상한 자가 건물에 침입한 시점에서 신속히 건물의 상태를 화상에서 인식하는 시스템이다.

이와 같이 긴급대처의 지시를 받은 요원이 현장에 도착하여 현지상황을 확인하고 관제시설에 보고하기 전에 관제시설에서 정확한 확신과 판단이 가능하며, 관계기관 등에 연락 등을 빨리 취할 수 있다.[7)]

3) 긴급대응

기계경비업자는 경비대상시설에 관한 경보를 수신한 때에는 신속하게 그 사실을 확인하는 등 필요한 대응조치를 취해야 하며, 이를 위한 대응체제를 갖추어야 한다.[8)] 즉, 관제시설 등에서 경보를 수신한 때에는 늦어도 25분 이내에는 경비원을 도착시킬 수 있는 대응체제를 갖추어야 한다.[9)]

관제시설의 지령에 따라 즉시 경비원이 대상시설에 출동하여 그 이상내용을 확인하고 필요한 조치를 하여야 한다.

경비대상시설에서 이상이 발생한 경우의 대응수순은 다음과 같다.[10)]

① 침입 등의 이상정보를 센서 등이 감지하여 단말장치가 통신회선을 통하여 경비업자의 관제시설에 이상신호를 송신한다.

② 관제시설의 경비요원은 이상신호에 따라 즉시 대기하고 있는 경비원 또는 차량으로 순찰 중인 경비원에게 출동을 지시한다.

③ 지시를 받은 경비원은 즉시 대상시설로 출동한다.

④ 출동한 경비원은 대상시설의 주위를 점검한다. 이상이 있다면 관제시설에 연락하여 경찰기관, 소방기관, 긴급 연락처 등으로 통보를 의뢰한다. 또한 현장감시, 현장보존 등의 필요한 조치를 취한다.

---

7) 위의 책, p.12.
8) 경비업법 제8조.
9) 경비업법 시행령 제7조.
10) (社)全國警備業協會, 『機械警備業務の手引』, 앞의 책, pp.9-10.

⑤ 밖의 주위를 점검하여 이상이 있으면, 계약처에서 맡긴 열쇠를 사용하여 대상시설의 내부를 점검한다. 이상이 발견되면 전항의 조치를 취한다. 열쇠를 맡고 있지 않는 경우는 미리 정해진 연락처 등에 연락한다.

이렇게 순환하는 관계업무를 경비업자가 일관하여 운용하는 것이 기계경비시스템을 유지하고 신뢰를 높이는 데 필요한 조건이다. 즉, 이 기계경비시스템을 일관되게 운용하는 것이야말로 계약처의 신뢰와 연결되며, 기기의 신뢰성, 운용, 유지 · 관리, 시대, 사회정세에 맞는 대응이 확립되어 신상품개발에 노하우가 될 것이다.

제 2 절

침입감지시스템

1 침입감지시스템의 의의

침입감지시스템(intrusion detection system)[11]이란 경비대상시설에 허가되지 않은 사람의 침입 등 이상 상황을 현장의 센서로 감지하여 그 정보를 경보형태로 관제시설에 송신하여 적절하게 대응할 수 있게 해주는 시스템이다.

침입감지시스템의 기초가 되는 원리는 전자회로(electrical circuit)의 차단, 빔(beam)의 중단, 동작의 인지, 소리의 인지, 진동의 인지, 정전기(electrostatic) 변화의 인지이다.[12]

침입감지시스템이 충실하게 기능하기 위해서는 다음과 같은 센서, 통제장치, 경보장치가 필요하다.[13]

첫째, 센서는 이상상태를 감지하여 시스템 통제장치에 신호를 발생시키는 역할을 한다.

둘째, 컨트롤러는 시스템 주장치로 보호되고 있는 지역에 출입이 허가된 사람을 출

11) 침입감지시스템은 도난경보시스템, 전자경비시스템, 무인경비시스템 등 다양한 명칭으로 사용되고 있다.

12) John J. Fay, *Contemporary Security Managenent*, Boston: Butterworth-Heinemann, 2002, p.148.

13) 정태황, 『기계경비론』, 서울: 백산출판사, 2001, pp.37-38.

입시키는 기능과 센서가 감지한 경보 상황을 그 정보가 필요로 하는 사람에게 전달하는 역할을 수행한다.

셋째, 경보장치는 근무자에게 경고하여 적절한 조치를 취할 수 있게 해주는 장치이다.

2 침입감지센서

1) 방범용 센서

(1) 스위치 센서

넓은 의미에서 모든 침입감지센서는 스위치형태로 작용한다. 그러나 여기서 말하는 좁은 의미의 스위치센서는 직접적인 스위치 작용으로 경보신호를 발생시키는 형태를 포함하는 것을 말한다. 따라서 스위치센서란 어떤 특정한 조건을 초월하여 외부에서 발생하는 힘의 영향을 받아 흐르는 전류를 순간적으로 변화시키는 장치이다.[14]

스위치 센서의 종류는 기계스위치, 마그네틱 스위치, 전선스위치, 압력스위치, 압전매트, 관성스위치, 비상스위치 등이 있다. 이중 초기에 사용했던 기계스위치는 물리적 접촉이 두 개의 표면에서 끊어질 때 반응하는 간단한 장치이다. 이 기계스위치는 보통 출입문, 유리창, 서랍(drawers), 캐비닛 등에 설치한다.[15] 즉, 문과 문틀 사이에 끼워 설치하면 문이 열리고 닫히는 것을 스위치 작용에 의해 감지하여 관제시설에 송신하는 것이다.

그리고 매우 많이 사용되는 마그네틱 스위치는 두 개의 접촉점(예: 문과 문틀)에 있는 마그네틱이 끊어질 때 작동한다.[16] 창이나 도어의 개폐를 감지하는 센서로 많이 사용되며, 이것은 자성에 의해 단속되는 스위치 접점을 이용한 스위치 센서의 일종이다. 자석과 리더스위치의 복합이 일반적이다.

(2) 열선 센서

열선 센서는 인체의 표면에서 방출되는 적외선을 감지하는 센서이다. 즉, 감지지역의 주변 온도와 침입자의 체온 차이에 의해 온도변화가 생기는 경우 이상(異常)상태로 감

---

14) 위의 책, p.92.
15) John J. Fay, op. cit., p.151.
16) Ibid.

지한다. 따라서 이와 같은 적외선 에너지 변화를 전기적인 에너지로 변환하여 경보신호를 발생한다.

열선 센서는 주위 환경변화에 민감하지만 침입자를 거의 빈틈없이 감지할 수 있으므로 벽이나 천장에 부착하여 내부 공간감지를 위해 가장 많이 사용되고 있다.[17]

(3) 초음파 센서

초음파 센서(ultrasonic sensor)는 초음파를 방사하여 그 반사파가 침입자 등에 의해 변화하는 것으로 이상을 감지하는 센서이다. 즉, 송신기로부터 송출한 초음파가 이동물체에 반사되어 되돌아올 때, 송출 시의 초음파 주파수가 그 이동 물체의 속도에 따라 변화해서 수신기에 들어온다. 수신기에서는 그 변화를 검지해서 신호출력이 발생하는 것으로 이 주파수가 변화하는 현상을 도플러 효과라 한다. 따라서 초음파 센서는 도플러 효과를 이용한 감지기이다.[18]

(4) 마이크로웨이브 센서

마이크로웨이브 센서(microwave sensor)는 마이크로파를 발신해 침입자의 움직임과 물체의 이동을 도플러 효과에 의해 감지하는 방식으로 송신기와 수신기가 한 군데 있는 일체형과 분리형으로 분리된다.[19]

(5) 진동 센서

진동센서(vibration sensor)는 벽・천장 등에 설치하여 겹쳐진 진동판이 진동, 충격 등을 감지하는 기계식 타입과 압전(壓電)효과로 검출하는 유형이 있다. 압전효과(piezoelectric effect)는 물체에 힘을 가하면 신축된 순간에 전압이 발생하는 성질과 거꾸로 물체에 전압을 가하면 신축하는 것, 즉 압전성이 나타나는 현상이다.[20]

(6) 적외선 센서

투광기(投光器)와 수광기(受光器)로 구성된다. 적외선 센서(infrared sensor)는 불가시광선인 적외선을 투광(投光)하고 침입자 등이 있는 경우 수광이 차단되면 감지하는

---

17) 정태황, 앞의 책, p.106.
18) 안창훈・이강열・최주호, 앞의 책, p.85.
19) 위의 책, p.87.
20) 위의 책, p.88.

센서이다.

(7) 셔터 센서

셔터 센서는 셔터, 대형문 등의 개폐, 즉 셔터를 올리고 들어오는 침입자를 감지하는 센서이다. 셔터 센서는 적외선식, 마그네트식, 기계식의 세 가지 유형이 있다.

(8) 유리파손 센서

유리창을 깨고 도둑이 침입하는 경우가 많다. 유리파손 센서(glass break sensor)는 유리파손을 감지하는 센서이다. 이것은 유리창에 직접 부착하여 파손시의 고유진동을 감지하는 부착형 유리파손 센서와 유리가 깨질 때 유리 특유의 파괴음에서 나오는 주파수를 감지하는 음향센서가 있다.

2) 방재용 센서

방재용 센서는 화재발생 시 열과 연기를 감지하는 화재감지기와 가스누설을 감지하는 가스누설감지기가 있다.

(1) 열감지기

① 차동식(差動式) 스포트형

센서 내에 감열실이라고 부르는 공간을 두고, 그 내부의 공기가 화재 등에 의해 급속하게 팽창할 때, 감열실의 격차와 격벽(隔壁)과 격벽상의 접점이 닫쳐 이상을 감지한다.

② 정온식(定溫式) 스포트형

팽창계수가 다른 2종의 금속을 붙인 바이메탈이라고 부르는 금속판을 이용하여, 이것이 열에 의해 팽창이나 굽을 때 접점이 닫치도록 설계된 센서이다.

③ 보상식 스포트형

차동식과 정온식을 조합한 것으로 각각의 단점을 보완한 것이다. 내부에는 바이메탈과 감열실의 양자를 가지고 있다. 이것은 주위온도가 일정온도 상승률과 일정온도 이상이 되면 감지하는 방식이다.

(2) 연기감지기

화재 시에 발생하는 연기를 감지하는 방식으로 이온화식과 광전식 등 두 종류가 있다.

① 이온화식

이온화식은 감지기 내로 들어오는 연기로부터 방사성물질의 이온전류를 읽어 화재를 감지하는 센서이다.

② 광전식(光電式)

광전식은 감지기 내에 들어가는 연기의 입자에 의해 감광(減光)하는 빛을 읽어 화재를 감지하는 센서이다.

(3) 불꽃감지기

불꽃감지기는 불꽃으로부터 방사되는 적외선이나 자외선의 변화가 일정량 이상이 될 때에 작동한다.

(4) 가스누출감지기

가스누출감지기는 반도체(산화아연) 또는 가열한 백금을 가지고, 이것에 가스분자가 흡착하거나 연소한 경우 변화하는 전기저항을 검출하는 것이다. 가스누출을 감지하는 센서로 LPG용과 도시가스용이 있다.

3 컨트롤러

컨트롤러는 각종 센세로부터 이상정보를 수신, 분석, 판별하여 통신장치 및 표시장치에 출력함으로써 신호에 대한 사항을 인식시키는 장치이다. 동시에 경보개시와 종료를 제어하고, 관제시설에 송신하는 기능을 구비하고 있다. 컨트롤러에는 조명의 점등・소등제어나 전기자물쇠의 개폐 등 설비기기의 제어 기능을 가진 것도 있다.

센서 등으로부터 신호를 모으는 것은 케이블배선에 의해 행해지지만, 그 케이블의 단선 등의 이상에 대해서도 감지하는 기능이 있다. 또한 단말장치와 통신방식으로 접속시켜 어느 센서가 감지한가를 판별하는 기능도 있다. 관제시설로의 송신은 선택한 통신방식에 의해 다르며, 또한 각 정보의 제어부분은 부가되는 서비스내용에 따라 종류가 다양하다.[21)]

4 통신장치

통신장치는 컨트롤러에서 발생되는 모든 출력을 관제시설로 송신하기 위한 장치이다. 이것은 컨트롤러와 같이 수용된 형태와 별도로 구성되어 있는 형태로 나눌 수 있다.

통신장치는 원격지의 관제실까지 구성되는 망(network)의 종류에 따라 공중회선 방식, 전용회선 방식, 무선 방식으로 구분할 수 있다.[22]

첫째, 공중회선 방식은 경비대상시설의 가입전화를 이용하는 방식이다. 따라서 컨트롤러에서 신호송신 시 접속되어 있는 가입전화 회선을 이용하여 관제센터의 수신기 전화번호를 다이얼링하여 접속 시 신호를 송신하는 방식이다.

둘째, 전용회선 방식은 경비대상시설과 관제시설 간에 기계경비업무 전용의 통신회선을 사용하는 것이다. 이것은 24시간 상시 전용회선으로 경비대상시설을 감시할 수 있는 방식이다.

셋째, 무선 방식은 컨트롤러에서 관제시설까지 무선으로 통신하는 방식이다.

5 관제시설장치(수신장치)

수신장치는 컨트롤러로부터 송신된 이상정보를 수신 및 표시하는 것이다. 이것은 채용하는 통신방식에 따라서 송수신의 형태는 다양하다.

관제시설장치에는 수신시각과 정보내용을 화면에 표시하는 방식이 많고, 감시요원에 대한 주의를 집중하기 위해 경보발생 기능을 구비하고 있다. 또한 정보의 기록 등에 대해서는 전자적 매체에 보존하여 필요할 때에 모니터로 확인 및 프린터로 출력하는 방식이 일반적으로 사용되고 있다.

표시장치에 일반적으로 표시되는 경비정보는 ① 단말번호(어드레스) · 경비대상시설명, ② 수신일시, ③ 감시항목, ④ 응납확인시각, ⑤ 취급자명, ⑥ 대처방법 · 결과 등이다. 그리고 관제시설에는 수신한 정보에 따라 현상에 출동할 경비원, 관계기관 등에 지령 또는 연락을 하기 위한 통신기기가 구비되어 있다.

---

21) (社)全國警備業協會, 『警備員指導教育責任者 講習教本(Ⅱ), 1號 業務』, 앞의 책, p.152.
22) 안창훈 · 이강열 · 최주호, 앞의 책, p.107.

제3절

침입감지시스템 설치

1 침입감지시스템 설계

기계경비업무를 실시하기 위한 경비진단은 일반적인 시설경비업무의 경비계획 수립 시의 사전조사사항과 센서 등의 설치 설계내용이 기계경비업무의 효과에 큰 영향을 미친다.

따라서 현장조사를 통해 적용할 센서의 선정에서부터 경보신호 전달체계 선정, 대응에 관한 일반적 사항과 비상시 조치 등 시스템 설치를 위한 사항을 충분히 검토할 수 있어야 한다.[23]

센서 설치 등의 설계는 어떤 시설에 기계경비업무를 하려고 하는 경우에 처음 취하는 활동이다. 충분한 설계를 하지 않고 기계경비업무를 실시한 경우에는 경보가 작동한 경우의 조치가 아무리 적절하다고 해도 충분한 경비효과를 기대할 수 없다.

설계 시 고려해야 할 사항은 다음과 같다.[24]

① 우선, 경비대상시설의 입지조건, 규모, 구조, 업종이 기계경비업무가 가장 유효한 경비방식인가의 여부를 심사한다.

② 경비대상시설의 내외에 걸쳐 사고가 발생할 우려가 있는 장소가 누락되지 않도록 설계 속에 포함되어 있는가의 여부를 심사한다. 단지 사고방지의 측면만 보지 말고 계약처가 다음날부터 통상 업무가 수행될 수 있는지의 여부를 포함한 모든 면에서 대책이 강구되어 있는지 심사한다.

③ 각종 사고에 대응할 센서가 적절하게 설치되어 있는가를 심사한다.

④ 위와 같은 내용을 검토할 때는 항상 비용 대 효과에 유의할 필요가 있다.

각종 센서가 구비해야 할 조건은 다음과 같다.[25]

① 신뢰성이 보증되는 것이어야 한다.

---

23) 정태황, 앞의 책, p.58.

24) (社)全國警備業協會, 『警備員指導教育責任者 講習教本(Ⅱ), 1號 業務』, 앞의 책, p.148.

25) 위의 책.

설치된 장소에 포착해야 할 현상이 생긴 경우에 반드시 감지할 것. 기상조건, 환경조건에 따라 좌우되지 않는 것이 필요하다.

② 취급이 간편한 것이어야 한다.

복잡한 조정이나 조작이 필요하지 않는 것으로 누구라도 다룰 수 있는 것이 필요하다.

③ 눈에 띄지 않아야 한다.

경비에 사용되는 것으로 눈에 띄는 것은 범행을 하기 쉬고 미관상으로도 좋지 않다. 다만, 방범카메라와 같이 눈에 띄어 범죄방지효과가 기대되는 경우는 그렇지 않다.

④ 내구성이 있는 것이어야 한다.

한 번 설치하면 수년 간 기능이 유지될 수 있는 것이 필요하다.

⑤ 현저하게 비싸지 않는 것이어야 한다.

비용 대 효과를 고려하는 것이 필요하다.

2 설명의무 및 대응체제의 정비[26)]

기계경비업무의 시작 시에는 경보장치의 조작을 계약처가 확실하게 하고, 이상발생 시에 경비회사가 대처를 하는 상호관계가 성립된다. 경비계획 및 조작에 대해서는 계약처가 충분히 이해한 뒤 운용되는 것이 중요하다. 오경보방지 설명의무 등 경비계획 및 계약의 내용에 대해서도 사전에 설명하고 계약처가 받아들이는 것이 중요하다.

대응체제의 기준은 경보를 수신하고부터 25분 이내로 경비원을 현장에 도착시켜야 한다. 배치할 때는 경보에 대응할 수 있도록 배치 및 다른 지역으로부터의 백업체제 등 다양한 대책을 강구할 필요가 있다. 결국 경비대상시설과 대기소의 소요시간이 소정의 시간 이내에 있다면 좋은 것이 아니라 경비대상시설에 항상 소정의 시간 이내에 경비원이 도착할 수 있도록 하는 것이 중요하다.

3 시스템 설치

시스템 설계를 기초로 하여 시스템을 설치하게 되는데, 특히 침입감지시스템이 안정

26) (社)全國警備業協會, 『機械警備業務の手引』, 앞의 책, p.149.

적으로 설치되었다 하더라도 경비대상시설이 침입자의 물리적인 행동으로 쉽게 부서진다면 침입감지시스템의 효과는 기대하기 어려우므로 물리적으로 보호할 수 있는 장치와 함께 적용되어야 한다.[27]

제 4 절

관제시설 요원

1 관제시설 요원의 업무

1) 지령업무

경비대상시설에서의 이상상태를 수신한 정보에 따라 관제시설에서는 출동요원[28]을 신속하게 현장에 출동시켜 대응조치를 강구하여야 경비효과를 거둘 수 있다.

지령업무란 경비대상시설에 설치한 컨트롤러로부터 송신된 이상신호를 수신장치로 수신한 관제센터 요원이 그 경비정보에 따라 현장확인을 위해 신속한 출동지령, 경찰기관 등에 연락, 적정한 초동조치의 확보 등에 관련된 일련의 업무이다.[29] 따라서 관제센터 요원은 경험이 풍부하고 판단능력이 있고, 침착하고 냉정하게 대처할 수 있는 자를 선임하는 것이 적절하다.

지령업무의 내용은 다음과 같다.[30]

① 수신장치의 상시 감시

② 정보의 수신에 따라 표시된 경비 정보내용의 식별

③ 출동요원의 현장출동 및 현장에서의 조치요령에 대한 지시

④ 출동요원에게 지령 후에 표시된 경비 정보의 전달과 지시

⑤ 출동요원을 통한 사고내용, 규모 등의 확인

⑥ 즉시 통보의 판단과 경찰기관 등에 통보 및 경비대상시설의 책임자 등에게 연락

27) 정태황, 앞의 책, pp.60-61.

28) 경비회사에 따라 대응요원, 대처요원, 출동요원 등으로 부른다.

29) (社)全國警備業協會, 『機械警備業務の手引』, 앞의 책, p.56.

30) (社)全國警備業協會, 『警備員指導教育責任者 講習教本(Ⅱ), 1號 業務』, 앞의 책, p.156.

⑦ 상사에게 보고 및 상사로부터 지시사항의 전달
⑧ 수신내용 및 그 후 조치 등의 기록

2) 출동요원에 대한 지시

경비대상시설의 사고발생에 관한 정보를 수신한 경우에는 관제시설 요원은 가장 가까운 대기소 또는 순찰 중인 차량에 연락하여 출동요원을 출동시켜야 한다.

이 경우 가능한 한 빨리 현장에 도착시키기 위해서 대기소의 관할, 경비원의 분담 등을 미리 정해 놓을 뿐 아니라 지시요령도 숙지해 두어야 한다. 그리고 최초로 현장에 도착한 요원이 중대한 사고라고 판명한 경우나 경보의 원인을 파악하지 못하는 경우에는 고참요원이나 기술자 등을 지원하는 조치를 취해야 한다.[31]

3) 경찰기관 등에 대한 신고

경찰기관에 대한 신고는 112번이지만, 112 신고는 경비업자 이외의 일반시민도 이용하는 것이며, 신고에 따라서 경찰력이 발동되는 것이므로 꼭 필요한 경우에 신고해야 한다.

따라서 경비업무에서 경찰기관 등에 신고할 때는 도난 등의 이상 정보를 수신한 경우, 출동요원이 현장을 확인한 후 해야 한다. 그때 침입의 행적을 발견하고 분명히 이상을 확인한 경우에는 즉시 112번에 통보하고, 또한 화재 등의 이상정보를 수신한 경우도 119번에 신고를 하는 동시에 계약처에 신속하게 상황보고를 해야 한다.

따라서 관제시설 요원 및 출동요원은 사전에 경비대상시설의 주소 및 목표물 등을 숙지하는 동시에 정확한 상황파악과 신속하고 정확한 신고요령을 숙지할 필요가 있다.

관제시설 요원이 신고할 때는 ① 경비업자명, 관제시설명 및 신고경비원 성명, ② 계약처 명칭과 업종 및 소재지 주소와 가장 가까운 목표물, ③ 수신정보내용과 수신시각 및 출동요원의 현장도착시각, ④ 출동요원으로부터 보고내용 등을 중심으로 한다.

2 관제시설 요원의 자세

기계경비업무에서 관제시설 요원은 관제센터의 중요성을 인식하고 충분한 경비효과

31) 위의 책, pp.156-157.

를 높이기 위해 노력해야 한다.

따라서 다음과 같은 마음자세를 견지하고 매일 지령업무를 적절하게 수행하는 것이 중요하다.32)

① 기계경비업무용 시스템 기기의 지식, 기능 및 조작요령의 숙달을 위해 노력한다.
② 수신장치가 정상적으로 기능하고 있는지 항상 점검, 정비에 힘쓴다.
③ 단말장치의 송신 기능에 이상이 없는지 매일 점검, 확인한다.
④ 경비대상시설에 설치한 경비기기의 종별, 기능, 설치장소, 계통 등을 장악한다.
⑤ 경비대상시설에 관한 정보는 항상 최신의 것을 정비하여 유사시에 대비한다.
⑥ 경비정보를 수신한 때는 즉시 현장출동을 지령한다.
⑦ 현장출동할 경비원에 대한 지령 · 지시는 간결하고 명료하게 한다.
⑧ 현장출동 경비원에 대한 지령 · 지시를 할 때는 교통사고방지, 부상사고방지에 대하여 주의를 환기한다.
⑨ 현장출동 경비원의 출동대처 상황, 소재를 상시 파악하여 유기적인 지령업무에 노력한다.
⑩ 중요한 사안에 대해서는 신속히 상사에게 보고하고 그 지시를 받아 처리한다.
⑪ 근무교대할 때 근무 중에 취득한 특이사안 등은 확실하게 인계하고 상사에 보고한다.

제5절

출동요원

1 초동조치 업무

1) 초동조치의 의의

초동조치란 도난 등의 사고발생에 관한 정보를 수신한 경우에 출동을 명령받은 요원이 현장에 출동하여 현장확인 기타 필요한 조치를 하는 일련의 활동을 말한다. 초동조

32) (社)全國警備業協會, 『機械警備業務の手引』, 앞의 책, p.57.

치는 관제시설의 지령에 따라 행하지만, 현장에 출동한 요원은 일초라도 빨리 현장에 도착한 후 필요한 조치를 강구하여 피해발생 또는 그 확대를 방지해야 한다. 그리고 사후에 경찰의 수사활동 자료의 입수가 용이하고, 범인체포와 피해의 조기회복에 기여할 수 있도록 초동조치의 요령을 숙지해야 한다.[33)]

또한 그 정보가 오보인 경우에도 재빨리 현장에 도착하여 점검 확인하여 그 원인을 규명하고 시정대책을 강구해야 한다.

2) 경비대상시설에 들어가기 전의 조치

경비대상시설에 들어가기에 앞서 대상시설 전체의 관찰과 주변 점검이 필요하며 그것을 소홀히 하는 것은 극히 위험하다.

경비대상시설에 따라서 그 확인해야 할 내용은 다양하지만 일반적으로 주의해야 할 사항은 나음과 같다.

(1) 경비대상시설 전체의 관찰[34)]

출동요원이 도착 시에 경비대상시설 및 그 주변에 대하여 이상 유무를 확인해야 한다. 도착과 동시에 그 시설의 내부에 들어가는 것은 이미 침입해 있는 도둑 등이 있는 경우에 시설 내에서 불의의 공격대상이 되기 쉬우므로 주의해야 한다.

주변 점검은 차량을 운전하면서 하는 경우와 차량에서 내려 도보로 하는 경우가 있지만, 차량에서 내린 경우에는 반드시 엔진 키를 뽑고 차문을 잠근다.

(2) 외주 점검[35)]

외주 점검 시 유의사항은 외부로부터 침입 등의 흔적, 시설 내부에 사람 그림자, 이야기 소리 등의 유무, 경비대상시설 주변에 수상한 자의 유무 등을 확인하는 것이다.

구체적으로 다음과 같은 사항에 대하여 주의 깊게 점검할 필요가 있다.

① 기다렸다고 생각되는 장소에 어지럽게 담배꽁초나 껌의 포장지 등의 확인

② 지상에 방치된 사다리 또는 항상 놓여 있는 사다리 위치의 변화

③ 창이나 기타 침입 가능한 경로에 방치되어 있는 빈상자 등의 물건

---

33) (社)全國警備業協會, 『警備員指導教育責任者 講習教本(Ⅱ), 1號 業務』, 앞의 책, p.163.

34) 위의 책, pp.166-167.

35) 위의 책, p.167.

④ 건물의 위에서 내려와 있는 로프
⑤ 지상에 흩어져 있는 유리창 파편
⑥ 지상에 남아 있는 도난품이나 침입용 도구의 일부라고 생각되는 물건
⑦ 커튼이 닫친 방향의 변화
⑧ 유리창의 파괴와 창의 개방
⑨ 옥내 도어의 개폐음, 물건을 끄는 음, 파괴음, 전기드릴음 등
⑩ 옥내 또는 외부의 어둠 속에서 들리는 사람의 이야기 소리
⑪ 창・문의 잠금장치 파손

(3) 내부 점검[36]

내부 점검을 할 때에는 외주 점검에 이상이 없는 경우에도 충분히 주의할 필요가 있다.

구체적으로 다음과 같은 사항에 주의할 필요가 있다.

① 내부 점검을 위해 건물내에 들어 갈 때는 사전에 관제시설에 보고한다.
② 최종출입구의 잠금장치를 해제할 때는 부근에 수상한 자가 없는가를 확인한 후 조치하며, 건물 내에 들어가서 잠근다.
③ 건물 내에 들어갈 때는 조용하게 문을 열고 사람의 인기척이 없는가, 무슨 소리가 없는가 오감으로 확인한다.
④ 불의의 반격 등을 고려하여 소재가 밝혀지지 않도록 회중전등도 최소한 사용하여 신변의 안전을 도모한다.
⑤ 이상을 감지한 장소에 이르기까지는 불법침입자가 어디에 숨어 있는지 알 수 없기 때문에 불의의 공격에 대비하면서 각 장소를 확실하게 점검하고, 안전확인을 하며, 자기의 배후에 미점검장소를 남기지 않도록 한다.
⑥ 점검하다가 침입흔적이나 피해의 유무가 확인되지 않을 때는 안이하게 '이상 없음'이라고 판단하지 말고, 가능한 한 감지한 원인을 추적한다.
⑦ 내부 점검 중 사람의 움직임이나 소리가 있고, 불법침입자가 있을 가능성이 높을 때는 상대방에게 들키지 않도록 신속히 건물 밖으로 빠져나와 그 상황을 관제시설에 보고한다.

---

36) 위의 책, p.168.

3) 경찰관이 도착할 때까지의 조치[37)]

점검 중 이상을 발견한 경우에는 있는 그대로 현장 상황을 관제시설에 보고하고, 그 지시에 따라 행동하는 것이 가장 중요하다. 출동요원이 자의적인 추측이나 판단을 해서는 안 된다.

출동요원은 현장에 도착하면 바로 관제시설에 도착했음을 알리고, 그 후 경비대상시설 전체의 관찰, 외주나 내부의 이상확인을 할 때 일정시간을 정해 반드시 지금까지의 경과를 관제시설에 보고한다. 출동한 요원이 도둑에게 피습되는 경우도 있으므로, 일정시간이 경과해도 연락이 없는 경우에는 관제시설에서 응원 경비원을 출동시킬 것인지, 경찰기관 등에 연락할 것인지를 검토할 필요가 있다.

(1) 현장 상황의 보고, 신고요령

현장 상황의 보고는 이상을 발견한 지점에서 가장 가까운 장소에 있는 연락수단(휴대전화, 무전기, 공중전화, 부근 파출소 등)을 가지고 신속하게 한다.

경비원은 항상 경비대상시설의 상황을 조사하고 전파・무선감도가 양호한 위치에서 연락수단의 파악에 유의한다.

신고요령은 6하 원칙(5W1H)인 몇 시에, 어디서, 누가, 무엇을, 어떻게, 왜를 기본으로 명확히 있는 그대로의 내용을 보고해야 한다.

(2) 경찰관이 도착할 때까지 범인의 퇴로차단 등의 조치

침입한 범인이 도주할 장소는 침입구, 어두운 창・문, 보일러실, 기계실의 창문, 화장실의 창 등이다. 따라서 경찰관이 현장에 도착하기까지 이상의 장소를 고려하여 행동을 감추면서 경계체제를 취한다.

복수의 경비원이 현장에 도착한 경우는 각 경계장소를 효과적으로 선정하고 보다 확실한 경계체제를 취한다.

경찰관이 도착한 경우에도 경계를 계속하면서 경계장소에 대해 경찰관에게 상황설명을 하는 것이 필요하다. 경찰관이 도착했다고 긴장을 풀고 안이하게 경계체제를 해제하여 경계장소에서 도둑이 도주할 수 있다.

---

37) (社)全國警備業協會, 『警備員指導教育責任者 講習教本(Ⅱ), 1號 業務』, 앞의 책, p.168.

4) 경찰관 도착 전에 범인과 대치한 경우의 조치[38)]

(1) 범인 및 범행장소의 관찰

범인 및 범행현장의 관찰은 체포 또는 격퇴를 성공적으로 이끌 것인가, 출동요원이 위험을 초래할 것인가의 문제이므로 범인에게 눈치 채지 않도록 주의해야 한다. 그리고 다음 사항을 관찰해야 한다.

① 범행내용 및 수법

범행내용 및 수법은 경비원에 대한 저항의 정도와 관련되는 것이다.

② 단독범행인가, 복수인가

설령 현장의 범행자는 1인이라고 해도 공범자가 부근에 대기하고 있는 경우가 있다.

③ 건물의 구조

범인도 프로라면 반드시 도주할 구멍을 준비하고 범행에 착수한다. 현장의 창문이 열린 채라면 그것은 침입구인 동시에 도주 예정의 경로인 것이다.

④ 범인의 외관

범인의 체격, 신장, 체중 등의 외관적인 조건은 체포 등의 어려움을 좌우하는 것이다.

⑤ 흉기

범인의 주변에 흉기로 이용될 수 있는 것은 없는지, 범인이 사용하고 있는 도구는 체포할 때에 흉기로 이용될 가능성은 없는지 등을 관찰한다.

야간에는 어둡기 때문에 충분히 관찰할 수 없는 경우가 많다. 이와 같은 경우에도 냉정하게 소리 등에 의지하여 주위의 상황을 파악할 필요가 있다.

(2) 냉정하고 계획적인 대처

범인과 대치한 경우 출동요원의 행동은 침착하고 냉정한 자세로 신중하게 대응한다. 예를 들면, 범인의 도주로를 차단하여 접근할 것인지, 도주로를 남긴 상태로 접근할 것인지의 결정은 흉기소지의 유무, 범인 및 경비원의 체격 등을 고려하여 결정할 필요가 있다. 최근 범죄경향이 총이나 칼 등을 소지한 흉악범행이 빈번하게 발생하고 있는 상

---

38) 위의 책, p.170.

황을 고려하면, 항상 최악의 상황을 상정하여 대응할 필요가 있다.

(3) 범인에 대한 급속한 접근

범인에 대한 접근은 주저하지 않고 확신 있는 태도로 해야 한다. 주저하는 자세나 태도는 상대에게 기대와 여유를 갖도록 하며 불필요한 저항을 하게 한다.

(4) 범인과 상대할 경우의 유의점

① 범인과의 거리는 주간의 경우는 3보, 야간은 6보 정도를 두며, 상대의 정면에 위치하지 않아야 한다.

② 상대의 우측(경비원이 볼 때 좌측)에 35도 각도로 치우친 위치에 서서, 자신의 좌측 측면이 상대에게 향하도록 취한다.

③ 경계봉 등으로 상대의 돌발적인 공격에도 대처할 수 있도록 위치를 취한다.

(5) 강제력의 행사

체포를 할 경우에는 강제력의 행사가 수반된다. 그러나 가능한 한 강제력을 행사하지 않고 설득하여 체포를 하도록 하는 것이 민간경비업무에서 중요하다.

(6) 체포 후의 유의점

체포한 후에도 범인의 거동에 주의를 기울여 반격이나 도주 등을 하지 않도록 해야 한다. 특히, 관제시설에 연락하기 위해 전화를 사용할 때에는 범인에게 틈을 보이지 않도록 주의한다.

2 경비대상시설의 열쇠 관리[39]

계약처의 재산인 열쇠는 철저히 주의하여 취급해야 한다. 계약처에서 맡긴 열쇠가 관리소홀로 인하여 부정한 목적으로 사용된다면 계약처에 손해를 줄 뿐 아니라 경비업자의 신용을 실추시키게 된다.

---

39) 위의 책, p.159.

1) 열쇠의 수령과 반환

① 계약처의 열쇠 수령은 일정한 절차에 따라 경비업무의 시작일에 한다. 열쇠를 수령할 때는 경비업자는 일정한 서식에 따라 열쇠번호나 개수를 기재한 서류를 작성하고 계약처에도 예탁증서를 교부할 필요가 있다.

② 계약처로부터 수령한 열쇠는 경비업무수행에 필요한 열쇠에 한정하며, 여분의 열쇠는 맡지 않는다. 특히, 마스터키는 분실한 경우에 손해가 크기 때문에 원칙적으로 수령하지 않는다.

③ 경비계약이 종료하거나 증개축 등에 의해 불필요하게 된 열쇠, 파손하려고 하는 열쇠는 즉시 계약처에 반환하여 일정한 절차에 따라 수령 시와 마찬가지로 서면으로 교환할 필요가 있다.

2) 열쇠 등의 보관방법과 관리요령

① 맡은 열쇠는 정해진 장소에 보관하며, 보관책임자를 명확하게 한다. 책임자는 매일 정해진 시각에 모든 열쇠를 점검・확인하고 적정하게 관리한다.

② 경비원이 열쇠를 대출할 경우에는 견고한 줄 등을 사용하여 신체에서 쉽게 분리되지 않도록 휴대해야 한다.

③ 다수의 열쇠를 대출할 경우는 그 열쇠들을 전부 수납할 수 있는 백이나 케이스 등에 수납하여 허리띠 등에 부착한다.

④ 경비차량에 키 상자를 두고 하차할 때는 키 상자에 잠금장치를 하고 차체의 일부에 쇠사슬 등으로 고정한다. 근무 종료 후에는 경비차량에 방치하지 않는다.

⑤ 각 열쇠가 사용되는 장소의 명칭을 기입하는 것은 만일 분실하거나 도난을 당할 경우 위험이 크므로 기호나 코드번호 등을 기입하여 관리한다.

3) 열쇠를 맡기지 않는 경우

개인주택 등 계약처에 따라서는 열쇠를 맡기지 않는 경우가 있다. 이 경우는 사전 조정을 하여 기본적인 대응방법의 협정사항을 서면으로 교환할 필요가 있다.

유의할 점은 다음과 같다.

① 수신정보에 따라 현장에 달려간 결과, 이상사태를 확인한 경우에는 사전에 계약처가 허락한 지정된 장소를 입실 가능한 범위 내에서 파손하고 입실한다.

② 불길이나 연기가 확인되는 등 화재발생이 분명하여 소방차를 기다릴 수 없는 경우는 초기소화를 위해 지정된 돌파구로 진입, 소화활동을 실시한다.

3 출동요원의 자세

현장출동요원은 기계경비업무가 국민의 안전을 지탱한다는 것을 자각하고 확고한 신념과 왕성한 책임감을 견지하여 임무를 수행하는 것이 중요하다.

현장에 출동하는 요원이 갖추어야 할 자세는 다음과 같다.40)

① 단정한 자세와 절도 있는 언어, 태도를 보인다.

② 경비업무에 관련된 법령, 경비업무용 기계장치 및 기기에 대한 지식 · 기능의 숙지에 노력한다.

③ 경비대상시설의 업종, 구조, 입지조건 및 기계경비의 시스템, 기기의 종별과 설치장소를 숙지한다.

④ 현장확인요령 등 필요한 조치를 체득한다.

⑤ 유사시 대응체제의 확립을 도모한다.

⑥ 경비대상시설의 기밀을 엄수한다.

⑦ 차량사고의 방지와 발생 시의 정확한 조치를 위해 노력한다.

⑧ 예기치 못한 사태를 상정하여 부상사고방지 요령을 체득한다.

4 현장출동 경비원의 역할

현장출동 경비원의 역할은 관제센터 경비원의 현장대응지령에 따라 1분 1초라도 빨리 현장에 도착하여 경비정보에 대응한 점검, 검색 등의 조치를 정확하게 함으로써 도난 등에 의한 피해발생 · 확대를 방지하는 것이다. 따라서 현장에 출동하는 경비원으로서는 다음의 역할을 수행하게 된다.41)

1) 경비대상시설까지의 루트에 대한 정밀조사

이상정보를 수신한 경우 초동조치의 성패 여부는 조속한 대응과 정확한 조치에 있

40) (社)全國警備業協會, 『機械警備業務の手引』, 앞의 책, p.57.

41) 위의 책, pp.58-59.

다. 성공적인 초동조치를 위해서 경비대상시설에 이르는 최단루트의 선택이 중요하다. 그러나 가장 효율적이라고 선정한 루트가 항상 사용할 수 있는지 또한 효율적인지는 교통·화재 등의 사고나 사건, 도로공사나 공적 행사, 재해·기후에 의한 교통규제 등 그 때에 따라 사정은 바뀐다.

나아가 현장출동요원이 순찰 중 또는 다른 경비대상시설에서 사고현장으로 가는 경우 등도 있어 그때마다 적정한 경로의 선택을 하게 된다. 따라서 루트를 선정할 때는 요일별, 시간대별, 기후 등에 따라 상황변화의 유무를 판단하여 효율적인 루트의 선택이 불가피하다.

효율적인 루트 선택을 위해서 파악해야 할 사항은 ① 담당구역 내의 모든 도로, ② 시간이나 기후에 의한 교통규제나 정체 상황, ③ 우회도로나 지름길, ④ 속도제한, 통행규제, 주정차금지장소 등, ⑤ 도로공사, 통행에 지장을 주는 행사 등, ⑥ 건널목, 신호기에 의해 장시간 정지해야 하는 도로, ⑦ 시야가 나쁜 교차점, 보행자 등의 통행에 의해 교통지장을 받는 도로나 교량이 있는 도로, ⑧ 교통사고 다발지점, ⑨ 기후에 의한 노면의 변화(수렁, 동결, 침수) 등이다.

2) 경비대상시설의 열쇠를 엄격하게 보관·관리

계약처에서 맡긴 열쇠는 정해진 장소에 보관하고 보관책임자를 명확하게 정하며, 책임자는 매일 정해진 시각에 모든 열쇠를 점검, 확인하여 적정하게 관리하는 동시에 출동시 등에 경비원이 열쇠를 대출하는 경우는 특히 도난, 분실, 범인에게 탈취당하지 않도록 충분히 주의하여 휴대·사용한다.

3) 경비차량, 장비의 적정한 보수·관리

차량의 정비불량에 의한 고장이나 고장에 의한 대응의 지연 등을 방지하기 위해서는 업무개시 전에 일상점검을 확실하게 실시하여 차량의 이상한 징조나 경미한 고장을 조기에 발견하는 것이 필요하다.

특히, 기계경비업무의 현장대처에 사용할 차량이 업무 중에 고장난 경우에는 적정한 초동조치를 취할 수 없어 계약처의 신뢰를 잃을 뿐 아니라 발생한 사안에 따라서는 손해배상에 그치지 않고 경비업에 대한 사회적 악영향을 미칠 수 있다. 또한 현장출동요원의 장비인 경적, 경봉, 분사기, 무전기, 회중전등 등은 매일 근무 개시 전에 점검이 필요하다.

4) 경비대상시설의 시스템 기능점검

경비대상시설로부터 이상정보를 수신한 경우 출동요원은 이상정보의 원인을 확인하기 위해 경비대상시설을 검색한 결과 침입흔적이나 침입자의 발견이 확인되면 연락하는 경우도 있지만, 그것이 오보인 경우는 그 오보의 원인을 찾는 것이 필요하다. 또한 오작동의 경우는 센서 등이나 컨트롤러를 점검한 뒤 기기에 결함이 있다면 그 조정이나 고장 등 응급조치를 실시하는 것이 필요하다.

따라서 출동요원은 고장 등을 응급조치할 수 있는 기기에 대한 기초지식이나 기능, 점검방법 등에 대하여 습득할 필요가 있다.

5) 신속, 정확한 현장확인 등 필요한 조치의 실행

경비대상시설에 따라서 확인해야 할 내용은 다양하다. 기계경비업무의 경우는 무인의 상황 하에서 이상정보가 발신되고 있는 것에 유의하여 당해 시설의 검색 · 점검은 신속하고 정확하게 한다.

6) 관제시설에 보고 · 연락

현장의 상황보고는 관제시설에 가능한 한 조기에 상세히 보고하기 위해 노력하며 상황 변화, 새로 파악된 사항, 보고한 사항의 정정 등은 적시에 적절하게 연락한다.

제 6 절

기계경비업무의 적정화

1 대응세제의 기준

기계경비업자는 경비대상시설에 관한 경보를 수신한 때에는 신속하게 그 사실을 확인하는 등 필요한 대응조치를 취하여야 하며, 이를 위한 대응체제를 갖추어야 한다.[42] 즉, 관제시설 등에서 경보를 수신한 때에는 늦어도 25분 이내에는 도착시킬 수 있는 대

42) 경비업법 제8조.

응체제를 갖추어야 한다.[43]

2 현장확인의 원칙

1) 현장확인

도난 등이 발생하여 이상신호를 수신한 때, 경비원이 현장을 확인하지 않은 채 경찰기관에 연락하는 것은 특별한 경우를 제외하고 대응체제의 의무위반이 된다. 따라서 현장을 우선 확인한 후 적절한 조치를 취해야 한다.

2) 신고의 종류

현장을 확인하지 않고 경찰찰기관에 연락하는 것을 즉시신고라고 하며, 현장을 확인한 뒤 경찰기관에 연락하는 것을 확인신고라 한다.

3) 112 신고

경찰기관에 연락하는 경우는 원칙적으로 112번에 신고해야 한다. 관할 경찰서에 일반 및 휴대전화로 연락하는 것은 112번 제도의 취지에 반하는 것이다.

3 계약체결 시 필요한 설명

기계경비업자는 경비계약을 체결하는 때에는 오경보를 막기 위하여 계약상대방에게 기기사용요령 및 기계경비운영체계 등에 관하여 설명하여야 하며, 각종 기기가 오작동되지 아니하도록 관리하여야 한다.[44]

1) 오경보의 방지를 위한 설명

기계경비업자가 계약상대방에게 해야 하는 설명은 아래의 사항을 기재한 서면(또는 전자문서[45])을 교부하여야 한다.

① 당해 기계경비업무와 관련된 관제시설 및 출장소의 명칭 · 소재지

---

43) 경비업법 시행령 제7조.

44) 경비업법 제9조.

45) 전자문서는 계약상대방이 원하는 경우에 한한다.

② 기계경비업자가 경비대상시설에서 발생한 경보를 수신한 경우에 취하는 조치
③ 기계경비업무용 기기의 설치장소 및 종류와 그 밖에 기계장치의 개요
④ 오경보의 발생원인과 송신기기의 유지・관리방법

2) 손해배상의 범위와 손해배상액에 관한 사항

위의 사항을 기재한 서면 등과 함께 손해배상의 범위와 손해배상액에 관한 사항을 기재한 서면 등을 계약상대방에게 교부하여야 한다.

4 서류의 작성・비치

기계경비업자는 대응조치 등 업무의 원활한 운영과 개선을 위하여 출장소별로 아래의 사항을 기재한 서류를 갖추어 두어야 한다.

① 경비대상시설의 명칭・소재지 및 경비계약기간
② 기계경비지도사의 명단・배차일자・배치장소와 출동차량의 대수
③ 경보의 수신 및 현장도착 일시와 조치의 결과
④ 오경보인 경우 오경보가 발생한 경비대상시설 및 그 오경보에 대한 조치의 결과

위의 ③, ④항을 기재한 서류는 당해 경보를 수신한 날부터 1년 간 이를 보관하여야 한다.

5 기계경비지도사의 역할

기계경비에서 경비기술의 향상과 자기계발을 위해 경비원 등에 대한 교육훈련은 극히 중요하다. 경비원에 대한 지도・감독・교육은 경비지도사의 업무로 정해져 있다.

기계경비지도사의 직무는 다음과 같다.

① 경비원의 지도・감독・교육에 관한 계획의 수립・실시 및 그 기록의 유지
② 경비현장에 배치된 경비원에 대한 순회점검 및 감독
③ 경찰기관 및 소방기관과의 연락방법에 대한 지도
④ 기계경비업무를 위한 기계장치의 운용・감독
⑤ 오경보방지 등을 위한 기기관리의 감독

경비지도사는 ①, ②, ④, ⑤의 직무는 월 1회, ③의 직무는 수시로 성실하게 수행하여야 한다.

제 16 장 특수경비업무[1)]

제 1 절

의의와 중요성

1 특수경비업무의 의의

특수경비업무는 국가중요시설의 경비 및 도난 · 화재 그 밖에 위험발생을 방지하는 업무이다. 국가중요시설은 국가안보 및 사회경제 질서유지와 밀접한 관련을 맺고 있기 때문에 이에 대해 평상시 및 특히 비상사태 시의 안전문제에 있어서 매우 중요하게 다루어지고 있다.[2)] 따라서 오랫동안 경찰 등 국가공권력에 의해 특별한 관리를 받아 왔으나 치안여건의 변화 및 민영화 추세, 경찰예산 및 인력의 한계 등으로 인하여 2001년 인천국제공항의 개항을 계기로 민간경비에 특수경비업무가 추가되었다.

2 국가중요시설의 의의와 분류

1) 국가중요시설의 의의

국가중요시설이란 국가보안목표로 지정된 주요 시설과 보안상 중요하다고 인정되는 시설을 말한다. 따라서 국가중요시설에 대한 경비활동은 적의 각종 위해행위로부터 시

1) 안황권, 『시설경비론』, 인천: 진영사, 2009의 국가중요시설경비 부분을 수정 · 가필한 것이다.
2) 치안연구소, "국가중요시설경비의 효율화방안에 관한 연구", 1998, p.15.

설을 보호하기 위한 제반활동이다.[3)]

2) 국가중요시설의 분류

(1) 실질적 분류

시설이 국가안전에 미치는 중요도에 따라 가, 나, 다, 기타 급으로 분류한다.[4)]

① 가급은 국가의 안전보장에 고도의 영향을 끼치는 행정 · 산업시설이다.

② 나급은 국가보안상 국가경제 또는 사회생활에 중대한 영향을 끼치는 행정 및 산업시설이다.

③ 다급은 국가보안상 국가경제 또는 사회생활에 중요하다고 인정되는 행정 및 산업시설이다.

④ 기타 급은 중앙부처장 또는 시 · 도지사가 필요하다고 지정한 행정 및 산업시설로서 중요도는 별로 없는 시설이다.

(2) 국가보안목표시설의 분류

국가보안목표란 공공기관, 공항, 항만, 주요 산업시설 등 적 및 불순분자에 의하여 점령 또는 파괴되거나 기능이 마비될 경우 국가안보 및 국민생활에 심대한 영향을 미치는 시설을 말한다. 국가보안목표는 평상시에는 국가산업발전과 국력신장을 꾀하고 전쟁 시에는 전쟁수행능력을 뒷받침하는 중요한 역할을 수행하는 곳이다.[5)]

국가보안목표시설에 대한 분류는 국가정보원에서 매년초 새로 지정하므로 상황변화에 따라 변경될 수 있다.

기본적인 분류지침은 다음과 같다.

① 가급: 광범위한 지역통합작전요구 및 국민생활에 결정적인 영향을 미치는 시설

② 나급: 일부지역 통합작전요구 및 국민생활에 중대한 영향을 미칠 시설

③ 다급: 제한지역 단기간 통합작전요구 및 국민생활에 상당한 영향을 미칠 시설

국가보안목표시설 대상은 ① 주요 국가 및 공공기관 시설, ② 방위산업, 유류 저장소 등 주요 산업, ③ 주요 국제공항, 국내공항, ④ 항공관제소, 철도 및 지하철 사령실 등,

---

3) 송상욱 · 김진환 · 이민형, 『시큐리티운용론』, 서울: 백산출판사, 2006, p.228.
4) 한종욱, 『경찰경비론』, 용인: 경찰대학, 2001, p.232.
5) 항공보안교육원, 『항공경비보안』, 인천: 항공보안교육원, 2005, p.88.

⑤ 대형 선박의 출입이 가능한 항만, ⑥ 방송국, 원자력발전소 등이다.6)

제 2 절

공항시설의 경비

1 공항시설의 의의와 경비업무

1) 공항시설의 의의

공항은 일반 대규모의 시설과 같은 성격을 가지고 있는 동시에 해외를 비롯한 원거리에서 고속으로 대량의 여객이나 화물을 수송하는 항공기 운항의 기지이며, 철도 등 다른 교통기관과의 연락을 위한 접점이다. 또한 공항은 항공여행객뿐 아니라 환송·영객, 견학자, 매장판매인, 공항업무에 관련된 관계자 등 불특정 다수가 통과, 체류, 상주하는 장소이다. 나아가 귀중품이나 우편물, 항공화물 등의 일시보관이나 수송의 기지이다.7)

따라서 공항에 근무하거나 체류하는 모든 사람, 화물, 시설, 기능 등의 안전확보를 도모하는 동시에 항공기의 정시 안전운행에 대한 불법행위의 미연방지 및 각종 재해 등 위협을 방지하기 위해 방범·방재업무를 수행하는 경비업무가 중요한 것이다.

2) 공항의 종류와 공항시설의 구역 구분

(1) 공항종류

우리나라 항공법에서 공항을 제1종 공항, 제2종 공항, 제3종 공항으로 나누고 있다.

(2) 공항시설의 구역 구분

① 지구별 구분

공항은 넓고 대규모로 복잡한 시설의 집합체로 되어 있다. 일반적으로 방범·방새싱

6) 위의 책.

7) (社)全國警備業協會, 『警備員指導教育責任者 講習教本(Ⅱ), 1號 業務』, 東京: 全國警備業協會, 2007, p.51.

다음과 같이 구분하여 관리하는 경우가 많다.[8)]

㉮ 여객터미널지구: 여객터미널 빌딩, 공항관리빌딩, 지하철역 등이다.

㉯ 에어사이드지구: 활주로, 유도로, 주기장(駐機場), 에이프런(apron), 항공보안시설 · 격납고 · 급유시설, 화물취급시설 등이다.

㉰ 랜드사이드지구: 주차장 · 구내도로, 사무소동 등이다.

② 보호구역 분류

관리책임상의 구분으로 시설보호의 정도에 따른 분류이다.[9)]

㉮ 제한지역: 비밀, 정부재산보호를 위한 출입자의 감시가 요구되는 지역으로 울타리내 전 공항지역이다.

㉯ 제한구역: 비인가자의 접근방지를 위한 출입안내가 요구되는 구역으로 착륙대, 운항실, 활주로 등이다.

㉰ 통제구역: 비인가자 출입이 금지된 구역으로 관제탑, 합동상황실 등이다.

3) 경비업무

경비업무는 감시업무, 순찰업무, 출입관리업무 등으로 나눌 수 있다.[10)]

(1) 감시업무(방재센터업무)

여객터미널의 건물은 횡폭이 매우 넓은 구조이다. 그리고 다수의 내방객으로 혼잡한 시간대와 한산한 시간대의 차이가 크게 변동하는 것이 특징이다. 따라서 터미널빌딩 경비는 얼마나 일찍 목표지점에 도착할 수 있는가가 커다란 과제이다. 이를 위해 방재센터는 통상 여객터미널 중앙부에 있으며 또한 야간 통행구를 겸하고 있는 경우가 있다.

방재센터는 주로 CCTV로 감시를 하고 있지만 CCTV 감시만으로는 사각이 되는 구역도 있으므로 순찰자와 연락을 긴밀히 하여 이 간격을 보전할 필요가 있다. 만약, 수상한 자를 발견한 경우는 순찰자 또는 긴급요원과 연계하여 대처하고 피해를 미연에 방지 또는 확대를 방지하기 위해 노력해야 한다.

또한 공항에서는 여객터미널에 한하지 않고 공항 전체의 방재 기능의 집중관리나 제어를 할 경우도 있으며, 각종 센서, CCTV 등에 의해 재해나 불법행위, 사고를 인식할

8) 위의 책, p.52.
9) 항공보안교육원, 앞의 책, p.89.
10) (社)全國警備業協會, 앞의 책, pp.53-55.

때는 관계기관에 즉시 통보하고 초동조치를 해야 한다.

(2) 순찰업무

여객터미널에서는 항공여행객 외 불특정 다수의 자가 체류하고 있으며, 은행이나 식당, 매점 등 세입자도 다수이다. 따라서 각종 항공테러 관련 범죄 및 일반범죄가 우려되므로 이와 관련된 사항을 조기 발견하는 것 등에 착안하여 순찰을 해야 한다.

이외 일반인이 출입 제한구역에 침입하는 것을 방지하거나 수상한 자의 발견에 노력한다. 주차장에는 항공여행객 등이 이용하는 일반주차장외 공항관계자의 주차장도 있다. 주차장의 순찰은 훼손 및 장기주차 차량의 유무에도 주의가 필요하다. 따라서 효과적인 순찰시간이나 실시횟수 및 실시방법을 선정하는 것이 중요하다.

(3) 출입관리업무[11)]

공항관리규정에 따라 제한구역 내의 출입관리는 다음과 같다.

① 사람의 출입관리

각자 좌측 흉부에 부착한 제한구역 출입허가증을 게이트를 출입할 때 제시하여 확인하고 기록한다.

② 차량의 출입관리

구내차량은 등록되어 있거나 램프스티커가 부착되어져 있는지 확인하고 운전자 및 동승자에 대해서 기록을 한다.

공사용 차량은 차량용 표식기가 차량에 부착되어 있는가를 확인하고 운전자 및 동승자에 대해서는 기록한다. 램프패스가 없는 것은 긴급 시 외에는 입장시켜서는 안 된다.

③ 주기장(駐機場) 경비

경계체제의 단계에 따라 주기하고 있는 항공기에 예측할 수 없는 습격, 수상한 물건, 폭발물 등의 반입 및 두고 가는 행위 등의 방지를 위해 항공회사가 항공기 측에 경비원을 고정배치 또는 순찰 경계하는 업무이다. 이것은 국토교통부에서 정한 보안대책에 따른다.

---

11) (社)全國警備業協會, 앞의 책, p.54.

④ 순찰

출입제한구역을 차량으로 순찰하는 경우, 통상 자동차운전면허증 외 공항시설주가 발행하는 차량운전허가증이 필요하다.

활주로 및 펜스 등을 포함한 경계선, 관련 시설 등을 포함한 공항전역을 순찰하면서 수상한 자, 수상한 물건, 수상한 장소의 조기발견, 통보 및 조기조치를 위해 노력하는 업무이다.

⑤ 기타

기타, 즉 관제탑, 각종 항공보안시설, 급유시설, 지하철역, 변전소, 기상레이더, 기내식 공장 등의 경비업무가 수행되어야 한다.

항공회사의 격납고, 정비공장, 화물지구 및 관련 사업시설 등은 각각 필요에 따라 관리책임구분에 의해 자주경비를 실시하고 있다.

2 공항보안검색

1) 의의와 중요성

(1) 의의

보안검색이란 불법방해 행위를 하는 데 사용할 수 있는 무기 또는 폭발물 등 위험성이 있는 물건들을 탐지하기 위한 행동을 말한다. 실제적으로 공항에서 이루어지는 보안검색은 출국하는 승객들의 신변 검색 및 수화물 검색을 통하여 항공기 안전운항에 위해를 줄 수 있는 위해물품을 적발하는 행위로 설명할 수 있다.[12)]

공항보안검색은 보안요원이 공항 등의 시설에서 항공수송의 안전확보를 위해 X-ray 투시장치 및 금속탐지기를 사용하여 또는 기타 방법에 의해 항공기에 탑승하는 여행객 등의 수하물 및 소지품에 대하여 검사를 하고, 소지금지품 등을 통제하는 업무을 말한다.[13)] 검색업무의 실시주체는 공항공사이지만 민간경비회사가 위탁을 받아 그 업무를 대행하고 있다.

---

12) 항공보안교육원, 『보안검색』, 인천: 항공보안교육원, 2007, p.46.
13) (社)全國警備業協會, 앞의 책, p.106.

(2) 보안검색의 중요성

공항은 수많은 내외국인이 출입하고 물류가 이뤄지기 때문에 밀수, 외화 밀반출, 총기류 밀반입, 밀입국, 절도사건 등 각종 범법행위가 끊이지 않고 발생하고 있다. 검색업무는 항공기를 이용하는 불특정 다수의 여행객 등을 대상으로 그 안전을 확보하는 것이며 중요성이 높은 업무이다.

특히, 보안요원의 실수가 원인이 되어 항공테러가 발생하는 경우는 인명과 재산의 피해가 막대하고 국내·외의 사회공공의 안전과 질서에 커다란 영향을 주기 때문에 보안검색은 공항보안의 핵심요소라고 할 수 있다.

따라서 검색업무에 종사하는 보안요원은 관련 지식이나 능력을 바탕으로 검색기술을 충분히 갖추는 동시에 검사를 받는 측의 자발적 협력을 얻도록 하고, 신속·정확·적정한 검색업무를 실시하기 위해 노력해야 한다.

2) 보안검색의 법적 근거

공항보안검색은 기내 반입 금지물품(restricted items)[14]을 적발하기 위해서 검색장을 통과하는 모든 사람·물건을 대상으로 실시하고 있다. 검색은 승객에 대해 보안요원이 손을 사용하여 직접 신체에 접촉하거나 또는 수하물을 열어 헤쳐보거나, 소지품 내의 물품을 확인하는 것이 기본이지만, 복장, 성별, 시간적 제약 등을 고려하여 효율성과 정밀도를 높이기 위해 검사기기를 사용하여 실시하고 있다.

대표적인 검색기기로는 접촉검색에 사용되는 금속탐지기(고정식, 휴대용)와 수하물용의 X-ray 투시장치가 있다. 각각의 검색기구에는 특성이 있으며, 그 특성을 충분히 이해하고 활용하는 것이 확실한 검색을 하는 데 필요불가결하다.

이러한 검색의 법적 근거는 다음과 같다.[15]

국내 항공보안 법령으로는 ① 항공안전 및 보안에 관한 법률, ② 항공법, 통합방위지침(대통령훈령 제28조), ③ 국가 대테러 활동지침(대통령훈령 제47호), ④ 국가보안목표관리지침 등이다.

---

14) 기내 반입 금지물품은 크게 위해물품과 위험물품으로 나눌 수 있다. 위해물품은 총기류, 탄약류, 도검류, 곤봉류, 화약류, 폭발물, 탄약, 화염액체, 가스분사류, 전자충격기, 얼음송곳, 가위 등이다. 위험물품은 항공기에 의해 운송될 때 인명과 항공기에 위험을 초래할 수 있는 인화성 또는 폭발 가능한 물품들로서 조명탄, 라이터 연료, 부탄가스, 캠핑가스, 에어로졸 같은 스프레이류, 부식성 물질, 인화성 물질, 방사성 물질 등이다. 항공보안교육원, 앞의 책, p.46.

15) 항공보안교육원, 앞의 책, p.46.

국제협약 및 ICAO 부속서로는 ① 항공기 내에서 범한 범죄 및 기타 행위에 관한 협약, ② 항공기의 불법납치 억제를 위한 협약, ③ 민간 항공의 안전에 대한 불법적 행위의 억제를 위한 협약, ④ 민간 항공의 안전에 대한 불법적 행위의 억제를 위한 협약을 보완하는 국제공항에서의 불법적 폭력행위의 억제를 위한 의정서, ⑤ 가소성 폭약의 탐지를 위한 식별조치에 관한 협약, ⑥ 국제민간항공 협약부속서 2, 6, 9, 10, 11, 13, 14, 17, 18, ⑦ 국제 민간항공기구 발행 '불법방해 행위로부터 민간항공 보호를 위한 ICAO 보안지침서'이다.

3) 검색

항공기에 탑승할 때 검사를 실시하는 것은 널리 알려진 사실이지만, 기내 반입 금지 물품이 발견되고 때로는 총포도검류도 발견되기도 한다. 이를 적발하기 위해서 검사를 실시하는 것이다.

(1) 종류

① 승객 및 휴대물품 검색

승객 등의 소지품 및 휴대하는 물품이 항공기 내에 반입할 수 없는 금지물품[16]인가를 확인하는 것이다.

② 위탁수하물 검색

위탁수하물이 항공기 내에 반입할 수 없는 반입금지물품 또는 수송금지품인지를 확인하는 것이다.

③ 탑승구 보안검색

탑승객 등에 대하여 탑승구에서 보안검사를 실시한다.

④ 종업원 검색

보안구역 등에 들어가는 공항직원 등 탑승객 이외의 자에 대해 탑승객과 같은 방법으로 검사를 한다.

16) 금지물품(prohibited items)이란 휴대 및 위탁수하물 처리가 모두 금지되는 물품을 말하며, 제한물품(restricted items)이란 휴대하고 기내에 반입하는 것은 제한되나 위탁수하물로는 처리가 가능한 물품을 말한다.

⑤ 상품 등 보안검색

공항 내의 보안구역 등에서 판매하는 상품 및 반입업자에 대하여 반입금지품 등의 유무를 확인한다.

⑥ 항공화물 검사

항공화물(여객기, 화물기)로서 항공기에 탑재할 수 없는 물건(수송금지품 등)의 유무를 확인한다.

⑦ 외교행랑 보안검색(특수승객)[17]

외교행랑은 대서관 서류가 첨부되어 밀봉된 행랑을 말한다. 검색요령은 검색감독관에게 보고하고 비엔나 협정에 의거 개봉검색은 생략한다.

외교행랑 소지자 보안검색은 일반승객과 동일한 방법으로 검색한다.

(2) 방법

검사에는 기기를 사용하는 방법과 손에 의한(직접 손으로 접촉하여 확인) 방법이 있다.

① 기기에 의한 검사

㉮ X-ray 투시장치: 탑승객 등의 수하물 중 반입금지품, 수송금지품, 수상한 물건 등을 확인한다.

㉯ 고정식 금속탐지기: 탑승객 등으로부터 금속의 유무를 확인한다.

㉰ 휴대용 금속탐지기: 탑승객 등의 신체나 수하물에서 금속의 유무나 위치를 확인한다.

② 손에 의한 검사

소지품이나 내용물 등의 최종확인 또는 기기를 사용할 수 없는 사유가 있는 경우는 손으로 확인한다.

(3) 보안검색장비

① 보안검색장비의 의의

보안검색장비란 항공기의 안전운항을 저해 또는 불가능하게 하는 불법방해를 하는

17) 항공보안교육원, 앞의 책, p.51.

데 사용될 수 있는 무기 또는 폭발물 등 위험성이 있는 물건들을 탐지 또는 수색하기 위하여 사용되는 장비를 말한다.[18)]

보안검색장비는 항공기 또는 보안지역에 들어가는 사람 또는 물품의 보안검색에서 위해물품을 정확하고 효과적으로 적발함으로써 항공테러를 예방하는데 중요한 역할을 하는 것이다.

② 보안검색장비의 종류

㉮ 대인검색장비[19)]: 대형검색장비는 문형금속탐지기(walk through metal detector: WMC)와 휴대용 금속탐지기(hand held metal detector) 등이 있다.

㉯ 휴대품 X-ray 검색장비

㉰ 위탁수하물 X-ray 검색장비

㉱ 폭발물탐지장비

㉲ 항공화물 검색장비: 항공화물 검색장비는 화물검색용 X-ray 검색장비, 컨테이너 화물용 검색장비, 이동형 컨테이너 화물용 검색장비, Dolly 화물용 검색장비 등이 있다.

③ 검색장비의 구조 및 기능[20)]

보안요원은 정확하고 원활한 검색을 하기 위해 검색장비의 원리・구조 및 기능에 대하여 정확하게 이해할 필요가 있다. 또 보안요원은 검사기기에 대해서 잘 연구하여 오조작 등을 일으키지 않도록 해야 하며, 검색책임자는 소정의 관리요령에 따라 적정한 운용관리를 위해 노력해야 한다.

검색장비 중 X-ray 검색장비와 금속탐지기의 원리와 구조는 다음과 같다.[21)]

㉮ X-ray의 성질과 구조

X-ray는 직접성을 가짐과 동시에 투과성・산란성(散亂性)을 가지고 있다. 검사장에서 사용하고 있는 X-ray는 직진성과 투과성을 이용하고 있다. X-ray의 투과율은 물질의 재질에 따라 다르기 때문에 이 투과율이 다른 것을 이용하여 영상화하고 있다. 그러나 X-ray 조사 각도에 따라 칼붙이류 등의 영상이 선상(線狀)이 될 수 있으므로 검사담

---

18) 위의 책, p.58.
19) 위의 책.
20) (社)全國警備業協會, 앞의 책, p.109.
21) 위의 책, pp.109-113.

당자는 형상판단훈련을 지속적으로 해야 한다.

검사대상물이 벨트 컨베이어(belt conveyer) 위를 이동하면 소정의 위치에서 X-ray를 투사시켜 검출기로 검출한 투과데이터가 화상 처리되어 모니터에 비친다.

㉯ 금속탐지기의 성질과 구조

문형금속탐지기(고정식 금속탐지기)는 통과자가 신체에 금속제품을 휴대하고 있는지를 검사하는 것이다.

휴대용 금속탐지기는 금속에 반응한 통과자가 휴대한 금속의 위치를 특정한다. 이 기기는 미량의 금속판에도 반응하도록 만들어져 있지만, 이 특성을 살리기 위해서는 탐지부를 대상물에 가까이 할 필요가 있다. 또한 탐지범위가 한정되기 때문에 검사에서 누락되지 않도록 주의할 필요가 있다.

㉰ 기타 기기의 원리

X-ray나 금속 외에 성분을 분석할 수 있는 장치가 있다. 대표적인 것으로서 의료용 CT(compterized tomography) 기술을 응용한 검색장치가 있다. 이것들을 이용하여 폭발물자동감지장치(EDS)가 제작되어 공항의 수탁하물 운반시스템에 넣어, 폭발물을 검색하는 방식이 도입되었다.

최근에는 항공기에 가지고 들어가는 페트병 등의 액체물이 위험한 가연물인지 여부를 확인하기 위해 뚜껑을 열지 않고 내용물(액체물)을 간단하게 검사하는 것이 가능한 액체물 검사장치도 있다.

④ 검사기기의 점검과 적정한 운용

보안요원은 업무의 적정한 실시를 도모하기 위해 검사기기의 안전성 및 기능 등을 잘 이해한 뒤 항상 기기가 성능을 충분히 발휘하도록 하는 것이 중요하다.

점검을 소홀히 하거나 오조작 등을 하는 것은 업무수행에 지장을 줄 뿐 아니라 사고발생을 유발하게 된다. 따라서 보안요원은 검색기기의 취급에 대해 숙지하고 정확한 조작방법 등을 익혀서 매일 기기점검을 하여 적정하고 원활한 운용을 하는 것이 중요하다.

(4) 담당업무별 구분[22]

① 안내담당자

탑승객이 검사에 협력하도록 요청, 항공권 확인, X-ray의 벨트 컨베이어 위에 수하물을 놓고 금속탐지기로 검사를 받도록 안내한다.

② 모니터담당자

X-ray의 모니터의 영상을 감시하여 수하물중 반입금지품 등의 유무를 판단하여 분류담당자에게 전한다.

③ 분류담당자

모니터담당자와 긴밀한 연락을 취해, 개봉하여 검사를 하도록 지시를 받은 수하물 또는 지시가 없는 수하물로 구분하여, 각각 개봉 검사담당자에게 인도하거나 탑승객에게 인도한다.

④ 접촉 검사담당자

금속탐지기에 반응한 탑승객에 대하여 직접 손으로 접촉하여 또는 휴대용 금속탐지기를 사용하여 소지품에 반입금지품이 있는지를 확인한다.

⑤ 개봉 검사담당자

수하물을 열어, 내용품에 반입금지품 등이 있는지 확인한다.

(5) 반입금지물건 등을 발견한 경우의 조치

X-ray, 금속탐지기 등에 의해 반입금지품 등을 발견한 경우의 조치는 다음과 같다.

① 기내 반입제한품의 경우

원칙적으로 기내에 반입할 수 없다는 것을 설명하고 항공회사가 정한 소정의 조치를 취한다.

② 수송금지품의 경우

원칙적으로 항공기에 탑재할 수 없다는 것을 설명하고 항공회사가 정한 소정의 조치를 취한다.

---

22) 위의 책, p.113.

③ **은닉한 흉기 등의 경우**

그 물건을 확보하고 즉시 검사책임자에게 연락하여 일시적으로 검사를 정지하고 탑승객 등의 입장을 멈춘다. 즉시 경찰관 및 가장 가까운 항공회사 직원에게 연락한다. 일반승객 등이 혼란하지 않도록 배려한다.

4) 검색책임자[23]

검색책임자는 검사품질의 유지를 목적으로 안내, 모니터, 분류, 접촉 검사, 개봉 검사 담당자를 일정한 시간마다 바꾸어 배치한다. 특히, 모니터 담당자의 피로를 고려한다.

또한 흉기를 발견한 경우 등은 탑승객 등에게 위해가 미칠 수 있다고 판단되는 경우는 적극적으로 검사장을 폐쇄하고 소정의 조치를 취한다.

검사책임자의 업무는 다음과 같다.

① 보안검색의 실시(지휘・감독)

② 보안요원의 배치관리와 운영

③ 보안요원의 복무관리(취업규칙의 준수・윤리 등)

④ 검사장에서 발생하는 트러블(사고・민원)의 처리

⑤ 일상적인 업무지휘

⑥ 검사대상 편(便)에 관한 정보의 수집과 활용

⑦ 관계기관, 항공회사 보안책임자와의 연락조정

⑧ 검색장비의 유지관리

⑨ 안전관리(검사장 내의 환경정비)

⑩ 기타 필요한 사항

23) (社)全國警備業協會, 위의 책, pp.114-115.

제3절

철도시설의 경비[24)]

1 특징

철도시설은 불특정 다수의 사람들이 이용하는 국가중요시설이므로 테러리스트의 표적이 될 가능성이 높다. 철도시설은 역, 열차, 관리시설로 구성되어 있지만, 그 범위는 광대하며 또 관리시설을 제외하면 누구라도 쉽게 접근할 수 있으므로 경비하기가 어려운 시설이다.

2 경비형태

1) 경비시설의 출입관리 및 순찰

불특정인의 출입이 허용되지 않은 시설은 역장실, 임원실 외에 열차운행의 심장부라고 할 수 있는 사령실, 변전소 등이 있다.

이것은 출입을 한정하고 있으므로 엄중한 출입관리, 외부로부터 침입방지를 위해 순찰이 주된 경비업무가 된다.

2) 역구내의 순찰

불특정 다수인이 이용하므로 효과적인 순찰을 하여 수상한 자, 수상한 물건을 발견하는 것이 경비업무의 핵심이다.

역구내는 노숙자나 부랑자의 집합소가 되기 쉬어, 테러리스트가 그들에게 잠입할 가능성도 있으므로 시설관리자와 협의하여 그것을 철저히 관리해야 한다.

3) 열차의 동승

역구내와 마찬가지로 불특정 다수가 이용할 수 있는 공간이 열차내이다. 경계방법으로서는 경비원이 열차에 동승하는 방법이다. 테러대책의 동승 경계는 차내에 둔 폭발

24) 위의 책, p.56.

물, 위험물을 발견하는 것이 가장 중요하다. 화물을 두고 떠나려고 하는 자, 주인을 알 수 없는 화물의 조기발견에 주안점을 두어야 한다.

4) 연선(沿線)의 순찰

연선은 선로에 인접한 곳으로 감시의 눈길이 미치기 어렵고, 폭발물이나 위험물을 두기 쉬운 대상이다. 경비원의 수는 한도가 있으므로 연선 순찰을 실시할 경우에는 시설관리자와 충분히 협의한 뒤 순찰의 빈도, 코스, 경계포인트를 정하여 효과적인 순찰을 한다. 또한 선로로 들어가는 다리, 도로 등의 위에서 방해물 등을 던지는 범행을 방지하는 대책도 필요하다.

제4절 항만시설의 경비[25)]

1912년 영국 여객선 타이타닉호의 해난사고를 계기로 1914년에 해상에서 인명의 안전을 위한 국제조약이 채택되었다.

한국에서는 동조약의 실시를 위해 국내조치로서 선박안전법이 1961년 12월 31일 제정되었다. 또 2001년 9·11 미국 동시다발테러사건을 계기로 국제해사기구(IMO)에 해사 분야의 테러대책의 강화가 검토되어 제5회 해상인명안전조약체결국 정부회의(146개국)에서 해상인명안전조약 개정과 선박 및 항만의 국제보안(ISPS) 코드가 채택되고부터 2004년 7월 1일까지 국제항해에 종사하는 여객선 및 총톤수 500톤 이상의 화물선 및 이들 선박이 사용하는 항만시설을 대상으로 테러대책의 강화가 도모되었다.

1 국제선박·항만시설보안법에 의한 테러방지대책

SOLAS[26)](해상인명안전조약)에 따라 국제항해선박이나 국제항만시설에 자가경비로

25) (社)全國警備業協會, 위의 책, p.58.

26) 정식 명칭은 International Convention for the Safety of Life at Sea, 1974이다. 이 조약은 상선의 안전에 관한 모든 조약 중에서 가장 중요한 것으로 인식되고 있으며, 타이타닉호의 사고에 대한

서의 의무적으로 보안설치를 하거나 외국으로부터 한국에 입항하려고 하는 선박에 선박보안정보를 의무부여하고, 위험한 선박에는 해양수산부가 입항금지조치를 취하는 것이다.

국제항해선박 및 항만시설의 보안에 관한 법률에 다음과 같은 의무가 부과되어 있다.

1) 국제항해선박[27)]

① 보안조치 실시(선박의 출입관리, 화물의 취급관리, 선박내·외의 감시 등)
② 선박보안평가실시
③ 선박보안심사
④ 선박보안계획서 작성
⑤ 선박경보보안장치의 설치
⑥ 총괄보안책임자의 지정 및 선박보안책임자 지정
⑦ 보안등급의 설정·조정
⑧ 선박보안기록부의 작성·비치
⑨ 선박이력기록부 비치
⑩ 선박식별번호 표시
⑪ 국제항해여객선의 보안검색

2) 국제항만시설[28)]

① 보안조치 실시(항만시설 출입관리, 화물 취급관리, 항만시설 내외의 감시 등)
② 항만시설보안책임자 지정
③ 항만시설보안평가
④ 항만시설보안계획서 작성
⑤ 항만시설보안심사
⑥ 항만시설보안기록부의 작성·비치

대책으로 1914년 제정된 후 1929년(1933년 발효), 1948년(1952년 발효), 1960년(1965년 발효), 1974년(1980년 발효) 개정되었다.

27) 국제항해선박이란 수상 또는 수중 항해용, 부유식 해상구조물 등의 선박으로서 국제항해에 이용되는 선박을 말한다. 국제항해선박 및 항만시설의 보안에 관한 법률은 모든 여객선, 총톤 수 500톤 이상의 화물선, 이동식 해상구조물에 적용된다.

28) 국제항만시설이란 국제항해선박이 이용하는 안벽(岸壁)이나 정박지 등을 말한다.

⑦ 경비 · 검색인력 및 보안시설 · 장비의 확보
⑧ 항만시설보안정보의 제공
⑨ 항만시설 이용자의 의무

2 테러방지대책의 강화

테러방지대책을 강화하기 위해 시설의 관리자 등에 의한 보안계획의 작성 · 실시나 펜스, 조명 등(감시카메라 포함)을 설치해야 한다.

구체적으로는 강구할 내용은 다음과 같다.

1) 출입제한구역의 설정

선박이 정박할 해상을 포함한 제한구역을 설정하고, 요소에 센서, 감시카메라, 경비원 등에 의하여 상시 감시를 한다.

2) 출입관리

제한구역 내에 출입할 때는 출입목적, 신분확인, 화물반출입 검사 등이 엄중하게 실시된다.

3) 보안대책의 책임자(보안관리자)의 선임

SOLAS 조약에 정해진 일정한 연수를 받은 자 중에서 선임하도록 되어 있다.

4) 보안을 위한 훈련의 실시

국제항해선박소유자 및 항만시설소유자는 보안책임자(총괄보안책임자 · 선박보안책임자 및 항만시설보안책임자)와 보안담당자(보안책임자 외의 자로서 항만시설에서 보안업무를 담당하는 자)에 대한 보안교육 및 훈련에 관한 계획을 수립 · 시행하여야 한다.

국제항해선박소유자와 항만시설소유자는 각자의 소속 보안책임자로 하여금 해당 선박의 승무원과 항만시설의 종사자에 대하여 3개월 이내의 기간을 주기로 보안훈련을 실시하게 하여야 한다.[29)]

---

29) 국제항해선박 및 항만시설의 보안에 관한 법률 제39조.

3 경비형태

경비의 형태는 항만시설의 규모 등에 의하여 다소 다르지만, 일반적인 경비형태는 다음과 같다.

1) 출입관리업무

사람의 출입관리는 직원 및 관계자의 출입에 대해서도 신분증명서나 차량통행증 등으로 확인하고 경우에 따라서는 수하물검사가 행해지는 등 일반적 출입관리를 해야 한다.

외국인의 입출국, 화물의 반출입을 할 때는 입출국시의 검사가 추가되므로 특수한 기기를 사용한 검사형태가 고려될 수 있으며, 경비업무로서 어느 정도 관계할 것인가 사전확인이 필요하다.

2) 순찰업무

제한구역 내의 순찰은 불법침입자의 방지, 펜스 등의 이상 유무를 감시하는 일반적 순찰이다. 실시횟수, 실시형태는 각각 사정에 따라 다르다.

3) 감시업무

요소에 설치된 센서의 감지장치, 감시카메라의 모니터 감시이다. 낚시꾼 등이 침입하려고 하면 주의 방송을 하는 것도 업무의 범주에 들어가는 경우가 있다.

그 외 요소(포스트)의 입초감시, 동초감시도 요구되는 경우가 있다.

제 5 절

대사관 등의 경비[30)]

1 경비 상황

긴박한 테러정세는 국가에 따라 다소 차이가 있지만, 그 위협은 매우 심각한 문제이

---

30) (社)全國警備業協會, 앞의 책, p.61.

다. 특히, 대사관 등은 공관이라고 하는 특별한 시설이기 때문에 그 경비상황은 각각 최상위의 비밀로 되어 있다.

2 경비형태

공간이 위치하고 있는 입지 상황, 부지, 건물의 규모에 따라서 경비의 형태는 다르지만, 일반적으로는 다음과 같다.[31]

1) 경비방식

경비형태로서는 ① 경비원이 상주하는 경비방식에 로컬시스템을 도입, ② 자국의 경비원이 상주하는 경비형태에 기계경비업무를 병용, ③ 타국의 경비원이 상주하는 경비형태와 기계경비업무를 병용하는 방식이 있다.

2) 경비업무의 특징

(1) 출입관리

출입구는 1개소로 통용문과 시설의 입구에서 각각 출입관리가 행해지고 있다. 경찰관이 배치되어 있는 경우에서도 특별한 상황이 발생하지 않는 한 공관업무에 관여할 수 없다.

출입하는 사람이나 물건 및 차량의 검사방법은 국가에 따라 다르며, 경계가 엄격한 공관에서는 금속탐지기, 폭발물, 세균검지기 등을 사용하는 경우도 있다.

(2) 순찰

지역 내의 순찰은 상주하는 경비원이 담당하며, 순찰방법은 일반시설의 순찰방법부터 국가에 따라서는 상주하는 경비원에게 인식코드가 등록되며, 행동을 파악하는 시스템이 도입되어 있는 경우도 있다.

(3) 특별한 교육훈련

특수한 기기를 사용하는 경우의 트레이닝, 호신용・방어용의 기기, 호구를 장착하기

---

31) 위의 책.

위해 필요한 교육훈련이 있다. 또한 최소한도의 의사소통을 요하므로 어학학습을 필요로 하는 경우도 있다.

그 외 다음과 같은 교육훈련이 필요하다.

① 바이오케미컬교육(생물 · 화학병기에 대한 방호, 중화제의 취급 등)

② 검지기의 취급교육(폭발물 · 세균류 검지기 등)

③ 방호용구의 취급교육(방독마스크 · 방어복 등)

제 6 절

원자력시설의 경비

1 핵물질 시설경비의 의의와 중요성

원자력시설에서는 핵물질을 취급하기 때문에 핵물질방호(physical protection of nuclear material and facilities)에 따라 경비가 행해지고 있다.

핵물질은 이롭게 이용되어야 하는데, 테러 등에 의해 불법 반출되거나 또는 강탈되어 핵병기나 협박 등에 이용되면 사회가 불안해지고 위험하게 된다. 또 핵물질의 수송이나 원자력시설의 파괴 시에는 대량의 방사성 물질이 외부로 방출되어 공공의 안전에 중대한 영향을 미치게 된다.32)

각국에서는 2001년 9 · 11 테러 이후 원자력시설에서는 테러방호대책을 수립하여 핵물질방호시스템을 강화하고 엄중하게 경계하고 있다.

원자력시설에서는 일반적으로 사고발생을 경계하고 방지하기 위한 시설경비뿐 아니라 원자력시설이나 핵연료를 방호하기 위한 경비가 행해지고 있다.

우리나라에서는 핵물질 및 원자력시설의 안전한 관리 · 운영을 위한 방사능 재난예방 및 물리적 방호체제를 수립하고, 방사능 재난이 발생한 경우 이를 효율적으로 처리하기 위한 방사능 재난관리체제를 확립하여 시행함으로써 국민의 생명과 재산을 보호하는 것을 목적으로 원자력시설 등의 방호 및 방사능방재대책법이 제정되어 시행되고 있다.

---

32) (社)全國警備業協會, 앞의 책, p.62.

2 물리적 방호와 방호구역의 의의[33)]

1) 물리적 방호와 방벽의 의의

물리적 방호란 핵물질 및 원자력시설에 대한 내·외적 위협을 사전에 방지하고, 위협이 발생한 경우 이를 신속하게 탐지하여 적절한 대응조치를 취하며, 사고로 인한 피해를 최소화하기 위한 일체의 조치를 말한다.

이를 위해 침입을 방지하거나 지연시키고 접근에 대한 통제를 보완하여 주는 울타리·장벽 또는 이와 유사한 장애물을 물리적 방벽이라 한다.

2) 방호구역과 핵심구역의 의의

방호구역은 원자력시설 등을 방호하기 위하여 물리적 방벽으로 둘러싸여 있는 구역을 말한다. 그리고 핵심구역은 방호구역 중 사보타주(sabotage)[34)]로 인하여 직접 또는 간접적으로 회복할 수 없는 방사선 영향을 발생시킬 수 있는 원자력시실 등을 방호하기 위하여 설정된 구역이다.

3) 방호시설 및 규정 승인

원자력 사업자는 물리적 방호 시설·설비 및 그 운영체계, 물리적 방호규정 및 방호비상계획에 대하여 승인을 얻고자 하는 때에는 승인신청서를 원자력시설 등의 사용개시 5개월 전에 교육부장관에게 제출하여야 한다.[35)] 신청서에는 물리적 방호 시설·설비 및 그 운영체계에 관한 서류 2부, 핵물질 및 원자력시설의 물리적 방호를 위한 규정에 관한 서류 2부, 핵물질의 불법이전 및 원자력시설 등의 위협에 대한 조치계획에 관한 서류 2부 등을 첨부하여야 한다.

4) 검사

원자력 사업자는 다음과 같이 원자력안전위원회의 검사를 받아야 한다.[36)]

---

33) 원자력시설 등의 방호 및 방사능 방재 대책법 제2조, 동법 시행령 제2조.

34) 사보타주란 정당한 권한 없이 방사성 물질을 배출하거나 방사선을 노출하여 사람의 건강·안전 및 재산 또는 환경을 위태롭게 할 수 있는 행위를 말한다. 구체적으로는 핵물질 또는 원자력시설을 파괴 또는 손상하거나 그 원인을 제공하는 행위, 원자력시설의 정상적인 운전을 방해하거나 방해를 시도하는 행위를 말한다. 원자력시설 등의 방호 및 방사능 방재 대책법 제2조 제1항 제5호.

35) 원자력시설 등의 방호 및 방사능 방재 대책법 시행령 제17조.

(1) 최초검사

핵물질을 원자력시설에 반입하기 전에 당해 원자력시설에 대한 방호에 관한 검사이다.

(2) 정기검사

사업소 또는 부지별로 2년마다 당해 원자력시설 등에 대한 방호에 관한 검사이다.

(3) 운반검사

핵물질을 당해 사업소 외의 장소로부터 당해 사업소로 운반하거나 외국으로부터 국내에 반입하여 당해 사업소로 운반하고자 하는 경우 당해 핵물질에 대한 방호에 관한 검사이다.

(4) 특별검사

원자력시설 등에 물리적 방호와 관련한 사고가 발생한 경우나 물리적 방호규정 등에 대한 변경승인을 얻은 경우에는 당해 원자력시설 등에 대한 물리적 방호에 관한 검사이다.

3 원자력시설 등에 관계된 정보관리[37)]

원자력시설 등의 적절한 관리에 필요한 정보는 다음과 같다.

① 핵물질방호상 중요한 시설의 도면

② 핵물질방호 구역의 범위

③ 핵물질방호구역의 감시에 관한 사항

㉮ 침입경보장치, 감시장치의 위치, 종류, 성능, 배선, 전원 등에 관한 것

㉯ 순찰의 빈도, 경로 등에 관한 것

④ 핵물질방호에 관련된 출입관리방법에 관한 사항

㉮ 검사장소, 방법에 관한 것

㉯ 검사장치(금속탐지기, 핵물질검사기 등)의 성능에 관한 것

---

36) 원자력시설 등의 방호 및 방사능 방재 대책법 제12조 제1항 및 동법 시행령 제18조.

37) (社)全國警備業協會, 앞의 책, p.66.

⑤ 열쇠의 종류, 구조, 관리, 비밀번호 등에 관한 것
⑥ 핵물질방호에 관련된 핵물질의 관리에 관한 사항
㉮ 핵물질의 저장방법 등
㉯ 저장시설에 관련된 침입경보장치, 감시장치의 위치, 종류, 성능, 배선, 전원 등에 관한 것
㉰ 저장시설의 순찰 빈도, 경로 등에 관한 것
⑦ 핵물질 방호상 필요한 연락에 사용되는 장치의 종류, 계통 등에 관한 것
⑧ 핵물질방호에 관련된 긴급시 대응계획에 관한 것
⑨ 핵물질방호상의 조직체계에 관한 것
⑩ 종업원에 대한 핵물질방호상의 교육훈련의 내용에 관한 것
⑪ 물리적 방호규정 및 방호비상계획의 운용에 관한 것

4 원자력시설 방호를 위한 경비업무[38]

원자력시설 방호를 위한 경비업무는 원자력시설에 있어서 핵물질의 불법반출, 도난 등에 의한 불법이전 및 원자력시설에 대한 방해파괴행위를 경계·감시하고 방지하는 업무이다.

그 목적을 달성하기 위해 각 사업소에 정비된 핵물질방호시스템을 충분히 습득한 후 경비업무를 수행하는 것이 중요하다.

1) 방호시스템의 기능[39]

운용되는 핵물질방호시스템의 기능은 다음과 같다.

첫째, 저지 기능은 구역에 불법접근을 억제 또는 저지하는 기능이다.

둘째, 감지 기능은 침입감지기나 경비원에 의해 구역 내에서의 수상한 행동을 감지하는 기능이다.

셋째, 평가 기능은 감지한 상황을 모니터로 혹은 눈으로 확인하는 기능이다. 즉, 수상한 자, 상시 출입자, 작은 동물, 오보 등의 작동원인과 위협레벨을 확인한다. 확인의 결과, 수상한 자의 경우는 즉시 연락 통보한다.

38) 위의 책, p.67.
39) 위의 책, p.71.

넷째, 지연 기능은 펜스, 벽, 잠금장치 등의 장벽에 의하여 침입행동을 지연시켜 대응부대의 도착까지 시간을 버는 것이다.

다섯째, 대응 기능은 어떠한 불법행위에 적절하게 대처하는 것이다. 불법행위에는 적시의 대응이 요구되며, 대응전략(매뉴얼 등)과 정기적인 훈련이 필요하다.

2) 집중감시실의 기능

핵물질방호시스템에서 각 정보를 감시 및 경보장치에 의해 집중관리한다. 이 정보가 불법행위를 조기에 발견할 수 있으며, 적절한 판단과 신속하고 정확한 통보가 이뤄지며, 핵물질의 도취 및 시설에 대한 방해 · 파괴행위를 미연에 방지하는 중요한 기능을 가지고 있다.

주로 집중 감시실에서는 다음의 기능을 하고 있다.

(1) 경보수신 · 발신 기능

경보는 방호구역 내의 이상경보, 방호구역출입구의 무자격자 검사경보, 방호울타리의 개방경보, 외부출입구 문의 개방경보, 물품반출입구의 개방경보, 시설의 긴급사태발생경보, 정전경보, 기기이상경보 등이다.

(2) 출입관리 기능

방호구역, 핵물질취급구역의 입출 상황, 핵물질 저장고의 출입 상황 등의 관리이다.

(3) 감시영상집중 기능

방호구역 주변의 감시영상, 차량출입구의 감시영상, 출입관리입의 감시영상, 반출입구 등의 감시영상 등이다.

(4) 통보 · 연락

긴급 시에 군부대 · 경찰관서 등에 연락[40], 순찰경비원과의 상호 연락, 본부와 통보연락, 다른 장소와의 연락이다.

---

40) 원자력시설 등의 방호 및 방사능 방재 대책법 제10조.

(5) 기록

경보기록, 영상정보기록, 출입관리기록, 순찰기록, 기기의 보수기록 등이다.

(6) 정보수집

불법행위에 관한 정보의 수집 등이다.

3) 경비원의 업무

경비원은 핵물질방호설비에 의한 경계감시, 점검순찰, 출입관리, 긴급 시의 대응 등의 중요한 역할을 담당하고 있다. 불법행위가 발생한 경우는 정확하게 상황을 파악하여 관계기관에 조기 연락과 응급조치를 취하는 동시에 관계기관에서 도착할 때까지 공격의 저지나 지연 등을 적절하게 하고 도착할 때 인계 등 긴급하게 많은 일을 해야 한다.

그 구체적인 역할은 다음과 같다.

(1) 핵물질방호설비에 의한 경계 · 감시업무

침입감지기, 표시장치 등의 각종 감시장치를 통하여 시설 전체에 걸쳐 연속적으로 감시를 한다. 각 구역의 출입구는 경비원이 항시 감시카메라, 적외선센서 등으로 경계감시를 하고 불법한 행위를 조기에 발견한다.

(2) 점검순찰

침입감시장치에 의한 경계감시를 하는 동시에 방호시설 및 방호설비의 이상 유무의 점검, 수상한 자 등을 조기발견하기 위해 노력한다.

순찰시간, 순찰경로 및 순찰방법은 많은 정보를 수집하여 효과적인 실시방법을 선택하는 것이 필요하다.

(3) 출입자의 출입관리업무

방호구역 및 주변에 수상한 자의 출입을 금지하기 위해 당해 구역에 들어오는 자에 대해 출입이 허가된 자인지의 여부를 확인하고 허가된 자 이외의 출입을 금지한다.

(4) 차량의 출입관리업무

방호구역 및 주변에서는 원칙적으로 업무용 차량 이외의 차량을 탄 채로 들어가는 것을 금지한다.

업무용 차량을 탄 채로 들어가는 경우는 승차출입허가증 등에 기재된 차량번호가 맞는지 확인한다. 그리고 업무용 이외의 승차출입허가가 되어 있는 차량에 대해서는 승차출입허가증 등에 기재된 차량번호가 맞는지 확인한다.

차량에 의한 물품 반출입 차량의 출입 시는 불법물품의 반출입이 없는지 모든 차량에 대해 점검한다.

(5) 물품의 반출입관리업무

방호계획 및 주변 방호구역의 출입구에서는 금속, 폭발물 등 방해파괴행위용으로 제공될 수 있는 물품의 반입과 특정 핵연료물질의 반출만하도록 점검하는 업무이다. 이 점검에 의하여 불법물품의 반출입을 미연에 방지한다.

물품반출입이 허가되어 있는 경우는 물품반출입 허가증에 기재된 품명, 수량, 기타 틀린 점을 확인한다. 특히, 임시출입자가 소지한 물품에 대해서는 방호구역의 출입구에서 각종 감지기기를 이용하여 점검한다.

(6) 통보연락과 이상 시의 대응

① 통신 · 연락설비

원자력사업소에서는 경비원 등과 집중관리실 간의 연락이 신속하고 확실하게 연락될 수 있는 전화, 무선 등의 설비, 또한 구역 내에서 이상을 발견한 자가 긴급하게 연락할 수 있는 전화 등이 구비되어 있다.

② 통보연락

다음과 같이 이상이 발생한 경우는 시설관리자 등에게 통보한다.

㉮ 구역 내의 방호대상시설에 이상이 있을 때

㉯ 핵물질방호시스템을 구성하는 설비, 장치 등에 이상이 있을 때

㉰ 침입경보가 작동할 때

㉱ 기기의 이상신호가 작동할 때

다음의 현상이 발생한 경우는 사업자, 관계기관 등에 통보한다.

㉮ 불법행위의 발생 또는 그 발생의 우려가 있는 상황을 발견한 경우

㉯ 화재, 지진 기타 긴급사태가 발생한 경우

(7) 기록 및 보고

다음의 사항에 대하여 기록하고 시설관리자에게 보고한다.

① 경보기록, ② 영상정보기록, ③ 출입관리기록, ④ 순찰기록, ⑤ 기기의 보수, 점검기록, ⑥ 이상 등의 기록 등이다.

제 17 장 민간경비의 미래

제 1 절 교통유도경비

1 의의

교통유도경비란 도로에 접속한 공사현장 및 사람과 차량의 통행에 위험이 있는 장소 또는 도로를 점유하는 행사장에서 부상 등 사고발생을 방지하는 업무이다.

교통유도경비의 목적은 도로공사현장에서의 교통사고방지와 통행의 안전, 교통체증의 방지, 공사로 인한 지장의 경감이다.

우리나라는 아직 교통유도경비가 도입되지 않았지만 그와 유사한 일부의 업무를 모범운전자 등이 담당하고 있다. 일본의 교통유도경비업무가 전체 경비업 시장의 30%이상을 차지하고 있기 때문에 한국 경비업계에서 많은 관심을 가지고 있는 분야이다.

일본의 교통유도경비업무는 경비원이 도로공사현장, 건축현장, 주차장, 사업소 등에서 도로공사 등에 의해 일반 교통에 미치는 제반 지장을 경감하는 동시에 일반차량이나 보행자의 통행 안전을 도모하고 교통체증이나 사고발생을 미연에 방지하는 것을 목적으로 사람이나 차량을 유도하는 업무를 말한다.[1)]

주차장이나 공사현장 등의 관리자는 당해 사업장 등에 교통체증이 발생되지 않도록

---

1) 社團法人 全國警備業協會(2006),『交通誘導警備業務の手引, 初級』, 東京: 全國警備業協會, p.2.

보안요원을 배치하는 등의 조치를 강구해야 한다. 그러나 스스로 보안요원을 배치시킬 수 없는 관리자는 그 업무를 경비업자에게 위탁해야 한다. 이와 같이 사업주의 업무 일부인 보안업무를 위탁하고 이것을 보완, 대행하는 업무가 교통유도경비업무이다.[2)]

2 중요성과 유형

1) 중요성

공사구간에서 사고가 났을 경우 사망률이 일반 교통사고의 사망률보다 약 4배가 높다는 것은 공사구간에서의 교통사고로 인한 인명피해가 심각하다는 것을 알 수 있다. 따라서 공사구간에 대한 안전대책 마련이 필요하다. 우리나라는 미국, 일본과 달리 도로공사 구간에서의 교통사고 발생방지와 감소를 위한 교통유도경비업무는 경비업무에 포함되어 있지 않다. 다만, 일부 민간 도로공사 구간 및 건설현장에서 공사현장으로의 차량 출입을 위해 임시적으로 교통유도경비업무를 시행하고 있나. 그러나 이것은 공사장 주변을 통행하는 보행자 및 차량의 안전을 위한 것이 아니라 공사현장으로 진・출입하려는 차량의 원활한 진・출입을 위한 목적으로 실시되고 있다. 게다가 그 목적이 공사현장 차량의 원활한 진・출입을 목적으로 하는 임시적 교통유도경비라고 하더라도 이마저도 몇몇 대형 도로공사 및 건설공사를 제외한 대부분의 중・소규모의 공사에서는 보행자 및 차량의 안전 확보를 위해 교통유도경비가 전무한 실정이며, 가령 요원을 배치하였더라도 교통유도경비에 대한 전문지식이 결여된 경비원을 배치하는 경우가 대부분으로써 교통유도경비업무 미숙으로 인한 사고발생 가능성이 높다.[3)]

교통유도경비업무는 위탁자뿐 아니라 일반 보행자나 차량을 그 대상으로 한다. 따라서 만약 유도를 잘못하여 교통사고가 발생하면 중한 사고는 말할 것도 없고 경미한 사고의 경우에도 그 해결이나 사고처리는 복잡하고 곤란할뿐 아니라 사회에 미치는 영향력도 대단히 크다.[4)]

따라서 교통유도경비업무에 종사하는 경비원은 관련된 지식과 능력을 바탕으로 교통유도기술을 확실히 몸에 익히고 유도받는 측의 자발적 협력을 얻도록 항상 감사하는 태도로 응대하고 적정한 업무를 실시하는 것이 중요하다. 또한 전문적 지식이나 능력을

2) 위의 책.
3) 김일곤(2010), 혼잡경비제도의 도입방안에 관한 연구, 박사학위논문, 경기대학교 대학원, p.77.
4) 社團法人 全國警備業協會, 앞의 책, p.2.

필요로 하거나 또는 사고가 발생한 경우에는 불특정 다수의 생명, 신체 또는 재산 등에 위험이 발생할 우려가 있는 교통유도경비업무에 대해서는 경력자를 배치해야 한다. 따라서 교통유도경비에 종사하는 경비원은 그 업무의 중요성을 인식하고 절대 사고 등이 발생하지 않도록 적정한 업무를 수행하도록 노력해야 한다.[5)]

교통이 지나치게 붐비는 교통혼잡의 원인은 여러 가지가 있다. 우선, 특정 지점의 교통용량보다 교통량이 많아서 교통체증이 발생한다. 그리고 돌발적인 사고 및 공사 등으로 인해 차량이 느린 속도로 운행하거나 정지하면서 차량정체가 발생된다. 따라서 특정 도로구간이나 도로망 전체에서 단위시간당 차량대수가 일정 수준을 넘어서 증가하게 되면 교통밀도가 증가되고 주행속도가 저하되면 교통혼잡비용(congestion cost)이 발생한다.

많은 자동차가 동시에 도로를 이용할 때 도로공간 내의 교통밀도(단위거리당 차의 대수)가 높거나 어느 수준을 초과하면 각각의 차는 안전성을 위해 속도를 줄일 수밖에 없어 차의 주행속도는 저하된다. 교통밀도가 낮은 경우, 속도 저하로 인해 교통밀도가 상승하더라도 도로를 통과하는 차량의 수, 즉 교통량(일정시간에 도로를 통과하는 차의 대수)은 증가하나, 정체로 인해 혼잡할 경우에는 차량의 통과량은 감소하게 되며 결국 차량의 도로통과량은 극단적으로 감소하게 된다.[6)]

이와 같이 교통혼잡으로 인해 운전자가 직접부담하는 비용증가는 우선 연료, 오일, 타이어 마모 등의 화폐지출을 수반하는 금전적 주행비용이 있다. 또하나는 도로통행에 필요한 시간비용이다. 즉, 통행인의 여가시간 감소, 운전노동비의 증가, 차량과 대물의 이용효과 저하 등이다. 이외에 비이용자에게 부담되는 사고나 환경오염 등의 외부비용이 있다.[7)]

2) 교통유도경비의 유형

교통유도경비업무는 고속도로나 일반도로에서 각종 공사, 도로설비의 설치 · 점검, 중앙분리대나 가장자리의 가로수 전정작업 등과 같은 상황에서의 교통유도부터 건축 등의 현장, 상업시설이나 주차장 출입 시 차량이나 보행자의 유도 등에 이르기까지 다양한 교통유도경비업무를 실시하고 있다.[8)]

---

5) 위의 책, p.3.
6) 山田浩之, 『交通混雜の經濟分析』, 東京: 勁草書房. 2001, p.5.
7) 山田浩之, 앞의 책, p.6.

교통유도경비를 그 대상 장소에 따라 나누면 다음과 같다.

(1) 고속국도에서의 교통유도경비

고속국도는 도로교통망의 중요한 축을 이루며 주요 도시를 연결하는 도로[9]로서 자동차 전용의 고속 교통에 사용되는 도로이며, 특정 지점에서 인터체인지를 통해 일반도로와 연결된다. 고속국도는 높은 속도로 통행할 수 있으므로 단시간 이동이 가능하도록 도로정비가 이뤄진다. 자동차 등에 의해 이동하는 사람에게는 편리성을 가진 도로이다. 반면 고속통행이므로 사소한 실수에도 다양한 사고가 발생할 수 있다. 고속국도에서의 사고는 사망률이 높고 때로는 많은 사상자가 발생하는 중대사고로 이어진다. 이와 같이 고속통행에 따른 위험이 수반되기 때문에 각종 공사나 작업을 할 경우에는 작업상 보안기준을 정하고 있다.

이와 같은 상황에서 교통유도경비업무를 실시하는 경비원은 공사의 종류(도로, 터널, 교량, 고가도, 댐, 건축)에 사용되는 전용안전용 기자재의 설치장소, 그 기능이나 고속국도 등에서 사용하는 유도기자재의 규격 및 기능, 신호방법 등은 일반도로와 다른 점을 유의해야 한다.

한국도로공사가 설정한 고속도로 공사장 교통관리구간은 〈표 17-1〉과 같다.

표 17-1 고속도로 공사장 교통관리 구간

구분	내용
주의구간	교통제한 실시로 인한 1차 예고표지 설치 지점부터 교통흐름을 변화시키고자 하는 지점까지의 구간
변화구간	교통흐름의 변화(차로변화, 정지)를 요하는 구간
완충구간	변화 완료지점부터 실제 공사구간까지 작업원 및 작업차량의 안전을 위한 구간으로서 최소 50m 이상을 확보한다.
공사구간	실공사구간
공사이탈구간	공사구간을 지나서 원래차로로 복귀하는 구간

자료: 한국도로공사(2003: 3).

8) 社團法人 全國警備業協會(2005), 『交通誘導警備業務の手引, 上級』, 東京: 全國警備業協會, p.1.
9) 도로법 제11조.

그림 17-1 고속도로 공사구간 구분

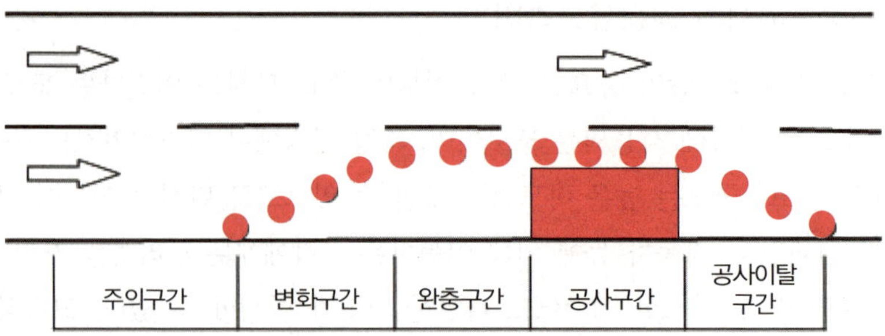

자료: 한국도로공사(2003: 3).

고속도로 공사구간에서 안전을 유도하기 위해 구간의 구분은 [그림 17-1]과 같다. 공사구간에 이르기 전에 첫 단계로 주의구간을 설정한 후, 변화구간, 완충구간을 설정하여 안전을 도모하는 방식이다. 공사구간 이후에는 공사이탈구간을 설정하여 교통흐름을 유도하는 것이다.

(2) 일반도로에서의 교통유도경비

일반도로에서 교통유도경비가 필요한 공사는 안전선 및 차선 도색작업이 가장 많으며 그 외에 도로정비나 도로설비에 관련된 공사가 많다.10)

교통유도경비원이 현장에서 하는 유도는 공사 등에 발생하는 교통의 지장을 경감하는 동시에 사고 등으로 이어질 수 있는 위험을 조기에 발견하여 방지하고 교통을 원활하게 하는 것이 목적이다.

이와 같이 일반도로에서 교통유도경비업무를 적정하게 실시하기 위해서는 일반도로의 교통 상황의 변화를 정확하게 파악하는 것이 중요하다.

도로공사는 터널 쉴드(shild)공사, 증폭공사, 고가다리공사 등 장기간 공사가 있고 그 외 단기간 공사가 많다. 현장이 바뀔 때마다 다른 장소에서 교통유도경비업무를 수행하기 때문에 경비원은 정신적 부담이 된다. 따라서 교통량이나 복잡한 유도를 필요로 하는 현장 상황에 맞는 경비원 배치나 적당한 순찰 등이 필요하다.

장기간 공사에서도 도로의 교통 상황은 요일이나 시간대, 기후, 공사장소, 공법, 부근

10) 社團法人 全國警備業協會, 『交通誘導警備業務の手引』, 東京: 全國警備業協會, 2008, p.4.

의 건물 상황 등에 따라 영향을 받아 교통유도환경이 다양하게 변할 수 있다.

(3) 건축 등 공사장에서의 교통유도경비

건축 등의 공사장에서의 교통유도경비요령은 도로공사현장의 유도요령과 기본적으로 크게 다를 것은 없으나 도로공사와 같은 주변의 교통환경이 크게 변화하지는 않는다. 그러나 건축현장 특유의 업무로는 게이트의 출입관리, 출입구의 잠금과 해제, 화재 발생 방지 등의 시설경비업무적인 요소를 포함하고 있다. 건축 등의 공사현장 대부분이 도로변에 인접해 있어 인근 주민과 보행자에 대한 대응이 중요하다. 보행이나 통행에 대한 통제를 할 경우에는 타인으로부터 양해를 얻기 위해 태도, 단어사용, 몸가짐, 주변 정리 등을 함께 해야 한다.[11]

(4) 다중이용시설 등에서의 교통유도경비

다중이용시설 등에서의 교통유도경비의 대표적인 업무는 주차장에 출입하는 차량 등의 교통유도이다. 주차장 출입구의 교통유도는 차량이 출입할 때 통행하는 보행자의 안전을 확보하기 위함과 출입 시 혼잡, 사고 등의 방지와 주차 시 효율을 도모하는 것이 목적이다.[12]

그리고 출입 유도 외에 주차장 내에 빈 주차공간으로 유도하는 경우와 계약에 따라서는 주차요금 징수업무를 함께하는 경우도 있다. 또한 기계식 주차장의 경우는 기계조작을 하는 경우도 있으며, 점포 또는 빌딩에 병설된 주차장에서는 시설경비업무와 주차장 관리, 차량의 출입유도를 포함한 계약형태도 있다.[13] 업무적용이 가능한 대상시설로는 스포츠 경기장, 백화점, 대형마트, 공연장 등 많은 사람들이 차량을 이용하여 접근하는 시설들이 대표적 시설이라 할 수 있다.[14]

(5) 재해발생 시 교통유도경비

지진 등의 재해가 발생한 경우에 파손된 노로의 복원 및 손상된 신호기, 도로표지 등의 복원을 도모하며 피해지역의 교통통제 및 운전자, 보행자에 대한 안전확보를 위해

---

11) 위의 책, p.5.
12) 社團法人 全國警備業協會, 『交通誘導警備業務の手引, 上級』, 東京: 全國警備業協會, 2005, p.4.
13) 위의 책.
14) 김일곤, 앞의 논문, p.21.

해당 지역에 적절한 신호체계를 점검하는 경우이다. 그리고 통행안전을 위해 경찰과 함께 교통통제 및 교통유도업무를 수행하는 경우이다.[15)]

일본의 경우 전국경비업협회 동경경비협회는 1996년 고베 대지진 피해를 계기로 재해가 발생할 경우 경비협회의 가맹 업체와 함께 구호활동을 실시하기로 결정한 후 재해대책위원회를 설립하여 대책수립 등의 활동을 하고 있다. 1997년 재해발생 시 교통유도, 경계업무에 관한 협정을 동경 경시청과 체결하였으며, 1999년에는 재해발생 시 교통유도, 경계업무에 관한 광역상호지원 협정을 인근 10개 현(縣)의 경비협회와 체결하였다.[16)]

3 교통유도경비업무에 종사하는 경비원의 사명과 자세

경비업무는 사람의 생명, 신체, 재산 등을 지키므로 국민생활의 안전에 매우 관계가 깊은 업무이며, 직·간접으로 일반 시민생활이나 계약처의 안전, 나아가 공공의 안전과 질서유지 등에 기여하는 중요성을 가지고 있다. 따라서 경비원은 우선 그와 같은 경비업무의 사회적 사명을 바르게 인식하고 공도상 등에서 여러 사람이 보는 가운데 그 업무에 종사하고 통행하는 사람이나 차량의 안전을 도모하고 사고를 방지하는 중대한 책무를 수행하기 위해 전문적 지식, 기술의 단련뿐 아니라 인격도야에도 노력해야 한다. 특히, 교통유도경비업무에 종사하는 경비원은 당해 경비현장에서 사고 등이 발생한 경우에는 일반 사회생활에 많은 영향을 미치는 것을 유념하여 세세한 일이라도 간과할 것이 아니라 업무수행에 만전을 기하고 무사고를 목표로 성실하게 업무를 실시해야 한다.

교통유도경비업를 실시할 때는 다음과 같은 사항에 유의할 필요가 있다.[17)]

1) 사고에 대한 마음가짐

교통유도경비업무는 특정의 위탁자로부터 의뢰를 받아 행하는 것이지만, 일반인이나 차량이 다수 통행하는 공공도로상에서 행해지기 때문에 사회 전반의 안전과 관련된다. 또한 업무과정에서 한번 사고가 발생하면 계약처에 폐를 끼칠뿐 아니라 사회문제가 되

15) 한국민간보안산업연구원편, 『경찰과 민간경비의 치안공조 확대방안과 과제』, 인천: 진영사, 2016, p.130.

16) 김일곤, 앞의 논문, p.22.

17) 社團法人 全國警備業協會, 『交通誘導警備業務の手引, 初級』, 東京: 全國警備業協會, 2006, pp. 5-7.

어 국민의 지탄을 받게 된다. 따라서 경비원은 항상 사고방지에 유념해야 한다.

2) 직책의 완수

교통유도경비업무에 종사하는 경비원은 자신의 지식, 기술과 자신의 노력으로 그 직무를 완수하겠다는 기개를 가지고 업무에 임해야 한다. 따라서 소정의 근무시간에는 자기의 직무를 위해 모든 주의력을 집중하는 것이 중요하다. 특히, 직무태도의 적부는 자기가 속한 회사는 물론 널리 경비원 일반과 경비업무 전체의 평가로 이어진다는 것을 명심할 필요가 있다.

즉, 자기 사정에 따라 멋대로 임무내용을 변경하거나 임의로 근무장소를 이탈해서는 안 된다.

3) 관계법령의 준수

교통유도경비업무는 사람의 생명, 신체, 재산을 지키는 중대한 사명을 가진 업무인 동시에 공공도로상에서 여러사람이 보는 가운데 실시되므로 그것에 종사하는 경비원은 관계법령을 올바르게 준수하는 것이 중요하다. 관계법령은 다양하지만 기본이 되는 준수사항은 다음과 같다.

① 경비원은 경비업법 등의 법령에 따라 특별한 권한이 있는 것은 아니라는 점을 인식한다.

② 헌법이 보장하는 기본적 인권의 존엄성을 올바르게 인식하고 위법 또는 부당한 행위를 해서는 안 된다.

③ 항상 도로교통 관계법령을 연구하여, 교통유도는 어디까지나 도로교통 관계법령이 정한 범위 내에서 행한다.

4) 규율의 준수

사람의 생명, 신체, 재산 등의 안전을 지키는 경비업무에 종사하는 경비원에 대해서 계약처는 물론 사회일반도 매우 큰 기대를 하고 있다.

경비원은 이와 같은 기대에 부응하기 위해 경비원으로서 필요한 전문직 지식, 능력의 습득을 위해 노력하는 동시에 풍부한 양식과 성실한 인품을 가지고 항상 청결하고 엄정한 복장, 명쾌하고 절도 있는 태도를 가지고 행동해야 한다. 특히, 규율과 절도있는 언어, 동작은 경비원 자신의 마음을 가다듬는 동시에, 경비원 일반 및 경비업 전체에 대한 사회적 신뢰성을 높이는 요건이다.

① 경비원은 형식적으로 규율에 복종하는 것이 아니라 업무목표 달성을 위해 적극적으로 규율을 준수하는 마음자세를 가지고 행동하는 것이 중요하다.

② 복장과 단정한 몸가짐

경비원의 복장과 단정한 몸가짐은 계약처뿐 아니라 국민 일반의 눈을 끌어 주시의 대상이다. 경비원의 복장과 단정한 몸가짐은 많은 사람들에게 신뢰감을 주고 또한 범인 등에 대해서는 무언의 경고를 주는 의미를 가지고 있다. 위신을 손상하지 않도록 노력해야 한다.

특히, 주의할 점은 경비원의 복장이나 몸가짐이 나쁜 경우는 그 경비원 개인에게 책임이 향할 뿐 아니라 소속 회사 나아가 경비업 전체에 영향을 미친다. 따라서 경비원은 그것을 충분히 자각하여 평소에 단정한 복장을 착용하는 것이 중요하다.

4 교통유도경비업무의 도입

한국의 경우 도로의 유지관리 개념의 중요성이 대두되면서 도로 자체의 유지보수, 확장이나 도로 선형 개량, 연·가도 점유 건설공사 등 도로상 또는 도로를 점유한 공사의 빈도가 증가하고 있다. 도로상에서 차로를 통제하며 공사를 진행하면 도로의 교통처리 용량이 저하되어 교통혼잡이 야기될 뿐만 아니라 적절한 규정을 준수하지 않은 채 도로공사 등의 공사를 시행하므로 차로가 감소되는 구간에서는 차로변경, 속도감소, 상충 등으로 인하여 교통량이 용량을 초과하여 서비스 수준이 떨어지고, 운전자와 공사를 시행하는 작업자들이 교통사고 위험에 노출될 수 있다.[18]

위험성이 크거나 중요한 공사임에도 불구하고 교통유도경비가 시행되지 않는 경우가 많다. 즉, 대부분의 도로공사장 및 연·가도 점유 건설공사장에서 교통유도경비가 시행되고 있지 않다. 일부 건설 공사장에서 극히 한정적으로 행해지고 있으나 전문성을 결여한 상태에서 일시적·임의적으로 이루어지고 있다. 그러나 이마저도 안전에 대한 개념이 미흡한 상태이며, 교통유도업무를 수행하고 있는 경비원들은 최소한의 기본교육조차도 받지 않아 수행업무에 대한 이해가 없는 경우가 대부분이다.[19]

---

18) 김일곤, 앞의 논문, p.75.

19) 박대우, "교통유도경비 제도 도입 제안보고서", 『한국경비협회정책연구』, 2010, 창간호, 한국경비

그 결과 도로공사장 및 연·가도 점유 건설공사장 주변에서 안전사고가 끊이지 않고 발생하는 것이다. 따라서 교통유도경비 관련 업자는 업무 본연의 목적인 도로공사 현장 등에서의 교통사고 방지와 교통통행안전확보, 교통지체의 최소화, 공사 등으로 인한 혼잡비용과 같은 사회적 비용의 절감을 실천하기 위해서 현재의 안전에 대한 의식을 전환할 필요가 있다.[20]

교통안전과 관련하여 교통선진국인 미국과 일본에서 사용하는 명칭은 다르나 교통유도원(flagger) 및 교통유도경비원과 같은 이름으로 민간교통유도경비제도를 실시하여 사회적 안전에 많은 기여를 하고 있다.[21] 한국에서 도입을 적극적으로 검토할 필요가 있다.

제 2 절

민간조사제도

1 의의

민간조사란 '민간'과 '조사'가 합성된 용어이다. 따라서 '민간'이라 의미는 주체가 공공이 아닌 사적 주체인 개인이나 업체라는 것이다. 그리고 '조사'는 어떤 사안에 대해 내용을 명확히 알기 위하여 자세히 살펴보거나 찾아보는 것인데, 그 주체, 업무성격, 분야, 조사방식 등에 따라서 민간의 조사활동이 될 수도 있고 형사사법기관의 수사활동이 될 수도 있다. 여기서는 '민간조사'이므로 민간이 주체가 되는 조사활동을 지칭한다는 것을 쉽게 알 수 있다.

따라서 '민간조사'는 공적인 주체가 아닌 사적인 주체로서, 즉 개인이나 업체가 사적인 신분으로 타인으로부터 의뢰받은 사건을 조사하는 제도이다. 그리고 이러한 민간조사제도업무를 '민간조사업'이라 하며, 국가로부터 자격증을 부여받아 민간조사업을 할

협회, p.331.

20) 김일곤, 앞의 논문, p.86.

21) Shuetsu, Shibuya et al., "Traffic Control at Flagger-Operated Wokr Zones on Two-Lane Roads", *Transportation Research Record: Journal of the Transportation Research Board*, 1529, 1996, pp.3-9.

수 있는 자를 '민간조사원'이라 칭하며, 민간조사업으로 경제생활을 영위할 목적으로 하는 자를 '민간조사업자'라고 한다.[22]

2 민간조사 관련 제도의 발전

우리나라에서 민간조사 또는 탐정에 관한 많은 연구들이 수행되었는데, 민간조사업의 범위에 속하는 주된 관련 명칭 또는 용어는 탐정, 사설탐정, 공인탐정, 민간조사, 심부름센터, 흥신소 등이다.

이 중 '탐정'이라는 용어는 영미에서 사용하고 있는 'Private Investgator' 또는 'Detective'를 일본에서 번역한 것을 그대로 들여온 것이다.[23] 그런데 '탐정'이라는 용어는 신용정보의 이용 및 보호에 관한 법률 제40조 제1항 제5호에 의해 사용이 금지되었다가 2020년 8월 5일부터 신용정보회사 등을 제외하고는 사용할 수 있게 되었다. 따라서 2020년 8월 5일 이전까지는 사용금지된 탐정이라는 용어보다는 영미의 'Private Investgator'를 직역한 '민간조사'라는 용어를 주로 사용하였다.[24] 이것은 탐정이라는 부정적 · 비현실적 시각을 일소하고자 민간조사라는 명칭을 사용한 것으로 보인다.[25] 그리고 국회에서 발의된 민간조사 관련 법률(안)의 제호를 보면 제17대~제20대까지는 대부분의 '민간조사' 관련으로 발의되었고, 제21대 국회에서 발의된 2건은 모두 '탐정업'으로 발의되었다.

한편, '흥신소'의 전신은 '신용고지업'이라고 할 수 있다. 신용고지업은 신용고지취체규칙(1911년 11월 6일 제정, 조선총독부법령 제82호)에 따라 해방 이후에도 계속 유지되다가 흥신업단속법(법률 제728호)이 1961년 9월 23일 제정되면서 폐지되었다.

흥신업단속법은 타인의 상거래 · 자산 · 금융 기타 경제상의 신용에 관한 사항을 조사하여 의뢰자에게 알려주는 것을 업으로 하는 흥신업은 법인에 한하여 할 수 있도록 하고, 서울특별시장 또는 도지사의 허가를 받도록 하여 국민신용의 건전한 발전에 기여

---

22) 김원중, "민간조사제도 도입 필요성에 관한 연구", 『한국공공관리학보』. 제20권 제1호, 한국공공관리학회, 2006, p.64.

23) 박해주, "공인탐정제도의 국내 도입방안에 관한 연구", 박사학위논문, 한세대학교 대학원, 2014, p.8.

24) 강동욱, "탐정제도의 법제화에 관한 소고(20대 국회 법안을 중심으로)". 『한양법학』, 제29권 제2호, 한양법학회, 2018, p.17.

25) 노진거 · 정일훈, "민간조사제도(탐정제도) 쟁점 분석 및 정책적 대안", 『융합보안논문지』, 제16권 제6호, 한국융합보안학회, 2006, p.66.

하도록 하려고 제정된 것이다. 그러나 이후 흥신소가 불법적인 채권추심대행, 청부폭력 등으로 인하여 집중단속을 받으면서 흥신업단속법은 1977년 12월 31일 폐지되고, 대신 '신용조사업법'(법률 제3039호, 1977년 12월 31일 제정)으로 개정하고 부실업소의 난립과 사생활의 침해방지를 위해 신고제를 허가제로 전환하는 한편, 조사원의 자격제 실시와 군사기밀과 개인생활에 속하는 사항을 조사하지 못하도록 명문화하였다. 이 과정에서 흥신소가 집중 단속을 받게 되자 1970년대 후반부터는 '심부름센터'로 상호를 변경하여 활동을 하였다. 심부름센터는 사람을 찾거나 비서대행 등 심부름을 목적으로 영리활동을 하는 것이다. 그러나 심부름센터는 단순 심부름의 활동을 넘어서 개인의 의뢰를 받아 타인의 사생활 촬영, 전화도청 등 불법적으로 사생활정보를 수집하여 제공하다 수사기관에 적발되는 사례가 지속적으로 발생하고 있다. 따라서 국민들의 권익을 침해할 수 있는 가능성이 있다는 부정적인 시각이 있다.

한편, 민간조사 또는 탐정 관련 법률을 제정하려는 움직임은 1999년 제15대 국회 하순봉의원이 준비한 '공인탐정에 관한 법률(안)'부터 활발히 논의되었으나 국회에 발의를 하지 못하였다. 이후 제17대 국회부터 제21대 국회까지 발의된 민간조사 또는 탐정 관련 법률(안)은 〈표 17-2〉와 같다.

표 17-2 민간조사 관련 법률(안) 발의 현황

구분	대표의원	제안일자	법률(안)	비고
제17대	이상배	2005.9.8	민간조사업법(안)	임기만료 폐기
제17대	최재천	2006.3.14	민간조사업법(안)	철회
제17대	최재천	2006.4.5	민간조사업법(안)	임기만료 폐기
제18대	이인기	2008.9.24	경비업법 일부개정법률(안)	임기만료 폐기
제18대	성윤환	2009.2.5	민간조사업법(안)	철회
제18대	이한성	2009.3.30	민간조사업법(안)	철회
제18대	강성천	2009.4.10	민간조사업법(안)	임기만료 폐기
제19대	윤재옥	2012.11.2	경비업법 일부개정법률(안)	임기만료 폐기
제19대	송영근	2013.3.10	민간조사업에 관한 법률(안)	임기만료 폐기
제19대	윤재옥	2015.11.13	민간조사업의 관리에 관한 법률(안)	임기만료 폐기
제20대	윤재옥	2016.9.8	공인탐정법(안)	임기만료 폐기
제20대	이완영	2017.7.13	공인탐정 및 공인탐정업에 관한 법률(안)	임기만료 폐기
제21대	이명수	2020.11.11	탐정업 관리에 관한 법률(안)	계류
제21대	윤재옥	2020.11.26	탐정업의 관리에 관한 법률(안)	계류

3 민간조사제도의 도입 시 장 · 단점

민간조사제도는 의뢰인의 의뢰를 받아 조사한 내용을 의뢰인에게 제공하는 것이 주된 목적이다.

1) 민간조사제도의 장점[26)]

첫째, 경찰을 비롯한 형사사법기관의 업무부담을 경감시킬 수 있다. 현실적인 경찰 인력에 한계를 보완해 줄 수 있는 경찰력의 보충적 역할을 할 수 있다. 2021년 12월 말 현재 경찰관 1인당 치안담당 인구가 429명으로 미국의 299명, 영국의 284명보다 많아 치안수요에 적절히 대응할 수 없는 인력구조를 가지고 있다. 이러한 상황에 민간조사제도가 도입되면 국가기관의 업무가 경감될 수 있을 것이다.

둘째, 국민 누구든지 피해자는 사건해결을 위해 민간조사기관에 의뢰할 수 있다. 민간조사는 의뢰인이 고객이므로 친절하게 의뢰사항을 이해하면서 조사를 진행할 수 있다.

셋째, 민간조사제도가 도입되면 국가기관의 복잡한 절차를 거치지 않고 피해자는 민간조사기관에 의뢰해서 피해구제를 받을 수 있다. 피해자가 국가기관에 고소나 고발을 통해 구제를 받는데 절차상 복잡한 반면, 민간조사는 피해구제를 용이하게 할 수 있다.

2) 민간조사제도의 단점[27)]

첫째, 인권침해의 가능성이 있다. 심부름센터가 개인의 의뢰를 받아 타인의 사생활 촬영, 전화도청 등 불법적 활동으로 국민들의 인권과 권익을 침해한 경우가 적지 않았다. 민간조사도 관리가 소홀하거나 미흡한 경우에 개인을 인권을 침해할 가능성이 있으므로 체계적이고 효율적인 관리장치가 마련되어야 한다.

둘째, 국가기관과의 상호충돌 가능성이 있다. 민간조사제도에 따라 의뢰인의 의뢰업무를 조사하는 과정에 국가기관과 충동할 가능성이 있다. 따라서 국가기관의 수사에 지장을 주거나 곤란하지 않도록 명확한 규정과 제도적 장치가 필요하다.

셋째, 우수한 인재확보가 곤란하다. 민간조사제도는 신뢰성과 전문성을 갖춘 인력이 유입되지 못할 경우 우수한 민간조사 인력을 확보하기 곤란할 수 있다. 그러한 경우 민

---

26) 김원중, "민간조사제도 도입 및 역할 검토", 『청주법학』, 제29권, 2001, p.199.

27) 김원중, "탐정업(규제) 법령에 관한 비교법적 연구", 『치안논총』, 제36집, 치안정책연구소, 2020, pp.75-76.

간조사제도가 정착되기 어려울 뿐 아니라 의뢰인에게 신속하고 다양한 서비스를 제공하기 어렵다.

4 민간조사제도의 도입 시 쟁점사항

1) 업무범위

민간조사는 의뢰인이 요구하는 사항에 대해 조사하는 것이지만, 그 업무범위는 법률로 정해야 한다. 업무의 범위는 각 국가마다 차이가 있지만, 일반적으로는 공적 치안기관이 수행하는 사항과 국민의 기본적 권리를 침해하는 사항은 제외되며, 타 자격과의 충돌이 발생하지 않는 범위에서 업무범위를 명확히 하여야 한다.

민간조사업무의 범위는 ① 미아, 가출인, 실종자, 도피한 불법행위자 등 소재 불명인에 대한 소재 파악과 관련된 사실조사, ② 도난, 분실, 은닉자산의 추적 및 소재 확인과 관련된 사실조사, ③ 의뢰인의 및 피해사실과 관련된 사실조사 등이다.

2) 민간조사업의 허가

민간조사업을 단순히 신고제로 하여 무제한 허용할 경우 공공질서와 공공복리가 저해될 수밖에 없다. 민간조사가 하는 업무가 개인의 사생활 조사 또는 재산 등에 대한 조사를 하는 행위로 이를 규제하지 않을 경우 공공질서와 공공복리가 침해되어 국민의 기본권 침해로 이어질 수 있다. 따라서 민간조사는 경찰허가를 받아 적법하게 영업활동을 하게 하여야 할 것이다.[28)]

3) 자격제도

민간조사업은 신뢰성과 함께 전문성을 요구하는 직업이다. 따라서 일정한 요건을 가진 자에 대하여 자격시험을 통하여 그 전문성을 확보하여야 한다. 민간조사에 대한 시험제도는 전문성 확보를 위해 필요하며, 이러한 전문자격제도는 국가자격제도로 국가가 정기적으로 시험을 실시하여 예측성과 안정성을 확보할 필요가 있다. 민간조사업에 대한 자격시험은 전문성확보와 직무범위에 대한 내용으로 구성되어야 한다.[29)]

28) 위의 논문, p.79.

29) 김정규, "공인탐정 자격운영 및 교육훈련 발전방안", 『대한민간조사연구학회 학술세미나』, 2017, pp.36-37.

민간조사업은 개인의 직업선택을 보장하는 측면이 있는 반면에, 타인의 권익을 침해할 수 있는 사항이므로 일정한 자격요건을 두어 사전에 국민의 기본적 권익 침해를 예방하여야 한다. 이를 위해 일정한 연령, 경력 등을 요구할 필요가 있다.[30] 그리고 결격사유로 범죄경력이 있거나 행위능력이 부족한 자를 정해야 할 것이다.

4) 관리 · 감독기관

민간조사업에 대한 관리·감독기관을 법무부와 경찰청 중 어디로 정할것인지에 대해 대립이 있었다. 민간조사업은 법무에 관한 사항이 아닌 공공의 안전과 질서에 관한 사항이므로 행정 경찰적 성격을 가진 업무이다. 그리고 국가의 공적 치안기관이 수행하지 못하는 분야인 민간 분야에 대한 조사 등을 담당하므로, 이를 자유시장에 권한 부여할 수 없어 국가가 개입하여 관리하여야 한다. 이러한 민간조사업에 대한 관리는 공공의 안전과 질서유지를 침해할 소지가 있기 때문에 국가경찰기관이 관장하는 것이 타당할 것이다.[31]

제 3 절

민간군사경비기업

1 의의

민간군사경비기업(private military security companies)이란 군(軍)으로부터 용역업무를 도급받아 전투 또는 비전투 분야에서 군을 지원하는 회사이다. 이들이 도급하는 업무는 비전투업무인 세탁, 식당운영, 우편업무 등 단순한 것부터 중요인사의 신변보호, 무기호송, 군 시설경비(기계경비 포함), 군 보안유지, 치안 및 질서유지, 전투 관련한 군사훈련, 모병업무, 지뢰제거, 전략입안까지 다양하며, 심지어 전쟁터에 직접 병력을 공급하거나 전쟁 대행서비스를 제공하기도 한다.

따라서 민간군사경비기업은 그들의 목적과 대상, 활동 영역 등에 따라 다양하게 명

30) 김원중, "탐정업(규제) 법령에 관한 비교법적 연구", 앞의 논문, pp.82-83.
31) 위의 책, p.86.

표 17-3 민간군사경비기업의 다양한 명칭

약칭	명칭	비고
PMCs	private military companies	민간군사기업
PMSCs	private military security companies	민간군사경비기업
PMD	private military detail	민간군사특수기업
PMFs	private military firms	민간군사회사
PSPs	private services providers	민간서비스제공자

명하고 정의되기도 한다. 그 다양한 명칭은 〈표 17-3〉과 같다.

이 기업들의 공통점은 대부분이 민간경비업체를 통해 군사산업에 참여한다는 점이다. 필요에 따라서 비전투 분야뿐 아니라 병참업무까지도 수행하는 경우가 있는데, 전투 분야를 크게 부각하여 국내에서는 '전쟁대행주식회사', '민간군사기업', '민간용병회사' 등 전투 분야를 강조한 용어를 사용하기도 한다. 그리고 일본에서는 '민간군사회사', '전쟁청부회사', 민영화된 전쟁', '외주된 전쟁' 등의 자극적인 용어를 사용하기도 한다.

민간군사경비기업은 용병과는 차이가 있다. 용병(mercenary)이란 전쟁을 벌이는 당사국 군대의 일원이 아니면서도 전투를 수행하기 위해 특별히 충원되며 사적인 이익을 주된 동기로 삼아 활동하는 외국인을 말한다.[32] 따라서 외국인집단으로 계약 기간 동안 고용주가 원하는 전투나 작전을 위해서 임무를 수행하고 그에 상응하는 대가를 받

표 17-4 용병의 주요 내용

구분	내용
외국인	용병은 자신이 싸우는 나라의 시민이나 주민이 아니다.
독립성	용병은 한 나라의 국민군에 (장기간) 속하지 않으며 제한된 기간 동안 피고용인의 계약상의 의무에만 구속된다.
동기	용병은 정치적이거나 종교적인 목적을 위해서가 아니라 단기적인 경제적 보수를 위해 전투를 수행한다.
채용	용병은 사법 당국의 기소를 피하기 위해 은밀하고 간접적인 방식으로 채용된다.
조직	용병부대는 개별 병사들이 임시로 모인 조직이다.
업무	자신이 속한 부대 이외의 상위 조직이 없는 용병은 단일 고객을 위한 전투업무에만 집중한다.

자료: 유강은 역(2005: 87).

32) 유강은 역, 『전쟁대행주식회사』, 서울: 지식의 풍경, 2005, p.84.

으면 그것으로 고용주와의 관계는 끝나게 되며, 거래를 위해서는 어떠한 윤리성도 따지지 않는 도덕성이 결여된 집단이라는 지적도 있다.[33)]

민간군사경비기업의 본질과 업무는 보안(경비) 분야라는 것을 고려한다면 시큐리티를 강조한 민간군사경비기업(PMCSs)이라는 용어가 적절할 것이다.

2 민간군사경비기업의 성장배경

1) 해체국가 등의 국내분쟁과 위협의 다양화

탈냉전 시대의 분쟁들은 주로 경제적으로 자립하지 못하고 민주화의 수준이 낮은 해체국가에서 발생하고 있다. 이러한 국가들은 공유된 가치가 없기 때문에 사회적으로 허약하고, 국가의 강제력이 약하기 때문에 테러조직이나 범죄 조직 등 불만세력의 공격에 취약하기 마련이다.[34)]

해체국가를 포함한 상대적 박탈감이 강한 지역일수록 미래의 불안정성과 불확실성이 증대되어 기존의 권위에 대한 도전이 증가하는 현상이 나타났다. 이와 같이 전통적 권위체계가 소멸되거나 약화되자 민족, 종교, 자원, 영토, 기술 등을 둘러싸고 분파적인 성향을 가진 집단 간의 갈등이 표면화되었다.[35)] 다양한 원인에 의한 새로운 분쟁에 적절히 대처할 군대가 없고 그렇다고 제3자가 개입하기도 쉽지 않은 것이다. 따라서 이러한 새로운 분쟁에 민간군사경비기업의 진출환경이 더 조성된 것이다.

2) 군 민영화의 추세

냉전이 종식된 이후 각 국가들의 안보유지를 위한 국방예산과 군사력이 대폭 감소되었다. 그러나 대조적으로 지구촌 곳곳에서 발생하는 유혈분쟁으로 더 많은 병력수요가 요청되었다.

한편, 국가가 담당하던 기능을 민간부문으로 이양하는 신자유주의 경향에 따라 군에서도 군 민영화에 따라 각종 군사업무가 민간업체로 이양되었다. 군의 입장에서는 국방규모는 축소하되 전투능력은 확대시키는 정책의 일환이었다.

---

33) 임영훈, 『외인부대』, 서울: 우리문화사, 1994, p.254.

34) 이태윤, 『새로운 전쟁, 21세기 국제 테러리즘』, 서울: 모시는 사람들, 2004, pp.134-135.

35) 김상진, "델파이기법을 이용한 민간군사경비업의 도입과 발전과제", 박사학위논문, 경기대학교 대학원, 2008, p.33.

군의 아웃소싱은 보안유지라는 군의 특수성을 잘 고려할 수 있는 민간군사경비기업 등이 그 대상으로 부각되었다. 특히, 민간군사경비기업은 필요시만 지원을 하기 때문에 평시에 군비를 절감할 수 있고, 그 민간 인원만큼 징병을 하지 않으므로 여론이 부담을 줄일 수 있는 것이다. 이와 같이 경제적, 군사적, 정치・외교적인 면에서 민간군사경비기업은 군의 중요한 협력체인 것이다.

3) 국방개혁과 군 역할의 변화

국방개혁이란 정보과학기술을 토대로 혁신과 개선을 아우르며 군의 단결과 전투력 발전이라는 합목적성 위에 전체적인 국방시스템을 업그레이드 해나가는 것을 말한다.[36] 군은 전투와 같은 핵심역량에만 집중하고, 그 이외의 부분은 민간부문에 이양하여 군의 전투력을 향상시키며, 국방비 절감효과를 극대화시킴으로써 민과 군의 공동방위체제를 마련한다는 것이다.[37] 한국군의 경우도 병력감소에 따른 군구조의 단순화와 기동화, 첨단정보화를 지향하고 있다.

국방개혁의 핵심은 병력의 수보다 군사 능력을 중시하는 즉, 전투 분야에 대한 효율성을 강조하는 질적 군사력과 비전투 분야의 민간위탁 확대를 지향하는 것이다. 따라서 그동안 실시한 외주정비, 외주용역, 시설 위탁관리뿐 아니라 민간우위 분야, 차량정비, 출퇴근 차량의 수송 분야, 시설 위탁관리, 병사식당 운영, 복지시설 관리, 물자정비, 세탁 등을 민간군사경비기업에 위탁하는 방향으로 나가고 있다.

3 한국 민간군사경비기업의 발전과 현황

한국에서 현대적 의미의 민간경비는 1954년 미군부대의 군납경비으로부터 시작되었다. 처음에는 채소류 납품으로 시작하여 막사와 격납고 건설, 잡역, 수선, 주택 경비 등으로 확대되었다. 이와 같이 군(軍)을 대상으로 용역업무를 도급받아서 군을 지원해주는 민간군사기업은 오랜 역사를 가지고 있다.

물론 민간군사경비기업이 군에 제공하는 서비스는 단순히 군을 지원하는 것에 그치는 것이 아니라 필요에 따라서는 정규군에 준하는 병력과 장비를 보유하고 전쟁터에 직접 병력을 공급하거나 전쟁대행서비스까지 제공하기도 한다. 그러나 한국은 법적인

---

36) 강진석, 『한국의 안보전략과 국방개혁』, 서울: 평단, 20005, p.318.
37) 김상길, 앞의 논문, p.41.

근거의 미비로 전투 분야에 대한 참여는 많은 제약이 있다.

한국에서는 2007년 스웨덴계 다인세크 그룹(Dynsec Group)이 서울 삼성동 무역센터에 아시아·태평양 본부 사무실을 개소하고 한국시장 내에서 본격적인 영업을 시작하면서 국내에서도 민간군사경비기업의 움직임이 사실상 시작되었다.[38)]

그리고 군에서는 주한 미군기지 이전사업을 하는데 종합적인 관리를 미국 측 기업 1개와 한국측 기업 4개 등 5개의 민간군사경비기업을 선정하여 민군협력이 시도되었다.[39)] 그동안 비공식적으로 많은 경비회사가 민간군사경비기업을 표방하고 활동해왔으나 군 당국의 인식부족, 법제도의 미비 등으로 표면화되지 못한채 부침이 심하였다.

2022년 10월 1일 현재 인터넷에 올라 있는 한국의 민간군사경비기업은 2개이다.

- (주)아레스코리아(www.areskorea.net/): 분쟁지역 무장경호, 해외경호
- 블렛케이(www.bullet-k.com): 민간군사기업, 경호업체

우리나라의 경우 민간군사경비기업의 도입 시 예상되는 기대효과는 새로운 직업 및 고용기회의 창출, 경비(보안) 분야에 대한 군 아웃소싱의 기회증대, 전역군인에 대한 재취업 기회증진 등이다. 도입 시 예상되는 단점은 군 당국의 인식부족으로 적극적인 지원결여, 민군 교류에 따른 군사기밀 유출위험성 증가, 국회인식부족으로 관련법 제정의 어려움 등이다. 우선, 시도할 수 있는 것은 비전투 분야에 대한 과감한 아웃소싱 추진 및 확대, 군 경비(보안) 분야에 대한 점진적인 민간군사경비업 도입 등이다.[40)]

4 민간군사경비업의 현황과 과제

국제분쟁으로 인한 시큐리티 수요가 증가하고 있다. 2003년 이라크에는 미군을 제외한 다른 서방국가 군대를 모두 합친 것보다 많은 수의 경호원들이 활동을 벌였다. 약 2만여 명의 무장 경호원들이 현지에 진출한 기업 간부, 방문 중인 정부 관리 및 다양한 부류의 민간인들을 보호하기 위해 체류하였다. 이는 이라크에 주둔하고 있는 영국군이 약 8,500명이라는 점을 보더라도 얼마나 많은 시큐리티 요원들이 이라크에서 활동하고

---

38) 매일경제뉴스센터, 2007.10.1.

39) 한성욱, "민군 군사협력관계의 변화에 관한 연구: 민간군사경비기업의 역할을 중심으로", 박사학위논문, 경남대학교 대학원, 2007, p.3.

40) 김상진, 앞의 논문, pp.196-198.

있는지를 알 수 있다. 민간군사경비기업의 하나인 블랙워터(Blackwater USA)의 경우, 2003년과 2004년 18개월 동안 600퍼센트의 매출 성장을 기록했다. 이 회사는 현지 파견 외교관들을 경호하는 한편 현지 주둔 미군을 위한 식료품 하역장을 경비하고 있다. 이들의 역할은 대부분 경호와 경비업무이지만, 포로 심문과 같은 특수한 분야까지 담당하고 있다.[41]

2004년 현재 세계 110개국에서 90개의 민간군사경비기업이 성업중이다. 최근 10년 동안 연평균 성장률은 10~15%이며, 미국의 경우 딘코프, 큐빅, ITT, MPRI 등 대표적인 민간군사기업의 주가는 5년 사이 세 배로 뛰었다. 싱어(P. W. Singer)는 "2002년 세계민간군사 시장은 연간 1,000억달러(약 115조원) 규모이며, 10년 후면 두 배로 커질 것"이라고 내다봤다.[42]

한편, 2022년 6월 러시아의 우크라이나 침공에 러시아의 민간군사기업인 바그너그룹(Wagner Group)이 적극 참여하고 있다. 러시아가 극심한 병력 수급 부족으로 시리아와 리비아 등에서 바그너그룹 소속을 포함해 용병을 1만 명 이상 우크라이나로 끌어 들여왔다. 우크라이나 영토인 크림반도를 지난 2014년 러시아가 무력을 동원해 강제 합병할 때 언론에 처음 노출된 바그너그룹은 이후 아프리카와 중동으로 활동 반경을 넓혔으며, 시리아 내전에서도 활발히 활동했다.[43]

군의 보안 분야 아웃소싱이 지속적으로 확대되고 안보와 관련된 세계의 국제안보환경이 급변하고 있어 민간군사경비기업의 활용은 더욱 활발해지고 있다. 그러나 민간군사기업(PMCs)이란 주로 사적 폭력이 거래되는 시장(국제분쟁지역, 내전국가, 자국의 정규군)에서 군사적 지원 업무를 제공하는 용역업체[44]이기 때문에 많은 윤리적인 문제가 야기되기도 한다.

공적 군대는 내부의 견제와 균형에서부터 군대 및 군인들의 활동을 규제하는 국내법규, 의회의 감사, 국민여론, 그리고 수많은 군사 관련 국제법 등에 이르기까지 전통적인 통제수단이 모두 갖춰져 있다. 그러나 민간군사기업은 오로지 시장의 법칙에만 따를 뿐이다. 따라서 이 기업들에 대한 법적 규제는 매우 취약하다. 또한 정부기관이나 입법부의 감독도 허술하기 짝이 없다.[45] 우선, 문제점은 민간군사기업을 이용하면서 어떤

41) 안황권 외, 『비교시큐리티제도론』, 인천: 진영사, 2007, p.351.
42) 동아일보, 2004.10.4.
43) https://www.voakorea.com/a/6612404.html, 2022.10.1 검색.
44) 김상진, 앞의 논문, p.12.
45) 유경은 역/피터 W. 싱어, 『전쟁대행주식회사』, 서울: 지식의 풍경, 2005, pp.386-387.

일이 잘못되는 경우에 정확히 누가 책임을 져야 하는지를 둘러싸고 규범적인 불확실성이 발생하게 된다. 또 하나는 이전에 용병활동을 했거나 군대에서 범죄를 저질러 쫓겨난 사람들에게 고용기회를 제공한다. 이와 같이 안보수단이 사영화될 때, 도덕적 해이와 역선택과 같은 메커니즘이 군사기업을 탈선시킬 수 있는 것이다.

결국 민간군사기업은 공적 기관과 마찬가지로 사회를 보호할 수 있는 잠재력을 가질 수 있다. 그러나 군사용역을 사영화하는 것은 사회보호 외의 훨씬 더 부정적인 결과를 낳을 수도 있다.[46] 민간군사산업 역시 야누스이다.

제4절

드론시큐리티

1 의의

드론시큐리티(Drone Security)는 드론과 시큐리티를 합성한 신조어(新造語)이다. 이 중 드론은 숫벌이 날아다니며 윙윙대는 소리에서 어원을 찾고 있으며, 흔히 조종사가 탑승하지 않은 항공시스템을 말한다. 이 드론을 항공안전법 시행규칙 제5조에서는 무인멀티콥터라고 부르는데, 이는 프로펠러가 하나인 헬리콥터와 달리 여러 개의 프로펠러로 작동하기 때문이다. 그리고 드론은 끊임 없이 변화하고 있어 최근에는 무인드론택시뿐 아니라 무인선박, 무인잠수함, 무인자동차가 개발되고 있다. 따라서 드론은 단순히 무인항공기의 범주를 벗어나 신 개념 항공기로 확대되고 있는 실정이다.

또 드론은 단순 레저용을 넘어 인간이 접근하기 어려운 환경에 조종하는 로봇의 개념이 포함되기 때문에 로봇의 일종이다. 그래서 Robot Aircraft, Robot Plane이라는 용어는 지상의 로봇시스템과 같은 개념으로 '비행하는 로봇'이라는 의미를 강조한 것이다.

드론은 물류운송, 농업지원, 재난대응, 항공촬영, 시설관리, 기상, 과학 분야, 취미, 레저 등 매우 다양한 산업에서 활용되고 있다. 드론시큐리티는 시큐리티의 분야에 드론을 활용하는 것을 말한다. 즉, 드론을 활용하여 국민의 생명과 재산을 지키는 것이다. 이것은 공공부문과 민간부문으로 나눌 수 있으며, 또 방범용과 방재용으로 구분할 수

46) 위의 책, pp.399-401.

있다.

드론에 대한 통일된 정의는 없으며, 국가, 기관 또는 학자마다 다양하게 정의하고 있으며, 시대에 따라 범위도 변화한다.[47] 다양한 정의는 〈표 17-5〉와 같다.[48]

표 17-5 드론의 다양한 표현

약어	명칭	의미
UVA	Unhumaned Aerial Vehicle	사람이 탑승하지 않은 항공기
UAV	Uninhabited Aerial Vehicle	항공기에는 사람이 탑승하지 않지만 지상에는 원격으로 조종하는 조종사가 있다는 의미
UAV	Unmanned Aerial Vehicle	사람이 탑승하지 않은 항공기
UAV	Unpiloted Aerial Vehicle	조종사가 탑승하지 않은 항공기
UAS	Unmanned Aerial System	사람이 탑승하지 않는 항공시스템
RPAS	Remotely Piloted Aircraft System	원격으로 조종하는 항공시스템
RPAV	Remote Piloted Air/Aerial Vehicle	조종사가 원격으로 조종하는 항공기
RPV	Remotely Piloted Vehicles	지상에서 원격으로 조종하는 기기

자료: 민진규 · 박재희(2019: 16).

2 드론시큐리티의 사례

1) 외국의 사례

대중에게 드론이 알려지게된 계기는 2011년 일본 도호쿠(東北) 지방 대지진 이후다.

쓰나미로 원자력발전소가 파괴되어 방사능이 유출되면서 인간의 접근이 불가능해지자 드론이 핵발전소 내부에 투입되어 촬영하였다.

미국, 캐나다, 유럽 등에서는 경찰이나 소방청에서 드론을 활용하여 교통위반단속, 실종자 수색, 교통사고 원인분석, 재난 예측 등을 하고 있다.

교통사고현장의 경우에도 흔히 스프레이로 사고지점을 표시하였으나 드론을 활용할 경우에는 스프레이로 표시할 필요가 없는 것이다. 드론의 3D 매핑 소프트웨어를 사용하여 교통사고의 현장분석에 활용하면 사고원인, 가해자, 피해자를 정확히 구분할 수 있기 때문이다.

47) 김홍성, "시큐리티 분야의 드론 적용 방안", 박사학위논문, 경기대학교 대학원, 2019, p.9.
48) 민진규 · 박재희, 『드론학개론』, 서울: 배움, 2019, p.16.

드론의 교통경찰업무에 활용하는 사례는 〈표 17-6〉과 같다.[49]

표 17-6 드론의 교통경찰 활용

구분	내용
미국 앨라바마주, Morgan County, Hartselle 경찰	① 드론 투입해 교통사고현장 사진 확보(10분 전후) ② 드론 Deplay 앱 이용해 사고 사진촬영 후 교통사고 분석 ③ 교통사고 장면 확보 후 3D 모델링을 활용해 사고원인, 가해자, 피해자 판별함
미국 사우스캐롤라이나, Conway 경찰	① 드론의 GPS 시스템이 교통사고현장 위치 파악 ② 교통감시 드론이 400ft 상공 비행 중 교통사고 장면, 위치 파악해 본부에 전달
미국 텍사스주, Austin 경찰	① 드론 활용해 교통사고 증거수집, 조사(80% 시간 절감) ② 혼잡도로의 교통사고 조사 시 3시간 이상소요(드론 활용 시 15분), 사고현장 조사 시 2차 사고 우려됨
미국 미주리주, Wentzville 경찰	① 교통신호 위반차량 단속에 드론투입 ② 주변 상공에서 감시하면서 신호 위반차량을 단속함 - 교통혼잡한 4개 학교 교차로에 신호위반 차량이 다수
영국 Devon & Cornwall Police	① 40명 경찰로 드론팀 결성(2017.7) ② 열화상 카메라장착 드론활용(주야간 촬영이 가능함)
영국 잉글랜드 Doset 경찰	① 드론팀 구성함(2018.5) ② 오토바이 폭주족, 인도 주행 오토바이를 촬영해 단속함
프랑스 경찰	① 고속도로 위반차량 단속을 위해 드론도입(2017.7) ② 속도단속 카메라로 적발이 어려운 불법추월차량, 지그재그 차량운행단속
스페인 교통청	① 2018.5.1~2일 휴일 동안 740만 명의 나들이객이 혼잡 - 드론으로 교통 상황을 모니터링했다. ② 항공감시로 오토바이 교통신호 위반자를 감시함
아랍에미리트 두바이 경찰	① 드론 활용해 주차위반 단속함 - CCTV의 사각지대에 상습 주차위반을 단속함 ② 드론은 자유롭게 이동하므로 단속 사각지대가 없음
중국 산동성의 지난시 경찰	① 교통위반 단속 시 드론 4대를 투입함(2018.7) - 운전 중 휴대전화 통화 시 드론촬영해 벌금을 부과함 ② 드론으로 촬영해 증거 확보함

자료: 민진규 · 박재희(2019)의 내용을 요약.

실종자를 찾는 데 2000년대 초반부터 드론을 활용해 왔다. 실종자를 찾는 데 드론 활용 사례를 몇 가지 살펴보면 〈표 17-7〉과 같다.

49) 민진규 · 박재희, 위의 책, pp.194-198.

표 17-7 드론의 실종자 찾기 활용

구분	내용
미국 CA 산호세 경찰국	① 실종자 찾기에 드론을 활용함(2014년 가을부터). (실종어린이, 길잃은 탐방객, 알츠하이머 환자, 가출 청소년) ② 드론이 50배 가량 효과적임 (경찰이 말, 오토바이, 자전거, 도보조사와 비교 시)
오타와 경찰	① Perth County의 시골 광대한 옥수수 밭에서 실종여성을 찾는 데 드론투입함(옥수수의 키가 2m 이상이고 밭이 너무 넓어 수색이 불가능함) ② 드론 열화상카메라로 위치파악함(여성의 체온과 차가운 지면의 차이를 감지)
호주 South Australia 경찰	① 실종자 수색에 드론을 활용함(2013.11) ② 드론은 30분 비행이 가능하며 수색범위는 1km임

자료: 민진규 · 박재희(2019: 194-196).

경찰이 범인을 체포하는 데 적극적으로 드론을 활용하고 있다. 특히, 인질범 응대와 협상, 체포 등에 매우 유용한 사례가 있다. 이를 살펴보면 〈표 17-8〉과 같다.

민간경비 분야에서는 일본의 대표적인 경비업체인 세콤이 2016년 9월부터 드론을 활용한 순찰서비스를 시작했다. 순찰직원이 없는 시간대에 정해진 경비구역을 정기적으

표 17-8 드론의 범인체포 활용

구분	내용
미국 FBI	① 인질억류장소에 소형드론(잠자리, 허밍버드)를 투입해 현장파악 – 인질이 억류된 빌딩 내부의 3D 이미지를 스캔해 제공해줌 – 인질과 협상 시 협상자 대신 드론을 보낼 수도 있다. ② 드론의 카메라를 통해 인질범과 얼굴을 보면서 협상진행함
멕시코 Ciudad Juarez 경찰	① 2009년 현장 영상 이미지를 통해 34명의 살인자를 체포 – 다양한 살인현장 영상을 추적하는 데 활용함 ② 범죄자가 사용한 자동차, 이동경로 등을 드론카메라로 촬영
멕시코 Ensenada 경찰	① 드론 활용해 주택 절도사건을 해결함(2018.2) – 드론 투입 후 4개월 동안 강도 발생률이 30% 감소함 – 드론이 범죄자 체포하는 데 기여한 사례만 500건에 달함 ② 비상 상황 발생 시 주변에 비행 중인 드론 현장출동함
네덜란드 경찰	① 마리화나 재배 온실을 드론으로 발견해 체포(2015.2) (온실에 온열기 사용해 마리화나 재배함. 눈녹은 온실 적발) ② 드론에 분광기센서(spectroscopic sensors) 장착 시, 필로폰 제조시설, 마약 저장창고를 탐지할 수 있음

자료: 민진규 · 박재희(2019: 197-198).

로 순회하며 시설을 촬영하였다.

드론이 정해진 루트를 정기적으로 순회하며 촬영해 이미지 데이터를 분석한다. 이후 침입흔적이나 의심 물질의 유무를 판정하고 보안센터 직원에게 주의를 지시하거나 경비요원을 직접 파견하도록 요청하는 등 지원을 결정하는 방식이다.[50)]

2) 한국의 사례

경찰은 드론을 피의자 추적 등 수사, 집회・시위 과정에서의 증거수집, 교통단속, 순찰 등 다방면에서 활용하기 위해 노력하고 있다. 한국의 2022년 현재 경찰의 무인비행장치 운용규칙에는 실종아동 등 수색, 자살위험자 구조수색, 재난 상황 시 인명수색, 테러발생 시 인명수색 등 네 가지 경우에만 드론을 사용할 수 있도록 규정되어 있다.

실종자 수색의 경우 드론은 사람이 갈 수 없는 절벽 같은 곳을 갈 수 있어 효과적일 뿐 아니라 사람 수십 명이 수색하는 효과를 드론은 1대로 가능하기 때문에 활용도가 높다. 경찰의 실종자 수색에 드론이 적극 활용하고 있다. 실종자 수색의 경우는 실종자의 휴대전화 사용 위치 GPS 좌표를 확인하고, 드론을 전달받은 GPS 좌표로 투입하는 것이다. 드론이 공중에서 촬영한 영상은 드론수색팀의 모니터로 실시간 전송하는데 모니터 왼쪽에는 드론이 위치한 GPS 좌표가, 오른쪽에는 열화상 카메라가 찍은 영상이 나타난다. 열화상 카메라를 이용한 수색은 보통 야간에 이용된다.

우리나라의 경우 최근 2020년 춘천 의암호에서 전복된 선박의 실종자 수색에도 드론이 활용되었다. 그리고 2022년 가양역 부근에서 실종된 김가을씨를 찾는 수색에 드론수색팀이 투입된 사례 등이 있다.

드론을 활용해 무인순찰을 하면 범죄예방 및 구조예방이 훨씬 수월하다. 일명 치안드론을 활용하면 사각지대에서 일어나는 범죄를 예방하는 것도 가능하다.[51)]

한국 소방청은 드론을 산불감시 및 관리에 적극 활용하고 있으며, 국립재난안전관리연구원 등에서는 재난 원인을 조사하는 데 활용방안을 연구 중이다.

그리고 재난발생(지진, 화재, 홍수, 폭풍우, 화산폭발) 시 구조요원의 접근이 어렵기 때문에 드론을 투입하여 현장을 파악하기 위해 노력하고 있다.

충청소방학교는 고층화재진압을 위한 소방드론 시스템을 구축하고 이를 2021년 3월 11일 시연하였다. 드론이 소방펌프차와 연결된 호수를 매달고 상승한 뒤, 관창을 통해

50) 위의 책, p.220.

51) 김홍성(2019), 앞의 논문, p.51.

직사방수로 화재를 진압하는 방식이다.

이것은 고가사다리의 문제점인 ① 사다리 전개에 7~10분 소요(제약이 없는 경우). ② 장비 1대당 13억원, ③ 최대 전개높이 70m이므로 23층 아파트 이상은 대응에 한계, ④ 소방대원 투입 시 장비들고 올라가므로 소요시간 길고, 사고위험이 많은 것을 극복한 것이다. 그리고 헬기투입의 문제점인 ① 소방용수 직사장비 보유한 헬기가 없음, ② 직사장비 보유한 경우라도 방수압력으로 도심 건물 사이 호버링(hovering)의 어려움, ③ 하강풍에 의한 피해발생 우려를 극복한 것이다.

소방에 드론을 활용한 경우, 실시간 영상정보시스템으로 화점, 요 구조자탐색, 요 구조자 긴급 구호물품 전달이 용이하다는 장점이 있다.

3 시큐리티 분야에서 미래의 드론 활용

향후 드론은 치안 분야나 재난 분야에서 지금보다 훨씬 다양하고 발전된 형태로 활용될 것으로 기대된다.

해외에서 경찰이 드론을 활용하는 사례는 범인 추적, 주변 탐색, 실종자 찾기, 범인 체포 등 매우 다양하다. 미국 경찰은 범죄자 체포 시 드론에 고무탄환, 최루가스를 장착해 범죄자를 체포하는 실험을 진행하였다. 그리고 드론이 범죄자 추적 시 경고방송을 함으로써 도주를 포기하도록 만드는 방안도 실험 중이다.[52] 이것은 이미 COVID-19 팬데믹 상황 시 중국에서 마스크를 쓰지 않는 행인들에게 권유방송을 하여 성과를 거둔 사례와 유사한 방식이다.

방범용으로 정찰, 경범죄 감시, 시위 모니터, 해적감시 등에 적극 활용될 것이다. 그리고 실종자 수색 및 인명구조는 지금도 활발하게 전개되고 있지만 앞으로 실종아동 수색 등 실종자 찾기뿐 아니라 태풍이나 산사태 지역의 인명구조 등에 적극 활용될 것으로 보인다.

민간경비의 순찰용 드론의 활용도 야외 창고, 대규모 농장, 공장, 야적장 등에 그치지 않고, 국가중요시설인 공항이나 군사기지의 외곽 울타리 감시 등을 담당하게 될 것이다. 그리고 이미 중동이나 러시아 등의 경비업체는 장거리 원유와 가스 파이프 라인의 파괴를 감시하기 위해 드론을 활용하고 있어 앞으로 더욱 원유생산국 등으로 확산

---

52) 민진규 · 박재희, 앞의 책, p.201.

될 전망이다. 가스 파이프 라인은 수천 또는 수만 km이기 때문에 장시간 비행이 가능한 고정익 드론이 활용된다.53)

재난용 드론의 경우도 다양하게 활용될 것으로 기대하고 있다. 우선, 자연재해(지진, 해일, 태풍, 우박, 눈사태, 홍수, 산사태 등) 시 드론을 활용해 조기 경보시스템을 작동할 수 있을 것이다. 이미 미국 NASA(National Aeronautics and Administration), NOAA (National Oceanic Atmospheric Administration)는 장거리 드론을 활용해 허리케인의 발생에서부터 소멸까지를 모니터링할 계획이다. 매년 엄청난 피해를 끼치고 있는 허리케인의 규모나 진로를 정확하게 예측할 수 있다면 막대한 피해를 막고 다수의 생명을 살릴 수 있을 것이다.

일본 기상협회는 드론을 상공에 띄워 기상현상을 파악하고 예측하는 기술을 개발할 예정이다. 예측된 기상정보는 드론용으로 제공할 방침이다. 드론의 효율적인 비행을 위해서 돌풍, 폭우, 번개, 안개, 바람 등 기상정보를 정확하게 파악하고 예측하는 것이 중요하기 때문이다.

시설관리와 관련하여 이미 교량, 터널, 풍력발전 터빈 등의 유지관리를 위해 드론이 유용하게 활용되고 있으며, 저비용 고효율때문에 그 영역은 더욱 확대될 것으로 전망된다.54)

이외에도 시큐리티와 관련하여 환자 관찰, 유해해충 퇴치, 화재·차량사고 등의 보험관리에서 드론이 매우 유용하게 활용될 것이다.

4 드론시큐리티의 과제

제4차 산업혁명 시대를 맞이하여 시큐리티 분야에도 IT 신기술을 접목시킴으로써 보다 과학적이고 효율적인 시큐리티 서비스의 제공이 기대된다. 드론의 경우 이미 공공분야와 민간 분야에서 치안용, 재난용으로 많이 활용되고 있고, 또 앞으로 많은 많은 활용과 기여가 있을 것으로 기대된다. 향후 드론시큐리티의 발전을 위해 해결해야 할 과제는 다음과 같다.

첫째, 드론 운영은 사생활보호와 밀접한 관계를 가지고 있다. 특히, 영상촬영과 자료보관, 활용, 유통 등은 개인정보보호와 불가분의 관계가 있다. 이것은 민간 분야는 말할

53) 위의 책, p.220.
54) 위의 책, pp.200-201.

것도 없고 공공 분야에서도 드론 활용과 발전에 제약이 되고 있다. 개인정보보호법상 범죄의 예방 등을 위해 영상정보처리기기를 운영할 수 있지만, 이를 임의로 조작하거나 다른 곳을 비춰서는 안 된다. 사실상 고정된 상황에서 한 장소만 비추는 폐쇄회로(CCTV)에만 적용되는 규정이다. 따라서 자유자재로 날아다니며 곳곳을 촬영할 수 있는 드론에는 적용하기가 어려운 것이다. 또 드론이 수집한 증거가 법정에서 정식 증거로 채택될 수 있도록 하는 법·제도도 갖춰지지 않은 상황이다.[55] 또 드론을 활용하여 순찰을 할 수 있지만 이것도 현재 법령상으로는 사실상 불가능하기 때문에 시큐리티 목적의 드론 활용에 한계가 있으므로 이에 대한 적절한 개정이 필요한 실정이다.

둘째, 시큐리티 드론의 운영과 관련하여 발생한 손해에 대하여 적정한 보상규정이 제정되어야 한다. 드론을 조종하다가 발생하는 사고는 통신장애 기계결함, 충돌 등이다. 통신장애와 기체결함은 기술이 발전하면서 지속적으로 감소하고 있다. 그리고 충돌은 정상적으로 조종하다가 조종사와 충돌하면서 조종사가 다치는 사고가 적지 않다.[56] 드론의 안전사고에 대한 적절한 보상이 이뤄질 수 있는 규정을 마련해야 한다.

셋째, 시큐리티 드론의 조종면허 교육프로그램 및 자격증에 대한 '시큐리티 드론 전문가 양성과정'을 만들어 드론의 체계적 교육이 필요하다. 즉, 시큐리티 드론 산업이 활성화되기 위해서 정부는 시큐리티 드론 산업 관련 전문인력의 자질향상을 위하여 교육훈련을 실시해야 한다. 따라서 향후 안전한 드론의 시큐리티 분야 적용을 위해서는 의무 이수교육, 유형별 전문화 교육, 고액 교육비, 지도자 역량 검증, 교육기관 관리 체계화와 같은 연구결과를 반영할 필요가 있다.[57]

55) 조신비즈, 2022.8.7.
56) 민진규·박재희, 앞의 책, p.365.
57) 김홍성, 앞의 논문, p.100.

참고문헌

제1장 민간경비의 이해

이창무(2013). "'민간경비' 용어의 수정 필요성에 관한 고찰". 『한국공안행정학회보』, 38: 203-226. 한국공안행정학회.

(社)全國警備業協會(1999). 『警備員教育教本: 基本教育編』. 東京: 全國警備業協會.

American Society for Industrial Security. *Professional Development-Security Speciality Areas.*

Bilek, Arthur J. & Lejins, Peter P.(1997). *Private Security.* Cincinnati, Ohio: Anderson Publishing Co.

Bottom, Jr., Norman R.(1983). "An Informational Theory of Security". *Computers Security*, 2(3): 275-280.

Cunningham, William C., Strauchs, John J. & Van Meter, Clifford W.(1990). *Private Security Trends, 1970 to 2000: The Hallcrest Report* Ⅱ. Woburn, MA: Butterworth-Heinemann.

Cunningham, William C. & Taylor, Todd H.(1985). *The Hallcrest Report: Private Security and Police in America.* Portland, Oregon: Chancellor Press.

Fischer, Robert J. & Green, Gion(1998). *Introduction to Security.* Boston: Butterworth Heinemann.

Gallati, Robert R. J.(1983). *Introduction to Private Security.* Englewood Cliffs, New Jersey: Prentice-Hall, Inc.

George, Bruce & Button, Mark(2000). *Private Security.* Leicester: Perpetuity Press.

McCrie, Robert D.(1988). "The Development of the U.S. Security Industry". *The Annals of the American Academy of Political and Social Science*, 498: 23-33.

Post, Richard S. & Kingsbury, Arthur A.(1970). *Security Administration: An Introduction.* Springfield, Illinois: Charles Thomas.

제2장 민간경비의 성장 이론

김성언(2005). "민간경비의 성장과 함의". 박사학위논문. 서울대학교 대학원.

김성언(2007.12). "(탈)사회주의 국가의 민간경비 발전모델에 대한 비교연구: 성장요인과 국가의 역할을 중심으로". 『동북아연구』. 경남대학교 극동문제연구소.

심민규・정연균(2019). "민간경비 성장에 영향을 미치는 요인에 관한 연구". 『한국경찰학회보』,

21(5). 한국경찰학회.
이상훈(2006). "경찰과 민간경비의 상호협력프로그램의 개선에 관한 연구". 『한국민간경비학회보』, 7. 한국민간경비학회.
이상훈(2007). "경찰업무 민영화의 내용과 한계에 관한 연구". 『한국공안행정학회보』, 16. 한국공안행정학회.
이상훈(2015). "경찰과 민간경비의 치안공조 기대이익과 성공요소". 『한국경찰학회보』, 17(5). 한국경찰학회.
이윤근(2004). 『민간경비론』. 서울: 엑스퍼트.
이현희(2004). "민간경비 성장에 대한 인과적 분석". 『한국공안행성학회보』, 17. 한국공안행정학회.
표성수(2002). 『영미형사사법의 구조』. 서울: 비봉출판사.
최선우(2015). 『민간경비론』. 인천: 진영사.
Cunningham, William C., Stauchs, John J. & Van Meter, Clifford W.(1990). *Private Security Trends 1970 to 2000: The Hallcrest Report* Ⅱ. Boston: Butterworth-Heinemann.

제3장 민간경비의 역사적 발전과정

경찰청 외사국(2007). 『각국의 민간경비업 실태 및 운영현황』.
김정환(2007). "한국 민간경비의 발선과정에 관한 연구". 『시큐리티연구』, 창간호. 한국시큐리티지원연구원.
내무부(1972). 『70년대 한국경찰의 방향』. 서울: 광명인쇄.
신현기 외(2003). 『비교경찰제도론』. 서울: 박영사.
안황권(2006). "일본민간경비의 현황과 과제". 『경기대 논문집』, 50. 경기대학교.
안황권 외(2009). 『비교시큐리티제도론』. 인천: 진영사.
우에노 하루오/제일가제법령출판사편집부 역(1982). 『미국의 경찰』. 서울: 제일가제법령출판사.
월간 조선(1993.7).
이윤근(1999). "사회안전 확보를 위한 전문자격증제도 도입 및 활성화 방안에 관한 연구". 『행정논집』, 27. 동국대학교 행정대학원.
이윤근(2003). 『민간경비론』. 서울: 엑스퍼트.
정진환(2004). 『경비업법개론』. 서울: 백산출판사.
최선태(2000). "민간경비산업의 자격제도에 관한 연구", 석사학위논문. 한국체육대학교 사회체육대학원.
최선우(2019). 『민간경비론』(제5판). 인천: 진영사.
(社)全國警備業協會(2005.6). *Security Time*. Vol. 310.
深澤賢治(1999). 『警備保障のすべて』(제2판). 東京: 東洋經濟新報社.
Bottom, Jr., Norman & Kostanoski, John(1981). "An Informational Theory of Security". *Journal of Security Administration*, 4(1), Spring.

Cunningham, William C., Strauchs, John J., & Van Meter, Clifford W.(1990). *Private Security Trends: 1970 to 2000 The Hallcrest Report*. MA: Butterworth-Heinemann.

Fischer, Robert J. & Green, Gion(2004). *Introduction to Security*(7th ed.). MA: Butterworth-Heinemann.

Fischer, Robert J., Halibozek, Edward & Green, Gion(2008). *Introduction to Security*(8th ed.). MA: Butterworth-Heinemann.

Hess, Kären M. & Wrobleski, Henry M.(1996). *Introduction to Private Security*. MN: West Publishing Company.

Post, Richard & Kingsbury, Arthur(1977). *Security Administration: An Introduction*. Springfield, IL: Charles Thomas.

Private Security(1976). *Report of Task Force on Private Security*(U.S. Government Office).

Russell, Rebecca(1990). "Officer Training: Identify Your Options". *Security*, May.

제4장 민간경비의 권한과 규제

경찰청(2018). 『경비업 업무처리 매뉴얼』.

김성언(2005). "민간경비의 성장과 함의". 박사학위논문. 서울대학교 대학원.

김준성(2012). "민간경비원의 법적 지위와 형사책임의 범위". 『한국민간경비학회보』, 11(1). 한국민간경비학회.

김형배(2008). 『민법학강의』. 서울: 신조사.

동중영(2010). "국가권력과 민간경비: 민간경비제도의 정치적 정당성에 대한 검토". 박사학위논문. 동국대학교 대학원.

박균성 · 김재광(2011). 『경찰행정법』. 서울: 박영사.

법제처(2020). 『법령 입안.심사 기준』. 세종: 한결엠.

송덕수(2013). 『민법강의』. 서울: 박영사.

송수복(2012). "경비업법의 개정을 위한 시론". 박사학위논문. 청주대학교 대학원.

안창훈(2006). 『시설경비실무』. 서울: 대한피앤피.

이상훈(2013). "경비업법상 경비지도사의 법적 지위와 제도적 발전방안". 『한국공안행정학회보』. 한국공안행정학회.

이윤근(1989). "한국 사경비 발전방안에 관한 조사연구". 박사학위논문. 동국대학교 대학원.

이종환 · 이민형(2011). "경비업법 제7조 제1항 관리권의 범위에 대한 법적 해석". 『시큐리티연구』, 26. 한국경호경비학회.

최경철(2018). "보안산업 발전을 위한 경비업법 개정방안". 박사학위논문. 경기대학교 대학원.

최선우(2015). 『민간경비론』. 인천: 진영사.

(社)全國警備業協會(2006). 『警備員教育教本: 施設警備業務編』. 東京: 全國警備業協會.

제5장 민간경비 조직관리

김영규(2000). 『경영학원론』. 서울: 박영사.

박연호 · 오세덕(2000). 『현대조직관리론』. 서울: 법문사.

이윤근 · 김창윤 · 조용철(2016). 『민간경비론』. 서울: 엑스퍼트.

최선우(2019). 『민간경비론』(제5판). 인천: 진영사.

木暮至(2004). 『現代經營の管理と組織』. 東京: 同文館出版.

森本三南(1978). 『經營學の原理』. 東京: 中央經濟社.

Allen, Louis A.(1964). *Management and Organization*. New York: McGraw-Hill.

Barnard, Chester I.(1948). *Organization and Management*. Cambridge: Harvard University Press.

Fay, John J.(2002). *Contemporary Security Management*. MA: Butterworth-Heinemann.

Fischer, Robert J., Halibozek, Edward & Green, Gion(2008). *Introduction to Security*. MA: Butterworth-Heinemann.

Gulick, Luther(1947). "Note on the Theory of Organization". in Luther Gulick & Lyndall Urwick(eds.). 2nd edition. *Papers on the Science of Administration*. New York: Institute of Public Administration.

Herzberg, F.(1971). *Work and the Nature of Man*. N.Y.: World Publishing Co..

Johnson, Brian R.(2005). *Principles of Security Management*. N.Y.: Pearson.

Maslow, A. H.(1970). *Motivation and Personality*(2nd ed.). N.Y.: Harper & Row.

Mitchell, Terence R. & Larson, James R.(1987). *People in Organizations, An Introduction to Organizational Behavior*(3rd ed.). N.Y.: McGraw-Hill.

Redfield, Charles E.(1963). *Communication in Management: The Theory and Practice of Administrative Communication*. 2nd Impression. Illinoises: The University of Chicago Press.

Sennewald, Charles A.(2003). *Effective Security Management*(4th ed.). MA: Elsevier Science.

Simon, H. A.(1976). *Administrative Behavior: A Study of Decision-Making Process in Administrative Organization*. Macmillan.

Vroom, V. H.(1964). *Work and Motivation*. New York: John Wiley and Sons.

White, Leonard D.(1955). *Introduction to the Study of Public Administration*(4th ed.). New York: McMillan.

제6장 민간경비 인적자원관리

김영규(2000). 『경영학원론』. 서울: 박영사.

오석홍(1984). 『인사행정론』. 서울: 박영사.

佐護譽(1997). 『人事管理と勞使關係: 日本 · 韓國 · 台灣 · ドイツ-』. 東京: 泉文堂.

佐護譽(2005). 『人的資源管理概論』. 東京: 文眞堂.

梶原豊(2002). 『人的資源管理論』. 東京: 同友館.
Ferris et al.(ed.)(1995). *Handbook of Human Resource Management*. Mass: Blackwell Publishers.
Miles, Raymind E.(1965). "Human Resources?". *Harvard Business Review*, 4.
Paul, Pigors & Charles, Anderw Myers(1977). *Personnel Administration: A Point of View and a Method*(8th ed.). New York: McGraw-Hill.
Sennewald, Charles A.(2003). *Effective Security Management*(4th ed.). MA: Elsevier Science.

제7장 경비위해요소 분석과 위기관리

김종오 · 이상훈(2020). "국회경비대 철수에 따른 국회경비조직 효율화 방안". 『한국민간경비학회보』, 19(2). 한국민간경비학회.
서진석(2018). 『민간경비론』. 인천: 진영사.
이상훈(2015a). "미국경비협회(ASIS)의 전문화와 세계화 전략에 관한 방문연구". 『융합보안논문지』, 15(3). 융합보안학회.
이상훈(2015b). "경비업법상 '집단민원현장' 관련규정에 관한 연구". 『융합보안논문지』, 15(6). 융합보안학회.
조민상(2016). "효과적 위기관리를 위한 민간경비 활용 방안". 『한국민간경비학회보』, 15. 한국민간경비학회.
최선우(2015). 『민간경비론』. 인천: 진영사.
Fisher, Robert J., Hailbozek, Edware, P. & Walter, David C.(2013). *Introduction to Security*(7th ed.). Burlington: Butterworth-Heinemann.

제8장 외곽경비 및 내부경비

안창훈 · 이강열 · 최주호(2005). 『시큐리티 시스템 개론』. 서울: 인포더.
이민식 외 역(2013). 『민간보안론』. 서울: 박영사.
정태황(2001). 『기계경비론』. 서울: 백산출판사.
최선우(2019). 『민간경비론』. 인천: 진영사.
Fischer, Robert J., Halibozek, Edward & Green, Gion(2012). *Introduction to Security*(9th ed.). MA: Butterworth-Heinemann.

제9장 화재와 대응전략

정상(2008). "화재대처법". 한국경비협회. 『일반경비』. 서울: 한국경비협회.
최선우(2019). 『민간경비론』(제5판). 서울: 진영사.
http://www.kfsi.or.kr

(社)全國警備業協會(1998). 『常駐警備の教本(2級)』. 東京: 全國警備業協會.
(社)全國警備業協會(2006). 『警備員教育教本: 基本教育編』. 東京: 全國警備業協會.

제10장 범죄예방과 CPTED 전략

강맹진(2013). “미국 지역사회경찰활동의 국내 적용: 캘리포니아주 산마테오 카운티 보안관실과 경찰을 중심으로”. 『한국경찰학회보』, 15(4): 3-30. 한국경찰학회.
경찰청 생활안전과(2005). 『환경설계를 통한 범죄예방(CPTED) 방안』.
국립국어원(2022). 『표준국어대사전』.
김정림 · 임형진(2020). “지역사회 범죄예방과 상황적 범죄예방의 효과성 비교”. 『한국범죄학』, 14(1): 57-75. 한국범죄학회.
박광현(2017). “환경설계를 통한 범죄예방 및 개선방안”. 『디지털콘텐츠학회논문지』, 18(4): 733-738.
박현호(2022). 『범죄예방환경설계: CPTED와 범죄과학』. 서울: 박영사.
안나연 · 최유진(2021). “협력적 거버넌스 모형을 통한 셉테드(CPTED) 사례분석”. 『한국셉테드학회지』, 12(3): 89-126.
이경훈 · 강석진(2015). 『사례로 이해하는 실무자를 위한 범죄예방디자인: 도시를 안전하게 만드는 20가지 아이디어』. 서울: 기문당.
이기헌 · 임영철 · 기광도(1994). “미국경찰의 범죄예방활동에 관한 연구”. 『연구총서 94-18』. 한국형사정책연구원.
이수진(2022). “광역지방자치단체의 CPTED 관련 조례의 문제점 및 개선방안”. 석사학위논문. 동국대학교 경찰사법대학원.
이재상(2022). 『형법총론』(제11판). 서울: 박영사.
임준태(2021). 『범죄예방론』. 서울: 대영문화사.
최선우(2021). 『민간경비론』(제6판). 서울: 진영사.
최응렬(2006). 『환경설계를 통한 범죄예방』. 서울: 한국학술정보.
최인섭 · 진수명(1997). “보호관찰제도의 성인범 확대실시를 위한 예비연구”. 『연구보고서 95-32』. 한국형사정책연구원.
Adler, F., Mueller, G. O. & Laufer, W. S.(2007). *Criminology and the Criminal Justice System*. New York, NY: McGraw-Hill.
Ainsworth, P. B.(2001). *Offender Profiling and Crime Analysis*. Portland, Oregon: Willan Publishing.
Brantingham, P. J. & Faust, F. L.(1976). “A Conceptual Model of Crime Prevention”. *Crime & Delinquency*, 22(3): 284-296.
Clarke, R. V. & Homel, R.(1997). “A Revised Classification of Situational Crime Prevention Techniques”. S. P. Lab(ed.). *Crime Prevention at a Crossroads*, 17-27. Cincinnati, Ohio: Anderson.

Cohen, L. E. & Felson, M.(1979). "Social Change and Crime Rate Trends: a Routine Activity Approach". *American Sociologial Review*, 44(4): 588-608.

Crowe, Timothy D.(2000). *Crime Prevention Through Environmental Design: Applications of Architectural Design and Space Management Concepts*(2nd ed.). Woburn, Massachusetts: Butterworth-Heinemann.

Gamman, Lorraine & Pascoe, Tim(2004). "Design Out Crime? Using Practice-based Models of the Design Process". *Crime Prevention and Community Safety*, 6(4): 37-56.

Gottesfeld, H.(1972). *The Critical Issues of Community Mental Health*. New York: Behavioral Publications.

Hess, Kären M.(2008). *Introduction to Private Security*. Cengage Learning.

Jeffery, C. R.(1977). *Crime Prevention Through Environmental Design*. Thousand Oaks, CA: Sage Publications, Inc.

Kitchen, Ted & Schneider, Richard H.(2007). *Crime Prevention and the Built Environment*. London: Routledge.

Lab, Steven P.(2019). *Crime Prevention: Approaches, Practices, and Evaluations*(10th ed.). New York: Routledge.

Malone, Karen Ann(2001). "Children, Youth and Sustainable Cities". *Local Environment*, 6(1): 5-12.

Moffat, R. E.(1983). "Crime Prevention Through Environmental Design: A Management Perspective". *Canadian Journal of Criminology*, 25(1): 19-31.

Newman, O.(1972). *Defensible Space: Crime Prevention through Urban Design*. New York: Macmillan.

Paulsen, D. J. & Robinson, M. B.(2004). *Spatial Aspects of Crime: Theory and Practice*. Boston, Massachusetts: Pearson.

Peak, K. J. & Glensor, R. W.(2002). *Community Policing and Problem Solving: Strategies and Practices*. Upper Saddle River, NJ: Prentice-Hall, Inc.

Petrosino, A. & Boruch, R. F.(2011). "Evidence-based Crime Policy". in B. C. Welsh, & D. P. Farrington(eds.). *The Oxford Handbook of Crime and Criminal Justice*, 60-92. New York, NY: Oxford University Press.

Porteous, John Douglas(1977). *Environment & Behavior: Planning and Everyday Urban Life, Reading*. Massachusetts: Addison-Wesley Publishing Company.

Siegel, L. J.(2016). *Criminology: Theories, Patterns, and Typologies*. Boston, MA: Cengage Learning.

Yang, X.(2006). Exploring the Influence of Environmental Features on Residential Burglary Using Spatial-temporal Pattern Analysis. *Unpublished Doctoral Thesis*. University of Florida.

제11장 정보보호와 컴퓨터 범죄

전지연(2021). 『사이버 보안론』. 서울: 박영사.
최선우(2015). 『민간경비론』. 인천: 진영사.
최영호(1995). 『컴퓨터와 범죄현상』. 서울: 컴퓨터출판.

제12장 시설경비업무

안황권(2009). 『시설경비론』. 인천: 진영사.
한종욱(2001). 『경찰경비론』. 용인: 경찰대학.
畑茂(1985). 『施設警備』. 東京: 東京法令出版.
(社)全國警備業協會(1998). 『常駐警備の教本(2級)』. 東京: 全國警備業協會.
(社)全國警備業協會(2006). 『保安警備業務の手引』. 東京: 全國警備業協會.
(社)全國警備業協會(2007). 『警備員指導教育責任者 講習教本(Ⅱ), 1號 業務』. 東京: 全國警備業協會.
(社)全國警備業協會(2006). 『警備員教育教本, 施設警備業務編』. 東京: 全國警備業協會.
(社)全國警備業協會(2006). 『施設警備業務の手引(初級)』. 東京: 全國警備業協會.
(社)全國警備業協會(2006). 『雜踏警備業務の手引』. 東京: 全國警備業協會.
(社)全國警備業協會(2006). 『施設警備業務の手引, 上級』. 東京: 全國警備業協會.

제13장 호송경비업무

안황권(2009). 『시설경비론』. 인천: 진영사.
(社)全國警備業協會(2006). 『警備員指導教育責任者講習教本Ⅱ, 3號 業務』. 東京: 全國警備業協會.

제14장 신변보호업무

김두현(2002). 『경호학개론』. 서울: 백산출판사.
김상진(2008). "민간군사경비업의 도입과 발전과제". 박사학위논문. 경기대학교 대학원.
김영호(2006). "안보 패러다임의 변화와 한미동맹 재조정". 『세계정치: 세계정치와 동아시아의 안보구상』. 서울대학교 국제문제 연구소. 서울: 인간사랑.
이두석(2017). 『경호학개론』(개정5판). 인천: 진영사.
이상철(2000). 『경호실무론』. 서울: 홍경.
(주)인프로스인터내셔널. http://blog.naver.com/ttl8209/100239993393(검색일: 2009.1.12)
최명옥(1999). "비서와 상사간 신뢰관계형성의 영향요인 및 결과에 관한 연구". 석사학위논문. 이화여자대학교 대학원.
(社)全國警備業協會(2006). 『警備員指導教育責任者 講習教本Ⅱ, 4號 業務』. 東京: 全國警備業協會.

제15장 기계경비업무

안창훈 · 이강열 · 최주호(2005). 『시큐리티시스템개론』. 서울: 인포더.

정태황(2001). 『기계경비론』. 서울: 백산출판사.

(社)全國警備業協會(2006). 『機械警備業務の手引』. 東京: 全國警備業協會.

(社)全國警備業協會(2007). 『警備員指導敎育責任者 講習敎本(Ⅱ), 1號 業務』. 東京: 全國警備業協會.

Fay, John J.(2002). *Contemporary Security Managenent*. Boston: Butterworth-Heinemann.

제16장 특수경비업무

송상욱 · 김진환 · 이민형(2006). 『시큐리티운용론』. 서울: 백산출판사.

안황권(2009). 『시설경비론』. 인천: 진영사.

치안연구소(1998). 『국가중요시설경비의 효율화방안에 관한 연구』.

한종욱(2001). 『경찰경비론』. 용인: 경찰대학.

항공보안교육원(2005). 『항공경비보안』. 인천: 항공보안교육원.

항공보안교육원(2007). 『보안검색』. 인천: 항공보안교육원.

(社)全國警備業協會(2007). 『警備員指導敎育責任者 講習敎本(Ⅱ), 1號 業務』. 東京: 全國警備業協會.

제17장 민간경비의 미래

강동욱(2018). "탐정제도의 법제화에 관한 소고: 20대 국회 법안을 중심으로". 『한양법학』, 29(2). 한양법학회.

강진석(2005). 『한국의 안보전략과 국방개혁』. 서울: 평단.

김상진(2008). "델파이기법을 이용한 민간군사경비업의 도입과 발전과제". 박사학위논문. 경기대학교 대학원.

김원중(2006). "민간조사제도 도입 필요성에 관한 연구". 『한국공공관리학보』, 20(1). 한국공공관리학회.

김원중(2020). "탐정업(규제) 법령에 관한 비교법적 연구". 『치안논총』, 36. 치안정책연구소.

김일곤(2010). 혼잡경비제도의 도입방안에 관한 연구. 박사학위논문. 경기대학교 대학원.

김정규(2017). "공인탐정 자격운영 및 교육훈련 발전방안". 『대한민간조사연구학회 학술세미나 자료집』. 대한민간조사연구학회.

김홍성(2019). "시큐리티 분야의 드론 적용 방안". 박사학위논문. 경기대학교 대학원.

노진거 · 정일훈(2006). "민간조사제도(탐정제도) 쟁점 분석 및 정책적 대안". 『융합보안논문지』, 16(6). 한국융합보안학회.

동아일보(2004.10.4).
민진규 · 박재희(2019). 『드론학개론』. 서울: 배움.
박대우(2010). "교통유도경비 제도 도입 제안보고서". 『한국경비협회정책연구』, 창간호. 한국경비협회.
박해주(2014). "공인탐정제도의 국내 도입방안에 관한 연구". 박사학위논문. 한세대학교 대학원.
안황권 외(2007). 『비교시큐리티제도론』. 인천: 진영사.
유강은 역(2005). 『전쟁대행주식회사』. 서울: 지식의 풍경.
이태윤(2004). 『새로운 전쟁, 21세기 국제 테러리즘』. 서울: 모시는 사람들.
임영훈(1994). 『외인부대』. 서울: 우리문화사.
조선비즈(2022.8.7).
한국도로공사(2003). 『고속도로 공사장 교통관리기준지침』.
한국민간보안산업연구원편(2016). 『경찰과 민간경비의 치안공조 확대방안과 과제』. 인천: 진영사.
한성욱(2007). "민군 군사협력관계의 변화에 관한 연구: 민간군사경비기업의 역할을 중심으로". 박사학위논문. 경남대학교 대학원.
https://www.voakorea.com/a/6612404.html(검색일: 2022.10.1)
山田浩之(2001). 『交通混雜の經濟分析』. 東京: 勁草書房.
社團法人 全國警備業協會(2005). 『交通誘導警備業務の手引, 上級』. 東京: 全國警備業協會.
社團法人 全國警備業協會(2006). 『交通誘導警備業務の手引, 初級』. 東京: 全國警備業協會.
社團法人 全國警備業協會(2008). 『交通誘導警備業務の手引』. 東京: 全國警備業協會.
Shuetsu, Shibuya et al.(1996). "Traffic Control at Flagger-Operated Wokr Zones on Two-Lane Roads". *Transportation Research Record: Journal of the Transportation Research Board*, 1529.

찾아보기

ㄱ

ㅅ

ㅇ

ㅈ

ㅊ

ㅋ

저자 소개

■ 안황권(ahk9027@hanmail.net)

- 경기대학교 시큐리티매니지먼트학과 교수
- 조지메이슨대학교, 롱아일랜드대학교 연구방문교수
- 요코하마국립대학교 객원연구원
- 경찰청 교통안전시설 및 규제 심의위원
- (재)문주장학재단 이사 · (재)유영학술재단 이사
- 경기대학교 재무처장 · 예술체육대학장 · 스포츠과학대학원장
- 경비지도사시험 출제위원, 선정위원, 평가위원
- (사)한국경비협회 보안산업연구원 원장
- 대학공수도연맹 회장
- 경기대학교 행정학과 및 동 대학원 졸업(행정학 박사)

■ 이상훈(shlee44@dju.ac.kr)

- 대전대학교 경찰학과 교수
- 대통령 소속 자치분권위원회 정책자문위원
- 국무총리 소속 경찰제도발전위원회 자치경찰분과 민간위원
- 대전광역시 자치경찰위원회 위원
- 경찰청 시민감찰위원회 위원
- 경찰청 규제심사위원회 위원
- 서울경찰청 인권위원회 위원
- 충남경찰청 손실보상심의위원회 위원장
- 뉴욕 존제이 형사사법대학 연구방문교수
- 한국경찰학회 회장
- 한국시큐리티정책학회 회장
- 동국대학교 경찰행정학과 및 동 대학원 졸업(경찰학 박사)

■ 이충열(peacebuilding@hanmail.net)

- (주)시큐원 팀장
- (사)한국경비지도사협회 이사
- 쉐라톤 리버펠리스호텔 CFO
- 라이온스인터내셔널 및 다수의 국제회의에서 기업체 대표 통역
- 웨스틴조선호텔 보안관리
- 한국 나이스 아카데미 강사(제1회)
- 경기대학교 대학원 경호보안학과 졸업(경호보안학 석사)
- 경기대학교 대학원 경호보안학과 박사과정

■ **최경철**(verfassung341@hanmail.net)

- 대구과학대학교 경찰경호행정과 교수
- 한국직업방송 강사
- 경기대학교 시큐리티매니지먼트학과 강사
- (사)한국경비지도사협회 부회장
- 일반 · 기계 경비지도사
- 신변보호사시험 출제위원
- 경희대학교 법과대학 법학과 졸업(법학사)
- 경기대학교 대학원 경호보안학과 졸업(경호보안학 박사)

■ **최응렬**(chr134@dongguk.edu)

- 동국대학교 경찰사법대학 교수
- 국가경찰위원회 위원
- 동국대학교 대외협력본부장 · 경찰사법대학(원)장 역임
- 경찰학교육협의회 회장
- 한국소년정책학회 회장
- 해양경찰청 수사구조개혁위원회 위원장
- 경비지도사시험 출제위원, 선정위원 및 평가위원
- 한국민간경비학회 이사 및 감사 역임
- 경찰청 생활안전국 2013년 경비업법 하위법령 개정을 위한 산 · 학 · 관 협력 T/F 위원
- 동국대학교 경찰행정학과 및 동 대학원 졸업(법학 박사)

도서출판 대영문화사

민간경비론

펴낸날 제1판 제1쇄 2023년 2월 28일
지은이 안황권 · 이상훈 · 이충열 · 최경철 · 최응렬
펴낸이 임춘환
펴낸곳 도서출판 **대영문화사**
주소 (본사) 사무실: 경기도 고양시 일산서구 주화로 70
우신프라자 307호 (우) 10387)
(본사) 물류센터: 경기도 고양시 일산서구 덕산로
107번길 68-50 (우) 10205)
등록 1975년 12월 26일 제3-16호
전화 (031) 913-3062, (031) 914-3884~5
팩스 (031) 913-3839
홈페이지 http://www.dymbook.co.kr

ISBN 978-89-7644-882-8
값 35,000원